「メルマ旬報」の映画評555

シネコン映画至上主義

Hidenori Shibao
柴尾英令

太田出版

はじめに

『シネコン映画至上主義』とは大それたタイトルをつけたものだと、いまでは思う（連載時のタイトルは、「シネコン至上主義～ＤＶＤでは遅すぎる」）。

このタイトルをつけたのは、二〇一三年の頃だった。以前製作に関わった「桃太郎電鉄」シリーズのプロモーションを通して仲良くなった水道橋博士から、一本の電話があった。水道橋博士がウェブ日記やブログ、ツイッターなどで、ぼくが書いていた映画をめぐる文章に注目されていたことは知っていたが、それをご自分が立ちあげるメールマガジン「水道橋博士のメルマ旬報」に連載してほしいとのことだった。

そのときの企画で「シネコン至上主義」ということばがすぐに浮かんできた。

いまでこそシネコンは増えたものの、当時はまだ、都内には直営封切館だけでなく、単館系といわれるアート作品を中心に上映されるミニシアターも多かった。シネフィルといわれる、映画を深く愛する人たちにとっては、そちらで上映される作品のほうが上等、のようなイメージもあった。しかし、そういうミニシアターの多くが施設も古く、オンラインでチケットの事前購入ができず、都心部にしか存在しなかった。〝上等な作品〟は観るのに手間がかかるわりに、上映環境はいまひとつじゃないか、という思いがあった。

また、映画館の甘やかな思い出には、記憶の中で美化されたものが多い。いつでも好きな時間に中に入れて途中からでも映画が観られた、駅のそばで電車の振動が感じられた、映写事故で再開まで待たされたなど、懐かしそうに語る人も多い。

そんな人がいたら、タイムマシンを使って当時に置き去りにしてやりたい。スクリーンの両脇には上映中、「禁煙」という文字や時計の文字盤、そして非常口表示が光る。劇場自体も薄明るい。出口のそばからトイレの臭いが漂う。貧弱なスピーカーから流れる音声は館内で反響する。ヒット作ともなれば何時間も階段で並ばされ、劇場に入っても良い席で観られるかどうかはわからない。前の席で観る人の頭が邪魔だ。シートの座面も傾いており、長く映画を観ていると、腰に負担がかかる。

自分にとって、シネマコンプレックス（シネコン）とは、映画という夢を、日常に隣接した最高の快適さで味わう空間なのだ。もう昔の映画館に戻りたくない。その思いが強くあった。

そして、自分は試写会が嫌いだ。一般向けにホールや公民館で行われている試写会では、ワンワンと響きすぎるサウンドと、デリケートなディテールが見えなくなる薄明るいスクリーンに、ストレスがたまる。映画会社の試写室では、仕事で観に来た人がメモをとったり、寝息を立てていたりする。映画を観終えたら、感想を訊かれる。試写状の日程は映画関係専業でなければ対応できない。なにより無料で観た映画だ。自由に書くことが縛られてしまう。

そんなことなら、自分の財布からお金を払い、自分の好きなスケジュールで、その映画を楽しみにして来た人たちと映画を観たい。おそらくシネコンでは年間で二〇〇回くらい映画を観ているだろう。けっして多い数字ではない。大学の後輩でサラリーマンをしながら、年間六〇〇本の映画を観ている男がいる。どうかしてるよ。呆れるばかりだ。でも、食事の量が人それぞれ違うように、映画なんて、無理のない範囲で最大限に観ればいいのだと思う。

連載開始にあたって自分の中でルールを決めた。

1．公開中にシネコンに行き、自分のお金で映画を観る。
2．上映中の映画選びのヒントになることばを書く。
3．他所で得られる情報は極力減らす。
4．ネタバレには配慮する。
5．映画を裁く点数はつけない。

1．公開中にシネコンに行き、自分のお金で映画を観る。

映画は生涯つきあう趣味である。義理やしがらみで観たくない。どの映画を観るかを決め、そこにお金を払うことから、映画鑑賞は始まっている。問題は友人や知人がその作品に関わり、その作品がつまらなかった場合だ。そのようなケースはよくある。

友人の映画プロデューサーからは、「柴尾さんはぼくの作った映画を、その年のベスト10とワースト10の両方に選んだことがあったからね」と、いまも言われる。ぼくがその評価をしたとき、彼とはまだ友人にはなっていなかったのだが、たとえ友人であっても、観た映画について同じように評価したと思う。彼はそのとき、「好評であっても、悪評であっても、話題になることが大事なんです」と言ってくれた。

一緒に行ったガールフレンドの感想も参考になる一方、偶然、マナーの悪い客に出くわし、それが鑑賞の妨げになったりもする。それでも、それ自体が映画の一部だとさえ思う。なるべくなら行儀よく観てほしいけどね。子供も観る東映特撮映画は、子供の反応もおもしろい。

もうひとつ大切なのは、映像パッケージとして、家で観たものは書かないということだ。WOWOWやSTARチャンネルでいろいろ観ているけどね。やはりシネコンで観たかった作品には悔しい思いをしている。

2．上映中の映画選びのヒントになることばを書く。

映画を観る際、その時代の常識は持っていても、なるべく予習はしたくない。それは、愛を告白する前に、興信所を使って相手の過去の恋愛関係まで調査するようなものだと思ってしまう。映画の予告編でも、ときどきひどいネタバレがあったりするので、そんなときは目を閉じるか、ほかの考えごとをしたりする。最近はかなりうまくなった。

毎週公開される新作の中から観にいく映画を選ぶのは、一目惚れの連続だ。「映画のベストは？」と訊かれたら、「次に観る映画に決まっているじゃないか」と答えたい。だから、映画好きの集まる酒場でまだその作品を観ていない人に、「さっき観たあれ、おもしろかったよ」と語るように書きたい。

実際には映画鑑賞中に、「これはなんだろう?」と考えていたことばを、エンドロールを眺めながらまとめ、それをツイートする。その後もフェイスブックなどでいろいろとまとめつつ、「シネコン至上主義」の締切りに合わせて、ネットや本、雑誌で気になるところをチェックして整えていく。

映画によっては、たっぷり時間がかけられる一方で、熱意と鮮度が落ちることもある。逆に鮮度はあるのに、洞察が足りないこともある。難しいものだ。

〝映画よりおもしろい批評〟というのは確実にあるし、その再構築には敬意を払うが、自分はそれよりも映画の向いている方向を語り、映画よりおもしろい話は、映画を観た人と酒場で話したい。

3.他所で得られる情報は極力減らす。

数多くの映画サイトやウィキペディアなど、ネットの情報も充実している。スタッフやキャストなど、検索すればわかる情報も多い。観る人それぞれが自分で探すことも映画の楽しみだ。だから、映画を観るという個人的体験は語るけれど、一般的な情報やデータには、重きを置かない。俳優名と役名はそのときの勢いで書き分けている。統一が取れていなくて、ひどいけどね。

なによりも映画トリヴィアとか、映画解釈の正解のようにしたくないので、ぼくの解釈違いや誤解もあるだろう。でも、それを含めて、ライフログのように書くことが、映画との出会いではないかと思う。

4・ネタバレには配慮する。

高校生のとき、『スター・ウォーズ／帝国の逆襲』を観る前に、週刊誌のグラビア紹介ページで、ダース・ベイダーが自分の正体をルーク・スカイウォーカーに告げるシーンをネタバレされたことを、まだ恨んでいる。それ以来、その週刊誌は買っていない。ただ、『帝国の逆襲』は人生のベスト級に好きな映画だ。ほんとうに強い映画であれば、ネタバレ記事で映画の価値は変わらないとも思う。

それほどひどいネタバレはあまりないけれど、どこからどこまでがネタバレなのかの判断は難しい。ツイッターなどのSNSでは、ネタバレに対する忌避感と語りたいという欲求が拮抗している。大学のサークルにいた頃は、酒場で語りたい先輩のネタバレ攻勢から身を守るために、封切り日に劇場にかけつけたものだ。基本的には映画公開後であれば、ネタバレの危機は不可避かなとは思ってる。本当にあらゆるネタバレがいやなら、そのタイトルが見えたり聞こえたりした瞬間に、そこから目を背けたり、立ち去るしかない。現代は因果な時代だ。

おもしろそうな映画を観たい願望、語りたい願望もあるので、一定の配慮はするつもりだ。

本書で紹介した映画は、公開も終わっている作品も多いため、ネタバレ要素について、ことばを足したタイトルもある。名画座や家庭のテレビで観たくて楽しみにしている作品があれば、そこだけ飛ばして読んでほしい。

5・映画を裁く点数はつけない。

映画ファン満足度、星取り表など、映画を評する尺度は数多くある。自分でゲームを作ってきた経験から言えば、ゲーム雑誌に点数で裁かれたとき、かぎりない違和感があったものだ。作った側の感想と遊んだ側の感想が違うのは当然だが、それを評することばの温度と、点数が乖離《かいり》しているように思えたのだ。

読者にとっては、映画に点数をつけてほしいという希望はわかる。「キネマ旬報」をはじめ、星取りで映画を評する歴史と伝統も、映画を語る指標としてすばらしいものだと思う。だが、自分にはできそうにない。

映画の満足度はその環境、体調、年齢や経験によって変わるものだ。最近では『シン・ゴジラ』など、一度観たときに感じたものが腑に落ちず、翌日、すぐに観直したら、理解と感想が大いに変わった。自分で抱いたどちらの感想も軸の部分はぶれていないと思うが、その熱狂は変化する。

『ゴジラ対ヘドラ』など、小学校のときに観て、歌を覚えて、学年誌の特集記事も大切にしていたのに、二〇代にもう一度観て、げんなりしてしまい、嫌いになったことがある。だが、いまはまた愛している。

映画やグルメのサイトのようなマーケティング的な全体傾向ならば、つかむことはできる。だが、個人がそのときの自分の絶対的な数値で、映画を評価できるものだろうか。自分の中でもさまざまな物差しがある。知識の多い分野もあれば、苦手な分野もある。役者の好き嫌い、自分自身のトラウマだってある。高所恐怖症の人間が、ニューヨークのワールドトレードセンターの上で綱渡りをする『ザ・ウォーク』を3Dで鑑賞し、それを評価する場合はどうなるんだろう？　自分のいる業界を映画化したときのリアリティが気になるときの評価はどうなるんだろう？

だから、ことばやテキストの分量でいろいろ工夫をしても、点数はつけないことにした。

連載当初は遊びで、３Ｄ効果や臨場感、サウンドなど、家庭のテレビ画面でなく映画館で観る必然性を示す「スクリーン必然性」、人生の一部として、その映画が自分の中にどの程度インストールされるかの目安とする「インストール強度」、映画に必要な裸の女優の割合を物理的なものだけでなく、色気も含めて評価する「おっぱい指数」など、三種類の星をつけていた。最初のうちは楽しかったのだが、連載が進むにつれて、整合性が取れなくなってきたので、やめてしまった。

また、連載のある時期は、自分にとってつまらなかった映画を紹介するのが苦痛で、そうした作品について書くことはなかったのだが、あるときから、「今回、とりあげなかった作品」として、タイトルと短評を書くようにした。公開時期が重なる映画については、なにか不思議な巡り合わせがある。そのことの意味が、映画の評価も変える。低評価作品のタイトルを上げることも、時代の情報ではないのか。やがて締め切りまでの間に観た映画すべてにことばを添えるようにした。今回書籍化にあたっては、自分のツイッターやフェイスブックのログをたどり、連載にはない映画のタイトルも掲載した。

現在の連載では、リアルタイムで自分が観た映画を、大体のおすすめ順で並べるくらいの工夫にしている。満点の映画が数本並ぶこともあれば、あまり楽しめなかった映画が並ぶこともある。それでも読み返してみれば、映画のタイトルやことばをきっかけにして、そのときの空気や自分の日々を明確に思いだすことができる。鑑賞当時はきつい味に感じても、記憶の中で発酵された映画が味わい深いものに変わっていたりもする。書籍化にあたっては、すべての映画を日本での劇場公開日の順番に並べ直した。鑑賞した順とは違うのだが、映画の記憶をみなさんと共有する上で、この順番が最良と判断した。

個別の映画に対しての評価は、テキストの分量と熱量で判断してほしい。

「メルマ旬報」でいただくギャラにしても、そんなに高くない。映画鑑賞にかかるコストとくらべたら、赤字になるくらいだ。個人事業の営業判断で考えればマイナスである。それでも声をかけてもらったことに対する意気を感じ、寄稿を続けてきた。

日常の中で、映画をデトックスしたい時期もある。どんなに楽しくても、映画という他者の思いに触れ続けていることに、疲れてしまう。本を読みふけり、ゲームをし、酒場で人と会いたい時期もある。

もともと映画に関することは、あまりに好きすぎて、仕事にしたくなかったので、その類の営業はやってこなかった。そんな中で、水道橋博士が連載という機会を作ってくれたことを、おもしろく思った。

かなりゆるい縛りではあるが、連載というノルマの中で、映画を観ることはどんなものなのか。映画をデトックスする日々はなくなってしまったが、それでもどの映画を観るかを選ぶのは自分であり、どんな映画でも、スクリーンに向かうときは余計な思惑から離れ、見知らぬ多くの人の中で心地よい孤独を感じながら楽しむものだ。

生まれ育った九州の町で、母親が買いものついでに小学生の自分を映画館に置いておくことがよくあった。自分にとってはそれが映画の原風景なのかもしれない。当時は高度成長期の終わりで、アーケードのある商店街には映画館がいくつもあった。東宝、東映、松竹、大映、日活（にっかつ）、そして洋画系の映画館が、それぞれの作品を上映していた。「ゴジラ」ならあの映画館、「赤影」と漫画映画（アニメ）はこっち、字幕の入った大作はすこし離れたほう、といった感じで、新聞の映画欄を見ながら、胸を躍らせていた。路面電車の電停には映画の広告が並び、ゴジラの近くにポルノ映画の裸が並んでいた。

しかし、経済の構造が変わり、アーケードのある商店街からは、映画館が消えていった。いま帰省しても思い出の映画館はひとつもない。町に映画館はなくなってしまった。

ひとりで町に出て映画を観るようになったのは一〇代の頃からだが、当時は『タワーリング・インフェルノ』、『ジョーズ』などのパニック映画に分類されるもの、『日本沈没』、『ノストラダムスの大予言』などの終末もの、そして、『犬神家の一族』から始まる角川映画が話題だった。そして、洋画も邦画も地元封切館では、二本立てだった。

すべての人にとって映画の黄金時代は、モンタージュの技法が完成した一九二〇年代でも、戦後最大の観客動員を誇る一九五〇年代でもなく、その人自身の一〇代の時期であると思う。自分にとっての黄金時代は一九七〇年代半ばから、一九八〇年代半ばにあたる。

日本映画製作者連盟が発表した一九七八年の統計では、邦画三二六本、洋画一七八本、合計で五〇五本の映画が公開されている。この中には成人映画も数多く含まれるので、ちょっとがんばれば、話題作はほぼすべて観られたものだ。これが二〇一五年になると、一一三六本となる。とてもじゃないが、追いつける数ではない。

もちろん、シネマコンプレックスによるスクリーン数の増大もあるが、なにより撮影から上映まですべてデジタル化し、映画製作がたやすくなった影響もあるのだろう。

一〇代の頃、「キネマ旬報」や「映画芸術」、「ロードショー」、「スクリーン」などの映画専門誌を定期購読したことはない。特集によって買うことはあったけれど……。新旧の「奇想天外」、「SFマガジン」、旧「STARLOG」、「面白半分」といった雑誌は熟読して、その中で紹介される映画は積極的に観ていた。高校の頃は『スター・ウォーズ』をひとつの契機としたSFブームがあった。学研の「SFファンタジア」シリーズや奇想天外社の「超SF映画」は、バイブルのように読んだ。

ただ、映画はいつだって、二番目の趣味だった。小説や、ボードゲーム、テレビゲーム、旅行、写真、PCなど、一番目の趣味は数年ごとに変わっていったが、映画に関しては、いつも二番目にいた。

現役受験に失敗して、予備校に入り、福岡市の寮で暮らしていたとき、本は二〇〇冊くらい読み、映画は一〇〇本くらい観た。大学の数も多く、若い年齢が目立つ都市だったから、福岡は当時からにぎわっており、寮の近くの名画座は週末にオールナイトの五本立てをやっていた。親元を離れた自由さもあって、読書と映画を大いに楽しんだ。名画座でも封切り映画でも、その年代にしか出会えず、その時代でしか楽しめないものはある。悲しいことに、福岡の当時の映画館でいまも残っているところは、ほとんどないけれど。

大学入学で東京に移り、東京の映画館に驚愕した。封切館はその施設も立派だが、いつもにぎわっており、平日なのに学生も多い。名画座も多い。雑誌「ぴあ」を買っては観て回り、東京の地理にも詳しくなった。ありがちな田舎者の都会との遭遇だ。

大学では映画系サークルには入らず、ワセダミステリ・クラブという読書系サークルに入ったのだが、ここは映画好きの先輩が多く、田舎の映画好き、本好きの高く伸びた鼻は軽やかに粉砕された。卒業すると出版社に進む人も多かったが、各学年にひとりくらいは映画を仕事にする人がいた。高田馬場の酒場で夜通し、映画を語り合ったり、話題作を大勢で観に行く楽しみがあった。

大学一年のときにバイトして、VHSビデオデッキを購入した。いまでは考えられないが、六本木にある輸入ビデオレンタルショップで、『少年と犬』、『バンデットQ全長版』、『最後のユニコーン』など、日本では観られない映画を借りたりしていた。映画も本も、浴びるように見聞していた時代だ。

在学中からライター仕事をしていたが、大学中退後はゲーム関係の仕事が忙しく、映画館にいくのは話題作や大作のときばかりになっていた。流行の大画面ブラウン管テレビを買い、初期のドルビーサラウンドで部屋中にスピーカーを置き、下手に映画館にいくより家で観たほうが音がいいなんて、寝言のように言っていた。金回りもよかったので、高田馬場、渋谷、秋葉原に通い、レーザーディスクを買いまくっていた。いつまで経っても日本公開しない『ロボコップ』を輸入盤で購入し、英語字幕が表示できるクローズドキャプションの機器をつないで、何度も観た。それをきっかけに最新の未公開映画はレーザーディスクの輸入盤を買う習慣がついた。「BARE FACTS VIDEO GUIDE」という洋書や、「CELEBRITY SLEUTH」という雑誌で好きな女優がヌードになっていることを知ると、そのためだけにディスクを買った。木製の本棚の棚板がディスクの重みに耐えかねて、ばきばきと崩壊していったり、増え続けるディスクに悲鳴をあげながら、気がついたら二〇〇〇枚近く買っていた。当然、観きれるものではなく、購入後の検品のため、ざっとサーチだけする作品もあった。時間が経ち、初期製造の盤を再生すると、ノイズが出始めた。すべてのディスクは後日、産業廃棄物として引き取ってもらった。結構な金額を払うはめになる。ほんとに馬鹿だな。

結婚したこともあって、レーザーディスク熱が冷めたあと、DVDをレンタルしたりもしたのだが、大量に借りては返却が遅れることを繰り返していた。レンタルで映画を観るのはいいけれど、返すのが本当にめんどうだった。性格もあるのだろうけれどね。

相変わらず、映画館にはいっていたのだが、混雑すると時間が読めず、いい席に座れないなどのストレスが大きかった。また、新宿の大きなスクリーンでの上映で、右チャンネルが死んでいるという上映事故があったりもした。

この頃は海外旅行にもいくようになり、海外の映画館で映画を観ることを楽しんでいた。初めて海外で映画を観たのは、一九八五年だ。ホノルルの映画館でロン・ハワード監督の『コクーン』を観た。この癖はその後もつづいている。アメリカ各地はもとより、台湾やニュージーランドでも映画を観たりした。

アメリカでチェーン化して拡大するシネマコンプレックスは好きな空間だった。早くから座席の予約ができ、「なにを観たんだ?」とトイレで話しかけてくる人と会話したり、「どこのシネコンが音がいいのか」という情報を聞いたりする楽しさ。アメリカンサイズのドリンクの量に注意は必要だが、スクリーンを通してしか知らなかったアメリカとフラットに対峙できる空間だ。

日本でも一九九三年、ワーナー・マイカル・シネマズ海老名（当時）が開館したとき、『ジュラシック・パーク』をTHX認定スクリーンで上映すると聞いて、駆けつけたりした。それは本当にうらやましいくらいの映画の空間で、都心のシネコン化が遅れている中、引っ越したくなるほどの魅力があった。

当時、アメリカと日本で映画を観くらべていて、同様なフィルム上映であるにもかかわらず、アメリカで上映されるフィルムの品質と、日本で字幕付きで上映されるフィルムの品質には大きな差があった。さらには映画館も薄明るかった。消防法の関係で、一九九六年まで映画上映中の非常口誘導灯は消灯できなかったのだが、それ以降も古い映画館では、映画上映中も煌々と誘導灯が光っていた。施設の改善はなかなか進まなかったのだ。

上映の品質については、「スター・ウォーズ」プリクエルの上映を契機に、DLPの導入による映写のデジタル化は進み、日米の差はなくなってきたが、当初は実験的に導入されてきたスクリーンも多く、二〇〇五年の『エピソード3』や二〇〇六年の『ポセイドン』あたりから、DLP導入スクリーンが増えてきた。

話を戻そう。レーザーディスクなどの映像パッケージ購入の虚しさ。レンタルを借りてそれを返すストレス。都心映画館の不便さや上映クオリティの低さ。映画は好きだったけど、映画を観るのが億劫になってきた自分にとって、思いもかけないニュースが飛びこんできた。近所にある工場がＳＡＴＹになり、その中に12スクリーンあるシネマコンプレックスができるというのだ。東京二三区内では初のシネコンだ。玄関から歩いて五分のシネコンだ。映画好きの自分には最大級のプレゼントだよ。それがワーナー・マイカル・シネマズ板橋（現・イオンシネマ板橋）である。

ＴＨＸシアターを含む最新の上映環境である。レンタルのように返却する必要はない。映像ソフトとして、場所をとらない。（最初はちがったが）指定席制で事前に鑑賞券を購入できる。レイトショーなど、日常的に割引で鑑賞できる。なにより近所にあるので、家で夕食を食べ、軽く風呂に入ってから、上映開始一〇分前にサンダルにショートパンツで映画を観ることができる。

二〇〇〇年五月二五日のことだ。当時、ワーナー系の映画館としては世界で一〇〇〇番目のスクリーンであり、総座席数は二三二六。メインスクリーンでは『マトリックス』をリバイバル上映していたが、ぼくは『アメリカン・ビューティ』を観た。当時のシネコンは目新しいもので、不慣れなスタッフに不慣れなお客さんで、若干の混乱もあったが、そのときから一六年以上、ぼくの人生のメインスクリーンとなっている。

当時のワーナー・マイカル系は拡大期で、スピーカーなど、シネコンの音響としてはちょっと物足りない部分もあるが、デジタル化にも早くから意欲的で、ファミリー主軸のラインナップの中、アート系フィルムを意欲的に上映してくれるなど、身近な街のシネコンとして、頼もしい存在だ。

そんなシネコンのメリットを最大限に享受する映画ライフを送っていれば、水道橋博士から連載の依頼が来たとき、「シネコン至上主義」と命名するのは自然なことだ。連載開始当時、渋谷にいけば、マニアックな番組で人気のある単館系映画館も多く、シネフィルたちが集っていたものだ。しかし、自分は映画を人生の最上位に置いたことがなく、試写会への応募や、チラシ集めなども興味がない、「映画秘宝」も飛び飛びでしか買わない、映画外道みたいな人間である。毎週末はまず地元から上映時間を確かめ、興味のある映画を、料金が安い時間帯に、一週間かけてていねいに観ていく。どうしても観たい映画があったり、デートしたいときは都心にも出かける。映画は絶対に映画館で観るべきだとは思わないし、有料チャンネルやSVODで観ることも多いけれど、やっぱり気楽なシネコンの気楽な暗闇の中で観るのが、大好きだ。

冒頭でも書いたように、ここ数年では、都心もシネコンが一気に増加して、かつてはにぎわった単館系の街、渋谷からもシネマライズ、シネクイント、シアターTSUTAYAなどの単館系シアター、パンテオンなどの大箱がなくなってしまった。映画はシネコンで観るのが当たり前で、シネコン以外にどんな映画館があるのかわからない世代も多いだろう。そこに一抹の寂しさを感じつつ、それでもやっぱり、シネコンが好きでたまらないし、ハリウッド大作からヨーロッパのアートフィルムまで、あらゆる作品をシネコンで観たいと思うのだ。

一〇代のころ、雑誌で高信太郎が「視野は広いが心は狭い」と書いていたことがあり、妙に気に入っていた。自分のツイッターの自己紹介でも引用しているくらいだ。いろんなものを観たい、いろんな人に触れたい、でも、必要以上に人と関わりたくない。自分はそう生きてきたし、それは映画に対しても同様だ。そのときの自分が観たい映画を自分のタイミングで楽しみ、場合によっては、ひとりで夜の酒場に行き、たまさか居合わせた人と語りたい。でも苦手な展開になったら、そっと去る。

この本はそういうスタンスで映画と付き合ってきた日々の記録だ。

CONTENTS

2012

一年の最後に至るまですばらしい作品が多く、雑誌やネットでベストを選ぶ方の呻吟が聞こえてくるような年だった。一方、『アメイジング・スパイダーマン』では、まるで雰囲気の違う国産ロックがエンドロールに流れたり、『ハンガー・ゲーム』では、ドラマが終わり、エンドロールが始まる直前に「パート2、日本公開決定」という、余韻をぶち壊しにする字幕が表示されたりしたなど、海外作品の日本公開に関する問題点も多く見られた。『劇場版　魔法少女まどか☆マギカ』前後編、『おおかみこどもの雨と雪』、『ヱヴァンゲリヲン新劇場：Q』など、アニメの話題作も多かった。

『ヒミズ』

（二〇一一年　日本　監督：園子温）

大林宣彦、相米慎二、今関あきよしと並び、女の子を弾けさせる園子温の少女映画の良さ。友人がそう、滔々《とうとう》と語っていたが、確かにおっしゃるとおり。『ヒミズ』は『愛のむきだし』以来の少女映画の傑作として堪能した。叫んでいる少女がいるだけで、映画の魅力がぐんと上がる。

ここで描かれるさまざまにこじれた孤独。それは歪んだ親子関係など、人間関係から生まれる孤独だけではない。震災という暴力によって土地から引き剥がされる孤独も含まれており、孤独がさらに呼び込む孤独、暴力がさらに呼び込む暴力を濃密な筆致で描きつつ、一途さのみが風穴を空ける救いも描いている。

すばらしい作品だった。しみる作品だった。

『ヒューゴの不思議な発明』

（二〇一一年　アメリカ　監督：マーティン・スコセッシ）

二〇一二年に公開された3D映画の中で重要な三本のうちのひとつだ。ちなみにほかのふたつは『タイタニック 3D』と『ホビット 思いがけない冒険』だが、どれも、闇の中でスクリーンから浮かび上がる3D映像でしか体験できないものを見せてくれる。

とりわけ『ヒューゴの不思議な発明』は、暗がりで映画を観るという体験を再発見させる。前半の展開は、作中にもちらりと名前が出てくるディケンズ的世界観なのだが、そんなことは忘れてしまったかのような展開にどんどん進んでいく。スコセッシとは思えないほどの破格の構成だ。バランスを崩してしまったといってもいいだろう。そんな強引なドラマさえ、3Dの幻想とともに愛おしいものとなっていく。理屈とか、ドラマツルギーとか、小賢しいものはどうでもよくなり、あふれる映画愛で胸がいっぱいになってしまうのだ。

二〇一二年は映画のデジタル化が興行の面でもほぼ

完成された一年となったが、その年に、このような映画が公開され、アメリカでアカデミー賞を競い合うというのは象徴的だ。なにより、映画は映像における科学技術の精華だ。その技術はさらに進んでいき、僕たちに新しい体験をもたらしてくれるだろう。それがこのような古典的なドラマと、歴史的サプライズの中で、満ち足りた存在になるとは……。

こればかりは家庭ではなく、劇場で観てほしい。

『別離』

（二〇一一年　イラン　監督：アスガー・ファルハディ）

イラン映画だ。日本で公開されるイラン映画といえば、アッバス・キアロスタミの諸作くらいで、縁遠いものという印象だったが、この映画はちょっと違う。中産階級に属す家族の離婚問題、老人介護問題、信仰問題などを織り込みつつ、息を吞むような展開で、サスペンスフルに観客を刺激するミステリー映画として、法廷劇を見せてくれる。

そこで描かれる司法制度や信仰の世界は日本の常識とは違うものだが、だからこそ、普遍的なテーマが鮮やかに見えてくる。なによりもアカデミー賞脚本賞、アカデミー賞外国語映画賞にノミネートされ、外国語映画賞を受賞したという結果は納得がいく。

信仰と罪を描いた作品では、アメリカ映画の『ダウト　あるカトリック学校で』がとても好きだが、それをしのぐ周到さとサスペンスの魅力がある。

後述の傑作『アルゴ』はイスラム革命の時代のイランを描いたアメリカ視点の映画だったが、それと合わせて、この『別離』でイランのいまを観るのも楽しいことだと思う。

『SR サイタマノラッパー　ロードサイドの逃亡者』

（二〇一二年　日本　監督：入江悠）

「タマフル映画祭」で一作目を観たとき、そのインディーズ的叙述に衝撃を受けながら、立ちのぼるせつなさに心を打たれた。二作目は川越の映画館で観たが、映画館の残響がひどく、ほとんどのライムが聴き取れなかったものの、女ラッパーたちの健気さに胸を締めつけられた。そして、三作目がこれほどの傑作映画になっていたとは、想像もつかなかった。

抱いていた夢が時間とともに削られていく、人生のデフレスパイラル。出口が見えない胎内巡り。立ち上がりたくても、自分の足のありかを忘れてしまうほどの不遇。そういったものすべてが、すさまじいテンションの撮影、怒号、そして、ラップの中から叫びとして全身に響いてくる。

シリーズの中で一番短く感じられた。きわめてシンプルだ。きわめて力強い。きわめて北関東だ。そして、なによりきわめて映画だ。クライマックスの長回しシーンなんて、息をすることも忘れそうになった。

『裏切りのサーカス』

（二〇一一年　フランス／イギリス／ドイツ　監督：トーマス・アルフレッドソン）

ル・カレの「ティンカー、テイラー、ソルジャー、スパイ」をすさまじいレベルで映画化した傑作だ。

東西冷戦の時代、諜報機関ＭＩ６（サーカス）内部に潜んだ二重スパイ（もぐら）を探し出すエスピオナージュだ。情報戦の中で命も奪われ、心も踏みにじられ、それでも生き残るために張り巡らされる罠と罠。非情といえば、これほど非情なドラマはない。

映像、セリフ、設定。情報戦を描くために凝縮された情報密度！　ほどよく枯れたゲイリー・オールドマンが醸し出す味わい。『ダークナイト・ライジング』でも苦悩する男の存在感を見せてくれたゲイリー・オールドマンだが、こちらもたまらない。さらにコリン・ファース、トム・ハーディ、ジョン・ハートといった役者陣も最高だ。スヴェトラーナ・コドチェンコワという気になるロシア系女優も出てくる。

なによりすばらしいのは、ル・カレらしさともいえる緻密な複雑さからしか生まれない豊かな感動があることだ。単純に泣ける、笑えるというレベルではなく、奥歯で噛み締めるような複雑な味わいが堪能できるのだ。

これからの一生、何度も何度も観るにふさわしい映画だった。

『わが母の記』

（二〇一二年　日本　監督：原田眞人）

原田眞人監督の会心作。監督の癖と演出スタイルで、こういう映画が見られることも驚きだったが、日本と海外の映画について、監督がいままで語ってきたことがこういう形で結実したのかと、納得させられた。

なによりも映像とスクリプトの中に張り巡らされた言葉や仕掛けについて、終映後に誰かと語りたくて仕方がなくなった。

船上での謎解きシーンからの流れなど、最近の日本映画に欠けていた要素がふんだんにある。なによりも映画と個人的な体験のシンクロが、高い次元の感動を呼んでくれる。映画の前半で語られる「愛は奉仕、奉仕は愛」というフレーズだが、映画の後半になると、その意味を変えて、思い出されてくる。

樹木希林と役所広司の母子関係がすばらしい。老人性痴呆症になった樹木希林がドラマの進行とともに小さくなっていく姿を目にするのは、人の息子として、たまらないものがあった。

『孤島の王』

（二〇一〇年　ノルウェー／フランスほか　監督：マリウス・ホルスト）

『パピヨン』や『暴力脱獄』といった脱走テーマが映画の定番であるのは、そこに象徴される自由への抑圧、折れない心といった普遍的なテーマが存在し、人間の心の中にある熾き火に風を送るからではないだろうか。

この「脱走映画」を際立ったものにさせているのは主人公たちと舞台だ。主人公たちは大人ではない。少年だ。舞台は厳寒の地、ノルウェイのバストイ島。さらに大人の獄吏による少年たちへの性的虐待までもれなくついてくる。先達といえる作品を遙かに純粋にさせ、遙かにデリケートにさせ、その上で圧倒的な悲劇の場を体験させてくれるのだ。

実話を基にした映画だ。ノルウェイの法制度が変わったといういわくつきの「事件」だ。理不尽に対してふつふつと煮え立つ感情のスタンピードを見せてくれる。クライマックスは呼吸が苦しくなるくらいだ。生きることに純粋な少年たちと、生きることが業になっている大人たち。少年をまぶしく思うと同時に、大人には同情してしまうのだ。目の前にそそり立つ絶望感を見てほしい。大人による圧倒的な暴力を全身で受けてほしい。

『この空の花　長岡花火物語』

(二〇一一年　日本　監督：大林宣彦)

監督作『理由』では顕著だったが、大林宣彦監督作品には「大林饒舌体」とでもいうべき手法がある。特徴的なのは、全編セリフで覆い尽くされていることだ。単に多弁というだけではない。本来であればト書きで書くべき要素まで、セリフとして口で語っていくのだ。そんなことばの洪水で観客にめまいを感じさせつつ、時系列を錯綜させ、フィクションと現実、死と生、虚実の彼方から見える映画的真実を浮かび上がらせるスタイルだ。

少女めいた言葉選びとあいまって、大林饒舌体は映画を統べる全体魔法のように作品を特徴づけてきた。それにしてもここまで進化するとは思わなかった。饒舌なのはセリフだけではない。サウンドトラックには限りがあるといわんばかりにフィルムの上にも文字が現れ、踊るのだ。確認するように、リズムをとるように。

そして、全編を埋め尽くす、土地と歴史と人に関する蘊蓄《うんちく》の数々がすごい。普通の映画とは情報量が二桁、三桁くらいは違う。米百俵、山本五十六、中越地震、フェニックス、長岡空襲、模擬原爆。長岡を中心にしたさまざまなエピソードが絶え間なく語られ、蘊蓄というにはとどまらない有機的なものになっていく。

ほかには比較できようがない、へんてこな映画だ。そして、大林監督はそのへんてこな映画を確信を持って作っている。メタとしか言いようがないセリフや描写もあるが、幻想やゆらぎさえも真実の描出に不可欠と心得た人ならではの、次元の高さなのだろう。

上映時間は二時間四〇分と長い。だが、絶え間ないことばと、現実に魔法を加味したような映像、さりげなく顔をのぞかせる戦争の凄絶描写に身を委ねていると、その長ささえも魅力となる。

花火の夜に上演される長岡空襲をテーマにした芝居をクライマックスに持ってきていることから、饒舌なことばがシュプレヒコールと化すなど、演劇的な演出も多いわけだが、それが自然に感じられる。きっぱりとした遺志を語る監督のぬくもりを堪能した。

この映画を観てから時間がたっても、いまだにぼくの頭の中には、あの印象的な一輪車が走り回っている。

二〇一一年の夏を追った作品だから、いたるところに、東日本大震災への意識はある。しかし、直接的に描かれていない。その距離感がとてもよいとしかいいようがない。被災地とは地続きでありながら、作品が提供する目線はさらに先を追っている。

『ファミリー・ツリー』

(二〇一一年　アメリカ　監督:アレクサンダー・ペイン)

これはすばらしい作品だった。なにより見終わったあと、わきだしてくるたまらない人恋しさ。そのときを告げる時計のように、衰えていく妻の容貌。植物状態となって、死へのカウントダウンが進む妻の不倫を娘の口から聞くという苦しさ。ハワイの王朝から継いだ広大な土地をどう処理するかという決断。そして、育ちゆく子供たち。穏やかだけれど心を揺らすさまざまな事件が打ち寄せてくる。ほんとにいい映画だった。

もっとも身近な人の夭逝を受け入れるプロセスを描いた作品に〝The Descendants〟（原題：子孫の意）と名づけ、ハワイという舞台を選んだ巧みさに胸が震えた。映画を見終わって、映画の時間を反芻すると、目頭が熱くなる。ジョージ・クルーニーは確かにみっともない役だが、その隅々まで感情移入ができた。

この手のタイプの映画では思いがけないカタルシスもある。人によって、この映画に対する感想は変わってくると思うが、これほどの状況の中から、生まれる家族の姿というのは、正しく感動的だ。

『サニー　永遠の仲間たち』

（二〇一一年　韓国　監督：カン・ヒョンチョル）

たまたま訪れた病院で、高校時代の大親友に会ったとき、彼女は余命二ヶ月の不治の病だった。昔の仲間に会いたいという親友のリクエストから、専業主婦、ナミの物語が始まる。八〇年代と二一世紀を行き来しながら、再生される友情。真新しい要素はないが、胸を打つ友情の物語が丹念に描かれる。

同窓会（リユニオン）ものというべきだろうか。物語の大枠として新たなものはなくとも、抜群のキャラクター、抜群のプロット、抜群のシナリオ、抜群の編集、抜群の選曲で、冒頭から自分も転校生のひとりになって、ソウルの学校に編入する体験ができる。この映画の最大の発明は、モノクロでもセピアでもない、現在とまったく同じヴィヴィッドでリアルな色調で、地続きの八〇年代を描いていることだ。

八〇年代の事件のそれぞれは、ややコミカルかつ過剰に描かれる。韓国映画ならではの前蹴りや飛び蹴りもふんだんにある。ただ、そのデフォルメは、記憶の中でくっきり蘇る高校時代のリアリティとして、自然なものとして胸にしみてくる。ぼくたちの二五年前を思い出させてくれるのだ。

ティーンの出会い、友情は、そのすべてが奇跡だ。ぼくたちはみんなそういう奇跡があることを知っている。だから、彼女たちの悩みやピンチ、痛快事、憧れ、失恋など、すべての肌合いが暖かさとともによみがえってくるのだ。

あのころ、なにはなくとも仲間と一緒にいるだけで愉快で笑顔が浮かび、ひとりではできない気持ちの広がりを感じられた。そんな感覚が、自然に生まれてくる。あれだけ仲良かった少女たちが、なぜ、二五年近くも疎遠になってしまったのだろう？　その空白の理由に向かって、物語の翼は大きく舵を切っていく。

けっしてノスタルジーの映画ではない。八〇年代に熱く、可愛らしく、激しく、けなげに、笑って、喧嘩して、歌って、踊って、友情を育んだ七人の女子の生きた形の鮮烈さを、抱きしめる映画だ。泣くのは当たり前で、最初から最後まで微笑みながら応援する映画といってもいいだろう。

『ミッドナイト・イン・パリ』

（二〇一一年　スペイン／アメリカ　監督：ウディ・アレン）

あまりにも幸せで、あまりにもほろ苦いウディ・アレンのファンタジー。婚約者とともにパリを訪問したアメリカ人の脚本家が、ふとしたことから、一九二〇年代のパリに迷い込む。ヘミングウェイやフィッツジェラルド、パブロ・ピカソやダリ！　彼が愛する文化人がそこで彼を迎えてくれるのだが……。

旅人が街に愛されるというフルサービスの多幸感はたまらないものがある。おしゃれなデートムービーというより、童貞がなにもしてないまま、最高の美女が向こうからやってきて、至高のエッチをしてくれちゃうような話。そんな童貞映画だからこそ、照れくさくも嬉しくなってしまう。

その一方で、広瀬正や小林信彦、ジャック・フィニイなど、古き良き時代の空気を伴うタイムトラベルものの妙味もある。こんな幸せから、どんな決着をつけるのか。そのあたりも絶妙だ。

『ハロー!?ゴースト』

（二〇一〇年　韓国　監督：キム・ヨンタク）

『サニー』の温かく豊かな話法とくらべたら、なんとももくどくて、下品で、雑なルックの映画だ。評判がいいので、映画館に出かけてみたものの、途中でうんざりして席を立とうとしたくらいだ。しかし、観終わってみれば、『サニー』をしのぐほどの印象をあたえてくれる映画だった。

この映画を観るときは、いっさいの予備知識を入れないでほしい。DVDで観るなら、始まったら、早送りボタンを押してはいけない。映画館と同じように集中して、最初から最後まできちんと観てほしい。それができたときは、すごい衝撃が待っていることだろう。

『ワン・デイ 23年のラブストーリー』

（二〇一一年　アメリカ　監督：ロネ・シェルフィグ）

その出演作が高い打率を誇る、アン・ハサウェイの恋愛映画だ。大学の卒業式で出会ったエマとデクスター。彼らの二三年間におよぶ愛のドラマだが、映画らしい仕掛けとして、それぞれの年の「七月一五日」を描いている。

彼らの二三年間の軌跡を思い出すだけで胸が一杯になり、涙腺まで刺激する。

イギリスらしいさまざまな景色の中にいるアン・ハサウェイを鑑賞するだけでもうれしい眼福映画だし、いちばん好きな相手とはなぜだかうまく付き合えない、恋愛のジレンマもうまいドラマにしている。

ディテールも豊富だ。ファッションなど時代の変化から、会話に織り込まれた伏線まで、すべてを見終わったあと、もう一度見直したくなる。

『苦役列車』

（二〇一二年　日本　監督：山下敦弘）

時代設定としては、ぼくが学生として過ごした時代から五年ほど後の話になるが、当時のサブカル、ニューアカあたりの長口舌は懐かしくも愛おしいものだ。

劇中で使われる過剰な音楽には抵抗はあるが、原作からのアレンジも含めて、極限における福音の映画として大いに肯定したいと思う。

森山未來も高良健吾も一九歳というにはちょっと老けた体つきだったと思ったが、〝あるあるボタン〟をしみじみと押したくなる空気感があった。なによりもセリフにあふれる時代感が最高だった。これは脚本のいまおかしんじが一九六五年生まれだということもあるのかもね。

なにより冴え渡る瞬間は、若さゆえ、小心ゆえの凶暴さが発揮されるときだ。『モテキ』の補集合としての凶暴がエネルギーを増し、逃げ場を失い、たぎっていく。ドラマはある時点から、昇華されたファンタジーと化すが、それさえも心地よいのだ。

得体のしれない閉塞感のある現代とくらべて、あの時代には、最悪の中からもほのかにじみでる〝夢〟があっただけ、よかったのかもしれないね。それを感じたのがこの映画の美点かもしれない。

ちなみにこの映画の中の前田敦子はいい。原作にないシーンもあるが、前田敦子なら納得できる。

『桐島、部活やめるってよ』

（二〇一二年　日本　監督：吉田大八）

吉田大八監督作品はひととおり見てきたが、これは別格の完成度、なんてことを書いていたら、二〇一二年後半、ちょっとしたムーブメントを作ったこの映画を軽んじることになる。

「日本の学園映画の流れを変えることになる」と言った人もいたが、『今日、恋をはじめます』みたいな映画がしぶとく作られているのが健康な映画業界でもあるから、すべての映画が『桐島』になる必要はないだろう。とはいえ、この映画が受け入れられていることに未来の日本映画にも希望が見える。映画は映画作家と映画会社だけのものではなく、観客とともに育っていくものなのだから。

放課後の濃密さ。秘めたる思いと現実との距離。いく層ものレイヤーに分かれたクラスメートとのコミュニケーション。残酷と不安。すさまじいクライマックス。追憶の学生時代を起動させる激烈な触媒としての映画を堪能した。

冒頭、進路調査票の配布から始まるあたりが象徴的だ。映画部担任の教師の机には雑誌「プレミア」、映画部の生徒たちの「映画秘宝」の回し読み。映画部エピソードへの愛情の深さに、笑みが絶えなくなる。

地方の学校でのデリケートな群像劇は、ロバート・アルトマン作品を思い出させつつも、舞台が舞台だけに、他人ごととは思えない。すでに解体され、ドラマのような有機的な学園生活がなくなった時代に、『ゴドーを待ちながら』さながらの不在によって、意味を問いかける手法があり、それが受け入れられるというのは、すばらしい。

『闇金ウシジマくん』

（二〇一二年　日本　監督：山口雅俊）


後述の『悪の教典』以上に苦手という人も多い映画だが、今年を代表する一本といってもいい作品だろう。

高密度にして高濃度としかいえない！　キャラクターとプロットと詩情を隙間なく詰め込み、数々のサプライズとうならせるツイストがふんだんに散りばめられた、国産エンターテインメントの至芸だ。生死と金のトワイライトゾーンをしっかり楽しんだ。

食い合せが悪かったのか、原作漫画は一巻か二巻しか読んでいない。テレビドラマ版も映画のあとでチェックしたが、観なくても構わないだろう。片瀬那奈が出てきたのはテレビドラマ版からのサービスだけど、それとは関係なく楽しめる。

山田孝之のウシジマくんはほんとにすばらしかったよ。彼のバラエティあふれる出演作は、香川照之の出演ぶりとはちがう意味で、楽しみになる。

大島優子のヒロインにはやられた。女優としての彼女の印象はほとんどなかったが、作中、ふたつあった、移動撮影のシーンでは、生々しさと存在感があふれ出てきて、胸が苦しくなるほどだった。

この映画ですばらしいのは、裸がきちんと出るところ。きれいな裸も、汚い裸も出てくるが、冒頭近くで母親役の黒沢あすかが見せる年増腹！　あの説得力ったらないよ。肉体が状況を語っている。インディーズではない日本の映画で、こういう説得力を見せつけられたら、たまらない。

これほど、キャラクターにブレがない日本のドラマはめったにない。そして、主題の展開が絶妙なドラマもめったにない。生々しいけれど、下品ではない。テーマのリフレインが心地よくもある。相手がどんな人間かによってその形が変わる、ウシジマという鏡面のようなキャラクターはなによりすばらしいと思う。

『夢売るふたり』

（二〇一二年　日本　監督：西川美和）


鑑賞後、しばらく経ってから、「あああ、わかった！『夢売るふたり』は底意地が悪い現代的な『芝浜』なんだ！　向かってる方向は全然違うけど」なんてことをツイートした。

初見の印象は「えぐい」ってことだ。望まずして持った夫の才能と妻の才能がケミストリーを起こした結果、目的と気持ちと生理と愛、そのすべてが地すべりをしていく。この地すべりを描くのはぞっとするセリフとぎょっとするカメラワークだ。そして浮かび上がるのは、さまざまな女たちのさまざまな孤独なのだ。

　罪を犯す。道を踏み外す。堕ちる。人間の状態はそんな上下を意識することばで表されることが多いのだが、上下だけが人間の状態ではない。能力とタイミング、そしてえもいわれぬ人間関係によって、上下、縦横、斜めにずれてしまうものなのだといっていいだろう。そういう西川美和監督ならではのゆらぎの罪が、今回も丹念に描かれていた。

　ナタリー・ポートマンは『ブラック・スワン』のオナニーシーンでぼくらを驚かせたが、それはまだ、男性監督が描く女の姿だった。生理がきたとき、ずりさげたパンツにナプキンを貼り付ける松たか子には、あっけにとられるしかない。その手の描写はひとつだけではない。そのすべてが女を描く女性監督の容赦のなさなのか。松たか子なのでナプキンを貼っていても生臭くならない、という奇跡もあるのだけれど。

　『告白』といい、『夢売るふたり』といい、松たか子のダークサイド芝居は最高だ。映画館で観る「発言小町」といってもいいだろう。

　さて、興味深かったのがこの映画に対する反応だった。結婚経験者とそうでない人でかなり違うんだね。そんな中で『夢売るふたり』は『芝浜』なのだということに気づいたわけだ。どこがそうなのかは、作品をご覧になって、感じてほしい。

『鍵泥棒のメソッド』

（二〇一二年　日本　監督：内田けんじ）

　これはいい香川照之出演映画。とにかく出演作が釣瓶撃ちの香川照之だ。往時の竹中直人出演作みたいになっているが、『あしたのジョー』の丹下段平とか、『カイジ』の利根川みたいなオーバーアクトなキャラではなく、抑えたキャラクターで出演している作品は、すばらしい。

なにより、仕事がたしかな内田けんじ作品だ。

ゆるそうに見えてタイト。すさみそうに見えてハートウォーム。怖そうに見えて……。殺し屋が記憶喪失になったことで、売れない役者と立場を入れ替えることから、人間性の深層と表面を絶妙に描く、豊かなる国産エンターテインメントだ。なんとも幸せな二時間強だった。

伏線と伏線がさまざまに飛び交い、予想外の展開を呼ぶサスペンス感あふれるような従来の内田けんじ作品とは違い、キャラクターをじっくり見せる緩さがツボだった。主要登場人物三人の現世との関わりの薄さが、事件を通して変化していくのもいいいね。

『アルゴ』

(二〇一二年　アメリカ　監督・出演：ベン・アフレック)

カナディアン・ケーパーとも言われるイランの人質脱出作戦を描いたと聞いて、もっとポリティカルな要素が強いかと思っていたが、最後までサスペンスを堪能できる娯楽作品として一級品だった。

アメリカが実行した非暴力的かつ成功した人質救出作戦を再構成し、ハリウッド映画産業というテキスチャーをかぶせた仕組みは、国際情勢に外挿する仕組みとして絶妙だ。

政治的要素のからんだ救出映画としては、『ブラックホーク・ダウン』などが思い出される。果てしない戦闘の泥沼と、血が流れることがない、虚実みだれる人質救出劇とでは爽快感に圧倒的な差がある。

歴史が大きく揺りもどすとき、常識とデリケートさのすべてを踏みにじられて、津波のように押し流していく集団の怖さを再認識できた。その集団的暴力に、非暴力で一矢を報いるのだから、おもしろくないわけがない。

自分のような世代にとってはそんなに遠くない時代の話でもある。思い返せば、『スター・ウォーズ帝国の逆襲』を待ちわびていたころの事件なんだな。フィルム感をぎっちり残した映像やあの時代の髪型やファッションがそのままで懐かしかったよ。

ハリウッドの映画も変わりつつある時代。登場するふたりの映画人もどちらかといえば、過去に属する人として扱われている。そんなふたりがこの計画に粋を感じて参加するあたりも、この映画の醍醐味なんだね。

この作戦に使われた架空の映画の原作は、SFファンにはよく知られたロジャー・ゼラズニーの『光の王』。高校や大学のとき、愛読していた小説だよ。本当に映画化されたらよかったのにね。

『終の信託』

(二〇一二年　日本　監督：周防正行)

検事役の大沢たかおのルールを弄した取り調べには心底、腹を立ててしまった。こういう共感ってあるのかな。最近の映画の中でこれほど、気持ちを逆なでし、腹を立たせる役はなかった。

PC遠隔操作で誤認逮捕されたあと、自白強要された明大生の例もある。他人事ではない、取り調べ室の中の悪意を見るだけでも、この映画に足を運ぶ価値はある。

植物状態を演じた役所広司の顔を見ていると、自分の知る故人の顔に重なってしまう。丹念な演出から予想もしないエモーションを引き出されたことに驚いた。

この映画に対する個人的な評価は、近しい人の病院での死をどれだけ見送ったかによるのかもしれない。

女性医師である草刈民代と病身の役所広司、命をそっと握りしめるラブストーリーとしてじっくり展開するのかなと思ったら、あまりにも衝撃的なシーンに驚いてしまう。こういうのを断末魔というのか。それほどに役所広司の臨終シーンはすごかった。安楽死問題での「きれいに死ねたらそれでいいのではないか」という思いを、軽く吹っ飛ばすものがある。あの死にざまがあったから、大沢たかおの強い演技の意味もあったのだろう。そこからはざわざわとした気持ちがおさまらなかった。

この映画の世界は、喘息を持病とする役所広司を大気汚染でゆるやかに殺そうとする工場が取り囲んでいる。さりげない情景や道具の使い方に気づきさえすれば、すべてが悶絶するほどすばらしい。ちょっと感じた空気で、もしかしたらと思っていたら、やはり北九州市でロケをしていた。そこはぼくの故郷である。

近所のシネコンでひさしぶりに、フィルムの映画を観た充足感があった。

検事役の大沢たかおをヒールとして際立たせる演出には、観客の意思を強引にねじまげるほどの政治性があるのではないかという指摘も読んだ。世間知に外れた行動をした医師と世間知の代表とも言える検事。たしかにその対立を鮮明にする意図がはっきりした演出だ。ただ、人間としての検事の苦悩と、現実の取り調べとのレイヤーのずれが救いになっていた。

生死に関わる人の判断を人が裁く。その問題提起としては、十分すぎる作品だったのではないか。

『ザ・レイド』

（二〇一一年　インドネシア　監督：ギャレス・エバンス）

あまりにも鮮烈すぎる現代アクション映画の最適解。興奮、絶望、怒り、没入。そのすべてがみなぎる血なまぐさいアート。いま生きている男なら、これを劇場で観なければ、二一世紀の語り草をひとつ見逃すことになるぞ。男テーマパークの主力アトラクションだ。

世界が理解できる、堂々たる無国籍アクションというこの映画がインドネシア製であるということは、かけらも意識しなくていい。あのスラムビルは世界中の男たちの胸に挑むべき魔窟として存在している。

自分にとって無国籍アクションといえば、漫画『ワイルド7』がインストールされている。だから、羽住英一郎監督の映画『ワイルド7』も、過去の羽住監督作品にくらべたらマシなほうじゃないかとゆるく認めていた。この映画を観れば、そんな不明をお許しくださいい、と言いたくなってしまう。『ザ・レイド』の主人公ラマ（イコ・ウワイス）こそが、飛葉大陸そのもの。過剰かつ全身全霊のエンターテインメントで、生々しい痛みを抱えつつ仲間を守るものだ。

スラムビルの中をラスボスに向かって進撃するSWAT隊員という設定はFPS（一人称視点のアクションゲーム）の構造によく似ているが、この映画にはゲームでは補足しきれない要素としてシラットがある。

シラットという格闘技の名前と内容については鑑賞後に知ったが、なんという肉体コミュニケーション言語かと驚嘆した。膨大なる量のコミュニケーションを大スクリーンで浴びる快感。サウンドトラックとのシンクロ度合い。生の肉体が奏でる音楽。もうこれ以上、ほしいものはない。

この映画がヒットしなければ、日本中のスクリーンに男の居場所がなくなってしまうのではないだろうか。

『のぼうの城』

（二〇一二年　日本　監督：犬童一心、樋口真嗣）

なにしろ城攻めの話であるから、『ロード・オブ・ザ・リング 二つの塔』の光景を思い出すこともあった。

従来の歴史劇とは、見得のありかが違う新風として楽しんだ。キャラクターを立てたドラマは興味深いが、構成上の要請で史実では実在した水攻め終了後の合戦の多くが省略されていて、コクに欠けるところもある。

金打など、ディテールの多くが楽しい。セリフのない描写によって状況を語っているシーンも多く、画面から目が離せない。同録中心の音声設計。歴史的用語が多いセリフに、意味がわからないという人もいるかもしれない。しかし、それは好ましいこと。わかりやすさのため、リアリティのデザインを犠牲にする必要はない。

大震災により公開が一年遅れたが、それも納得できるほどの水攻めシーンだ。オープンセットの見事さも含めて、現代日本の大作として成立している。家族鑑賞映画、デートムービーとしても好適。

きちんと楽しい映画だったけれど、野村萬斎の「のぼう」をどう思えばいいのか、最後まで、おれと「のぼう」の距離感がつかめなかった。役者の魅力で話の説得力を持たせることは重要だけど、野村萬斎という存在に頼りすぎではないか。

野村萬斎が演じる「のぼう」は、「でくのぼう」というよりお調子者だ。彼が農民に慕われるわけが出てくるのは、劇中で語られない事例と、土足入城を許したことのみ。勝手に開戦を決め、田畑を荒らされ、好戦派の武士を路頭に迷わせ、敗れないものの守れたのはメンツのみ。尻を出して踊ったとき、石田三成の軍がそれで盛り上がる理由は納得しきれない。

明るいトーンを組み込もうとしているのはいいけれど、暗い部分を避けすぎていて、痛みを感じない。

『黄金を抱いて翔べ』

(二〇一二年　日本　監督：井筒和幸)

七〇年代から八〇年代の空気をその熱さのままに推進力にした、井筒監督にしか撮れない濃密な二一世紀ピカレスクサスペンス。イベントにつぐイベントの中から、浮かび上がる男たちの原風景が愛おしい。こういう日本映画を観たかった。

原作イメージからすると、浅野忠信がちょっと老けている感じがして、原作では大学の同期という妻夫木聡とは見た目の年齢差がありすぎるが、浅野忠信ならではの存在感を考えると、満足するしかない。高村薫原作映画でベストといっていい。他がひどかったというのもあるけれど……。

とはいえ、劇中は首をひねる部分も多い。銀行地下倉庫から黄金を奪うというクライマックスシーンでは、サスペンス要素が薄れ、もたついた印象もある。ニューシネマ的な個の昇華を持ち出すのがちょっと早すぎる。なによりも最後の爆弾の連続あたりは、いびつすぎるコメディであり、あれだけ細かったキャラクター設定にくらべ、カタルシス設計に関しては、甘さが目立つ。もともと行き当たりばったりの計画を立案したとしか思えない。

丹念に作りこんだ群像劇が情緒の勢いに流されてしまった。このタイトルで観客の観たかったものと、監督の作りたかったものが乖離してしまった。計画について事前に明かされる情報と、実行時にわかるもののバランスが悪いので、ハラハラするというより、果てしない後出しジャンケンを見せられているような気がする。現代において携帯電話の利用を極力抑えた演出意図は一面で正しいのだが、完璧な計画のためなら、もっと積極的に使おうよ。

浅野忠信の存在に説得力が弱い。なぜ、彼が金塊やダイナマイトの情報を知りえたのか。あの交通事故のあとも、なぜ、計画を実行できるのか。病気の話が後半で出てくるが、夫婦関係の終焉を意図していたのか。そういったキーポイントのロジックが見えにくい。ただ、あの写真のインパクトは強かった。

それでも、実行にいたるまでの人間模様は井筒節にあふれ、役者たちの可能性を広げる演出はひたすら楽しい。それだけでも映画館に行ってみる意味はある。

『私の奴隷になりなさい』

（二〇一二年　日本　監督：亀井亨）

二〇一二年、時代の要請にこたえ、日本に降臨した壇蜜というセックスシンボルの正しすぎる活用法。

バラエティ番組や雑誌を舞台に活躍する壇蜜の存在

感を語るのはもはや野暮としかいえないが、そんなセックスシンボルをきちんと活かし、『エマニュエル夫人』を嚆矢とするソフトポルノの歴史の正しい継承者とした。

日本のアダルトビデオはすばらしく進化し、ＡＶ女優は世界を席巻しているが、セックスシンボルは長らく不在だった。セックスシンボルはセックスすりゃいいってものじゃない。壇蜜に演技力があるとは思えないが、艶技力はゆるぎない。壇蜜はスタイルがいいわけではないが、だからこそいやらしい。

中年の性的導師が、欲求不満の人妻を妖艶な女へと変貌させていくというストーリーはクリシェに満ち、新味はない。しかし、そこに彼女に憧れる若者を配置するという「青い体験」要素を散りばめたことで、なんともいえない爽やかささえ感じられた。こういう映画は、年に何本かあってもいい。角川映画ががんばった結果、Ｒ15指定のポルノである。地方在住高校生男子はおっぱいを見るために、映画館の暗闇を目指してほしい。それが人生の経験ってやつだ。

『シルク・ドゥ・ソレイユ 3D 彼方からの物語』

（二〇一二年　アメリカ　監督：アンドリュー・アダムソン）

アートサーカスの最高峰として、ラスベガスでいくつものレジデントショーを展開するシルク・ドゥ・ソレイユを『アバター』のジェームズ・キャメロンがプロデュースして映像作品とした。

個人的にもシルクのショーは大好きだ。「Ｏ」は五回、「ＫＡ」は四回、「ミスティア」は二回、その他は一回ずつと、この映画に作品に登場するショーはすべて観ている。そんな自分には至福の時間だった。見たことのないアングルで撮り、高速度撮影で奇跡のショーが堪能できるのだ。これをＩＭＡＸ ３Ｄで観る意味は十分にある。

ただ、カメラはアクロバット面で誇示される肉体よりも、アートな空間の美術や装置を主役としている。それは悪いことではない。しかし、ハンドトゥハンドのような肉体が震える、エロティックな演目も観たかった。

驚いたのは、「LOVE」の占める率が高いこと。「LOVE」はビートルズをテーマにしたショーだ。名曲が名場面となる。本作でもビートルズの七曲が登場するので、ビートルズファンは観るべきかもしれない。「KA」のパートが始まったあたりは、総毛立った。あの巨大なモノリスのようなムービングステージが、あんな角度で3D体験できるとは……。ただ、演目は3D映えするものを中心にチョイスしているので、見たかったものがすべて見られるとは限らない。

本作をおすすめできるのは、日本でシルクのトラベリングショーは何度も見ているけど、ラスベガスには、なかなかいけないファンあたりかな。ラスベガスのシルク・ドゥ・ソレイユ・レジデントショーの壮大すぎる予告編といった感じ。

『悪の教典』

（二〇一二年　日本　監督：三池崇史）

倫理や理屈はともかく、〈エクストリーム〉な〈エクスペリエンス〉を〈エクセレント〉に堪能する視覚コンテンツとして、よくできている。こういう仕事をさせると三池崇史監督はぬかりない。

原作の展開はさておき、『13日の金曜日』に登場したジェイソンのような殺人鬼が生身の人間として現代日本に実在するとしたら、もしもそんな殺人鬼の視点で理不尽な連続殺人の現場を一人酒で眺めるとしたら、という映画娯楽的実験映画といえるだろう。それはプチプチと潰されるエアキャップのように無辜な生徒たちが殺されるという、悪趣味なものだけれど。

ロメロの『ナイト・オブ・ザ・リビングデッド』以来、ゾンビ映画の最大の発明は、相手が人間でないゾンビだから、たとえ人間の形をしたものであれ、どのように〝虐殺〟してもいいというものだった。映画『悪の教典』の発明は、サイコパスな殺人者は相手が誰であれ、ぶち殺しても仕方ないというもの。

誰もの心のなかに潜む殺戮のカタルシス。それをくっきりと自覚させる映画だ。

三池崇史監督の映像は『愛と誠』や『ヤッターマン』のように色彩が厚く乗ったコテコテなものでなく、自然な色調整の抜けのいいもので、視点を変えた殺戮映画に、新鮮な空気を吹き込んでいる。ありきたりな効果音はどこまで意図しているのか、それはわからないが、監督の誘導するなにかへの導線と思えてしまう。

殺人教師ハスミン（伊藤英明）のキャラクターは、徹頭徹尾、行動によって描かれていくかと思っていたら、アメリカでの「事件」や、『ビデオドローム』風なしゃべる猟銃も現われ、彼をそそのかす。そのあたりの理由づけはわずらわしく感じられたが、シリーズを観たくなる狂気の大作だ。原作者と揉めて、続編も怪しくなった『海猿』シリーズより、伊藤英明は『悪の教典』シリーズに出てくるべきではないか。

『ゲットバック』

（二〇一二年　アメリカ　監督：サイモン・ウェスト）

最近ではリーアム・ニーソンもそうだけど、ニコラス・ケイジのライフワークともいうべき娘救い活劇。さーて、今回の舞台はマルディグラで賑わうニューオーリンズだ。クライマックスなんてハリケーン・カトリーナが生んだあの廃墟なんだから、ご当地映画として最高かも。次のニコラスはどこで娘を救うのか？

『任侠ヘルパー』

（二〇一二年　日本　監督：西谷弘）

テレビドラマの企画である。あの『アマルフィ』の監督である。草彅剛出演映画である。最近では出ていない邦画を探すほうが難しい香川照之が出演している。さらには、黒木メイサまで出てくる！

観ない理由はいくつもあるのに、観るべき理由があまりない。しかし、実際に観ると、すばらしい映画だった。プロットのバランス、キャラクター、情景、余韻まで、たまらなかった。

テレビドラマからリブートされた設定としてもわかると思っていたけれど、黒木メイサのキャラクターはちょっととまどってしまう。香川照之がオーバーアクトしていないのも珍しい。これぐらいがいいよ。でも出すぎだけど。

テレビドラマは未見だが、草彅剛のキャラクターがすばらしい。任侠に対しては忠実であろうとするが、必ずしも老人の味方ではないという立場がぶれないのがポイントだ。設定をタイムリーな老人介護にしているとはいえ、任侠物の基本線をきちんと守っている。

オープンセットの介護施設も効果的だ。撮影もその場の空気をよく伝えてくれている。介護施設が立ち直るプロセスはやや性急だし、最後の活躍も理想を求めすぎているが、しっかりしたキャラクター設定なので、腑に落ちる。

全体のバランスの中で、一点ある問題は、堺正章が演じる落魄の親分に説得力がないことかな。身も心もやつれ、刑務所で死んでいく親分が、よく手入れされたきれいな歯を輝かせながら老いぼれた話をしても、ピンと来ないよ

『ふがいない僕は空を見た』

(二〇一二年　日本　監督：タナダユキ)

コスプレ主婦とセックスを繰り返す高校生の話と聞き、キワモノかと思ったら、誠実な作品だった。R18指定と聞き、なにがあるのかと思ったら、のびやかにほとばしる愛情だった。

おそるべきは、悪意と誠実など、登場人物すべての

二面性をぬかりなく描写しつつ、それらを善悪の落差でなく、自然ととらえることから生まれる滋味である。その悪意の描写はときに過剰で、ときにおぞましい闇だが、セックスの端緒から出生まで、新生と再生の光も揺るぎなく描きもしている。

何人もの登場人物の光と闇。光が光に共鳴し、ときには闇と光、闇と闇が共鳴する。そこから生まれた波紋が、人のいる空間を立体的に見せてくれる。

何気なく入った郊外の街のロングショットで、遠くに見える新宿高層ビル街。その距離感を見せる絵がすばらしかったのは周到なドラマ設計のおかげだ。登場する事件のエッジが際立っているので、現実感から乖離しそうになるときもあるが、時系列を揺らす展開のおかげで、ひとつひとつが胸に吸い込まれていく。

田畑智子のコスプレオタク主婦は、現実のそういう方たちの自意識過剰な多弁傾向とくらべると、ちょっと違うなと思える部分もある。また、ネットの炎上や晒しのシークエンスも、ステレオタイプ気味に描いているように感じられる。だが、そういった違和感は、この映画のマイナスにはならない。特殊な事件が、やがて奥ゆかしく美しい絵になるのだから。

R18指定だが、若い子にも見せたい映画だ。閉塞空間で、寛容の萌芽という希望を見せてくれるのだから。

『ヱヴァンゲリヲン新劇場版：Q』

（二〇一二年　日本　総監督：庵野秀明）

愛は世界を救い、疎外感は世界を壊す。

来たるべき再構築のために一度組み上げた世界や設定をぶっ壊す話はともかく、庵野秀明が『マイティジャック』トラウマから生み出したとしか思えない巨大戦艦がとにかくかっこいい。巨大なもの、枯れたもの、破壊されるべきもの、おっぱい。そういう男の子リビドーにあふれた作品ではあった。

観客を置いてけぼりにしても良しとした快感追求映

画ともいえる。

近所シネコンで公開初日の朝イチの回で観てきたのだが、五二五の客席が埋まる静寂の中、全員が息を呑んでいる光景は稀有なもので、それだけでも日本でこの映画を観る意味はあったといえる。

上映終了後、観客の多くが頭上に疑問符をかかげ、感想を話すことさえできずに呆然とした顔をしていた。前篇『破』以来、ファンが想像した続編内容を軽やかにふっ飛ばした内容は、彼らの拒絶反応も生んでいる。

いままで『エヴァンゲリオン』に触れてきたことがない人が新たに観る意味はまったくない。見せ場は満載だが、弾幕のような情報量がドラマへの理解を阻害しているため、カタルシスは皆無だ。

『破』はドラマと見せ場のバランスが絶妙で高い満足感があったけれど、今回は設定と見せ場をゴリ押ししていくだけだ。それが『エヴァ』なのだといわれても仕方ない。

シンジとカヲルのラブラブ度が一層高まっているのは腐女子向けのサービスですか。覚醒したシンジに対して、誰かがきちんと情報を伝えるだけで、こんなややこしいことにはならなかったのではないか。ネルフもヴィレも「ホウ・レン・ソウ」教育ができてないね。

世界に対する評価が固まった大人の視点で観るよりも、これから世界へと足を踏み出していく、謙虚な若者の気持ちで、あるがままに受け入れ、まるでゲームの攻略のように、ネットや攻略本から周辺情報を探っていく覚悟が要求されている。

この国にそういう作品がある幸せだけは確実にある。

『綱引いちゃった！』

（二〇一二年　日本　監督：水田伸生）

説得力のないきっかけで綱引きを始め、湿り気の多い理由で団結を固め、理解できない行動による逆境に耐えて、がんばるおばさんたちのドラマ。頭が悪い人しか出てこない。水田伸夫監督らしい現実感のなさがお見事といえるのか。井上真央の魅力とクライマックスの綱引きはよかったかな。

『カラスの親指』

（二〇一二年　日本　監督：伊藤匡史）

今年いちばん退屈な映画だった。すべてセリフで説明され、その半分が村上ショージのたどたどしい標準語で語られるのが致命的だ。阿部寛、能年玲奈らキャストの多くは奮戦しているが、このつらすぎる一六〇分はどうにもならなかった。きっと原作はおもしろいのだろうことだけはわかった。

『ロックアウト』

（二〇一二年　フランス　監督：ジェームズ・マザー、スティーブン・レジャー）

『アウトランド』、『ニューヨーク1997』、『冷たい方程式』、『GALACTICA』、いろんなものの引用だらけで、敵味方がやってることも頭が悪いんだけど、そこがチャーミングなハリウッドもどきベッソン映画。八〇年代SF映画テイスト満載なのがツボだったよ。

映画的記憶のエクササイズのような映画で、この設定なんだっけ？　このキャラの源流は？　とか、そういうことばかり考えていた。

ストーリーよりもキャラクターのベッソン映画にとって、キャラクターに魅力が乏しいのは致命的だが、設定と美術は良い感じだし、とってつけたような『スター・ウォーズ』ネタも悪乗りしすぎだ。

『人生の特等席』

（二〇一二年　アメリカ　監督：ロバート・ロレンツ）

すばらしい瞬間がいくつもある映画。しかし、残念な映画だ。

参考にすべき映画は『アザー・ピープルズ・マネー』

なのかも。プロットのバランスが崩れているのは、ロバート・ロレンツ監督の、クリント・イーストウッドに対する愛と敬意があふれすぎたためだろう。

ドラマの構図として、本来は娘役のエイミー・アダムスの一人称で描くべき作品である。監督は、役者・イーストウッドと適正な距離をおくべきだった。うまく処理すればさらなる感動があったと思うと、残念だ。

コンピュータも触れない老スカウトというのはちょっと無理がある。全国を回るのに、航空券さえ取れそうにない。さらに八二歳のイーストウッドじゃ、老けすぎですよ。早期退職金みたいなことが字幕で書かれていたけれど、日本なら立派な後期高齢者だよ。彼を働かせること自体が虐待だ。

データ至上主義のスカウトというイーストウッドのライバル設定がかなり浅薄なクリシェだ。『マネーボール』を意識しているのだけれど、『マネーボール』の信念のほうが美しい。なにより、カタルシスまわりのご都合主義にはびっくりしてしまった。伏線もあったけど、バランスの偏った作りでは、厳しい。脚本で何度か変更があったのだろうか。中途半端な印象があるエイミー・アダムスの恋愛話にはとまどってしまう。

だが、ここは切りとるべきではない。さらに膨らませるべきだった。イーストウッドについてはもっとセリフとシーンを削り、エイミー・アダムス視点でのドラマにすれば、すべてがつながり、爽やかな印象になっただろう。

ただ、俳優・イーストウッドならではの、あのシーンは、拳を握りしめちゃったよ。回想部分は、ほんとうにすばらしかった。

『ウーマン・イン・ブラック　亡霊の館』

（二〇一二年　アメリカ／カナダほか　監督：ジェームズ・ワトキンス）

Ｊホラー的演出もあるが、ていねいに作られたホラー映画。親子の情愛をからめたホラーという点で、

『ポルターガイスト』と表裏をなすが、スピルバーグが『ポルターガイスト』で流布させたホラーのアトラクション化をリセットさせた魅力もある。

ただ、観客に考えさせる要素やツイストが乏しく、アトモスフィアと恐怖演出で押し切っているのが難点。舞台劇のようなつまり方をしていたのが美点でもあり、難点でもある。

『007 スカイフォール』

（二〇一二年　イギリス／アメリカ　監督：サム・メンデス）


関東最大級のスクリーンと評判の成田HUMAXシネマのIMAXで鑑賞してきた。

中学一年生の甥と一緒に観に行ったのだが、彼にとっては初の『007』映画、初の字幕洋画だったけれど、終映後、「すげえ！　007すげえ！　おれ、ぜんぶ観ようかな」と声を震わせていた。一方のおれは涙をぬぐいつつ、「まいった！　007でこんなに胸が熱くなるなんて。007を観てきたことを誇らしく思うなんて。神話に立ち会ったような感動があったよ」とツイートした。

いままで「シリーズ〇〇周年記念映画」は数々あったけれど、「007」シリーズ五〇周年記念作品である『スカイフォール』ほど、現代に生きるシリーズである意味を徹底的に問い直し、一流の現代エンターテインメントに仕上げた作品はなかっただろう。

「007」の中で一本でも好きな作品があれば必見である。「007」を観たことがなくても必見である。字幕映画初体験の中一の甥でさえ、これほど興奮し、人生さえも変わりそうな体験となるのだから。

シンプルで力強いストーリーで描かれるのは、007の破壊と死と再生と継承だ。個人としての007だけではない。「00」ナンバーを有する（ドラマ上の）諜報機関MI6の破壊と死と再生と継承でもある。

冷戦の終焉以来、「007」シリーズの意義はずっと問われてきた。ベルリンの壁が崩壊した年に公開された『007 消されたライセンス』で、ボンドが戦う敵はソ連でもなく、スペクターでもなく、中米の麻薬王だった。興行は振るわず、シリーズは六年間、沈黙した。それ以来、ボンドは東西冷戦の残滓の宿る陰謀とずっと戦ってきた。新時代のエスピオナージュ(国際諜略)・アクションはいかにあるべきかという回答を巧妙に避けながら、佳作を作ってきた。

『スカイフォール』は「00」ナンバーの存在意義ともいえるヒューミントの意味を問いかける映画だ。ヒューミントとは「Human Intelligence」から生まれたことばで、コンピュータや通信傍受ではなく、人間を介した諜報活動のことである。

ヒューミントの名前を列挙したハードディスクが奪われること。ハビエル・バルデムが扮するシルヴァが嘲笑しながら操るネットワークセキュリティ。さらには議会聴聞会で問われる、時代遅れなヒューミントの意味。すべてが人の関わる諜報機関への疑問符となり、Mとボンドにのしかかる。ヒューミントの代名詞、ジェームズ・ボンドにも劣化が重くのしかかる。銃をまともに射てない。自分を犠牲にする国家に奉仕することへの疑問も生まれる。

それがアクションの文脈で描かれるアヴァンタイトルから、アデルのテーマ曲へと流れる展開に結実されている。BGMのあらゆるタイミングがぴたりとハマり、ボンドはみごとに「死んだ」。任務の失敗と死が冒頭で描かれたのは『007は二度死ぬ』でもあったが、これほど効果的な死なせ方はなかった。

多くは描かれないが、任務への復帰を放棄し、連絡さえせずにやさぐれている007を帰途につかせたのは、MI6本部の爆破事件だった。自分と同様にMI6も死のときを迎えつつある。

ここからのドラマは神話的構図を強めていく。母であるMに忠実ではあるが、不出来な子、ジェームズ・ボンド。Mに対する疑問を持ってしまった優秀な子、シルヴァ。これは聖書における「カインとアベル」だ。神＝父ではなく、神＝母であることは興味深いが、エディプス・コンプレックス風味ってことでしょうか。

さらにロケーションが効果を高めていく。アヴァンタイトルのイスタンブールと列車でのアクションは『007 ロシアより愛をこめて』へのオマージュだろうか。なにより「007」的なアクションとエキゾチシズムが濃厚だ。

ロンドンという街はMI6という組織の象徴であり、人間が作り上げ、守ってきたシステムである。

マカオから旅立った軍艦島は、シルヴァの心象風景だ。繁栄あってこその廃墟。

そして、スコットランドの情景こそが、あらゆる機械やシステムから遠ざかったジェームズ・ボンドの回帰点だ。再生のために立ち寄る場所なのだ。

濃密な死の舞踊のあとの凍結した水面は、神の子キリストが水面を歩くメタファーであり、そこからの復活の奇跡があってこそ、自分を否定した神を殺そうとしたシルヴァと対決できたのだ。

そこからあとはすべて、神がかったエンディングだ。MI6と生家というふたつのエデンを物理的に破壊されたボンドが新たに継承した組織。そして、人が作ったものは人がその手で守るしかないという決意を高らかに歌いあげているのだ。

わが内なる敵というテーマが、今後のシリーズでどうなるかはわからない。だが、半世紀を超えた「007」シリーズの今後が、俄然、楽しみになってきた。

ジュディ・デンチがMになったのは、冷戦後の『007 ゴールデンアイ』からだった。長いお勤め、ありがとうございました。

『恋のロンドン狂騒曲』

（二〇一〇年　アメリカ／スペイン　監督：ウディ・アレン）

これを見ているあいだ、立川談志の「落語は人間の業の肯定である」ということばを思い出していた。この映画に登場する男女の業はなんともせつないものばかりだ。もちろん、単純に肯定して笑いとばせるような作品でもない。

たった一度の人生の折々で、自身の欲望、渇望、願望によって、取り返しのつかないことをしてしまう。この映画で描かれるのはそんな絶望的な人間模様だ。今回のウディ・アレンは思い切りシニカルで、映画が進むに連れて、希望の余地さえないところに追いやられてしまう。描きようによっては陰鬱な悲劇だ。ウディ・アレン作品の中でも最良とは思わないけれど、これだけの数の悲劇を軽やかに描く芸は、みごととしか言いようがない。

邦題で描かれた「恋」はむしろ、どんづまりの人生をさらに狭くするためのものでしかない。落ち込んで仕方ないときは中島みゆきや山崎ハコを聴くのが効果的というが、この映画にもそういう効果があるのかも。

ジョシュ・ブローリン演じる、小説家ロイの絶望がほんとうにすばらしかった。とくにラストショットの窓にはぞくぞくした。

『仮面ライダー×仮面ライダー　ウィザード&フォーゼ　MOVIE大戦　アルティメイタム』

（二〇一二年　日本　監督：坂本浩一）

これは日本の新世代特撮映画の到達点だ。ここ数年の「仮面ライダー」に関する常識があると、よりいっそう楽しめるのだが、それだけでなく、昭和の等身大ヒーローや石ノ森プロ作品、さらにはタイムトラベル映画などの場数があれば、隅々までぎっしり詰まった要素のことごとくを楽しめるはずだ。

タイトルにある『仮面ライダー　ウィザード』と『仮面ライダー　フォーゼ』が出てくるだけではない。『アクマイザー3』、『イナズマン』、『ポワトリン』といった石ノ森キャラが登場。さらには過去シリーズ作品から『仮面ライダーなでしこ』まで帰ってくる。

監督、アクション監督を務める坂本浩一の斬新さと密度感にあふれるアクションセンスにはいつも感心させられる。昨年、アクションシーンで話題になった『るろうに剣心』もいいけど、自分にはこっちが肌に合う。

さらにメインライターは浦沢義雄だよ。彼が二一年前に全脚本を書いていた『美少女仮面ポワトリン』が本人の手でよみがえるというだけで、あの頃テレビを観ていた大きなお友達なら、観るべきだ。

クライマックス後、浦沢義雄ならではの悪意に満ちたツイストには、劇場全体が阿鼻叫喚に包まれた。その内容はトラウマもので、この映画を許せない気分になる人もいるだろう。だが、その周辺にしこまれた時間ネタとの関連を考えると、これは〝あり〟! すばらしくうれしくなってしまったよ。

そして、今回のすばらしい発見はポワトリンを演じる入来茉里にある。アクションが出来る女優としては、志穂美悦子や森永奈緒美をしのぐほどの新星といってもいいだろう。新体操の経験があるそうだが、身代わりなしでここまでのアクションを見せてくれるなんて! そして、その魅力をとことん引き出す、坂本演出には舌を巻くしかなく、彼女の出演シーンのすべてに目が釘付けだよ。なにしろポワトリンだから、生身の露出が多いとはいえないコスチュームなのだが、そこから、これほどのお色気を引き出すとは……。

ストーリーはかなりの無茶ぶりなのだが、それでも九四分の尺の中にこれだけの要素を詰め込んで、破綻の一歩手前で踏みとどまっている美しさには感心する。

これは『マッドマックス2』かと思っちゃうほどのアクションもあって、見ていてほれぼれしたよ。この快感はひさしぶりだ。

『ホビット 思いがけない冒険』

（二〇一二年　アメリカ／ニュージーランド　監督：ピーター・ジャクソン）

当初予定の二部作から三部作に増量されたと聞いて心配していた。

『指輪物語』という長大な原作をもとにした映画『ロード・オブ・ザ・リング』（以下『ＬＯＴＲ』）が三部作になったのはわかる。だが、シンプルで薄い『ホビットの冒険』がそれほどのボリュームになるとは思えなかったからだ。ところが、その不安はうれしい形で裏切られることになった。『ホビット』こそは「一難去ってまた一難」という純粋冒険を追求したクリフハンガームービーの至宝である。そして、Ｊ・Ｒ・Ｒ・トールキンのミドルアースを舞台にしたテーマパーク・ライドなのだ。ピーター・ジャクソン監督の代表作、『ＬＯＴＲ』三部作の深い世界と『キング・コング』（二〇〇五）の冒険世界が一度に見られる映像体験には脱帽する。

ハワード・ショアのサントラも絶好調。かならずしも『ＬＯＴＲ』三部作を観ておく必要はないが、ところどころで流れるテーマにはにやりとしたり、エモーションをコントロールする巧みさにうならされたりする。三時間近い大作だが、絶妙なスコアのおかげで、とことん楽しめる。

字幕版が『ＬＯＴＲ』シリーズで問題の多かった戸田奈津子からアンゼたかしに交代したことも朗報だ。さらに吹替版もパワーアップしている。ことばの選択も絶妙で、岩波書店の原作を朗読するようなイメージできっちり作りこまれている吹替版は必見なのだ。

現在公開中の映画にはさまざまなバージョンがある。編集やシーンが変わるわけではない。映写方式が変わるのだ。３Ｄか２Ｄか。字幕か吹き替えか。ＩＭＡＸか通常上映か。ＨＦＲ（48コマ／秒）か通常上映（24コマ／秒）か。方式が多すぎてめまいがしてきそうだが、薦めたいのは、「IMAX／3D／HFR／吹き替え」という組み合わせ。

HFR上映は、なにより3Dの自然な描写に貢献している。言われなければ気がつかない人もいるかもしれないが、この方式を体験したあとにほかの3D作品を観ると、不自然さを感じることになるだろう。

原作の『ホビットの冒険』には登場しなかったキャラクターや設定が登場するたびに喝采を送りたくなる。トールキン自身、『指輪物語』上梓後に『ホビットの冒険』の指輪にまつわる部分を改版しているので、これは〝あり〟なのだろう。

卓抜なのは、ホビットらしく平穏を好み、冒険からほど遠い生活を好むビルボ・バギンズが、少年時代に持っていた冒険への渇望、見知らぬ土地への憧れを呼びさまし、望郷の念にあふれるドワーフたちへの共感により、冒険者として承認されていくプロセスだ。かわいくて若い女の子は一人も出てこないけど、これはまぎれもなく、「少年ジャンプ」のスピリッツ＝「友情・努力・勝利」の物語だよね。

『ルビー・スパークス』

（二〇一二年　アメリカ　監督：ジョナサン・デイトン、バレリ・ファリス）

二〇一二年の最後に観た映画だが、年間ベスト級の衝撃を受けた。

ちょっと気楽な恋愛映画くらいに思っていたら、後半三〇分は魂を引っ張り出され、振り回されるように感じられた。愛と自意識と創作、自身の甘えと残酷さを突きつけられる。さらに、シナリオを書いたのが、ルビー・スパークス役のゾーイ・カザンだと知って、第二の衝撃を受けた。

ゾーイ・カザンは『エデンの東』の監督、エリア・カザンの孫であり、父親は『女優フランシス』や『運命の逆転』の脚本家、母親は『SAYURI』や『ベンジャミン・バトン』の脚本家という映画一家の生まれだ。この作品の中にもさりげない映画の引用や見識がある。もちろん、これみよがしというわけではないが、思い返すと気持ちがざわつくネタばかり。すぐにもう一回観たくなる。

さて、物語だ。一九歳の処女作によってベストセラー作家となったものの、次回作が書けないまま一〇年が経った作家、カルヴィン。数年前に失恋して以来、恋愛もうまくいかない。カウンセリングにも通っているが、出口は見えない。そんな中、見た夢で理想の女性が登場する。これを啓示と見たカルヴィンは、彼女のことを小説に書きはじめる。その女性の名はルビー・スパークス。ある日、カルヴィンのアパートにルビーその人が出現する。

自分の嗜好にぴったりなオーダーメイドの彼女の出現だ。気に入らなかったら、タイプライターを打てば、直しもきく。順風満帆な恋愛模様と思われたが……。

ここで描かれるのは、恋愛の普遍だ。人は人と出会うことで、自分を見つめる。自分の中にある醜さにさえ出会う。理想の恋人という設定だからこそ、そのプロセスがくっきりした輪郭で浮かび上がる。男性主人公の心の動きを、女性脚本家のゾーイ・カザンがここまでリッチなディテールで描いたなんて驚くばかりだ。

撮影はデジタルだが、都内上映館では、フィルム上映だった。上映プリントは最良とは言いがたかったが、虚実がブレンドされた作品世界には絶妙な視聴環境で、この味わいもフィルムの良さだと思いいったよ。

『フランケンウィニー』

（二〇一二年　アメリカ　監督：ティム・バートン）

めったに買わない映画グッズだけれど、スパーキーのあまりのかわいさに、ぬいぐるみを買ってしまった。

禁断の儀式により、死者がよみがえるというテーマの作品といえば、『フランケンシュタイン』はもとより、『猿の手』、『ペット・セメタリー』など、数多くある。

その多くはホラーや悲劇として結末を迎える。だが、それをチャーミングで温かな作品に仕上げるという奇跡を生み出せたのは、ティム・バートンの才能があればこそなのだろう。

ティム・バートンにとって、死は忌み嫌う不可逆的な呪いではなく、愛するものの一時の状態に過ぎず、心地よく秘密めいたところにいる彼らといつでも会える希望を持っているのだろう。彼の身近には愛すべき死者がいまも生きているのだ。

一九八四年の短編実写映画をモノクロ3Dの人形アニメ映画にした試みはみごとに成功している。オリジナルのポイントは変えず、人間ではなく人形を使う形で、より愛おしいものにしている。

大混乱に陥る街で暴れまわるアレやアレ。その描写のひとつひとつが〝愛すべき死者〟を新たな活躍の世界で活かす意志に満ちている。そうだ。アニメーションという言葉には生命をあたえるという意味があるのだ。愛情とともに死者に命をあたえることが映画の役目じゃないか。

まさか、怪獣ファン大喜びのあんなキャラクターを出してくれるなんて。日本人生徒のトシアキと合わせて、アレが登場するだけで、目が釘付けになってしまう。

モノクロ3Dという仕掛けは絶妙だ。ストップモーションアニメと3Dの親和性の高さは『コララインとボタンの魔女』あたりでも証明されている。3Dの処理によって、そこに登場するモデルの質感が生々しく感じられることが大きなメリットだ。一方、モノクロのおかげで、観客ひとりひとりの脳内に着色が任されているわけで、不思議なバランスが生まれてくる。

ティム・バートンのストップモーションアニメ映画にハズれなし！　今回は自ら監督を務めているだけに鉄板のティム・バートンらしさを味わえる。ストーリーはシンプルで大きなツイストはないが、だからこそ、ディテールに浸りつつ、おおらかに楽しめる作品だ。

『レ・ミゼラブル』

（二〇一二年　イギリス　監督：トム・フーパー）

法による正義と愛による善。ふたつの対立と葛藤が織りなす古典的なドラマをこの上映時間に凝縮させるためには、ミュージカルという方式は不可欠だが、それでもユゴーの生み出したキャラクターやドラマを抜きに語るわけにはいかないのだ。

ドラマについで、この映画の感動を生み出すのは役者たちだ。

なによりも、ファンテーヌ役のアン・ハサウェイがすばらしい。映画の序盤でしか登場しないのだが、娼婦に身を落とした悲嘆を歌う「夢やぶれて」は本作の白眉だ。歌手ではない女優が自分の声で歌うという、この作品の意志が凝縮されたような名シーンだった。

エポニーヌ役のサマンサ・バンクスが歌う「オン・マイ・オウン」もすばらしかった。こちらは舞台出身のサマンサ・バンクスだからこその存在感だ。もちろん、ヒュー・ジャックマンの芸達者ぶりはトニー賞受賞のキャリアならではのものだし、ラッセル・クロウの存在感には驚いた。わりを食っているのはコゼット役のアマンダ・セイフライドくらいかな。

すばらしい原作と役者の力がこの作品の両輪ではあるが、映画としては異色である。地のセリフというか、歌わないセリフを徹底的に排除しているのだ。だから、映画を観たというよりは、映画俳優が出演するミュージカルのライブビューイングを観たような感じになる。ミュージカル『レ・ミゼラブル』をもとにした長尺のミュージックビデオのようだ。

そういった構成なので、時代や社会の背景を描く余地はない。また、アリアにつぐアリアという構成なので、画面設計も役者のクローズアップ中心となり、平板なところもある。監督のトム・フーパーは前作『英国王のスピーチ』同様、手堅い演出だが、それゆえの物足りなさも感じてしまう。七月革命から六月蜂起のあたりは、もっとスケール感のある描写を観たかった。

いろいろ書いたけれど、役者たちのパフォーマンスはいま見るべき奇跡といってもいい。圧政と大衆の無関心という間の中から立ちのぼる「民衆の歌」というクライマックス！　この部分ですべてが吹っ飛ぶ。

『映画版　妖怪人間ベム』

（二〇一二年　日本　監督：狩山俊輔）

テーマにしたかったであろう怪物化した母親のジレンマがまるで展開されず、悪役の浅薄なキャラクター作りと行動原理が理解困難で、シナリオ開発に失敗したとしか思えない。いろいろ事情があったのだろうか。

杏の胸の膨らみやへそが見えるあたりはちょっとセクシーであったけど、もうちょっとよこしまなカメラワークにならないのかと、期待したおれがバカでした。

『もうひとりのシェイクスピア』

（二〇一一年　イギリス／ドイツ　監督：ローランド・エメリッヒ）

『インデペンデンス・デイ』など、大規模映画のローランド・エメリッヒが撮った歴史メロドラマだが、説明的な時制の混乱や、エモーションコントロールの失敗で、本来描きたかったであろうアノニマス（匿名）作家の葛藤が、セリフによる説明にとどまっている。

本来難しい話でもないのに構成をややこしくしたおかげで、終映後、おじさま、おばさまが口々にわからなかったとうめいておられました。

『サイド・バイ・サイド　フィルムからデジタルシネマへ』

（二〇一二年　アメリカ　監督：クリス・ケニーリー）

二〇一二年末には日本の映画館のデジタル上映設備設置率が八五％になったという。気がつかないうちに映画館からフィルムは消え、ハードディスクやブルーレイなどのメディアから流される映像が主流になっている。撮影現場も同様で、低予算のインディーズ映画ではほぼすべてがデジタル撮影になっている。フィルム撮影作品は少数派だ。撮影という入口から上映という出口までフィルムが登場することは少なくなっている。映画百年の歴史が大きく変わろうとしているのだ。

フィルムとデジタルとが横並び（サイド・バイ・サイド）で存在している現在を大量の証言で描き切ったドキュメンタリーだ。映画自体がテクノロジーが生んだ芸術であり、娯楽である。そのテクノロジーの土台が大きく変わるとき、映画はどう変わるのか。

二〇〇二年頃、ハリウッドに新設されたシネコンでフィルム上映のアクション映画を観たとき、スクリーンに映し出された映像の鮮度に驚いた。ハリウッドの中心地に供給される上映プリントと日本で見られるプリントのクオリティには大きな差があった。TOHOシネマズの名企画「午前10時の映画祭」は全てニュープリントという触れ込みだったが、その中にはくたびれた映像の作品もあり、一方でブルーレイ化されたクラシック映画の美しい映像に驚かされることもあった。

劣化がないデジタル上映だから、近所のシネコンでアメリカと同等の品質で映画が楽しめる。それが自分にとっての最大のメリットで、どんどん進めてほしいものだと思っていた。だから、ジョージ・ルーカスが『スター・ウォーズ／エピソード1』のころに語っていた、「映画はデジタルで撮影され、デジタルで効果をつけ、デジタルで編集し、完成した映画は世界のスクリーンでダウンロードされデジタルで上映する」という構想には、両手をあげて賛成したものだ。その実現可能性には懐疑的な人も多かったが、現状を見るとほぼ完成されたスタンダードになっている。

スコセッシやフィンチャー、リンチら、現代の巨匠も、デジタル映画撮影には意欲的だ。日本でも映画公開に合わせて開催されたトークイベントで大林宣彦監督が「『この空の花』はフィルムでやったら二〇億かかるけど、その一〇分の一以下でできた。フィルムにこだわっていたら実現しない」と語っている。いつの間にやら、ウォシャウスキー兄弟からウォシャウスキー姉弟になっていたふたり（※二〇一二年当時。二〇一六年現在はウォシャウスキー姉妹になってる）。その姉のほうが、フィルムに関して「失ってもいいの。失ってからわかるものもあるわ」などと語っている部分には、いろんな意味で考えさせられる。

フィルム派とデジタル派、それぞれのインタビューから生み出される〝論戦〟は高濃度かつエキサイティングだ。もちろん、ここで語られるのは、映画鑑賞をする際に不可欠の知識というわけではない。そんなものは気にせずに手ぶらでシネコンに出かけ、映画を楽しめばいい。でも、ここで語られることばを思い出すと、いまの映画をさらに楽しむことができるだろう。

『スラムドッグ$ミリオネア』のあの色彩と空間はデジタルだから作り出せるリアリティだったこととか、こんな時代でもフィルムにこだわるクリストファー・ノーランの姿とか、デジタルかフィルムかの選択は、現代の映画を理解する基礎のひとつになっている。

『トワイライト・サーガ／ブレイキング・ドーン part2』

（二〇一二年　アメリカ　監督：ビル・コンドン）

シリーズ中、いちばんおもしろかった最終話。なにより、女性向けとは思えない残虐描写がふんだんに盛り込まれたクライマックスが楽しい。まるでヘックス型のシミュレーションボードゲームでもやってるみたいな吸血鬼同士の戦いが最高なのだ。

原作については、作者がモルモン教徒であることしか知らないのだが、いたるところでモルモン教的な世界観が見えてきて、感心してしまった。話自体がご都合主義であることには、もう慣れてしまった感じだ。

これだけの残酷描写がありながら、ＰＧ13にしたアメリカの審査には、ちょっと驚きだよ。

二〇一二年ベストテン

1.『この空の花　長岡花火物語』

大林宣彦はすごいところに到達した。大林饒舌体ともいうべきスタイルが、なにより映画的でなく、なによりも映画を感じさせる、不思議なリアリズム。二時間四〇分の魔法にかけられっぱなしだった。

2.『007 スカイフォール』

『ダークナイト・ライジング』で物足りなかった要素のすべてが、ここにあった。それは自身の相似形のような敵と対決して、自分の愛する土地を守るという決意から生まれるカタルシスだ。

3.『裏切りのサーカス』

ジョン・ル・カレらしさともいえる緻密な複雑さからしか生まれない豊かな感動がある。単純に泣ける、笑えるというレベルではなく、奥歯で噛み締めるような複雑な味わいが堪能できる。

4.『ヒューゴの不思議な発明』

近年公開された3D映画のうちの重要なひとつ。闇の中で浮かび上がる3Dというイメージを映画の歴史に重ね合わせたスコセッシに拍手。二〇一二年は映画のデジタル化が興行の面でもほぼ完成された一年。

5.『SR サイタマノラッパー　ロードサイドの逃亡者』

極めてシンプル。極めて力強い。極めて北関東。極めて映画を感じられた。クライマックスシーンなんて、息をすることも忘れそうになった。出口が見えない胎内巡りを見せられる興奮は、大音量で味わいたい。

6.『ファミリー・ツリー』

見終わったあと、わきだしてくるたまらない人恋しさが絶品だ。人によって、この映画に対する感想は変わってくると思うが、これほどの状況の中から再生されていく家族の姿というのは、たまらなく愛おしい。

7.『孤島の王』

脱獄映画には名作が多い。自由への抑圧、折れない心といった普遍的なテーマが、実に映画的だ。ノルウェイの実話を元にした作品だが、子どもたちの前でそそり立つ、大人による絶望感を見てほしい。

8.『夢売るふたり』

底意地が悪い現代的な落語「芝浜」といえばいいのかな。女性監督ならではの女に対する容赦のなさ。結婚経験者とそうでない人で、映画の感想がかなり異なるのも、おもしろかった。

9.『別離』

イラン映画。映画を通じて世界の現在を垣間見る醍醐味があった。中産階級に属す家族の離婚問題、老人介護問題、信仰問題などを織り込みつつ、息を呑むような展開で、サスペンスフルに観客を刺激する法廷劇だ。

10.『桐島、部活やめるってよ』

ぼくの周囲ではこの年の邦画で別格の話題となった作品だ。「日本の学園映画の流れを変えることになる」とまで評した人もいたが、近年の日本映画の快進撃を思うとき、この作品が作られた意味はかなり大きい。

シネコンとはなにか

現在では当たり前のように使われている「シネコン」ということばだが、もともとはひとつの施設内に複数のスクリーンが存在する映画館のことだ。さまざまな定義が存在するが、「五スクリーン以上、同一名称、同一所在地、同一経営者」という日本映画製作者連盟の定義を基にした理解でよいと思う。

たとえば、有楽町マリオン（有楽町センタービル）の中には、丸の内ピカデリー1・2、TOHOシネマズ日劇1・2・3が存在するが、スクリーン数こそ五つあるものの、松竹、東宝と複数の経営が入っており、シネコンとはいいがたい施設だ。また、同一経営者がひとつの施設を持つ場合、スクリーンの数にかかわらず、単に「サイト」と呼ぶ。当然、一スクリーンのみの映画館も、一サイトとしてカウントされる。

観客として見た場合のシネコンのメリットには、以下のようなものがある。

1. チェーン共通の早朝割引、レイトショー割引など、多様な価格設定により、実質鑑賞料金が安くなった。

2. 共通のポイントサービスにより、映画鑑賞のきっかけとなるものが増えた。

3. オンラインによる座席指定で、鑑賞の手間が減った。

4. 一か所に複数のスクリーンが集中しており、効率的に映画のハシゴをしやすい。

5. 一定の映写品質が保証されている。

6. 最新の音響と新世代体験型シアターなどの施設の設置が早い。

「1」と「2」に関しては、シネコン以前から各館でさまざまなサービスを行ってきた歴史があるものの、同一サイトやチェーンで多くのスクリーンを有することにより、利便性が高まった。ぼくもTOHOシネマズのシネマイレージで一ヶ月無料特典を得たときは、同系列のシネコン巡りをする。また、ユナイテッド・シネマとしまえんで溜めたポイントを使い、ユナイテッド・シネマ豊洲の映画を無料鑑賞したりする。

「3」に関しては、最近になってオンライン予約を導入した単館系劇場も増えてきたが、いまだに直接劇場にいかなければ、よい席で見られるかどうかがわからないことも多い。

「5」については、シネコンのメリットというより、映写のデジタル化のおかげだが、デジタルの導入はやはり資本のあるシネコンチェーンのほうが早かった。これに関しては、アート系を中心に上映する劇場を廃業に追い込むなどのデメリットもある。

現在のようにデジタルになる前、フィルム上映していた頃のシネコンのメリットといえば、複数のスクリーンの映写室をひとつに集中できたことだ。これにより映写技師も少人数で済むようになった。さらに遡れば、七〇年代までは、フィルム映写に資格が必要だったのだ。五〇年代までは映画のフィルムが可燃性であったことから、取り扱いには細心の注意が必要だった。第二次世界大戦時代を舞台にした『イングロリアス・バスターズ』のクライマックスはもちろん、一九八四年のフィルムセンター火災なども思い出される。

フィルム時代、普及期のシネコンでは、ノンリワインド映写機によるインターロック上映で、配給元から送られてきたフィルムを若干の時間差で複数のスクリーンに上映することができた。フィルム一本で、一時間程度の映写間隔をとり、三スクリーンで上映することも可能だった。

すべては、二〇一〇年代から進んだデジタル化によって、一変してしまう。定期的な調整や整備点検はあるものの、デジタル映写で各サイトの映写スタッフがやることは、音量の調節くらいになってしまった。

上映のデジタル化が完成した現在では、新設されたシネコンにフィルム映写の機材さえ用意されていないことが多い。このあたりの詳細については本書の役割ではないので、詳細はネットなどで調べてほしい。ユナイテッド・シネマ浦和には映写室ミュージアムがあり、映写の機材などを実際に見ることができる。埼玉県川口市にある彩の国ＶＩＳＵＡＬ　ＰＬＡＺＡの映像ミュージアムでは、映画撮影や上映の仕組みを体験できる。もちろん東京・京橋にある東京国立近代美術館フィルムセンターでは、映画フィルムに関するさまざまな展示を見せてくれる。

さて、二〇一七年現在、日本にはイオンシネマ、ＴＯＨＯシネマズ、ユナイテッド・シネマ、松竹マルチプレックスシアターズ、１０９シネマズ、Ｔ・ＪＯＹ、コロナシネマワールド、シネマサンシャインなどのシネコンチェーンがある。

東宝系のＴＯＨＯシネマズ、松竹系の松竹マルチプレックスシアターズ、東映系のＴ・ＪＯＹなどの映画製作配給会社グループであるもの。イオン系のイオンシネマ、ローソン系のユナイテッド・シネマ、東急系の109シネマズなどの流通・交通グループであるもの。また、コロナシネマワールドとシネマサンシャインは古くからある興行系である（現在、ユナイテッド・シネマは、イギリス系のユナイテッド・シネマ・インターナショナルが設立したがローソンHMVエンタテイメント・ユナイテッド・シネマ・ホールディングス株式会社が保有している）。

その他にも小規模興行会社系や独立系のシネコンが全国に存在する。また、AMCシネマがユナイテッドに、ヴァージンシネマズがTOHOシネマズに経営を譲渡したように、かつて日本にシネコン文化をもたらした外資系の会社は次々に撤退し、現在シネコンはすべて国内系資本が所有している。

シネコン勢力図は目まぐるしく更新される。サイト単位で見ると、一九九九年、一四スクリーンで福岡県糟屋郡に作られたヴァージンシネマズ・トリアス久山は、二〇〇四年にTOHOシネマズトリアス久山となり、二〇一二年に閉館後、二〇一三年以降はユナイテッド・シネマトリアス久山として営業している。現在までに三度経営が変わり、名前が変わったことになる。二〇一六年にNHK-BSで放送された『覆面リサーチ ボス潜入』では、ユナイテッド・シネマになったいまもヴァージンシネマズ時代から勤務しているスタッフが登場。ダイレクトに客と接する人間としての奮闘が見られた。

もっとも欧米では、さらに変化は大きかった。もともと四〇年代頃から、二スクリーンの館は開業していたが、七〇年代頃からショッピングモールの中核施設として、複数スクリーンの映画館が急増。一九七九年、カナダ・トロントに一八スクリーンのシネコンができたことを契機にシネコンが増加し、一九八八年にブリュッセルでは二五スクリーンのメガプレックスが誕生。一九九六年にはカナダ・オンタリオに三〇スクリーンのサイトができた。「スクリーン・ウォーズ」ともいわれている。

しかし、アメリカで増加を続けたシネコンは、二〇世紀末には次々に破産することになる。統合や再編が進み、映画興行地図も大きく変わった。ただ、チケットのネット販売や、「ticketing kiosk」といわれるチケットの当日自動販売機は、日本より一〇年早く導入されていて、やはり映画先進国として、うらやましいばかり。

日本映画製作者連盟の統計による二〇一六年末の数字を見ると、日本には三四七二のスクリーンがあり、その中でシネコンスクリーンは三〇四五。実に全スクリーンの八七パーセント以上が、シネコンの中にあるのだ。もう「シネコン至上主義」なんて、書いている場合ではない。東京でのシネコンスクリーン率は依然七四パーセント程度で、この変化を実感しにくいが、映画といえばシネコンで観るしかない地方も多いだろう。

ただ、三四七二というスクリーン数だけを見ると、かなり多いようだが、世界の先進国とくらべると、人口ひとりあたりのスクリーン数はまだ少ない。また、東阪名以外でアート系フィルムの上映が難しいのも事実だ。まるで大きなレンタルビデオショップの棚のようだ。ヒット作は本数も多い一方、アート作品は見つけるのも苦労する。シネコンで数多くのスクリーンがあるのに、アート系の良心作はあまり上映されず、上映されても小さなスクリーンで、上映回数も少なかったりする。動員は弱くてもそういった作品を上映することが、映画人口を増やすことになると思うのだが。

また、日本にシネコンができて四半世紀、東日本大震災で施設の老朽化、耐震構造の問題が露呈することもある。自分の世代にとっては、真新しかったシネコンは、若い世代にとってはショッピングモールに昔からあるところになっているのだ。

さらに日本映画業界の特徴として、製作・配給・興行が系列ごとに一続きになっているブロックブッキングがあり、シネコンの台頭とともに解消されつつあると言われていたのだが、ひとりの観客として都心シネコンのタイムスケジュールを見ていると、おかしく思うことがある。現在、ブロックブッキングを採用しているのは東宝と東映だけだが、東宝のヒット作が多かった年の都心では、シネコン選びの選択肢が限られる事態も見られる。

ぼくは一介の映画好きに過ぎないので、事情はわからないけれど、映画公開本数がむやみに増えてきたことと、一部の映画がヒットするとそれだけで多くのスクリーンを占められてしまうことなど、複雑な原因があるのだろう。せっかく動員を見ながら、スクリーンの大小を自由自在に番組を作れるシネコンなのに、いちばん大きなスクリーンが空席だらけで、小さめのスクリーンは客席数のわりにお客が多いのは、不思議だなぁと、思うことが多くなってきた。映画好きの友人と話していても、不思議だとうなずきあっている。いろんな事情があるのだろうけど、やはりせっかくの施設だ。ユーザーファーストで、運用してほしいな。

なお、この稿を書くにあたっては、映画ジャーナリストの斉藤守彦さんに協力していただいた。斉藤さんに教えていただくことも多かったが、すべての文責は柴尾にある。

2013

アベノミクスが始動する一方、日中韓関係の緊張が高まり、ボストン・マラソン爆破テロなど、きな臭い事件が目立った年。興行収入ランキングだけを見れば、『風立ちぬ』、『モンスターズ・ユニバーシティ』、『ONE PIECE FILM Z』といったアニメがトップ3を押さえ、大作として『ゼロ・グラビティ』、『パシフィック・リム』などの作品が話題になった。シネコンを見てもＭＸ４Ｄなど、映画に付加価値をつけるさまざまな施設が生まれた。個人体験としてのこの年を振り返ってみたら、予算をかけた作品とは毛色が異なる映画ばかりが心に残った一年だった。シネコンで日常的に映画を観る行為の意味を、いろいろ考えてしまう。

『ドラゴンゲート　空飛ぶ剣と幻の秘宝』

（二〇一一年　中国　監督：ツイ・ハーク）

監督はツイ・ハークである。一九八〇年代、レンタル店が普及した日本でビデオブームが起きたとき、当時興隆していた香港映画は重要なコンテンツとして、日本に大量流入してきた。その中でも、「香港のスピルバーグ」として、ツイ・ハークの製作・監督作品には楽しませていただいていた。

『ドラゴンゲート』はつぎはぎのシナリオとちぐはぐな設定、キャラクターと見せ場しかない映画だが、だからこそ生まれる至福というものがある。さすがはツイ・ハーク、八〇年代に熱中したあの香港映画がパワーアップして帰ってきたみたいだ。つながりの粗さは武侠小説やクリフハンガー的な意気込みと見てもいい。

3D映画である。それもハリウッド製3Dのように上品なものではない。むやみに飛び出す。下品に飛び出す。中華アクションのワイヤーワークと3Dの相性はなかなかのものである。

往時のスクウェアのゲームのような男女バランスの映画である。女性キャラがむやみに多い。しかも魅力的だ。顔に刺青をいれた韃靼人の王女（グイ・ルンメイ）が最高だ。いまや、グイ・ルンメイの過去作品を総チェックしたいくらい。

もちろん、ジェット・リーの出演作だから、アクションもかなりのレベル。こういうのって吹き替えで観たかったりするんだけど、どこかでやってくれないかな。

『映画　鈴木先生』

（二〇一二年　日本　監督：河合勇人）

ギャラクシー賞を受賞するほど高い評価を受けたものの、視聴率的には苦戦したテレビドラマのエピローグ的内容。『鈴木先生』は二〇一一年、ぼくも夢中になったドラマだが、学園映画のジャンルでは、二〇一二年に『桐島、部活やめるってよ』という革命的秀作があり、ぼくらはその革新を体験してしまった。

二〇一三年の映画『鈴木先生』がアフター『桐島』作品としてとらえられてしまうのは仕方ない。そのせいか、かつては楽しめた序盤のドラマ調演出がゆるい印象に見えて、侮ってしまったのだが、それは大きな間違いだった。

映画が進むに連れてグイグイと引き込まれていき、終映時の感動は比類ないレベルのものになった。これこそ鈴木メソッドの凱歌だね！　ブラボー！　ブラボー！　ブラボー！

学園映画は、それが『鈴木先生』であれ、『桐島』であれ、『悪の教典』であれ、すべて、子どもたちのドラマにとどまるわけではなく、現実世界のメタファーでもある。『カッコーの巣の上で』の精神病院、『暴力脱獄』や『パピヨン』の監獄が僕らの住む社会そのものっていうのも、同様のメタファーだ。

『鈴木先生』は社会システムの中で、どう考えれば生きる負荷が減るのか、どう考えれば相互の理解が進むのかというメソッドを投入するファンタジーでもある。リアルな体裁をとっているが、かなりのデフォルメを伴っている非現実空間の中で、事実のコピーにとどまらない、ひとの普遍的な真実を探ろうという作品だ。

風間俊介が演じる勝野ユウジというキャラクターについては、ある事件を起こすにいたるプロセスが図式的に思えたりもするなど、バランスの崩れたところもある。それでも、ドラマの中で熟成されてきた鈴木学級の完成形をはっきりと見せてくれるクライマックスは、すばらしい。

鈴木先生は今作で父親的な役割が強くなっている。まるで娘がしっかり育ったときのような喜びが、ここにはあふれている。「本当の自分をさらけ出す」ことより、「役割を演じる」ことの重要性を考えさせる鈴木メソッドは、ほかのいろんなことに転用できるね。

『渾身 KON-SHIN』

（二〇一二年　日本　監督：錦織良成）

ひどすぎて死ぬかと思った。隠岐島の古代相撲の話と聞いて期待していったら、話の焦点は先妻の子が後妻に「お母さん」と呼べるかどうかだったなんて。ひどすぎ。一三〇分のネタを延ばしすぎ。喜んでいるのは製作委員会の島根県地方自治体だけ。こんなの他県の人に見せるなよ！　隠岐の古代相撲とか古典相撲っていうから、どれだけ違いがあるかと思っていたら、土俵の形、四方の柱、徹夜の神事、ちょんまげがないくらいで、ほとんど相撲協会の相撲と変わらない。

撮影だけはやたらと美しい。クレーン、ステディカム、水中撮影など、お金もかかっている。主演以外に甲本雅裕、財前直見、笹野高史、長谷川初範、宮崎美子と、キャストも豪華。

読みをローマ字にしたサブタイトルを振っている映画とか、地方自治体の金目当ての映画とか、松竹の映画とか、地雷の要素が多かったのに、見抜けなかったのは、こちらの迂闊だ。

相撲大会、ストーリーとは関係のない部分や知らない人をなぜ延々と撮っているのかと思ったが、きっと出資元の島根県関係を満足させるためだろう。そういう意味では宗教団体出資映画とあんまり違いはない。

『96時間　リベンジ』

（二〇一二年　フランス　監督：オリビエ・メガトン）

タイトルには『96時間』とあるが、〝96時間〟という状況はなくなってしまった。演出は前作を凌ぐが、ドラマやサスペンスは劣化してしまった。スティーブン・セガール映画同様、〝負けるはずない〟感が濃厚なリーアム・ニーソン映画だ。

『スカイフォール』ではバイクに乗ったボンドが颯爽と走り抜けたイスタンブールを丹念に使った撮影はよかったし、がんばるおとうさんテーマもきちんと展開しているんだけど、やっぱり無理がある続編だね。

『LOOPER／ルーパー』

（二〇一二年　アメリカ　監督：ライアン・ジョンソン）

『ターミネーター』、『ガタカ』、『12モンキーズ』、『デッドゾーン』、『ブレードランナー』……。自分にとって、カチリという音を立てて映画の歴史を変える作品の多くは、SF作品だった。『LOOPER／ルーパー』からもそんな音が聞こえてきた。

オリジナリティと説得力が共存する世界設定と、観客の知性に問いかけるストーリーがうまく交わると、こんな興奮を堪能できるのだ。

停滞感が蔓延する都市のそばに『刑事ジョン・ブック』の素朴な暮らし。『北北西に進路を取れ』や『フィールド・オブ・ドリームス』のようなトウモロコシ畑。そして、遙かなる上海……。未来世界のひとつひとつのロケーションと現代世界との距離感が絶妙なのだ。

たとえば、屋根に並んだ太陽光パネル。たとえば、代替エネルギーを利用するためか、排気管などが改造された自動車。たとえば、銃器のひとつひとつ。単にセリフや演技だけでなく、観客に様々なミザンセーヌ（カメラに映るすべてのもの）を覗きこませる映画だ。

そしてストーリーと設定。未来の自分を過去の自分が殺すという、めまいをともなうシチュエーションがストーリーの強烈な吸引力となる。

予告編通りに展開する映画ばかりの昨今、この映画の展開については、気持ちよく裏切られたよ。

〝HUNTED BY YOUR FUTURE,HAUNTED BY YOUR PAST〟。これはアメリカでの惹句だ。まさしく、「自分の未来に狩られ、自分の過去にとり憑かれ」という内容にはうならされる。

なにより枯れ切ったディテールの蓄積による説得力と、エモーションの浮揚感がたまらない。

相当に複雑な話だけに、齟齬を感じるところもいくつかある。最後の〝選択〟について、完全でなくても、部分でよかったのではという人がいるのだけれど、一時しのぎではない〝選択〟としての決断はすばらしいと思う。ただ、未来のジョセフが、レインメーカーを殺害を決意する動機となった、ある〝死〟なんだけど、あれって設定上おかしくないのかな。それが、本当の齟齬なのか、こちらの理解不足なのか、一度しか見ていないので、はっきりわからなかったりもする。

それでも、未来からきた〝答え合わせ〟としての自分を見せられながら、ひとはどのように成長するのかという、エキサイティングなテーマは、鑑賞後も心に深く根ざすものだろう。

『テッド』

（二〇一二年　アメリカ　監督：セス・マクファーレン）

言わずと知れた大ヒット作品。アメリカでは男同士が観にいって馬鹿笑いしそうな内容だが、日本では女子高生が殺到しているというおもしろさ。育ちすぎた中年テディベアのコメディだ。

数年前から、男同士がつるみながら、さりとてゲイというわけでもない関係を「ホモソーシャル」なんていうようになったけれど、映画でいえば『300』や『スーパーバッド　童貞ウォーズ』、『ハングオーバー！』なんてのもあったね。広義では『ビルとテッドの地獄旅行』や『ウェインズ・ワールド』、さらに広げたら『ホビット』なんてのもホモソーシャル映画になるのかもしれない。理屈抜きの男の絆の泣き笑い。

この映画もベースにはホモソーシャルの関係がある。ただし、主人公のパートナーとなるのが、話すテディベアというのがスペシャルだ。

女子高生にとっては、下品なことを言うテディベアがかわいいってことで、盛りあがる映画だけど、四〇代の映画好きにとっては、ここに登場する様々な映画やドラマ要素の豊富さに泣くしかない。

『フラッシュゴードン』、『ナイト・ライダー』、『トップガン』、『サタデー・ナイト・フィーバー』『スター・ウォーズ』、『スーパーマン・リターンズ』、『トワイライト』、『ボーン・スプレマシー』、『ボーン・アルティメイタム』、『007　オクトパシー』、『インディ・ジョーンズ　魔宮の伝説』。そういったネタがふんだんに出てくる。映画好きにとっては至福のパロディ作品になっているのだ。

友人がツイートしていたのだが、パロディにも気合が入っている。『サタデー・ナイト・フィーバー』のシーンなど、『サタデー・ナイト・フィーバー』をパロディにした『フライングハイ』のシーン由来なのだ。「あのシーンで流れる音楽は」とかウンチクをたれて嫌われたい映画中年は多いだろう。でも、忍耐が必要だ。そういう作品が好きで語りたいのなら、ホモソーシャルの中だけにしておけ。

テッドは悪友というだけでない、兄であり、父親、導師的な存在でもある。だから、最低でありながら、ずるさとか、卑しさとかは感じられない。どん引きしそうな、下品なネタはまきちらしながら、意外と紳士なのだ。おっさん、しょうがないな、というレベルでとどめている。そのあたりが日本でも受けているポイントなのだろう。

「江戸っ子は五月の鯉の吹流し、口先ばかりではらわたは無し」なんて言うけれど、「テッドは茶色のクマのぬいぐるみ　下品に言うが卑しくは無し」って映画なのだ。

『フラッシュバックメモリーズ3D』

（二〇一二年　日本　監督：松江哲明）

これこそ、あらゆる映画をあとまわしにしても見るべき作品だ。現実を記録し、それを再生するという手法からドキュメンタリーの時制は過去形にならざるをえないのだが、3Dを導入することにより、その時制を現在形へと軽やかにシフトさせた映像的事件。3Dということの欠点はただひとつ。大きなメガネをかけているおかげで、流れる涙がぬぐいにくいことだけだ。

二〇一二年秋の東京国際映画祭でこの映画が話題になっていたことは知っていた。ツイッターのタイムラインに流れ、ブログを彩ることばの熱気がただごとではない。メインのスチルを見ると、サイケデリックなイラストの中央で坊主頭の男が、両手を高くかざしているだけ。まるで七〇年代あたりの古いセンスに思える。その人気のありかがどこにあるのかわからない。「まったく新しい3Dの使い方」と書かれていても、ディジュリドゥという長い楽器を振り回すのに効果的なのかと思うばかりだ。

映画祭会場で朝から並んでも当日券は買えなかった。映画祭で観客賞をとったと聞いて、臍を噛んだ。都内の先行上映もタイミングが悪かった。やっと公開初日に劇場に駆けつけ、映画を観た。観たということばでは足りない。体験した。浴びた。

2Dでの公開もあるけれど、2Dで観てはいけない。いつか、DVDも出るかもしれないが、音のいい映画館で3Dで観るべき作品だ。

主役となるGOMAはディジュルドゥの奏者だ。ディジュリドゥはオーストラリア先住民のアボリジニの楽器である。もともとはシロアリに食われ、空洞になったユーカリの木で作られており、世界最古の管楽器ともいわれている。この映画で楽器と音色とが『ライトスタッフ』でアボリジニが登場するあたりで流れていた、あの音だということに気がついた。映画音楽としてはほかにも使われていようだ。

GOMAは首都高を走行中に追突事故に遭い、記憶の一部が消えたり、新しい体験を忘れてしまうという高次脳機能障害が残ることになる。アルバムの写真を見ても、自分がなぜそこにいて、だれと笑っているのかわからない。この映画でさえ、撮影したときのことを覚えていないそうだ。クリストファー・ノーランの出世作『メメント』では、過去一〇分の記憶しか持てない主人公が描かれているが、その現実版でさえある。

事故直後にはディジュリドゥが楽器であることさえわからなかったGOMAだが、体はディジュリドゥを覚えていた。

絵を描いたことがなかったGOMAが突然、描きだした緻密な点描画。そうか、メインに使っていたスチル画像はこれだったのか。映画を体験したあとだとその意味がわかり、ぞくぞくする。アウトサイダー・アートのひとつとも言えるが、ルイス・ウェインのことを思い出した。擬人化した猫の絵を描いていたが、統合失調症になり、画風がまるっきり変わってしまったアーティストだ。脳の仕組みはほんとうに不思議だ。

この映画における発明は、過去から現在に通じるGOMAの記録映像を画面の奥に2Dで流しながら、手前にはライブでディジュリドゥを演奏するGOMAとそのバンド、The Jungle Rhythm Section の姿が映しだされていることだ。3Dだから、手が届きそうな距離感にGOMAがいる。その距離感の生々しさが、観客に〝いま〟を意識させる。この演奏の記憶さえ、いつか消えてしまうのだと思うとやるせなくなる。しかし、鮮烈なパフォーマンスは浅薄な感傷さえ押し流していく。

奥の画面で展開される〝失われた記憶〟の2D映像。単身でオーストラリアに渡った。ストリートで演奏した。コンペティションで入賞した。結婚した。子供が生まれた。世界を放浪した。ライブに出演した。彼の肉声はほとんど出てこない。情報は最小限の字幕でぼくらに送られる。

そして、運命の二〇〇九年一一月。経験した本人がなくした記憶、失われた大切な過去をぼくらは映画館で見つめている。

〝生〟が記憶の蓄積ならば、〝死〟とは不可逆の忘却。

きわめて〝死〟に近いところで、すさまじい演奏を見せてくれるGOMAの〝いま〟をぼくらが見つめる。〝命〟とは体験の共有にあるのかもしれない。

『エンド・オブ・ザ・ワールド』

（二〇一二年　アメリカ　監督：ローリーン・スカファリア）

やられた！　一生、忘れられない映画がもう一本。破滅ものであり、ロードムービーであり、ラブストーリーであり、キーラ・ナイトレイだ！

とにかくキーラ・ナイトレイが最高なのだ。最近のキーラ・ナイトレイといえば、『危険なメソッド』や『恋と愛の測り方』など、陰鬱な映画が多く、とりわけ『危険なメソッド』では、CGも特殊メイクも使わず、凄絶な顔芸まで披露していたのだが、『エンド・オブ・ザ・ワールド』はとにかくチャーミング。『ベッカムに恋して』や『ラブ・アクチュアリー』のときの、かわいくてたまらないキーラが帰ってきた。

ただ、話は一筋縄ではいかない。地球に小惑星マチルダが衝突する。破壊作戦は失敗に終わり、二一日後、人類は滅亡することになった。ここまでで冒頭三分間。そんな中で出会った男女。せっかく人類が滅亡するのに、悲劇でもSFでもアクションでもなく、ロマンチック・コメディといってもいい展開となる。キャスティングも絶妙だ。『40歳の童貞男』、『ラブ・アゲイン』が記憶に新しい、コメディアン出身のスティーブ・カレルが枯れた中年男を演じ、キーラ・ナイトレイがコミカルでチャーミングなドジっ子を演じている。どれくらいドジっ子かといえば、恋人との喧嘩のために、家族と故郷で過ごすための最後の飛行機に乗り遅れるくらいだ。

人類滅亡の危機といえば、大統領や総理大臣や科学者や南極越冬隊や石油採掘屋が活躍するものだが、先述のように冒頭三分でそんな活躍は終わっている。『アルマゲドン』というよりは『ディープインパクト』のトーンであり、『ディープインパクト』というよりは『渚にて』のような人としての尊厳を際立たせている。

『渚にて』は核による最終戦争で最後に生き残ったオーストラリアを舞台に、放射能汚染が広がり、滅亡するまでの日々を美しく描いた作品だ。小惑星の名前がマチルダというのは、『渚にて』のテーマとして使われる「ウォルシング・マチルダ」が念頭にあるのか。また、スティーブ・カレル演じる主人公の名前がドッジ。トラブルを避け（dodge）して生きてきた。犬の名前がソーリー。出会ったときからごめんなさい。

『渚にて』は静寂の中、尊厳ある死を選ぶ人の映画だったが、『エンド・オブ・ザ・ワールド』は予定された死に抗わず、最後まで人として生きることを選ぶ人間らしさをきちんと描いた映画だ。暴徒の発生も描いているが、例外なく逃げられない死を前にすると、人はよりよき生を目指そうとするのではないだろうか。そういう人々の悲喜劇はぬかりなく描いている。

キーラ・ナイトレイと過ごせる数日があるなら、世界が滅びても後悔しない。

『デッド寿司』

（二〇一二年　日本　監督：井口昇）

二〇一一年の日本映画ベストといえば、誰がなんといおうと『電人ザボーガー』である。クリストファー・ノーランの『ダークナイト』の続編といえば、『ダークナイト・ライジング』なんかじゃない。井口昇監督の『電人ザボーガー』だったのではないかと思えるくらい、テーマ的にも心情的にもなにより心意気の面で、ヒーローと正義の葛藤を描いていた。

温泉旅館を舞台にゾンビ化する寿司！　廊下を飛び！　宙を舞い！　増殖し！　人を喰う！　恐れを知らぬゾンビ寿司に立ち向かうのは、一子相伝、寿司職人の技と才覚を継承する少女なのだ。その少女をサポートするのは、心に傷を負った松崎しげる。『ゾンバイオ』とか『アタック・オブ・キラー・トマト』の究極進化形！　寿司ネタふんだんにして、映画ネタ炸裂の多幸空間だ。

くだらないものを正しく描くためには、とことんのこだわりはもとより、くだらないことこそおもしろい、と信じる強さが必要だ。子供の頃から好きだった。大人に言ったら、軽蔑されると思っていた。信じきれなかった自分は敗者だ。大人の目を気にして、いつしか、くだらないことを封印してしまった。しかし、井口昇監督のおかげで、そのくだらなさの中にこそ、至福があることを知った。矢継ぎ早に打ち出されるアイデアは、酒場で誰もが口にするようなネタばかりなのだが、作り手自身がうっかり、しらけることなく、そのおもしろさを信じて正面突破してくれる。最上のタイヤキのように、すみずみまであんこがつまっている。しかもすべて人懐っこくて、温かな気持ちになるのだ。

ああもう、つべこべ言ってる場合じゃない。とにかく観てください。ハリウッドよ、これが映画だ。

『ライフ・オブ・パイ　トラと漂流した227日』

（二〇一二年　アメリカ　監督：アン・リー）

ああ、つまりこういうのが、映画の原初的な楽しさなんだろうな。

救命ボートでベンガルトラと漂流するだけの話だ。それがこんなにエキサイティングで示唆に富み、興奮に満ちたものになるとは思わなかった。そして、なにかを物語ることの真剣な意志まで問われるとは思わなかったよ。

子供の頃に父と一緒に観た黒澤明の映画『デルス・ウザーラ』を思い出した。シベリアと太平洋の差はあるけれど、どちらもトラと人の孤独なサバイバル映画だ。そしてトラが象徴するものは、ふたつの作品で共通している。太平洋戦争末期、南太平洋の孤島に漂着した日米両国の軍人が対立し、協力する映画『太平洋の地獄』も思い出した。しかし、敵兵と違って、トラはことばを話さない。

観るとしたらIMAX 3Dの一択だ。その画面の大きさ、その立体視でしか感じられないディテールと迫真がある。最初は関東最大のIMAXスクリーンである成田HUMAXで観た。中学一年生の甥にも観せたくなり、109シネマ川崎のIMAXに連れていった。すばらしく興奮していた。

二回観ると、一回目では気づかない寓意が明らかになってくる。無駄のない構成がはっきりしてくる。映画のラストでは、人が生きるかぎり、問いつづけていくある質問が投げかけられるのだが、その質問にいたる要素が冒頭で周到に散りばめられていたことがわかる。とはいえ、難しい映画ではない。

一緒に行った甥はダイナミックな3D効果に何度も何度も座席でのけぞっていた。知恵と勇気のサバイバルだが、映像のすべてが美しい。『グリーン・デスティニー』以来、手放しで好きだと言えるアン・リー作品だった。どこを切り出しても、神秘的な美しさと興奮が同居している。なにより、随所にあふれるユーモアがたまらない。

小便と言われ、いじられてしまう自分の名前を〝パイ〟とするために物語を作ること。トラの目の中にあるのは自分の姿であること。信仰に必要な大地のこと。ことばのひとつひとつがメタファーと啓示に満ちている。フランスの名優、ジェラール・ドパルデューが意外な役で出ているが、彼の印象深い登場が、この映画の中で意味を持っているのがわかったときには、すごい驚きがあった。

この映画の多くはCGで作られたものだが、ピーター・ジャクソンが『ロード・オブ・ザ・リング』によって、母国、ニュージーランドに映画産業を興隆させたように、この映画のアン・リーはプール撮影やCG製作を母国の台湾で行い、台湾を世界の映画産業の拠点としている。そういうことさえ、胸が震えてしまう。旅が終わるとき、多くの人が涙を流す。なぜ、涙を流すのか。凡百のメロドラマでは味わえないプリミティブで普遍的な涙だ。映画の機能のひとつが、知らない世界で繰り広げられるエキサイティングな体験ということであれば、この映画の喜びはそこにある。

『つやのよる　ある愛に関わった、女たちの物語』

（二〇一二年　日本　監督：行定勲）

女優陣や撮影など、しっかりがんばっているんだが、ステレオタイプな愛とか女とかの向こうに、作り手のどや顔が見えるようで、ときどき半笑いになってしまったよ。野波麻帆のお尻と横乳はグッド。東宝シンデレラ出身としては、いちばん露出の多い人だな。『桐島』ばりに、死の床につく魔性の女（?）〝つや〟の不在を軸にエピソードが絡んでいく短編連作なのだが、原作に沿っているとはいえ、映画としてのケミストリーが一切ないまま、いろんな女性の愛を語られても困ってしまう。こういうのは難しいね。

小泉今日子と荻野目慶子のタイマン勝負とか、「さすが、東映（配給）」とわくわくしたんだけど、なんだか物足りない流れになってしまったよ。幅広い年令の高レベル女優をキャスティングしているのはほんとうにすばらしいんだけどなぁ。それだけで、企画が成立するわけじゃないんだよね。

『みなさん、さようなら』

（二〇一二年　日本　監督：中村義洋）

団地から外に出られない少年の青春を描いた教養小説的サーガ。中村義洋監督ならではの感動があるのだが、中村義洋監督らしい引いた暴力描写がブレーキでもある。主演の濱田岳はもとより、倉科カナと波瑠の存在感はすばらしすぎる。このふたりがいるのなら、団地サイコーだよ。

時代の違和感もちょっぴり。物語の始まる一九八一年って、団地の最盛期ってわけでもなかったし、白黒ではなくカラーテレビが普通だったし、大山倍達のブームは一〇年前って感じだったと思う。まあ、わかって絵作りをしているのだろうけれど。
団地って叔母が住んでいたところとか、実家の近所にあった新日鉄の社宅という印象があって、ピンと来ないってのもあるけど、団地というコミュニティに対する批評めいた要素はあまりない映画だったね。

『アウトロー』

（二〇一二年　アメリカ　監督：クリストファー・マッカリー）

プロットの流れは興味深く、カーチェイスもがんばっており、悪くはないけど、トム・クルーズがシリーズ化したいのだろう、リーチャーというキャラの魅力が足りない。ユーモアも不発だったなぁ。

『マリーゴールド・ホテルで会いましょう』

（二〇一一年　イギリス／アメリカ／アラブ首長国連邦　監督：ジョン・マッデン）

映画がくれるドラマとしては最上の部類。おれは大好きだし、おれが大好きなすべての人に無条件の推薦状とともに観てもらいたい秀作。人生のどの時点でも人は変われるし、新しい居場所を見つけられる。インドのジャイプールで人生の晩年を迎える決意をした七人のイギリス人の物語。役者も最高だが、上質の舞台劇を思わせるシナリオも最高。ロケも素晴らしくて、泣き笑い、それぞれの質も高い。
この映画の主役は老人たちだけれど、枯れた映画ではなくて画面全体、物語全体に花があるのだ。彩りに満ちているのだ。こういう映画が生まれるイギリスというのはいいな。かつて世界中に植民地を持っていた国だからこそ、（後世から観た是非はともかく）このような形で歴史が反映されるのかもしれない。

主演のジュディ・デンチはつい最近、『007 スカイフォール』でMを引退したばかりだが、しかめっ面のMの顔ではなく、ユーモラスで上品な表情が微笑ましい。描かれるのは、インドの全貌とはいえないだろうが、インドの過去の遺産と未来の可能性がさりげなく描かれるので、たまらない。自分はすでに若い学生さんよりもこの映画に出てくる老人に近い世代だ。老人たちに感情移入することは多い。それでもこれから社会に出る若い人にこの映画を見せてあげたい。いくつになってもあなたたちの人生は、挑戦と決断と旅に満ちているのだから。

『ムーンライズ・キングダム』

（二〇一二年　アメリカ　監督：ウェス・アンダーソン）

ユートピアともいえる土地で起こった一二歳の少年と少女の駆け落ちをノスタルジーとユーモアをちりばめて描き、大人の心に残る子供をもてなす作品だ。みなしごになりたかった大人、おっぱいに触れたかった大人、家出をしたかった大人におすすめの興奮の王国。

カリカチュアライズされてはいるが、家族とは血でつながるものだけではなく、意志から生まれる関係性だということが、じつにうまく入っていて、わかっているけれど、にやにやしてしまった。そういった家族の距離感なんかも、アメリカという国の「かくありたい」という意志みたいなもので、さまざまな景色も含めて、アメリカのひとは楽しむんだろうな。

『脳男』

（二〇一三年　日本　監督：瀧本智行）

冒頭、説明過剰気味のシナリオと松田優作もどきな江口洋介に辟易していたのだが、「脳男」こと、生田斗真が現われたあたりから、ぐいぐいと引き込まれていく。この手の日本映画には失望させられることが多いけれど、これはかなりハイレベルなピカレスク・アクション映画といっていいだろう。

人としての感情がなく、肉体の痛みさえ感じないから「脳男」。もちろん、過剰な爆発とどこかで見たようなシーンもあるけれど、善悪、両キャラクターの存在感が卓抜なので見飽きない。生田斗真のキャラクター作りは、日本映画のレベルを越えているし、恐るべき子供、緑川紀子を演じる二階堂ふみには驚いた。『ヒミズ』とも『悪の教典』ともちがうキャラクターだ。なにより観客を信頼して、過剰さを嫌い、抑制を心がけた演出がうまくはまって、楽しめる作品になっている。アンチヒーローとして『脳男』は現代の『必殺仕事人』的ピカレスクであり、『ドラゴン・タトゥーの女』の要素もある。この設定でデビッド・フィンチャーがリメイクしたら、すごいことになりそうだ。

過度なキャラクター化さえなければ続編を希望したいし、続編ができてこそ、確立するドラマだからね。突如、現われて、敵と対峙する構図。世界を巻き込みながら、敵に対しては一直線。因果めいた誕生の謎と特殊な生。これすべて、ゴジラやガメラなど、日本の怪獣映画のモチーフでもあるよね。

『PARKER／パーカー』

（二〇一三年　アメリカ　監督：テイラー・ハックフォード）

そうだよ。ジェイソン・ステイサムにパーカーを演じさせるのは、すばらしいキャスティングだよ。クライムアクションの到達点ではないかと思えるほど、すべてがきちんとしていて、熱度が高いマスターピースだった。娯楽映画で観たいものの詰め合わせだ！

リチャード・スターク（ドナルド・E・ウェストレイク）の原作をもとに『愛と青春の旅立ち』や『カリブの熱い夜』のテイラー・ハックフォード監督が周到に作っただけあって、テイストはオールドファッションではあるが、主人公の行動原理、敵のキャラクターが揺るがない。

後述の『ダイ・ハード　ラスト・デイ』のような大雑把さがない。お手本のような作り方だ。そのていねいさが、いまどきのお客さんにはまだるっこしく感じられるかもしれないが、冒頭で騒ぎ出す警備員を落ち着かせるシーンや、愛する人はただひとりだけという生き方を貫くシーン、ほとんど不死身だけれど痛みを感じさせるシーンなど、最近のアクション映画が雑にしてきた描写をきちんと描きつつ、そこから、ボンと飛び出す潔さもある。

なにより原作小説のよさがきちんと反映されているアクション映画なんて、滅多にないだけにかなりの好感触だ。

『ダイ・ハード　ラスト・デイ』

（二〇一三年　アメリカ　監督：ジョン・ムーア）

一作目から四半世紀くらいですか。フォーマットもなにもかも陳腐化しているかもしれないけど、ジョン・マクレーンが「破壊大好き」「虐殺どんとこい」な人になってて、事件に巻き込まれるというより、自分から巻き込むカラミティキャラというか、〝からみたいキャラ〟になってるのが、なんとも。

『ゼロ・ダーク・サーティ』

（二〇一二年　アメリカ　監督：キャスリン・ビグロー）

勉強のために映画を観ることなどまっぴらごめんだし、誰かに「これを観て〇〇を学んだほうがいいよ」というのは、最低の映画紹介だ。それでもこの映画にはスクリーン体験を通じて得られる〝現代〟が横溢している。『ゼロ・ダーク・サーティ』とは深夜〇時三〇分のこと。ビン・ラディン襲撃のブラックホークへリが飛び立った時間だ。

アメリカがアルカイダの指導者、オサマ・ビン・ラディンを襲撃し殺害したのが、二〇一一年五月二日。そこから一年半ほどで完成したという事実がなによりもすごい。監督たちはもともと潜伏するビン・ラディンをテーマにした映画のために取材していたため、これほど短い期間で完成させることができたそうだが、それにしてもすさまじい仕上がりだ。

ビン・ラディンの居場所を見つけ出すためには、文字通り〝藁の山から針を探す〟努力を要したが、映画はビン・ラディン襲撃というゴールに向かって、その膨大な情報の中から、コントラストをつけ、一筋の道をたどっていく。その道を歩む主人公は、007のような現地で奮戦する諜報員ではなく、高卒の若い女性分析官だった。当初は拷問の現場に立ち会って目を背けていた彼女が、いつの間にかビン・ラディンの〝処刑〟を誰よりも熱望し、上司に圧力をかけていく。

映画に登場するCIAの分析官といえば『レッド・オクトーバーを追え!』や『いま、そこにある危機』のジャック・ライアンが有名だが、ジャック・ライアンのようにアクティブな行動はしない。『ゼロ・ダーク・サーティ』の主人公、マヤの行動する舞台の多くは、パキスタンやワシントンのオフィスだ。

恋人はいるのか、結婚しているのか、家族はいるのか、そういった個人的なプロフィールは一切描かれない。研ぎ澄まされた描写のためでもあり、そのプロフィールの公開が復讐の連鎖を呼ぶおそれがあるためだろう。個人としての感情は、演じるジェシカ・チャスティンの表情を読み取るしかない。あるいは、オフィスの机の上にあるものやパソコンの壁紙などが、彼女の動機や感情を間接的に伝えるのみだ。

必要最低限の描写が、恐怖と不安に苛まれたアメリカの感情を伝えてくれる。男性社会の中でさまざまな組織の壁を突破し、耐えがたい時間を過ごして達成した目標が、これなのか。

911というテロに対抗するには、自身を狂気に染めていくしかなかったマヤ。しかし、エンドロール直前の慟哭の行き着く先は……。アフガン戦争終結後のタリバンが、ビン・ラディンのテロを生んだことを考えると、連鎖は終わらないのではないかと思ってしまった。

なによりもぞっとするのはビン・ラディンを捕縛するのではなく、暗殺することが目的だということだ。国家による殺人の背後に若い女性がいて、その執念がアメリカの断固たる鉄槌の推進力となる。復讐の連鎖を肯定し、闇をより一層深めていく。

アメリカという国家による暗殺といえば、山本五十六海軍大将機を待ち伏せして撃墜した海軍甲事件を思い出してしまうが、それよりもさらに暗くおぞましい。彼らはビン・ラディン捕縛による事件の真相解明より、悪の象徴の抹殺を選んだのだ。

極秘の実験機体、ステルス型ブラックホークヘリ二機を出撃させ、精鋭SEALs部隊が突入するクライマックスの迫力は映画史に残るものだが、作戦進行とともに、心に溢れてくるのは高揚するエネルギーではなく、わりきれない虚しさだ。沈殿する疑問だ。正義の不快感だ。

この薄気味悪さを味わうことが、現代を見つめる視力を回復させるために必要なことではないだろうか。そのためにも映画館で嫌な思いをしてきてほしい。

『王になった男』

（二〇一二年　韓国　監督：チュ・チャンミン）

テレビドラマではおなじみだが、韓国の宮廷ものはほとんど観たことがない。それでもこれはおもしろかった。やるべきことのすべてを、きちんとやっているバランスのよいコスチュームメロドラマだ。なにより、役者がほんとうにいい。クライマックスが迫ってくるにつれて、胸が熱くなってきた。

宮廷内の陰謀で命を狙われることを怖れた王が仕立てた影武者は、妓生宿で座をわかせる道化だった。王が愛妾のもとに通う夜だけ影武者になるはずが、王が危篤になったため、昼の代役を務めることになった。

下層のものが王の代役になる設定、激動の時代、正室に正体が明かされそうになるサスペンスなどなど、小説『影武者徳川家康』などで読んだようなシチュエーションがたびたび出てくるが、そのひとつずつをきちんと描いているため、ドラマの満足度が高い。多様な役者のよさと演出のよさには裏切られない。王と影武者を演じ分けるイ・ビョンホンはもとより、影武者を仕立てる能臣、王の正体に疑問を抱く護衛、派閥の間で揺れる王妃、王に目をかけられる毒見役の少女、さりげなく王を盛り立てていく宦官。その誰もが味わい深く、感動への導線となっている。抑制と飛躍のバランスが絶妙だ。

身分や結婚など、李氏朝鮮社会の常識もあるのだろうが、決して越えてはならない一線を越えないバランスがいい形で出ていたね。

『ジャッジ・ドレッド』

（二〇一二年　イギリス／南アフリカ　監督：ピート・トラヴィス）


一九九五年のシルベスター・スタローン主演作品は忘れてほしい。ぼくらが二〇一三年に体験するこれこそ、決定版。これこそ至高。これこそ映画だ。

核戦争後の近未来、残された人々が蝟集する巨大都市で、増加する凶悪犯罪に対処するため、逮捕も判決も処刑も現場で同時に執行する究極の存在がジャッジなのだ。桜吹雪さえ見せずに悪い奴らをぶち殺す、究極の「金さん」！

インドネシアのアクション映画『ザ・レイド』のすばらしさを以前に語ったが、『ジャッジ・ドレッド』のプロットもまったく同じだ。壮絶な力を持つギャングが根城とする高層ビルに乗り込み、孤立した状況の中、最上階にいるボスを倒す。『ザ・レイド』では格闘技シラットが対決の肉体言語として威力を発揮したが、『ジャッジ・ドレッド』は無敵の銃と、ゆるがない正義の力が道を切りひらく。

すごいのは、脚本のアレックス・ガーランド、撮影のアンソニー・ドッド・マントルと『28日後』のダニー・ボイル組であったりすることで、アクションや撮影に狂いがないことだ。

顔の多くを隠し、口の周囲だけ露出させて、威圧感たっぷりに行動するジャッジ・ドレッドはロボコップみたいだし、ラスボスの女ギャング「ママ」は、最高にクールだし、重厚の彼方からやってくる過剰はすさまじくクレイジーだし、SFとしての設定はぶれない。これは何度も観たいアクション映画だよ。

すばらしいのは、武骨なジャッジ・ドレッドと組むサイキック美少女、カサンドラ！　相手の意思を読むテレパスとして、卒業試験代わりにこのミッションに参加したのだけれど、彼女の魅力が作品の評価を数段上げている。血なまぐさい現場でヘルメットもかぶらずブロンドの髪をなびかせ武骨なヒーローに寄りそうことを、これだけ的確に描いた作品があっただろうか。

カサンドラを演じているのは、シェイクスピア舞台出身のオリヴィア・サールビーという女優だが、世界の女優でイチオシにしたいノーブルさと演技力だよ。彼女がこれから人気を集めることは想像に難くない。

最後の最後までドレッドが素顔を見せない演出にうなってしまった。さらにヒロインの成長がほんとうにうれしくなるエンディングだよね。それにしても麻薬工場とか、裏切り者の出現とか、『ザ・レイド』との相似はすごいね。こういう設定を使ったら、仕方ない部分もあるんだろうけど。

戦う正義は気持ちいいぜ。少なくとも映画の中だけはね。

『世界にひとつのプレイブック』

（二〇一二年　アメリカ　監督：デヴィッド・O・ラッセル）

エクセルシオール！　不貞した妻のことがそれでも

忘れられないパット。事故で夫と死別した傷が癒えないティファニー。自分都合の身勝手としか言いようがない主人公ふたりの言動に冒頭から中盤までどんびきだったのに、最後にあふれ出る感動は比類のないものだった。クライマックスあたりの展開はせっかちだけど、これだけの内容と芝居なら文句はいえない。

とにかく人物描写に容赦がない。監督のデヴィッド・O・ラッセルといえば、『ザ・ファイター』でぐだぐだな環境の中、現実と直面するボクサーの姿を描いたが、経験を積んだ大人なら、ここに登場するすべての人の言動のひとつひとつに、かつての傷の痛みを思いだすはずだ。

そうだ。主人公ふたりをとりまく人々がすばらしいのだ。ロバート・デ・ニーロは、ギャングでもボクサーでも謎の予言者でもない、どこにでもいそうな父親を演じているが、彼でなければ出せない滋味があふれてくる。そして、彼ならではの抑制のきいた歪さもうまい。サブプライムローンによる金融危機で、年金を打ち切られ、ノミ屋をやっているという設定がすばらしい。主人公ふたりのいかれぶりばかりが目立つのだが、デ・ニーロのジンクス依存も相当なものだ。

試合の勝敗はすべて二〇〇八年の試合結果と重なっていて、その年、フィラデルフィア・イーグルスは優勝したという。プロットの構成だけをむきだしにすればありきたりなドラマだが、エピソードの濃密さと役者たちの好演が、この作品に命を吹きこんだ。

ジェニファー・ローレンスの熱演は、『ウィンターズ・ボーン』、『X—MEN：ファースト・ジェネレーション』、『ハンガー・ゲーム』という過去作の印象を吹っ飛ばすものがある。いままでことば少ないキャラクターばかりだったのに、生きる力にみなぎることばの数々はどういうことだ。女優としての顔を決める一本になった感さえある。

なにより好ましいのは、ダンス大会というクライマックスでもたらされる成果にある。

『バチェロレッテ　―あの子が結婚するなんて！―』

（二〇一二年　アメリカ　監督：レスリー・ヘッドランド）

作中、いちばんきれいで賢い子がキルスティン・ダンストという設定には、戸惑ってしまう。ぼくらの美人の基準とは違うのかもしれない。笑うには痛すぎるディテールが多すぎる。敗れたウェディングドレスというマクガフィンのまわし方が下手すぎる。女の友情は不可解すぎるという印象だけが残った。

『横道世之介』

（二〇一二年　日本　監督：沖田修一）

人間には二種類いる。「おれも世之介みたいだった」というやつ。「世之介みたいな友だちがいた」というやつ。地方出身者ならば、上京した世之介の驚きがそのまま自分の驚きとなるだろう。東京出身者ならば、世之介の常識と違う行動が、大学や職場で初めて出会う楽しい異物として、感じられるだろう。そのどちらにとっても『横道世之介』は、通りすぎてきたひとつの時代を思い出させる時間をあたえてくれる。この八〇年代上京ドラマのことごとくがデジャヴのようだ。こんなやつはいたし、こんなこともあった。どこまでも、どこまでも幸せな時間だったよ。

青春小説というべきか。奇跡の起きない『フォレスト・ガンプ』というべきか。時代と人との彩りあふれる交流を描く好編である。自分がその年代でやったこと、やらなかったことが奔流のように思い出されてしまう映画である。作中、あえて詳細に語らない部分に感動のツボがいくつもあって、そこがまた、たまらない。

その後の世之介の運命を考えると、生きて、人と関わることの意味が迫ってくるね。

冒頭、ロングショットの新宿駅から西武新宿に移動するあたりのシーンのひとつひとつが、みごとだった。

駅ビルのマイシティという名称から、歌っているアイドルグループ、通行人の衣装まで、じっくり眺めたよ。

　時代設定は、一九八〇年代のどこかとしか語られていないが、いまの三〇代後半から五〇代前半までなら、懐かしいと思える要素に満ちている。まずは世之介に会いにいこう。そして、いまとなっては奇跡としかいいようがない、二度と戻れないあの日に会いにいこう。


『遺体　明日への十日間』

（二〇一二年　日本　監督：君塚良一）


　そこで起きた事実、誠実な演技を見せてくれた役者、その映像を撮ったスタッフには頭が下がるし、涙が止まらないのだが、やはり君塚良一脚本固有の気持ち悪さが隅々まであって、居心地のわるい映画体験だった。原作をそのまま読んだほうがいい。


『ジャンゴ　繋がれざる者』

（二〇一二年　アメリカ　監督：クエンティン・タランティーノ）


　最高に血なまぐさいが、最高に晴れやかなマカロニ風ウエスタン。誇りとか名分とかメンツとか、きっちり尊重してくれている話なので、緊張とカタルシスのバランスが全編、絶妙だ。

　先日、友人宅のホームシアターで、ひさしぶりの『シルバラード』を観て、これも黒人がガンマンのウェスタンだったかと、記憶をリフレッシュした。こちらにも酒場を追い出されるシーンがある。ほかにもメル・ブルックスのパロディ・ウェスタンとしての『ブレージングサドル』は黒人保安官の映画だったよね。

　監督の前作『イングロリアス・バスターズ』が歴史をベースにした戦争アクションというわけではなく、さまざまな戦争映画と同等に、歴史さえもサンプリング要素として再構成した映画であるように、『ジャンゴ』も本流ウェスタンとは違うし、歴史的にもありえざるフィクションだ。しかし、その映画的カタルシスは最高だし、エモーションの連鎖には、胸の奥の熱いものを引っぱり出されるようだ。黒人俳優が出演するウェスタンは、胸躍らせるものが多い。

登場する役者たちが生き生きしているのがいいね。クリストフ・ヴァルツの飄々とした演技の彼方から見せてくれる熱情。ジェイミー・フォックスの一途さ。悪役を嬉々として演じるディカプリオ。最悪の黒人ヒールを縦横無尽に演じるサミュエル・L・ジャクソン。

もちろん、すさまじい数の人間が殺される。それを責める評論もあるけれど、死んだ数なら、テレビの時代劇一話分で斬殺される悪人の数より少ないくらいじゃないかな。血糊の量はシリーズ全部より多いだろうけど……。

ぼくが心底感心したのは、ディカプリオとヴァルツとの対決でクローズアップされるのは、腕っ節の強さでも、銃の速さでも、手下の多さでもなく、人としての誇りのありかだってことだ。だからこの虚構まみれの物語、血まみれの映像の中から、純白の気高さが立ちのぼってくるのだ。それは最高にかっこいいことだし、そのかっこよさが映画を観る醍醐味なのだろう。

あとで考えれば、ブルームヒルダ救出のために歯科医キング・シュルツが立てた作戦はリスクも多く、それでいいのかという気もしたけれど、それこそが、作品世界の説得力になるのだろう。現実の歴史を考えれば、南北戦争前のこの時代、解放されたあのふたりが真の自由と人間らしさを謳歌する場所はないのだから。

『オズ　はじまりの戦い』

（二〇一三年　アメリカ　監督：サム・ライミ）

かつて『スパイダーマン』トリロジーで、市民と英雄、虚像と勇気、そして持てるものの責任を描いたサム・ライミが古典的ファンタジーの世界を舞台に、そのテーマをいま一度問い直した愛おしい作品だ。そして、『オズの魔法使い』への愛情にも満ちている。

サム・ライミが『オズの魔法使い』の前日譚を撮ると聞いて、想像もつかなかったところはあるけれど、最初から最後までこれは正しいサム・ライミ映画だった。構造としては、『死霊のはらわたⅢ／キャプテン・スーパーマーケット』であり、その主張は『スパイダーマン2』と等価である。

もちろん、展開上のご都合主義もあるし、監督の前作『スペル』みたいに、ねちっこく撮ってもいいとは思ったが、子どもと楽しむディズニー映画として、絶妙なバランスに落とし込んでいる。

最初から最後まで女たらしでいい加減でスノッブな田舎ハンサムをジェームズ・フランコが演じるというのが最高だ。スパイダーマンのピーター・パーカーのような初々しさと気高さはないけれど、『オズの魔法使い』へのつながりを考えると、唯一無二の配役だ。三人の魔女を演じるミシェル・ウィリアムズ、レイチェル・ワイズ、ミラ・クニスも最高。アイドル的な女優各々のキャラクターをきちんと考えた配役としている。

映画冒頭に出てくる車椅子の少女（ジョーイ・キング）がチャイナ・ガールの声優をやり、助手のフランク（ザック・ブラフ）が猿のフィンリーの声優、さらにはミシェル・ウィリアムズが、カンザスとオズの両者で出てくるなど、何気ないキャスティングにぞくぞくしたよ。

ぼくの周囲の映画好きおじさんたちは、陶器の少女（チャイナ・ガール）に恋をしている。たしかにＣＧが生み出したキャラクターとしては、最高の美少女ではないか。かつて、キルスティン・ダンストを連続でヒロインにしたサム・ライミなのに、この映画に出てくる女性たちはみんな魅力的で美しい。

『野蛮なやつら／SAVAGES』

（二〇一二年　アメリカ　監督：オリヴァー・ストーン）

オリヴァー・ストーン監督作品だが、爽快感にあふれたクライムスリラーとして、現代的な娯楽作品となっている。ブレイク・ライブリーが脱ぎ惜しみしてるところが減点だけど、リッチなキャスティングで疾駆する無条件の愛は新世紀の『明日に向かって撃て』だ。

『愛、アムール』
（二〇一二年　オーストリア／フランス／ドイツ　監督：ミヒャエル・ハネケ）

人生はかくも長く、素晴らしい。」というキャッチコピーは違うよね。「愛をまっとうするため、老いのすべてを引き受けた。」とかのほうが、納得いく。どんなホラー映画よりも人生を普通に生きていくことがいちばん怖い。さすがはミヒャエル・ハネケと思わせてくれた。

『キャビン』
（二〇一二年　アメリカ　監督：ドリュー・ゴダード）

つっこんで語ればネタバレになっちゃうのだが、ホラーをベースにしたメタコメディ。どうやったって、これを理解して笑える観客はマイノリティなので、さらに振り切ってもいいのではないかと、無責任に思う。そして、傑作だ。

最初に見たのが「したまちコメディ映画祭」の浅草公会堂で、壁面が白くスクリーンに光がもどって明るくなる浅草公会堂では、暗部のディテールがふっとび、マニアックな描写の多くが見えなくなっていた。やっぱり映画を観るのはシネコンに限るね。

『クラウド アトラス』
（二〇一二年　ドイツ／アメリカほか　監督：ラナ&アンディ・ウォシャウスキー、トム・ティクヴァ）

名もなきものの意志。声なきものの叫び。明日に語り継ぐ責任。ことばを諦めない強さ。人を思い行動する気高さ。夢を見ることの豊かさ。あらためてその強さを知る愛。自由を求め歩き続ける勇気。革命をためらわない心。そんな無数の宝石が大波のように打ち寄せてくる。

映画に求めているもののほとんどがここにある。今年いちばん興奮したアクションであり、今年いちばん陶酔したSFであり、今年いちばん笑ったコメディであり、今年いちばん涙した恋愛劇であり、今年いちばん勇気をもらった歴史劇であり、今年いちばん脳を刺激された作品である。

あらゆるジャンルを通して、最高の作品を「これはSFだ」と呼べる醍醐味を思い出したよ。オプティミストの『スローターハウス5』と言いたくなる。すさまじいボリュームの『太陽系最後の日』でもあるだろう。最高の映像でよみがえる『愛に時間を』ともいえる。なにより体感する『果しなき流れの果てに』だ。

映画を観る前に、時代がちがう六つのエピソードを入れ子のように組み合わせた構造と聞いて不安を覚えたのも事実だ。だって、そういう構成でうまくいった映画はあまりないからね。しかし、映画を観ていると途中からそんなことは気にならなくなる。それどころか、その構成でしか生み出せない感情の大波が打ち寄せてくる。三時間近い映画だけれど、どこかで彼らの人生をもっと味わいたくなる。

この映画のように、さまざまな時代と世界を渡り歩き、時系列が素直じゃない映画はいろいろある。『インセプション』から『スローターハウス5』、『落下の王国』、『めぐりあう時間たち』、『ファウンテン』、『バンデットQ』なんかも思い出される。映画がモンタージュからなる時間芸術である以上、多くの人が挑みたくなる構成なのかもしれない。そんな中で、これはまさに決定版というか、時間の大伽藍のようなドラマだった。一度見たきりですべての要素を消化し、理解できるわけではない。それでも伝わってくる直球のメッセージは確かに受け止めた。

『マトリックス』を観て以来、ウォシャウスキー兄弟作品の中で、何の躊躇もなく傑作と言い切れるのは初めてだ。それはやはり、『パフューム』や『ラン・ローラ・ラン』のトム・ティクヴァ監督の参加という、大きな要素があったからかもしれない。

俳優たちは六つの時代に散りばめられ、それぞれの時代で人種も性別も年齢も違う役を演じているが、それに説得力をあたえているのが、監督であるウォシャウスキーがラリー(兄)からラナ(姉)へと性転換している事実かもしれないね。ペ・ドゥナの存在感が桁外れにいい。ウェイトレス用クローンとしての存在は『空気人形』と近いモチーフに思えたけれど、彼女のことば、彼女の怒り、彼女の愛情のすべてが、この映画のエモーションの源泉になっている。

映画の中で語られる情報量こそ多いものの、じつはすばらしく明晰で芯の部分はわかりやすい映画だ。ぎっしりとしているが、すべてがシンプルな主張のもとに同じ方向を向いてそろっている。ゲームでいえば『クロノトリガー』的というべきか。錯綜する時間軸から「少年ジャンプ」的にシンプルなテーマがくっきり浮びあがってくる。ちなみにそのテーマは「友情、努力、勝利」ならぬ「誇り、自由、革命」だったりする。

ただ、作者に意地悪さがないのが、創作としての評価を分けるところかもしれない。ウォシャウスキーの映画は『マトリックス』の続編や『V・フォー・ヴェンデッタ』のように、映画内の主張が一本調子で、見せ場の創造こそ巧みだが、そこで描かれるテーマ展開が平板になりやすい。だからこその濃厚な絵と音で、力強く主張すればするほど、しらけてしまうこともある。この映画にもその傾向があるけれど、女優、ペ・ドゥナの存在感と、共同監督トム・ティクヴァのセンスが、救いとなっている。

霊的な前世とかそういうものを信じられない自分だが、ここで描かれる「輪廻転生」は、胸の中に自然に収められる。この叙事詩が、心あるものが織りなす物語になっているからだ。

この映画を「だめ」という人も多い。だめな人は二種類いる。あまりにも構成要素が多すぎて把握できない人。そして、把握した上でウォシャウスキー兄弟のプリミティブなテーマに醒めてしまう人。前者にとってはこの映画は縁がない。運が悪かったとしか言いようがない。三時間、我慢しただけでも大したものだ。

しかし、後者の感覚は理解できる。でも、だからといって「だめ」とはいえない。自分にとってこの映画の白眉は、ペ・ドゥナが革命の意志に目覚めるその瞬間だ。たとえ、東洋人特殊メイクが違和感バリバリでも。あるいは、そこにいたる伏線として『ソイレント・グリーン』を提示するなど、シンプルすぎるものであったとしてもでも。意志が時代を超越する瞬間の醍醐味こそ、生のめざすところという感覚が瑞々しく描かれているからだ。

『ジャックと天空の巨人』

（二〇一三年　アメリカ　監督：ブライアン・シンガー）

ニューヨークにてIMAX 3D鑑賞。ブライアン・シンガー作品であることを考えると、ものすごくシンプルで、そのまんまの映画。IMAXのアトラクションとしては楽しいし、役者もよくそろっているけど、巨人を巨人らしく撮る知恵に欠けている。

『ザ・マスター』

（二〇一二年　アメリカ　監督：ポール・トーマス・アンダーソン）

父と子の物語であり、神と悪魔の物語であり、何より孤独を生きる男の物語だった。さりげない奇跡は偶然かもしれないが、そこにしかない生きる妙味がある。圧倒的な映画力と濃密さ、一作ごとにドラマの次元から飛翔していくポール・トーマス・アンダーソン監督の最新作だ。65ミリフィルムで撮った映像、ジョニー・グリーンウッドの心を波立たせる音楽を堪能する。

前作『ゼア・ウィル・ビー・ブラッド』からさらに進化した映画体験だが、観終わったあとの困惑と陶酔がたまらない。第二次世界大戦後、PTSDによりアルコール中毒となり、全米を放浪するホアキン・フェニックスが、新興宗教の教祖、フィリップ・シーモア・ホフマンと遭遇することから、ドラマが始まる。トム・クルーズやジョン・トラボルタが入信していることで有名な教団、サイエントロジーにインスパイアされた教団が登場するということで話題になった映画だが、宗教やカルト的な色彩は薄い。

教祖がアメリカ兵の空虚な心を埋められるのかという形は、やがて二重らせんのように教祖自身の心の空漠をも見せていく。戦後アメリカのさまざまな社会的潮流は、ディテールとして登場するが、作品の根幹からは距離を置いている。

映画の見せ場のひとつはプロセシングという人格改造的インタビュー。自分の喪失の核が顕わになるのだが、途中でやめようというフィリップ・シーモア・ホフマンに対して、ホアキン・フェニックスがつづけてくれと懇願する。まるで、自分の病巣をかきむしって粉々にしようとするように。

自分が癒そうとするために過剰にそこをかきむしるシーンはいくつもあるが、これが人と社会の孤独すぎる距離感を描いているようで、いたたまれなくなる。

この映画は世界と時代をさまようロードムービーであり、立場は違えど、孤独な魂が共鳴しあう男のバディ・ムービーなのだ。

エンディングのセックスシーンが悪意と絶望と諦念のカタルシスになってるね。すごいなぁ。せつないなぁ。

『だいじょうぶ、3組』

（二〇一三年　日本　監督：廣木隆一）

ベストセラー『五体不満足』の乙武洋匡の原作、主演映画……だけれど、この映画の見どころは小学生の子役たちの生をみずみずしく描いたシーンの数々だ。

ハンディキャップのある人が出てきて、泣かせる話は苦手なので、観にいくのが億劫だった。実際に観るとそういう人が出てきて泣かせる話だったが、好感が持てた。感動ポルノのような話ではなく、きちんと子どもたちの話にしたことが、成功の鍵になっている。子役たちがほんとうにすばらしかった。乙武洋匡が出演しなくても成立した話とさえ思えてしまう。

ただし、「おまえがすごいよ」、「すごいのはおまえだよ」みたいな身内ぼめセリフの多用は勘弁してほしい。キャストがみんな泣きすぎなのも困る。クラスが一丸となって勝利を目指すってのも苦手だ。そんなめんどくささもある一方で、上品さと希望と暖かな視線が作中に横溢している。クローズアップを多用した撮影も効果的で、いい気持ちにさせてくれる。映画の香りを漂わせる撮影のよさに丸め込まれちゃったのかもしれないね。

この映画の白眉は子どもたちが自転車に乗り帰っていくシーンだ。それが象徴する意味と美しさは胸を締めつけるものがある。

『暗闇から手をのばせ』

（二〇一三年　日本　監督：戸田幸宏）

『だいじょうぶ、3組』は小学校に「五体不満足」先生が行く映画だが、『暗闇から手をのばせ』は、身障者のもとに健常デリヘル嬢が行く映画だ。『だいじょうぶ、3組』には乙武洋匡が出演するが、『暗闇から手をのばせ』にはホーキング青山が出演する。

身障者専門のデリヘルをテーマにした映画といっても、陰湿さはなく、エロティシズムもほどほどに、大らかで後味の良い仕上がりになっている。説明的なセリフが目立つ前半から、小泉麻耶演じる主人公のキャラが立ち上がってくる中盤からの醍醐味がいい。たった六八分の映画だし、ごつごつしたエピソードという素材を重ねた低予算映画だけど、同様に身障者が登場する『最強のふたり』とか『だいじょうぶ、3組』にひけをとらない仕上がりになっている。おっぱいの有無が映画選択の鍵でしょうか。

身体がどのような状態であっても、そこにある頭と心は変わらない。性的な欲求も変わらない。そして、デリヘル嬢を呼び、フィジカルな交流で心を埋め、あたたかな気持ちになって別れる。これって、ぼくらが主演の小泉麻耶のおっぱいを求めて、映画館という暗闇に行き、すべてを見終わって温かな気持ちで帰ってくるのと同じことだよね。

『シュガー・ラッシュ』

（二〇一二年　アメリカ　監督：リッチ・ムーア）

圧倒的な多幸感。最初から最後まで、ぼくの顔には笑みが浮かんでいただろう。

スペースインベーダーの登場はぼくが中学生の頃だが、高校生から大学生あたり、毎日のようにゲームセンターに通っていた頃から、スーパーファミコンで『スーパーマリオカート』に熱中していた二〇代までの記憶が刺激される、雄弁なファンタジーだ。個別のゲームの引用が多いかと思っていたが、それほどではない。しかしゲームに普遍的にある体験のメタファーがじつに巧みなため、没入感も最高だ。

この映画の奇跡は三〇年前のアップライト筐体と最新のビデオゲームが肩を並べるゲームセンターの存在であり、それこそが桃源郷のようだ。映画の冒頭で数十年に渡るそのゲームセンターの歴史が見られるが、手元にリモコンがあれば、コマ送りで見たくなるほどのクラシックゲームのラインナップ。そのひとつひとつが、自分の年表のなかの西暦数字のように、記憶を刺激する。

「Tapper」や「フロッガー」が登場するなんて！　あのころゲーセンに通っていた人は嬉しくなるけど、

ATARI社製ベクタースキャンゲームの筐体が並んでいるあたりはざわざわするよ。五〇歳の自分は、映画館の座席で身を乗り出してしまったのだが、作り手のゲームへの愛情が、そのまま、この世界への愛情になっている。

この映画は、単なる懐かしゲームキャラ探し映画ではない。主人公は架空の八〇年代風ゲームの悪役、ラルフだ。ユーザーが操作できる自キャラより、敵となり多彩な攻撃を繰り出す悪役キャラのほうが人気があるはずだったりもするのだが、まあ、そういう人間世界の観点はともかく、祝福もされず、メダルももらえないラルフの寂しさの表現はすばらしい。

さらに濃密に描かれた世界観にはうれしくなる。電源タップからコンセントへとつながるゲームの内側の世界は、アトラクションが連なるテーマパークだ。ディズニーといえば、クールでエゴイスティックな電脳世界映画『トロン』もあるが、いまや、こちらのほうがゲーム世界と納得できるハイレゾ進化にもわくわくする。なにより、日本のゲームがアメリカやディズニー映画に持ちこんだ数多の要素に胸がときめいてしまう。この映画のディテールこそクールジャパンじゃないか。

人が行動により自身の存在を証明するストーリーはディズニー的というより、ピクサー的と言える。ピクサーのジョン・ラセターがディズニーのCEOになってから、両者の区別がつかなくなったと思っていたら、クライマックスでびっくりした。

ヒロインのヴァネロペはまるで、日本のキャラのようで、ディズニーアニメとしては異色のキャラクターだけれど、最後の最後でディズニープリンセスの伝統に連なるのは、すばらしい。そういえば、この映画ってもうひとつの『美女と野獣』なんだね。

『アンナ・カレーニナ』

（二〇一二年　イギリス　監督：ジョー・ライト）

映画の至福をたっぷり浴びてきたよ。『プライドと偏見』、『つぐない』、『路上のソリスト』、『ハンナ』など、ジョー・ライト作品はどれも好きだけど、まさかこれほどのものを仕上げてくるとは！　人の業をこれでもかと、くっきりさせた演出が最高だ。

このクラスの作品が年に数本あるだけで、おれの映画的記憶は満足するであろう作品。これは『アンナ・カレーニナ』という古典を脱構築して、リ・イマジネーションした映画の〝いま〟だ。つまり、因習という呪いが現代に与える残響を奥行きとともに描いた作品だ。

舞台版としての『アンナ・カレーニナ』というフレームを意識的に見せながら、普遍へといたるテーマを執拗に追い続けていること。メタ構造そのものを古典へと回帰させている。

誤解されるかもしれないが、因習ある社会の呪いと、いったんスイッチが入った女性という呪いのせめぎあいがとにかく濃い。あらゆる理不尽が押し寄せるクライマックスで暗示される深淵さえ、福音に思える。映画では、アンナとヴロンスキーの不倫愛、リョーヴィンとキティの紆余曲折の愛が描かれているが、舞台型演出がこのクライマックスのためにあったのかと思えるほどの終盤の演出がすさまじい。

社会制度と業の板ばさみにあって、転落の道をたどるアンナのメロドラマを舞台に貼り付けつつ、生の階段を一歩ずつ丁寧に上がっていくキティの姿を舞台から飛翔させるカタルシスには胸を打たれた。そこにこそ、古典のリ・イマジネーションの醍醐味があったのだ。

『パラノーマン ブライス・ホローの謎』

（二〇一二年　アメリカ　監督：サム・フェル、クリス・バトラー）

すばらしい！　子供には刺激が強すぎるが、それでも、子供のときに観ておきたい傑作人形アニメだ。魔女、ゾンビ、霊視といったホラー映画要素をふんだんに織り込みつつ、高い次元のテーマを展開している。

『トイ・ストーリー』を初めて観たとき、バズ・ライトイヤーがおもちゃである自分を意識し、アイデンティティが崩れるさまを見て、いまのアニメはここまで描くのかと衝撃を受けたが、『パラノーマン』にはそれに匹敵する衝撃がある。

当たり前のように死者と話せる少年、ノーマンが一応の主人公だが、この映画の本当の主人公はブライス・ホローという街であり、幽霊と会話できるノーマンという存在が歴史あるブライス・ホローの語り部となっている構造は抜群だ。なぜ人は歴史を学ぶの？歴史を勉強して、なんの役に立つの？　そんな素朴な質問に対する説得力ある回答がここにある。だからこそ、クライマックスの〝魔女〟との対話を通じて、コミュニティである街を支配してきた〝もの〟の本質をえぐりだし、その〝もの〟こそが小さな町だけでなく、現代の世界をも覆う危険性を、最大のシンパシーととともに教えてくれる。それもアクション満載のエンターテインメントとともに描かれる。人形を使ったストップモーションアニメーションで、これほどの演出や表現ができるのだ。人形アニメ自体の伝統は長い。たくさんの傑作も作られてきた。その傑作に連なる作品として、輝かしい光芒を放っている。

この映画を作ったのは、『コララインとボタンの魔女』のライカ社だ。注目すべきはその豊かすぎる表情だ。その表情を作るために、作成された顔面モデルは主人公ひとりだけで、約八八〇〇個におよぶという。それをコマ単位で取り替えつつ完成させた映像は、従来の人形アニメの常識を凌駕している。ライカ社の前作『コララインとボタンの魔女』では、人形の顔の継ぎ目をCGで消さずにあえて残し、人形アニメらしさを残していたが、『パラノーマン』では、人形らしさを強調する演出はない。人形が動いていることさえ、意識させないレベルになっている。表情やアクションはもとより、人形アニメでこれほどの群衆を描けるのかと驚嘆するほどだ。

これがCGアニメではない、人形アニメだったのだと思えるのは、アクションや迫力シーン満載の映画を見終わって反芻しているときだ。奥行き、空気感、質感などが、テーマと合致して説得力となっている。

人形や小道具の作成には最新の3Dカラー・プリンターが使用され、デジタル技術もふんだんに盛り込まれているが、映像の芯の部分にはひとコマひとコマ丹精を込めて人間が動かしていく贅沢さがあふれている。

冒頭近くで息を飲むノーマンの通学風景。ブライス・ホローという街の歴史が視覚化された名シーンだ。素晴らしいのは、幾層にも重なる町の歴史を幽霊という存在を通じて、きちんと感じさせてくれること。

さかのぼって映画をたどれば、学校でいじめられるノーマンのいじめられる理由も同じ〝もの〟だったのだと、わかることになる。その〝もの〟の蔓延を防ぐための「たったひとつの冴えたやりかた」もきちんと提示されている。こんなにすばらしい作品なら子供にも見せたいが、字幕版でしか公開されていないのが、ほんとうに残念だ。

『ヒッチコック』

(二〇一二年　アメリカ　監督：サーシャ・ガヴァシ)

『サイコ』制作の舞台裏を描く。巨匠の創作者としての悩み、夫婦間のデリケートな愛の交流が、やや昼メロタッチで描かれている。夫人をクローズアップしたばかりに、ヒッチコックという存在が矮小化されすぎてしまった。

サイコのシャワー殺人シーン撮影の様子が、あんまり露出もなく、ちょっと残念だ。映画史的なあれこれを知っていると、ちょっと戸惑うことのあるまとめ方で、不満が残りもした。創作者の葛藤はおもしろかったけど、『サイコ』がいいのは、シャワールームのシーンだけじゃないでしょという思いもある。

『桜、ふたたびの加奈子』

（二〇一三年　日本　監督：栗村実）

まんまとやられた。巧妙なミスディレクションに導かれてしまったが、ツイストのうまさにあっけにとられてしまった。円と円のイメージシーンを思い出すと、その意図に呆然とする。原作と映画ではテーマこそ重なっていても、かなりアレンジされているんだね。それが本当にうまくいっている。見終わったあと、想起したのは『ハロー!?ゴースト』なんだけど『ハロー!?ゴースト』同様に、予備知識なしで、ときどき辟易しながら、最後まで観てほしい映画だ。

広末涼子が転生をテーマにする映画に出演したのは『秘密』以来かな。『秘密』から一四年も経つのか。栗村実監督の作品ははじめてだったけど、観客に対するイマジネーションがリッチな人だね。この手の日本映画の中では出色でした。

ちなみに音楽は佐村河内守。ちょっとくどくて、むやみにエモーショナルなのはどんなもんだか。

『君と歩く世界』

（二〇一二年　フランス　監督：ジャック・オーディアール）

事故により、両足を切断したマリオン・コティヤールの衝撃的な映像と『君と歩く世界』という前向きなタイトル。それだけから判断し、これを〝泣ける〟映画と思って、劇場に足を運ばないのはもったいない。お涙頂戴の難病ものとか、努力と根性の障害ものをみなさんに紹介するつもりもない。

邦題はへっぽこだけれど、原題は〝De rouille et d'os〟（錆と骨）というボクシング用語で、唇が切れたときの血の味の意味だそうだ。なるほど。この映画のテーマをよく表現している。肉体的にも精神的にもだれもが抱える欠如や空虚をこんなに瑞々しく、こんなに力強く描かれてはたまらない。

泣く映画ではない。生きる決意に惚れる映画だ。〝号泣〟とやらをする映画ではない。強くて美しいマリオン・コティヤールに惚れ直す映画だ。肉体の欠損を軸に男と女の肉体の存在をつくづく感じさせてくれる。

撮影は、REDのカメラを使ったデジタルだけれど、空気と光を捉えた映像の数々、とくに決めの絵は最高で、初めて『グレート・ブルー』を映画館で観たときの、その最良の部分に匹敵する名シーンが思い出される。

エンドロールで最初に名前が出てくるのはマリオン・コティヤールだが、事実上の主人公は格闘バカのアリを演じるマティアス・スーナールツだ。格闘技のことばかり考えていて、その肉体性を武器に、男なら嫉妬したくなるくらい天然にモテるのだが、あまりにも無垢すぎて、生きることが本当に不器用な男だ。彼は事件を起こし、人に迷惑をかけ、流れものの暮らしをしている。

男と女の平坦ではない人生のある時期をみごとに切り取った作品でもある。それが事故によって、両足を失った時期であったとしても、それが人生の一部なのだと感じさせてくれる。その前もあり、その後もある。小説を原作にしたフィクションであるにもかかわらず、もしもいまフランスにいけば、登場人物のすべてが生きているのではないかと感じられるのだ。

ここにあるのは命の凱歌だ。鑑賞して時間がたっても思い出すたびに胸が熱くなる。

浮かび上がったのは、この映画に内包される梶原一騎的世界観だ。ある意味、完全に成功した『愛と誠』的内容なのかもしれない。肉体から生まれる詩情が濃厚に漂っているのだ。

もともとベッドシーンの撮影が嫌いだったマリオン・コティヤールだが、この映画ではじめて、それを楽しんだという。役に入れこんでおり、この映画におけるセックスがとても重要であることを理解していたためだが、彼女自身の再生がアリとのセックスをきっかけにしているのも、この映画の描く美しさだ。

セックスによる肉体の確認を経たあとの名シーン。手の動き、体の動きに総毛立つ表現が、堂々たる映画の推進力になっていた。

こういう肉体性の強いラブストーリーを観ると、主人公の男、アリに対して嫉妬さえもできない憧憬が生まれてしまう。ほんとに純粋で頭が悪くて、肉体力が卓抜なやつにはかないません。マリオン・コティヤールのツンデレぶりもたまらなかったけど。

『舟を編む』

（二〇一三年　日本　監督：石井裕也）

ライフワークとはなにかという映画だ。

誰もが当たり前に存在すると疑わない国語辞書が、生身の人間の膨大な時間と、それぞれの個性、そして気が遠くなるほどの丹念な作業によって生まれたことを、丁寧にトレースしていく。知的共同制作物をつくる人々の織りなす静かなる叙事詩だ。

辞書という端正な偉業を完成させるまで複数の人生がからみ、膨大な時間と労力が注ぎ込まれるのを目の当たりにすれば、ぼくらの胸も熱くならざるをえない。

さりげない青春映画の要素もあるし、松田龍平、宮崎あおい、オダギリジョーというキャスティングはほんとにうまいし、それぞれ、従来の役柄とはちょっと違うイメージをよく引き出している。石井裕也監督のうまさには、感心した。

辞書を作るという作業はもちろん大変だが、小道具や衣装、ロケ、撮影など、この映画にかけた手間の数々を見ていると、映画をつくるというのも同様に、人生をかけた共同作業なのだと、感心してしまう。

ものが作られていくことと、人の死というバランスが、絶妙だったね。

『ライジング・ドラゴン』

（二〇一二年　香港／中国　監督・出演：ジャッキー・チェン）

なにが目的なのかわけがわからなくなったり、誰もが思いつきで行動したり、ほかの映画の唐突なパロディが入ったり、と、ジャッキー・チェン最後のアクション超大作という売り文句だが、香港映画のレガシーが時を越えて蘇ったかのような緩い映画。

観ているこちらも不満はないし、クライマックスのアクションシーンなど、すばらしく楽しかったけれど、いきあたりばったりのシナリオ作りなど、「8時だョ！全員集合」にジャッキーが出てきたくらいの緩さではある。美術品オークションと文化財返還問題をテーマにしていて、日韓がらみの話も出る。

女性キャストはいっぱい出てくるんだけど、ジャッキーのヒロインに相当する人がいないのが、映画として残念なところ。アクションもがんばってるけど、そういうところに枯れたものを感じてしまう。

『コズモポリス』

（二〇一二年　フランス／カナダほか　監督：デヴィッド・クローネンバーグ）

おもしろかったけど、ぼくの教養じゃ把握しきれないクローネンバーグ作品。わずか半日の経済的な破滅の中で、美しく整ったパティンソンの顔と身なりが崩壊していき、乗っていたリムジンもぼろぼろになり、人を失い、堕ちていく。根拠のない暴力と、当たり前に手が届かないもどかしさ。まあ、そういうのはわかるけど、コメディでしょと思うところも多かった。

まるで舞台の不条理劇のようでもあり、まあ、サラ・ガドンという女優の美しさは印象に強く残った。

『HK／変態仮面』

（二〇一三年　日本　監督：福田雄一）

こういうのがクールジャパンの最適化コンテンツですよ。快心作。最初から最後まで笑い続けた。高校や大学のバカ系映研で量産されてきたバカ映画の完成形だ。同監督の作品では『コドモ警察』とは雲泥の差だ。男って五〇歳になっても、こういう作品が好きなんだ。

　女性の使用済みパンティを被ると人体の隠された能力が開花して悪を倒すという馬鹿馬鹿しいネタの一点でとことん迫ってくる、まじめに馬鹿馬鹿しい映画だ。

　この映画に対して、説明セリフの連続であるとか、本当の変態らしさが足りないと言っても仕方がない。変態といってもパンツかぶって、ブリーフ伸ばしてるだけのなんちゃってヘンタイで、じつは連載元の「週刊少年ジャンプ」カラーが強いため、「友情・努力・勝利」なニュアンスが濃厚だ。説明セリフも変態度の浅さも覚悟のうえで、映画ごっこをしている感じがたまらないのだ。

『仮面ライダー フォーゼ』に出演していた清水富美加が出演すると聞いて、この作品を楽しみに待っていたのだが、こういうチャイルディッシュな内容で、それなりの熱さを見られたら、ぼくは満足するね。

　もともとは小栗旬の企画だったそうだが、完成作品からは「脚本協力」とのみクレジットされている。片瀬那奈も変態仮面の母親としてのＳＭ女王を嬉々として演じているがパブリシティにはほとんど出てこない。観客席にも女性は多かったし、デートムービーとしてもよろしいのではないでしょうか。

『リンカーン』

（二〇一二年　アメリカ　監督：スティーヴン・スピルバーグ）


　日本での公開が遅くなったせいか、「リンカーン偉人伝」的ではなく、ある法律を通す内容が日本人にはわかりにくいという話が聞こえてきたが、そんなことは全然ない。憲法改正にむけて政府が舵を切ったいまの日本だからこそ観るべき映画だ。

　アメリカは日本に比べて歴史が短いと嘲笑う人は、理想と現実の拮抗について、これほどの葛藤があったアメリカの歴史を見つめ直すべきである。政治ドラマとはいえ、議論だらけの辛気臭い映画というわけではない。知的に興奮するエンターテインメントだ。

冒頭、奴隷解放宣言をリンカーンの口ではなく、白人兵と黒人兵それぞれの口から言わせた演出から、やられっぱなしだ。映画全体のモチーフをこれほど美しく描いたシーンがあるだろうか。

死屍累々の南北戦争という惨劇は食い止めなければならない。だが、戦争が終わってしまえば、改革の世論は静まり、かの「奴隷解放宣言」は空文化してしまう。そうなれば、これまでの犠牲も意味を失ってしまうだろう。そのためにはなんとしても、終戦の前にアメリカ憲法第一三条を修正しなければならない。

終戦を急ぐか、憲法修正を待つか、二律背反のサスペンスフルな状況の中、自分と同じ方向を向いているものの、急進的であるがゆえに、すべてを台なしにしかねない派閥と人がいる。多数党は押さえているものの日本の憲法と同様、議会の三分の二の賛成がなければ、案を通過させることはできない。映画の後半は生臭ささえあふれる票集めだ。

そのすべての中心にいるのが、ユーモアがあり、静かで強く、人を魅了し、揺らがず、真っ直ぐなリンカーンだ。ダニエル・デイ＝ルイスって人は、さまざまに印象的な役を演じてきたが、『リンカーン』においては神がかってるとさえ言える。

胸を打ち、スピーチをするのが国家元首の仕事ではない。ありうべき未来を人が触れられる形にして実現させることがその職務なのだ。

正直にいえば『インディ・ジョーンズ／クリスタル・スカルの王国』、『タンタンの冒険／ユニコーン号の秘密』、『戦火の馬』とスピルバーグの近作は物足りないものが続いた。しかし、『リンカーン』はいまの彼にしか作れない決意と覚悟に満ちた、美しい作品だ。

映画を観終わったあと。ジョン・フォードの名作『若き日のリンカーン』をひさしぶりに観たくなった。

『ハナ　～奇跡の46日間』

（二〇一二年　韓国　監督：ムン・ヒョンソン）

一九九一年、千葉で開催された卓球世界選手権での統一コリアチームの奮闘を描いた韓国映画。クリシェに満ちた作劇なのだが、分断国家という背景とバランスのいい演出のおかげで、下品な泣きにならない。試合はほんとうに祈るような気持ちになったよ。感動的な実話をもとにした映画で盛り上がる作品だが、凡庸なクリシェが目立ったのが残念だ。

『セデック・バレ』

（二〇一一年　台湾　監督：ウェイ・ダーション）

泣くとか、笑うとか、そんなレベルではない。文化の衝突とは、最後には人としての誇りと尊厳の激突になるということを、得がたい歴史の教訓から問いかけてくる魂の映画だ。

こんなに濃密な映画をお茶の間で観る意味がないし、第一部と第二部を合わせて二七六分という上映時間こそが劇場で観る理由になる。

日清戦争後、日本が統治することになった台湾の先住民族、セデックたちが日本人に対する反乱を起こした。霧社事件といわれるその反乱は、一四〇人の日本人の惨殺から始まり、壮絶な戦闘のあと、七〇〇人の暴徒が死亡もしくは自殺して決着したという。

台湾先住民の多くには、異部族の首を狩るという風習があり、その首を村に集めて飾る習わしがある。

映画全編を通して、その風習は否定されることはない。それどころか、先祖から受け継いだ伝統として、疑問の余地なく、受け継がれている。そこに〝文明〟とともに現われたのが、日本人である。日本人は当然、首狩りを禁じ、先住民を宣撫していく。しかし、ふたつの民族の間の摩擦が、やがて熱を帯び、凄まじい反乱の炎と化す。

野蛮であるとはどういうことか、誇りとはなんであるのか、人の尊厳はきれいごとのお題目ではなく、命をかけて、勝ち取るものであること。凄惨といってもいい残酷映像、アクション映画としても一級の見せ場の連続とともに、生きて主張することの熾烈さが伝わってくる。

なによりもすばらしいのはセデックの族長であり、反乱の主導者、モーナ・ルダオの存在感である。演じたリン・チンタイは、役者ではなく教会の牧師と聞いて驚いたが、彼の表情、彼の立ち姿のすべてが、この映画の説得力となっている。

なぜ、負けるとわかっている戦いを決意したのか。それが首狩りという残酷な風習であっても、文化が文化を裁くわけにはいかないこと。人を追いつめることの非道。その意味がびんびんに伝わってくるのだ。

ひとりの男の成長と部族の運命、そして、立ち上がるまでを描いた第一部がとにかくすばらしい。一方で底なしのゲリラ戦を見せる第二部はすばらしいアクションシーンの連続であるものの、悲劇の物量に辟易する部分もある。

また、史料から想像する事態とくらべ、映画的な誇張表現が強くなってしまった観もある。それにしても追い詰められた日本軍が化学兵器を使ったり、部族同士の敵対関係を利用して、殺し合いを奨励したりと、現代史において世界に遍在する戦争の悲劇が圧縮された形で見せつけられるのだ。

これは陳腐な反日のドラマではなく、歴史から生まれる体験を語り伝える映画である。

この映画の救いはエンドロールで日本と台湾のキャストやスタッフが混ざり合って流れることにあるのだ。

『ヒステリア』

（二〇一一年　イギリス／フランス　監督：ターニャ・ウェクスラー）

ヴィクトリア朝のイギリス、女性のヒステリー症を治療するため、外陰部のマッサージは医療行為だった。

しかし、大量の患者のマッサージに音をあげた医者が発明したのがバイブレーターだった、という歴史を下敷きにしたドラマ。裸はまるで出てこない上品さがポイントだけど、それゆえの物足りなさがある。全員がステレオタイプで予定調和的に終わったのも残念だ。もうちょっと洞察やツイストがあってもよかったんじゃないかな。エンドロールで過去のバイブレーターの名器を紹介しているのだが、その中に「Ｈｉｔａｃｈｉ」の名前が出てきて驚いた。日立が電動バイブ⁉

検索したら、ほんとだった。

『アイアンマン3』

（二〇一三年　アメリカ　監督：シェーン・ブラック）

『アベンジャーズ』という巨大すぎる〝体験〟を経たあと、マーベルの映画はどうなるのか？　その明白で断固たる回答がこの映画だ。ヒーロー大集合の『アベンジャーズ』という極大の花火を打ち上げたあと、ふたたび単品売りをするようになった構成要素になにができるかということをとことん突き詰め、育ててあげてきたトニー・スタークというキャラクターから外れず、さらに進化させた完成度の高い作品だ。

衝撃的シーンが次々に明らかになっていく予告編の展開には、「そんなところまで事前に公開していいのか。ネタバレしすぎだろう」と思っていたが、それを杞憂にしてしまうほどの濃密な展開には、興奮しっぱなしだった。展開のひとつひとつが、予想の数歩先を行きながらも、「これでなければいけない」と納得させるものがある。「宇宙刑事」シリーズで育ってきた大きなお友だちの心をつかむものがある。

日本映画では「これが最終章」とか「ファイナル」とか軽々しい宣伝文句がうたわれるけど、そんなことばは、ここまでのテンションを見せてくれて初めて言えることだ。

アベンジャーズ事件のＰＴＳＤに苛まれつつ、スターク・エンタープライズの社長の座をペッパー・ポッツに譲り渡し、髪結いの亭主の座に収まっているトニー・スタークが、『アイアンマン』一作目と同様に裸一貫となって、高度に進化した日曜大工の技で再生するという話だから、すべての男のあこがれではないかと思うだ。

無敵を誇ったアイアンマンスーツを剥ぎ取られ、圧倒的な敵からの屈辱に耐える。アイアンマンでなくなったトニー・スタークが、アイアンマンはスーツとともに戦うことではなく、スーツがなくとも不屈の魂で戦うことだと確認する作品だった。それにしてもグウィネス・パルトロー……。あのシックス・パックな腹は本人のものなのでしょうか。

『ラストスタンド』

（二〇一三年　アメリカ　監督：キム・ジウン）

アクション映画のスターから、カリフォルニア州知事という形で、上がりに達したアーノルド・シュワルツェネッガーが、知事という職もケネディ家の娘という嫁も失くしたいま、それでも六五歳の肉体派スターであることを自覚して戻ってきた、純粋シチュエーションアクション映画。

シチュエーションアクションなんてことばがあるのかどうかはわからないが、まあ、シュワルツェネッガーという存在に最適化された状況の中で、ご都合主義の一歩手前に踏みとどまりながら、愛されるシュワルツェネッガーという味わいを見せてくれる作品だ。「シュワルツェネッガー」という着ぐるみを着たシュワルツェネッガーが演じてるみたいだった。

四半世紀前の『プレデター』の頃は中央アメリカの特殊部隊を率いて戦っていたシュワルツェネッガーが、今度はヘタレな町の寄せ集めとともに戦うという演出は、『悪魔を見た』や『グッド・バッド・ウィアード』などで、ねちっこいアクションを撮ってきたキム・ジウン監督ならではの腕さばきが効いている。

「どうせ本人は死なないだろう」というシュワルツェネッガー映画ならではの弱みは、仲間の血という痛みで補われている。アメリカでの評価はいまひとつだけど、大丈夫。シュワルツェネッガーというキャラクターが好きなら、きっと楽しめる娯楽作だ。


『藁の楯　わらのたて』

（二〇一三年　日本　監督：三池崇史）


むちゃぶりのエンターテインメントである。日本を舞台にしながら、その世界観が日本でないような気がしてしまう。行動原理のひとつひとつを冷静に見つめれば、矛盾や齟齬があるのだが、それでも抜群の演出力に押し流されてしまう。

『新幹線大爆破』や『太陽を盗んだ男』のような突き抜けた傑作を思い出させてくれるのだから、たまらない。端整で緻密な映画では味わえない、常識を鈍器でがつがつと打ちつける快楽ってのがある。

孫娘を暴行殺人された大富豪の老人が犯人に復讐するため、その殺害に一〇億円の懸賞金をかける。福岡で確保された犯人を四八時間以内に護送するために、警察から五人が送られた。しかし、一〇億円という懸賞金に目がくらんだ全国民が犯人を襲う。

護送する犯人を守るために命をかける作品には、『3時10分、決断のとき』や『16ブロック』などがあるけれど、そこに『遊星からの物体X』や『SF／ボディ・スナッチャー』、『ブレイン・スナッチャー／恐怖の洗脳生物』なんて、身近な隣人が敵になる恐怖が加わる。

犯人役を演じる藤原竜也はまたもや若き異常者役で、『バトル・ロワイアル』とか『デスノート』とか『カイジ』とか『インシテミル』とか、この人はこういう役しかできないのかと、ちょっとうんざりもするんだけど、むやみにねじ伏せていく演出の中で、それさえも『恐怖の報酬』のニトロの代わりが藤原竜也なのだと納得すればいいだけの話である。
　そういうさまざまな要素を叩きこんで、観客を振り回すさまは、富士急ハイランドの絶叫アトラクションを行列なしでハシゴするような快楽だ。人によっては、ゲロを吐きたくなるかもしれないが、それさえもこの映画の魅力なんだから、仕方ないよね。
　ネタバレになるが、最初からヘリコプターを使って、移送させろよ。飛行機も便は変更できるし、飛行機を落とそうとした整備士は一〇億円受け取っても死刑になるだろうとか、なんでわざわざ山の中に入るのとか、ひとりが着ていた防弾チョッキをなんでこっちは着てないのとか、いろんなことを思いましたが、そういういまさらなツッコミを豪快にふっ飛ばしながら進む話ってのが、三池崇史演出の楽しさなんだろうな。

『17歳のエンディングノート』

（二〇一二年　イギリス　監督：オル・パーカー）

　邦題はひどいが、抑制の効いた英国製難病もの。ダコタ・ファニングが魅力的な大人になっていて驚いたよ。そんなダコタ観賞映画。オーソドックスな難病ものだけど、節度ある演出で病人ではなく、ひとりの少女が迎える運命を見せてくれる。パパが不細工なのもよかった。

『図書館戦争』

（二〇一三年　日本　監督：佐藤信介）

　この近未来が存在する説得力以外は、よくできた映画だった。この世界はちっともリアルに感じないのだが、ラノベ的近未来ファンタジーとして割り切ってしまえば、大いに楽しめる。北九州市立美術館や市立図書館でたっぷりと撮影されているので、ひいきしたいってのはあるね。まあ、ここまでがんばってるなら、もうちょっとテーマを深化させてよ。

『県庁おもてなし課』

(二〇一三年　日本　監督：三宅喜重)

そりゃもう『渾身』とか、『タニタの社員食堂』なんて町おこし映画、会社プロモーション映画を観たあとだ。地雷映画ではないかとおそるおそる観てみたら、キャラ作りがしっかりしたドラマではないか。よく見たら有川浩原作、岡田恵和脚本だったのね。地方自治体や、企業ではなく、船越英一郎おもてなし映画っぽい気もするけど、いやな映画じゃなかったよ。

『フッテージ』

(二〇一二年　アメリカ　監督：スコット・デリクソン)

これは楽しかった。過去の猟奇的殺人事件を調べるうちに、自分たちもそのパターンにはまっていくという、呪いのルール探し系ホラー映画だ。Jホラーのお得意だったフォーマットをうまく移植したシナリオで、ショッキングなシーンも多くて、いやな気分になる流れも魅力といえる。

『モネ・ゲーム』

(二〇一三年　アメリカ／イギリス　監督：マイケル・ホフマン)

こういうのは大好き。コーエン兄弟が英国製クライムコメディをオマージュするシナリオを書き、ふだん、コメディ出演の印象が薄い役者たちがそれによく応えている、バランスのいい作品。変な日本人が久しぶりに見られたのも好印象。楽しかったなあ。

『建築学概論』

(二〇一二年　韓国　監督：イ・ヨンジュ)

あのとき、あと一歩が動けなかったこととか、あのとき、あと一言がいえなかったこととか。そういうもどかしい思いは、五〇歳というこの歳になってもいくつかある。多少の経験をもとに、昔よりはうまくできるようにはなったけど、あのときの悔しさは上書きできない。登場人物が再集合しても、書きなおすことなく消せないファイルとして閲覧するだけしかできないのだ。そんな取り返しのつかないことを苦く狂おしく思い出させてくれる映画だ。

ああもう、やんなっちゃうなぁ。

韓国では大ヒットした恋愛映画だ。カメラは思春期と大人のふたつの時代を往復しながら、思春期にしかありえない行動と大人でしか感じられない悔恨を、デリケートかつ的確に描いている。セリフやちょっとした小道具で描かれる伏線がいちいちうまい。特にうまいのは建築学科の学生の恋愛を、建築士になったいま反芻するという設定で、一件の家の建築の過程を男と女のコミュニケーションの形として、目に見える形にしていることだ。

いろいろ言わないよ。とにかく観てください。観て、心の底にしまってある若き日の後悔をひっぱりだして、転げまわってください。

再会する初恋映画の中で、この映画が絶妙なのは、変えられない自分たちの運命に自覚的だということ。本当にほろ苦くて、つらいものだ。自分に置き換えて、再会なんてしないほうがよかったとさえ思ってしまう。それでも会わなければ、もっと後悔したかもしれない。

『中学生円山』

（二〇一三年　日本　監督：宮藤官九郎）

フィクション（妄想）とノンフィクション（現実）の狭間を絶妙に描きつつ、『色即ぜねれいしょん』や『グローイング・アップ』シリーズに通じる恥ずかしさの至福を、大人計画っぽく大ネタ小ネタ満載で描いていた。中二の妄想や万能感とリアルとのバランス、映画的記憶が渾然一体となって陶酔させてくれる。クドカン作品好きなら、ぜひ。

自分の舌で自分のチンコをなめるという〝ひとりフェラチオ〟が、冒頭から重大なモチーフになっているが、「水道橋博士のメルマ旬報」の愛読者ならご存知のように、園子温監督はその不可能を可能にした男である。実行した上で「なめている感覚はあってもなめられる感覚は感じられなかった」という、当たり前といえば当たり前すぎるネタバレを知ってしまったから、この映画の魔法は解け気味になってしまった。

『きっと、うまくいく』

（二〇〇九年　インド　監督：ラージクマール・ヒラーニ）

Aal Izz Well!!!

すばらしい。すばらしい。すばらしい。なんだか、クレージー映画の最良の部分が二一世紀に蘇ったようだ。尺の長さも『クレージー黄金作戦』みたいじゃないか。インド映画のエキゾチックよりも、普遍的な信念の豊かさが心を満たす至福の時間だった。長時間で歌に踊りが混ざって、さまざまな土地でロケをする、いわゆるマサラ・ムービーの特徴がしっかりありながら、往時のハリウッド映画や日本の映画黄金期の楽しさと共通項が多い、娯楽映画の到達点だ。

「三人のバカ」（〝Three Idiots〟）という原題に最初はピンとこなかったが、エリート大学を卒業後、行方がつかめなかった友達を探す旅と、学生時代の思い出が並行して描かれる中で、主人公三人のバカさが、もういとしくていとしくてたまらない。一部と二部で見せたダイナミックなツイストがほんとにうまかった。インド映画ならではの長尺で魅せるストーリーテリングは、凡百のものじゃない。

きわめて脳天気に作っているように見えて、表層的な学歴批判だけでなく、自殺や貧富の差、悔悟の問題、グローバリズムなど、社会の背後にある陰をくっきりしたコントラストとして明るい光の中に織りこませ、ドラマの輪郭をはっきりさせているところなんて、ほんとうにうまい。それでいて湿っぽくしない展開がつくづく嬉しくなった。

映画のデジタル化って、いろいろ言われているけど、世界中のいろんな映画が褪色したフィルムではなく、この色彩と鮮度で堪能できるのなら、感謝するばかりだよ。クライマックスシーンの美しさ。インド映画のロケ撮影ならではのマジックだね。

最初にクレージー映画を例えに出したけど、いまの日本にこそ、こういう映画が必要だと思う。いまは「信じることが大切だ」と説きながら、映画そのものを信じていない映画が多いのだから。

『プレイス・ビヨンド・ザ・パインズ／宿命』

（二〇一二年　アメリカ　監督：デレク・シアンフランス）

流転する因果のサーガは、たまらないね。こんなにおもしろいとは思わなかった。すべてのことってちょっとした流れの中で意志をどう保つかなんだね。

ストーリーを注視すれば、クラシックな因果の叙事詩である。まるでトマス・ハーディの『ダーバヴィル家のテス』や『日陰者ジュード』のような筋運びというべきか、社会のどこかでけなげに生きてきた男や女が、ふとした運命のいたずらでレールを外れていく。さらには、その因果が世代をまたいでしまう。

デレク・シアンフランス監督といえば、夫婦が崩壊するプロセスを生々しい形で見せた『ブルーバレンタイン』の監督だ。次になにが起こるかわからないアドリブ感あふれる前作は、ストーリーというより、シーンの映画だったが、今回はキャラクターによるストーリーを語りやすい構成になっている。自分は、今回のほうが好きだ。

映画の舞台、ニューヨーク州スケネクタディは〝松林を越えた場所〟を意味するアメリカ原住民のことば。つまり、「プレイス・ビヨンド・ザ・パインズ」なのだが、そのなかで「ビヨンド」の一語がきいている。負の連鎖を「越えたその先の」場所へ行く意志が愛おしい。

冒頭のバイクスタントに出向くライアン・ゴズリン

グの長回しと、ラストシーンで買ったばかりのバイクに乗って彼方へと旅立つ少年の姿。継ぐもの、継がざるもののそれぞれが印象的だったし、警官のなかにある潔癖さと狡猾さの両者など、他人ごとではない。人生のちょっとした舵取りが、自分と人に影響をあたえる長いスパンを描く映画はたまらないね。

『百年の時計』

（二〇一二年　日本　監督：金子修介）

金子修介監督は大林宣彦監督の後継者となり、ご当地メタ映画製作へ歩を進めている。

高松琴平電鉄（ことでん）開業一〇〇周年を記念して、オール香川ロケ撮影で制作された映画。香川出身の老アーティストが、高松で回顧展を開くにあたり、自分の作品のモチーフとなった、古い懐中時計をくれた女性を探そうとする。そこで明らかになる若き日の秘密とは……。

ミッキー・カーチス演じる老アーティストはどこか安っぽいし、木南晴夏はいまひとつしっくりこなかった序盤だったけれど、クライマックスの迫力が圧倒的で押し切られてしまった。

これに似た感触の映画はなんだろうと思っていた。ひとつは大林宣彦の『この空の花 —長岡花火物語』、『22才の別れ Lycoris 葉見ず花見ず物語』。洋画では、『ヒューゴの不思議な発明』が近いんじゃないかな。若者と老創作者との遭遇、創作者の過去に秘められた秘話。そして、現在とのコネクションと回想。そんなものが、幻想のクライマックスとともに物語られる。

土地とは何か、歴史とは何か、アートとはなにかに対するひとつの答えを見せてくれるような印象だった。

最後のことでんを使ったインスタレーションは現実的にはどういうイベントになっていたのだろうと、あれこれ思いつつ、そんなものをぶっちぎる感動があったのは、老アーティストの回想のみならず、時計に関わった人々の思いもまとめて描いていたからだろう。

『ポゼッション』

（二〇一二年　アメリカ　監督：オーレ・ボールネダル）

ホラー映画としての新味はないけど、離婚したての夫婦のあいだで、謎めいた箱を手に入れた娘が呪われるというネタはなかなか楽しい。サム・ライミのプロデュースもまんざらでもない。キーラ・セジウィックも久しぶりに見たなぁ。ユダヤ教のラビがカギを握るホラーというのは、興味深かった。

『オブリビオン』

（二〇一三年　アメリカ　監督：ジョセフ・コシンスキー

その情景。その詩情。その寂寥。破滅後の地球を描いたこの作品はかなりの水準に達している。破滅後の世界の仕組みをきちんと作りこみ、そこに対峙する男の姿を過剰なエモーションで語ることなく、観客に任せた形で端整に描いたことは称賛すべきだ。

トム・クルーズ主演のSF映画といえば、『マイノリティ・リポート』、『宇宙戦争』と名作が多いが、『オブリビオン』もそんな作品だ。

『猿の惑星』、『2001年宇宙の旅』、『インデペンデンス・デイ』、『WALL・E／ウォーリー』など、先行する作品との相似も指摘されるだろう。ただ、それはかなり意図的な引用で、作者のSF映画に対する敬意と憧憬が感じられる。人類が破滅したあとの地球という話は、もともと大好物なのだが、それは無慈悲な大量死を越えたあとのノスタルジーと孤独が描かれるからだ。『オブリビオン』はそれをきっちり果たした上に、映画館を出たあとの余韻がただならぬ作品になっている。

一部ネタバレしてしまうが、冒頭の破壊された月は衝撃的だった。とにかく、空間の中の天体や巨大建造物の描写がすばらしい。多くのシーンがアイスランドで撮影されたらしいが、文明が絶え、むき出しになった地球の肌が、心情に迫ってくる。

世界の秘密が少しずつ明らかになるにつれ、自分と世界がいかに関わってきたか、その残酷な真相が見えてくる。これは本当に巧みな作品だと思った。ひとりの男をめぐるふたりの女の話でもあるが、明らかになった過去により、これがあまりにもせつない愛の物語であることがわかる。映画のなかのひとつひとつのシーンをふりかえると、たまらなくなるよね。


『イノセント・ガーデン』

(二〇一三年　アメリカ　監督：パク・チャヌク)

暴力を内包する少女サスペンス映画として堪能した。映像のいたるところにあふれる啓示と暗示が、実はシンプルな構成を効果的に見せてくれる。『オールド・ボーイ』の監督パク・チャヌクのハリウッド・デビュー作としても、〝らしさ〟はふんだんにあって、楽しい。


ミア・ワシコウスカのおっぱいが見られるという情報を聞き、楽しみにしていたけど、大した露出はないなか、シャワーシーンで乳首がちらっと見えるくらい。

アトモスフィアはリッチなのだが、登場人物すべてがエキセントリックすぎて、感情移入をしにくいのが難かな。


『グランド・マスター』

(二〇一三年　香港／中国／フランス　監督：ウォン・カーウァイ)

企画と撮影順の問題はあったと聞くが、イップ・マンはドニー・イェンがインストールされちゃったからなぁ。トニー・レオンってあんまり強そうじゃない。チャン・ツィイーはよかったけれど、トニー・レオンを強い人と感じることは一度もなかったよ。


『言の葉の庭』

(二〇一三年　日本　監督：新海誠)

新海誠監督の鮮烈なアニメーション作品。雨と慕情の物語。雨が降るとき、コンクリートの都会は天につながる自然に変わる。そのことをみずみずしく緻密な映像で表現している。

新宿御苑の一角を、人生の中で寄り道する時期だからこそ見つかるシェルターや、年齢が違う男と女のかなわぬ距離を縮める場など、それぞれの静かなる成長の舞台として見せてくれる。

あの美しい映像は、世界がくたびれて見飽きたものではなく、まだまだ知らない新鮮なものがあるという実感なのだろう。それは恋を知り、未来を不安に思う高校一年生の男の子にとっても、世界から一度阻害され、ふたたび世界を取り戻すことになる女性にも。

自分にとってこんな出会いはなかったけれど、自分にだって、都会のなかでふとした機会に見つかる自然に寄り道したことがある。そんな思いがある人には、ぜひ観てほしい作品だ。

エンディングがほろ苦くて、それでも未来を向いているのがチャーミング。人生って、自分のことや環境のことで、立ち止まる場面が多いけど、そういうときこそ、出会ったり、ドラマが生まれる可能性があるんだよね。映画を見ていて、雨の匂いを思い出した。

『バレット』

（二〇一二年　アメリカ　監督：ウォルター・ヒル）

いろんなところでウォルター・ヒルの復活を堪能したが、クライマックスのあれには、ほんとわくわくしたよ。スタローンと韓国人刑事のバディ・ムービーになってるのがおかしく、ふたりの融通の利かなさが、節目節目を盛りあげる。

『はじまりのみち』

（二〇一三年　日本　監督：原恵一）

こんなにシンプルな話なのに、なぜ心を揺さぶられるのだろう。子供の頃になにかになりたいと強く願っていたひと。時間と環境に挫折したことのあるひと。そして、母を持つひと。その気持ちに直接、届くような力強い創作の凱歌。

映画を観終えたあと、胸がしめつけられるような気持ちになった。親子であることの強さ、家族という豊穣、静かなる激情を、正面から描いている。

映画『陸軍』の描写が軍部の反感を買い、撮影所で映画が撮れなくなった木下恵介監督が疎開のために母親をリアカーに乗せ、過酷な山越えをしたという実話を基にしている。描かれるのもわずか数日の出来事だ。

監督は『映画 クレヨンしんちゃん』シリーズ、『河童のクゥと夏休み』、『カラフル』など、アニメの名作を作ってきた原恵一。実写映画はこれが初めてだが、アニメの監督ということは忘れて、映画を観ていた。

創作を支える内面の力は、〝絵〟にはなりにくいことだが、全編にあふれるのは、不屈の内面の力である。

そして、すさまじいクライマックスでは、ただならぬ興奮と感動があふれてくる。これを観ないのは損としかいえない。木下恵介の作品を知らない若い人にも、予備知識なしで観てほしい。

これ、ほんとにずるいなぁと思ったのは、映画『陸軍』のラストシーンを延々と映すあたりだよ。息子が母のためにする山越えと、その鏡像のような、母が息子を見送る出征シーンを見せ、さらには、クライマックスの木下恵介名場面集。ていねいに撮られた作品でありながら、映画の時系列の中でしか描けないメタ構造になっているのには、驚いた。そんな中で『新・喜びも悲しみも幾歳月』の大原麗子が最後につぶやいたひとこと。あれは、ほんとうにすばらしかったね。映画ってほんとうにいいものだね。

『G.I.ジョー バック2リベンジ』

（二〇一三年 アメリカ 監督：ジョン・チュウ）

ラッセル車のようにぐいぐい進み、アクションする映画。理屈なんてあとでいくらでもついてくるって感じ。チャイルディッシュなキャラクター設定とむやみに過剰なアクションは、さらにパワーアップ。ガキがどや顔しているようなシナリオは『ゾンビランド』のふたりの作なのね。『1』も忘れていたが、『3』のころにこの『2』を忘れている自信があるよ。

『ローマでアモーレ』

（二〇一二年　アメリカ／スペイン／イタリア　監督：ウディ・アレン）

ローマを舞台にしたコメディ。ゆるいほうのウディ・アレンで、よくできた創作落語の独演会という感じ。四組のカップルを軸にした四つのエピソードがとくにからみあうこともなく進んでいく。キャストも豪華で楽しいけれど、まあ、それだけの作品。

『箱入り息子の恋』

（二〇一三年　日本　監督：市井昌秀）

『35歳の童貞男』とタイトルをつけてもいいような設定。貯金が趣味で、三五年の人生で一度の恋愛経験もなく、出世欲もない。毎日が実家と役所の往復だったさえない男が、ひとりの女性との出会いで成長する。ただ、その少女は全盲だった。

完全にのめり込んで観てしまった。

設定そのものは古典的な恋愛劇から連綿と受け継がれた構図ではあるのだが、登場する人々の姿やセリフ、展開や演出がバランスよく現代的で、かといって、テレビドラマ的な説明過剰にはなっていないので、うれしくなってしまう。

主演の星野源はみごとなブサ男を演じてたが、ネットから画像検索してみたら、いい顔をしているのでちょっとびっくり。ヒロインの夏帆はドラマ『みんな！エスパーだよ！』のパンチラヤンキーとはまったく印象が違う全盲のお嬢さん役だが、すばらしく愛おしくなってしまう。

美談調でもなんでもない、コメディ要素あふれるドラマなのがいいし、非モテの恋愛のプロセスやディテールをていねいに描いているのも好感が持てる。観終わると、吉野家でつゆだくを食べたくなっちゃう。

『華麗なるギャツビー』

（二〇一三年　アメリカ　監督：バズ・ラーマン）


ロバート・レッドフォード主演の映画を観たのも、原作を読んだのもだいぶ前だけど、バズ・ラーマンの描いたギャツビーは過剰が多く、どこか中二をこじらせたまま、愛に執着する子供のように思える。それはまた、デイジーの魅力を減じたキャラクターづくりのせいもあるだろう。

バズ・ラーマン作品は好物で、この作品も特に絢爛たる前半は楽しませてもらったのだが、後半の事件の筋立てにおける配置など、気になるアレンジが多く、結果的にそれが作品の魅力を減らしてしまったのではないか。今回は２Ｄで観たけれど、こういう作りなら、３Ｄで観たほうがよかったかな。ジョーダン・ベイカー役のエリザベス・デビッキが気になった。

『インポッシブル』

（二〇一二年　スペイン　監督：Ｊ・Ａ・バヨナ）


すさまじい映画だった。ぼくは映画館の暗闇の中で、タイのリゾートビーチにいた。スマトラ沖地震による津波と遭遇、水面下でもがき苦しみ、なんとか一命をとりとめたものの、傷だらけになりながら、家族を探した。純粋に体験する映画といってもいい。

もちろん、ぼくらの国も巨大な津波の被害に遭い、その傷跡はいまも残っている。だから、この映画の話を聞いたとき、公開されるかどうか危ぶんだのだが、無事に公開されたのはなによりのことだ。もちろん、いやというほど、津波の惨状は見てきた。だが、津波の中でもがく体験はなかなかできない。

とりわけ主演のナオミ・ワッツがすごい。地獄のような体験から、死に瀕していく母親の姿をくっきり演じている。実話をもとにして描かれる体験にくらべたら、映画らしいストーリーはほとんどないのだが、それでも壮絶な体験を通して、成長する家族の姿はきちんと描かれている。

この映画の中で誰が生き残って、誰が死に、誰が再会できるのか。もちろん、会おうという努力はなされても、すべてが津波という悪魔の抽選機の中でもみくちゃにされ、運良く生き残り、運悪く死んでしまうだけのことなのだと、つくづく思い知った。

過剰にエモーショナルにはせず、話を強調しすぎることもなく、それでも圧倒的な自然災害を再現することに務めた作りはすばらしい。ジェラルディン・チャップリンが、突然出てきて、星を語っているあたりは、ちょっとにやりとしたけどね。

『スプリング・ブレイカーズ』

（二〇一三年　アメリカ　監督：ハーモニー・コリン）


「スプリング・ブレイク」とは大学などの春休み。アメリカでは学生が旅先ではじけるシーズンとして、フロリダなどのリゾート地が大変な騒ぎになるらしい。地方の大学で退屈な日々を過ごす四人の少女が、刺激に満ちた可能性を探すため、フロリダのリゾート地ではじける。それもすさまじい形で。

監督のハーモニー・コリンが強い印象を見せていた一九九〇年代は仕事で忙しく、ミニシアターまで行くこともなかった。これもよかったのかもしれない。

巨大なスクリーンを埋め尽くすビキニビキニの花畑。時間軸を揺らす編集。呪文のように繰り返される「スプリング・ブレイク・フォーエバー」の独白。どこにたどり着くかわからないストーリー。過剰でありながら別れの寂しさも漂わせるフロリダのすえた空気感。全部がエネルギーとなってあふれだしてくる。

誰かにこの映画をすすめるのは気後れしたりもする。「よくわからない」と言われるかもしれない。背景や解釈法を伝えれば、理解が深まる映画とも違う。でも、映画館の大きなスクリーンで、目の前の情景に身をゆだね、この高揚感は堪能してほしい。

〝ここじゃないどこか〟の象徴がスプリング・ブレイクなのだが、映画では「スプリング・ブレイク・フォーエバー」という、独白が何度もくりかえされる。最初は少女たちがそう言っているのに、気がつくと、地元民のエイリアンがそれをくりかえしている。ニュアンスがシフトしているのだ。彼にとってもスプリング・ブレイクは得がたく、希求するものなのだ。

人生のスプリング・ブレイクを永遠のものとするにも、ライト・スタッフ（正しい資質）がいるのだろう。

資金集めの強盗に参加せず、敬虔な宗教的コミュニティの息苦しさから、スプリング・ブレイクに旅立ったフェイス（セリーナ・ゴメス）は、釈放後、エイリアンと会ったあと、みずからスプリング・ブレイクからの離脱を決めた。過剰に順応し、過剰にはじけたコティ（レイチェル・コリン）は被弾して、スプリング・ブレイクを続けられなくなった。そして、地元でスプリング・ブレイクを追い求めたギャングのエイリアンは、死という形で、自身のスプリング・ブレイクを永遠のものとした。

そして、生き残ったふたりのスプリング・ブレイクはどこまで続くのだろう？

エイリアンがピアノを弾きながら、ブリトニー・スピアーズのバラード「エヴリタイム」を歌い、銃をもった女の子たちがそれに聴き惚れるあたりで、ぼくは男として、エイリアンに感情移入してしまった。

〝ここ〟がいつもあるように、〝ここじゃないどこか〟もいつもある。そこにいられるかどうかは、わからない。

『マーヴェリックス　波に魅せられた男たち』

（二〇一三年　アメリカ　監督：カーティス・ハンソン、マイケル・アプテッド）

全米サーフィン史の伝説の人をていねいに描いた伝記映画。文科省特選映画的なお行儀のよい内容だが、好感が持てる。サーフィンシーンは凄まじいものがあった。少年と師匠の『ベストキッド』的交流もよかったが、もうちょっと踏み込んだものが欲しかった。

『ファインド・アウト』

（二〇一二年　アメリカ　監督：エイトール・ダリア）

失踪した妹の行方を探して、ポートランドの街をかけまわるアマンダ・サイフリッド。証言を聞き出すため、嘘ばかりついていく彼女の行動と、彼女自身の信じてもらえない過去。嘘言サスペンスという趣向とアマンダの美しさはポイント高いけど、一本調子なので、身を乗り出すようなツイストが欲しかった。

『フィギュアなあなた』

（二〇一三年　日本　監督：石井隆）

痛いほど気持ちが伝わり、落ちてゆく物語。石井隆監督作品だから、負けいく男の姿をせつなく見せてくれる。おっぱい指数は満点だし、恥丘占有率も高い。佐々木心音は裸じゃない時間のほうが短い。ただただ寂しさが胸を打ち。ただただ悲しさがあふれてくる。

『嘆きのピエタ』

（二〇一二年　韓国　監督：キム・ギドク）

あまりにも鮮烈すぎる死と金と愛と償いの寓話。天使は傲慢や嫉妬の情で堕天使となる。では、金という目的のため非情に人の命を削る悪魔はどんな情で堕ちるのだろうか。そして堕ちた悪魔はどうなるのか。

本当にお恥ずかしい話なのだが、キム・ギドクは一本も観ないまま、敬遠していた監督だ。映画人生の中で、自分の生活からは遠いところにいた監督だ。長い間、韓国映画を観ることを億劫にしていたし、近所のシネコンでも上映されることがなく、都内のアート系、単館系映画館でしか観られない。もちろん、自分の不明としか言いようがないのだが、シネフィル的な素養がほとんどない自分にとっては、どれだけ国際的な映画祭で賞をとっても、その評価を耳にするだけで、観ることとさえ「めんどくさい」と思わせるものがあった。

そんなキム・ギドク作品を観ようという気になったのは、飲み屋で出会った女性がキム・ギドク好きで、そのことを耳にする機会が多々あったからだ。男にとってなにを観るかという理由のひとつは、女と視線を合わせるためなのかもしれない。かくして目にしたキム・ギドク作品だが、こんなにわかりやすくて、こんなに鮮烈で、こんなに悪意に満ち、こんなに善意にあふれていて、いいのだろうか。

死したキリストを我が手に抱える聖母がピエタ。取り返しのつかないことになった我が子を抱きながら、それを無償の愛で抱きとめる運命。その形でしか表現できない愛が、心の乾きを刺激する。

映画としての……、映画でしか表現できない、映画という形だからこそ表現できる愛の形が見えた。けっして器用とはいえない映画作法の中でも、ぼくの乾きをピンポイントで刺激する潤いがあった。その渇望がやがて悲劇となっても、細い道筋を渾身の力で辿るしかない人にインストールされた性《さが》を刺激してくれた。

これはあなたの映画ではないかもしれない。でも、ぼくにとっては、かけがえのない作品だ。

悪魔にとっては愛こそが媚薬。愛なんて知らなければよかったのに。

やはりラストシーンだよ。さらにいえば、ラストにいたる三〇分だよね。前半のバイオレントで痛みがぎしぎしと伝わる部分は予想の範囲内だった。韓国映画の中にはこれよりきっつい演出もあった。動物をシメて食べる描写など、コミカルでさえあった。だが、皮肉なことに主人公に変容が訪れて以降は、傷口に沁みてくる痛みを感じてしまった。ほかのキム・ギドク作品も観なきゃなぁ。

『アフター・アース』

（二〇一三年　アメリカ　監督：M・ナイト・シャマラン）

劣化シャマランは、シャマランらしさもなくなって、どうしたらいいんでしょうね。シャマランは『エアベンダー』路線にさらに磨きをかけてきたか。冒頭からしばらくはカメラワークと編集に違和感があったのだけど、それも慣れちゃうね。IMAXの派手な音響のおかげで退屈しなかったけれど、童話めいた骨格にゲームのような設定、ディテールのない精神主義と、ウィル・スミスのドヤ顔。センス・オブ・ワンダーの欠片もないSF風映画だった。

『さよなら渓谷』

（二〇一三年　日本　監督：大森立嗣）

吉田修一の原作と真木よう子を結びつけて映画化しただけでもすばらしい企画だ。人生において取り返しのつかないこととはなにか。そのことを最初から最後まで、問いかけてくる。

真木よう子は多くの映像作家が挑んできた女優だ。真木よう子という素材をいかに理解し、いかに愛し、いかに映像として焼きつけてきたか。その一作一作を描いてきた軌跡がぼくの心にもはっきりと残っている。おっぱいなんて小さいほうがいいと思っているぼくが、真木よう子の胸をスクリーンで見ることを至福に思っちゃうくらいだ。

残念なことに公式ウェブサイトや予告編、ポスターでさえもネタバレをしている。この映画のメインのキャッチコピーでさえ、ネタバレだ。あまり細かい情報を知りすぎないほうがこの作品を堪能できる。

これは真木よう子を通じて〝女〟を知り、〝女〟を味わう映画なのかもしれない。

そのキャッチコピーだが、「残酷な事件の被害者と加害者。一五年の時を経て、ふたりは夫婦となった」というのは、この映画のドラマの大部分を端的に表現している。自分は新しい映画の予告編を観てもその内容をほぼ忘れられる人だから実害なしで映画を鑑賞できたのだが、キャッチコピーを知っていたら、映画そのものから緊張感が失せてしまうだろうね。もちろん、映画の醍醐味は真木よう子に集中している。この設定を踏まえた上で、彼女の心がどのように揺らいでいくかを見守っても楽しめるのだが……。もったいないな。

『ハングオーバー!!! 最後の反省会』

（二〇一三年　アメリカ　監督：トッド・フィリップス）

過去二作のファンは必見。シリーズラストとしてもよくできている。新味はないし、予定調和的展開だけど、キャラクタームービーとしては楽しめました。笑えるシーンも多かった。ただ、ヘザー・グレアムの使い方がもったいなかったね。

『欲望のバージニア』

（二〇一二年　アメリカ　監督：ジョン・ヒルコート）

これは大好き。クライム・ドラマとして……、あるいは「ヒルビリーすげぇ」ドラマとして、濃密に堪能した。じつは「欲望」はあんまり関係ない内容で、そこがよかった。ウェスト・バージニア州に住む貧しい白人、ヒルビリー。ホワイト・トラッシュなどと言われながら、むちゃくちゃ頑固なヒルビリー。一九三〇年代の話だそうだが、もしかしたら、経済も精神もいまもそんなに変わっていないのかもしれない。アメリカの田舎ったらすごすぎる。こんな映画がいま作られるというのは、アメリカのいまも変わらぬものがそこにあるということだろう。役者と演出が全部よかった。

『コン・ティキ』

（二〇一二年　ノルウェー　監督：ヨアヒム・ローニング［英語版］、エスペン・サンドベリ［ノルウェー語版］）

小学校のときに読もうとして、途中で断念していた『コンチキ号漂流記』って、つまりこういう話だったのか！　なんともシンプルで、なんとも無謀で、なんとも愛おしい。プロローグのあたりで、南洋の島の滝での、夫婦行水シーンがチラッと出てて、それが妙にセクシーだった。

作中で冒険のその後は語られないのだが、トール・ヘイエルダールが主張した、ポリネシア人の起源は南米ペルーにあるという説は、コン・ティキ号の漂流実験に成功しても、今日の主流となったわけではない。ポリネシア人は以前として東南アジアから島伝いにトライした、というのが主流らしい。

実験としての意義に疑問が呈されたとしても、冒険としての価値が損なわれるわけではない。今年は『ライフ・オブ・パイ』という漂流映画があった。それと並んで観るべき海洋映画だろう。

クライマックスでラロイア環礁に到着するとき、そこが船を粉々にする海上の難所だと知らされる。ポリネシア人がそんなところに漂着するようなら、そもそも仮説自体が成り立たないいんじゃないの？　なんて、映画を観ていて思ったりもするんだよね。ただ、海洋冒険映画としては、最後の「エイヤー」というカタルシスは絶対必要だから、もう全然かまわないのですよ。見事な「エイヤー」だったし。

『真夏の方程式』

（二〇一三年　日本　監督：西谷弘）

犯行の動機にフォーカスを合わせ、ていねいに作っているが、前作『容疑者Xの献身』にはおよばなかった。ちょっと強引なキャラクター配置が目立ってしまうのと、明かされる動機を際立たせる性格設計やドラマがもう少しあってもよかったのかな。冒頭で水着になる杏が、映画の空気を作っていてよかった。

『アンコール!!』

（二〇一二年　イギリス　監督：ポール・アンドリュー・ウィリアムズ）

ロシアのオーケストラを追われた老指揮者が、首にされた楽団員を集め、パリの劇場で再起を果たす『オーケストラ！』という傑作。引退した音楽家たちが身を寄せる老人ホームにやってきた老いた歌姫が、老人ホーム存亡の瀬戸際にいわくつきのカルテットを組む『カルテット！　人生のオペラハウス』という秀作。

老人が主人公で、音楽家たちが出て、クライマックスでは音楽演奏でカタルシスを得るという作品が続いているけど、『アンコール!!』はその中でも完成度が高い作品だ。

なにがいいって、選曲とセリフの美しさだ。老人のコーラス映画だからってクラシックを歌うわけじゃない。シンディ・ローパーやモーターヘッド、スティービー・ワンダー、ビリー・ジョエルらのポップスだ。

それぞれの曲が絶妙のタイミングで流れ、その歌詞を字幕で見るだけで自然に嗚咽してしまう。また、字幕でも読める部分はあるけれど、セリフの中のフレーズやことばが抜群に美しい。歌と歌詞に対する敬意が、そのままシナリオに定着しているようだ。なにより、テレンス・スタンプとヴァネッサ・レッドグレイヴの老夫婦がいい。妻に対する絶対の愛があるものの、自分を表現することが苦手なテレンス・スタンプ。だからこそ、息子との関係がうまくいかない。

歌うことが大好きで、老人合唱団の誰からも愛されているヴァネッサ・レッドグレイヴは、不治の病で最後のときが迫っている。強面のテレンス・スタンプと滋味あふれる老境のヴァネッサ・レッドグレイヴのコントラストが、夫婦の絆を浮かび上がらせる。

話の構成からして、妻を亡くしたテレンス・スタンプが歌うことがクライマックスになる流れはわかっちゃうんだけど、そこまでわからせた上で、見せるシーンが圧倒的だよね。

テレンス・スタンプはたしか『プリシラ』(傑作!)でノンクレジットながら歌っていたこともあるはずだが、クライマックスで彼の歌うビリー・ジョエルの「ラバイ」はもう、どうにかなっちゃうくらい気持ちを揺さぶられたよ。

もちろん、ヴァネッサ・レッドグレイヴが歌ったシンディ・ローパーの「トゥルー・カラー」も美しくて、老優に美しい歌詞のポップスを歌わせるというアイデアには、ただただ平伏するしかない。

映画を観て帰ってきてからは、シンディ・ローパーとビリー・ジョエルのヘビーローテーションだったよ。

生きること、生き続けることとはどういうことか。その意志が凱歌となる、すばらしい作品だ。

『モンスターズ・ユニバーシティ』

(二〇一三年　アメリカ　監督:ダン・スキャンロン)

『モンスターズ・インク』から一二年も経ったのが意外なくらいだが、マイクとサリーが、すぐ近くに帰ってきてくれたという事実。それだけで、とてもうれしいことだ。自分にとっては『アニマルハウス』以来、アメリカの象徴として憧れる大学生活まで堪能できるなんて、幸せにもほどがある。

努力のマイクと、才能のサリー。夢として見上げてきたマイクか、才能として当たり前に思ってきたサリーか。それぞれを象徴するふたりが、学生生活というケミストリーを通じて、成長していくドラマなのだから、つまらないわけはない。

もちろん、前作とくらべると新鮮味には欠けるし、モンスターの世界に迷い込んできたブーという人間の少女がいない分、物足りないところはあるけれど、やや迷走気味だったピクサー作品の中では久しぶりのスマッシュヒットだ。これを3Dで観ないのはもったいないよ。吹き替え版もいい。

『モンスターズ・インク』でのランドールとの因縁はここから生まれていたんだねというあたりもうれしい。なによりも、願ったままで叶う夢はないけど、進んでいけば、形を変えて夢に近づくという物語は最高です。

『ワイルド・スピード EURO MISSION』

（二〇一三年　アメリカ　監督：ジャスティン・リン）

初期設定から遠く離れ、ワル乗りしていく映画の多くが魅力を失うものだけど、このシリーズは別だ。シナリオのあらは多くても、すさまじい見せ場の多くが、エネルギーたっぷりに迫ってくる。戦車を出しても『ダイ・ハード　ラスト・デイ』なんかとは、レベルが違う。

観る前にちらりと話を聞いていたけど、話の都合上、アメリカに飛ぶところ、あれって、強引な回想シーンみたいなもので、プロット的にはなんの役にも立たないところだよね。『ワイルド・スピード』シリーズ的には必要なのか。

壮絶な銃撃、すさまじいチェイスシーンが多くても、流血はほとんど出ない。セクシーなおねーちゃんと同衾するベッドはあっても、乳首はまったく出てこない。

とにかく見せたいものはむやみなカーチェイスシーンであり、友情をともなう擬似家族としての結束の固さであり、もっと言っちゃえば、男の子の大好物がお子様ランチとトルコライスを足したように山盛りとなって、その中のチキンライスとナポリタンとハンバーグが全部うまいっていう映画なのだ。

もうIMAXとか、そういうでかいサウンドで頭が割れそうな劇場で、浴びるように観る。ただ、それだけの映画ですよ。だから、スクリーン必然性しかない評価といえるのだ。

『飛びだす 悪魔のいけにえ レザーフェイス一家の逆襲』

（二〇一三年　アメリカ　監督：ジョン・ラッセンホップ）

すみからすみまで素晴らしい。これ最高だね。わかっている人の仕事すぎて目眩がしそうだ。オリジナルをきちんとリスペクトして、小気味良く作っている。3Dホラーの中では、いちばん楽しめたんじゃないかな。

『恋の渦』

（二〇一三年　日本　監督：大根仁）

これは濃かった。熱かった。

冒頭、ほんとにむかつくいまどきの若者たちだったのに、彼らのつくづく安っぽい恋愛模様に対し、固唾を飲んで見守ることになろうとは……。大いに笑い、大いにのめりこんだ。舞台劇の映画化としては最高に成功している。

『モテキ』の大根仁監督が自身のツイッターで紹介したことが、鑑賞のきっかけだった。ワークショップのスタッフやキャストを使って、きわめて低予算で撮影した「自主制作映画」なのだが、その仕組が熱量となって作品に貢献している。プロフェッショナルの「自主制作映画」すげえ、としか言いようがない。

劇団ボツドールの三浦大輔の芝居をもとに、四つのアパートに五人の男、四人の女。そのシャッフルがくりかえされるうちに、それぞれの立場と愛がめくるめく変容を見せていく。有名俳優はひとりも出てこないが、だからこそ、濃密なリアリティが立ちのぼってくる。

スクリーンであるにもかかわらず、過去一年観きたどんな芝居より舞台的体験を堪能できたかもしれない。

三浦大輔脚本作品といえば、映画では『ボーイズ・オン・ザ・ラン』、舞台では『裏切りの街』を観たくらいしかないが、どこにでもいる人間たちのこんがらがった人間模様の中から、どうしようもなく浮かび上がってくる残酷さや業が、きりきりと観客の心をえぐってくるものだった。

こちらもそんな作品だった。最初から最後まで、裏切られて裏切られて裏切られて……。まさしく「恋の渦」だったよね。みんな身に覚えのあることばかりだよね。現在進行中の人もいるだろうけど、それが生きてる実感だよね。

『ベルリンファイル』

（二〇一三年　韓国　監督：リュ・スンワン）

まったくもって、すげえすげえとしかいえないアクションと展開だが、自分には感情移入ができなかったなあ。エモーションの起点が違うのかな。借景としてのベルリンが生きてこないのは、どういうことか。混沌とした状況を見せる冒頭もおもしろいのだが、ベルリンという土地を舞台にアジア顔の連中が自称で「北だ」、「南だ」と言っても困っちゃうのだよ。こういう映画に出てくる嘘くさい欧米人とか、嘘くさいムスリムは、観光映画としての必需品だけど、それでもなぁ。役者はほんとによかったんだけど、エモーションが刺激されなかった。『第三の男』の鳩時計みたいなものがちらっとあれば、ぐらっとくるのに。

つまりはこれが『プラハ・ファイル』でも、『シカゴ・ファイル』でも、『バンコク・ファイル』、『ヨハネスブルグ・ファイル』でも成立しちゃうのが、もったいないところかもしれないね。

『パリ猫ディノの夜』

（二〇一三年　フランス　監督：アラン・ガニョル、ジャン＝ルー・フェリシオリ）

これは宝石のようなアニメーション。少年の頃、胸を躍らせた『ルパン』のようだ。屋根から屋根へと飛びまわる怪盗。それを追いかける警察、それを見守る少女。そして、昼の顔と夜の顔を持つ猫が……。

エキサイティングなアドベンチャーが夢のように結実する。『風立ちぬ』では退屈を感じるしかない小さな子どもたちにぜひ見せたい（けど、字幕なんだよね）。

最近の日本アニメでは見られない伸びやかにデフォルメされた動きと、いとおしいキャラクターデザインを見ているだけでも、うれしくなっちゃう。

ぼくはシネコン至上主義者として、デジタル上映好きなんだけど、これはフィルム上映のよさが発揮されている。その色合いとデリケートな輪郭の描写は、フィルムならではのものだね。フィルム上映という性格上、上映される機会は少ないだろうが、機会があれば、観るしかない作品だ。

驚いたのはクライマックスシーンだ。パリの夜に浮かび上がるあいつ。あんなに巨大なものが現れるなんてあのシーンは一生の記憶に残ってもおかしくないね。

『風立ちぬ』

（二〇一三年　日本　監督：宮崎駿）


私事になるが、衝撃だったのは、酒場で会った二〇代前半の女の子に「今度のジブリ映画はゼロ戦を設計した人の話だよ」と言っても、きょとんとした顔で「ゼロ戦ってなんですか？」と聞き返されたことだ。そういう時代なんだろうね、いろんな意味で。その子はそう言ったあとで、目をキラキラさせて、「ジブリの新作、楽しみです」とか言っていたけど、楽しめたのかな。

人が死ぬ直前に見るという走馬灯のような、回想の映画だ。自分に関わりがあった過去の事件。それを過度に感傷的でもなく、過度に冷淡にでもなく、過度に論理的にでもなく、過度に散漫にでもなく、しかるべき距離感で見ているような印象だ。回想という、死ぬ前に見るような映像だから、現実にあったことも夢想したことも混在している。現実に会って肌の温もりを感じた人も、読書を通じて憧れた人も、その存在感を等しく思っているから、等しいバランスで登場する。

関東大震災、世界恐慌、敗戦という、この国が大きく動いた時代を、その中を生きたひとりの秀才の目を通して描いている。ディテールに関しては、どこであり、いつであり、誰であるのか、多くの説明をしない。なにしろ回想だから、主人公の堀越二郎とその周囲の人々以外、宮崎駿にとって興味がないものは、実にぞんざいに描かれる。無視するのではない。わざとぞんざいに扱うのだ。戦闘機を発注する陸海軍の軍人、パイロットなど、まともな日本語さえ話させてくれない。

ずいぶん思い切った作りだ。だから、小学校低学年以下の子が見ても退屈するだろう。小学校高学年以上の子供を連れていくなら、歴史のアウトラインをざっと教えておくべきだろう。いや、無理して子供に見せる必要はない。これは世の中には取り返しのつかないものがあることを知っている大人の映画なのだから。

主人公がヘビースモーカーであり、映画のいたるところで喫煙シーンが描かれるのは、やはり、ヘビースモーカーである宮崎駿が自身を主人公に投影しているのだろう。狭いところで製図台が並び、多くの技術者が競うように手を動かす設計室は、アニメーターが並び、原画や動画を描いているスタジオのようだ。

作中、主人公の堀越二郎がイタリア人設計技師、カプローニに憧れ、夢想の中で自分の師と仰いだこと同様、宮崎駿も自分の堀越二郎をわがものとしている。時代はどうあれ、夢のために手を休めない存在として。

作品で多くの人の涙腺を刺激するのは菜穂子との愛情劇だろう。堀越二郎、カプローニ、菜穂子という、宮崎駿が関係性を夢想した三者の存在が、この映画のバランスのすべてだ。

老映像作家の妄想映画ってことで、黒澤明の『まぁだだよ』や、大林宣彦の『この空の花　長岡花火物語』なんて作品を思い出した。ブレーキをすり減らした老境の作家が、意外なほどの膂力で作品世界に自我と妄想を反映させるのは、すばらしいことだと思う。

前作『崖の上のポニョ』の狂気と異常ぶりもすてきだったけど、今回、実在の人物をわがものとし、堀辰雄的世界に投げこむ宮崎駿の自己肯定的妄想力も大したものだ。

菜穂子との愛情には男女関係のリアリティが感じられないなんていう評があるけれど、正直に生きる堀越二郎を象徴するエピソードとして関東大震災での活躍を加えただけでも、ぼくは十分ですよ。そこに菜穂子とやり取りする紙飛行機が加われば、〝回想〟という形の最高のコミュニケーションだろう。さらに加えて、老作家ならではの美化があるからこそ、堀辰雄的世界も照れずに受容できるってものだ。

この映画をさらに楽しむには、作中に登場する謎のドイツ人、カストルプと「魔の山」の関係性なども知っておくとおもしろいのだろう。

ゼロ戦の開発と、そのゼロ戦がもたらしたおびただしい数の死など、作中であえて語り尽くさないところも多い。それは作品に必要な負荷ではなく、観客ひとりひとりが持ち帰って、自分の中で生涯をかけて問いかけるテーマなのだ。

映画を観た人ならわかると思うが、そのすべての原動力となるのは、堀越二郎という男の正直さなのだ。カプローニが代表する夢に対して正直に生きて、菜穂子が代表する愛に対して正直に生きていく。なにより、正直に美しさを追求していく。そんな正直さが軌跡として残される飛行機雲のような映画だ。

「愛は負けても親切は勝つ」とカート・ヴォネガットは書いたけど、この映画を見て思うのは「夢は破れても正直は勝つ」の一言だ。

『終戦のエンペラー』

（二〇一二年　アメリカ　監督：ピーター・ウェーバー）

やっぱりニュージーランドロケの弊害かな。ここで描かれる大戦末期と終戦後の日本には、人がいる国という感じがしないんだ。登場人物がかなり単純化されつつ、中心の謎は空虚という構成は、なるほど、日本の縮図のような気もするのだが……。岡本喜八監督の

『日本のいちばん長い日』をまた観たくなるよ。

異文化への窓は女という構図は『ラスト・オブ・モヒカン』とか『ラストサムライ』からあまり進化してないよね。極論だけど、ガイジンに日本を理解してもらうために、日本の女を輸出しろということなのか。

『ペーパーボーイ　真夏の引力』

（二〇一二年　アメリカ　監督：リー・ダニエルズ）


まさか、こんな映画だったとは！　まったく予想もしなかった展開にしびれまくった。

話の発端は一九六九年にフロリダの小さな町で起こった保安官殺人事件なのだが、登場する男と女の腐れっぷりがあまりにも凄まじく、その腐敗臭が劇場内に拡散されていく。

死刑囚、新聞記者、地元青年、黒人記者、そして、死刑囚と結婚をする妖婦、ニコール・キッドマン。このただれたドラマの舞台は、瘴気に満ちたフロリダの沼だ。そこにだだ漏れエロスをまきちらすビッチ、ニコール・キッドマンが現われたことで、尋常ならざる化学反応が生じる。

死刑囚の冤罪を追求することが、ドラマの着地点かと思いきや、内も外もおぞましいキャラクターの粘っこい相関図から、思いもかけない展開となっていく。

童貞感あふれるザック・エフロンのひと夏の経験だが、こんな『グローイング・アップ』なら、いらない。ＰＴＳＤの幕開けにしかならない。

『欲望のバージニア』、『飛びだす悪魔のいけにえ』、『バーニー／みんなが愛した殺人者』と、アメリカの田舎は怖いことを思い知らされる映画が多い夏だけれど、その中でもこれは白眉といえよう。

アメリカでも、クラゲに刺されたら、おしっこをかける習慣があったんだね。ニコール・キッドマンの生放尿シーンには驚き、あきれました。乳首こそ出してないけど、いかれたビッチぶりはすごかった。

映画で期待するカタルシスはまったくないけど、うんざりするくらいのおぞましさは、楽しめる。

なにより濃いのは、沼の住人、死刑囚のジョン・キューザックの異常性だね。次はホラーでキューザックを見てみたい。『シャイニング』やってもいいんじゃないか。そして、マシュー・マコノヒーですよ。あの傷ついた顔から、ただならぬキャラだと思っていたけど、まさか、あんなすさまじい性癖があったなんて。もうビックリ人間大集合。濃いキャラクターを見ているうちに、事件の真相なんてどうでもいいから、この街と人をナパーム弾で焼き尽くしてしまいたくなる。

『ローン・レンジャー』

（二〇一三年　アメリカ　監督：ゴア・ヴァービンスキー）


鑑賞前に、アメリカではコケてディズニーの負債が最大一・九億ドルになるとか、エイリアンが出てこない『カウボーイ＆エイリアン』みたいだという話を聞いていた。いやいやいや。そんなことはない。十分おもしろかった。楽しかったよ。『カウボーイ＆エイリアン』みたいに鬱っぽい映画じゃなくて、端から端までアッパーな映画だった。

同じゴア・ヴァービンスキー監督の『パイレーツ・オブ・カリビアン』シリーズの西部劇版として、がんばっていました。

ぼくは『パイレーツ・オブ・カリビアン』を「志村ぁ、うしろ！　うしろ！」的な『8時だョ！全員集合』（の前半。とくに探検コント）の現代版と思ってるから、その仕掛けと笑いとわかりやすさ、そして、タイミングがうまく的中すれば、満足するわけだ。まさにそういう、子供向けにチューニングされた内容。

ぼくが子供で、この映画を観たなら、椅子の上で飛び跳ねたくなるほど、興奮しただろうな。

ラジオドラマがオリジナルのテレビ西部劇ドラマとして『ローン・レンジャー』が放送されていたのは、

ぼくが生まれる前だ。だから「キモサベ」と「ハイヨー・シルバー」のフレーズは知っていても、内容はまったく知らない。後に映画化されたものも観ていないしね。

また、数々の西部劇の名作とくらべるのもあんまり意味がない。先日、アメリカ人と話していたら「白人のジョニー・デップがアメリカ先住民を演じるのはおかしい」と言っていた。原作を知ってる人、これを西部劇として解釈する人、そして、アメリカ人の意識として、違和感をもつ人は多いのだろうな。でも、ぼくはおもしろかった。そのあたりのこだわりはないし、ドリフのコントが二億五〇〇〇万ドルの予算をかけて、作られたみたいなものだからね。

なにより西部劇のランドスケープで列車が疾走するアクションというだけで、楽しいではないか。あえて瑕疵を見つけるならば、一四九分という長い上映時間だ。ドリフのコントは二二分で収まるからいいんだけどね。

『パシフィック・リム』

（二〇一三年　アメリカ　監督：ギレルモ・デル・トロ）

これは映画館で観るべきスペクタクルだ。

日本の特撮がインストールされたギレルモ・デル・トロ監督の怪獣愛とロボット愛が細部に至るまでぎっしりと詰まった、充実の作品だ。自分にとっては怪獣愛よりも濃密に感じたのはロボット愛だ。鉄だ。鉄と原子炉だ。イェーガーは命を持った鉄なのだ。とにかく見得《みえ》なのだ。秘密兵器と必殺の武器、それぞれがこれほど、ためと見得できちんと披露されるのは、〝わかっている〟ひとの呼吸があるからなのだろう。

この映画におけるためと見得を語ると、「全然、足りてないじゃないか」という人もいるだろう。もちろん、仮面ライダーや戦隊ものなど、アートにまで達した日本特撮の見得のすばらしさを見れば、まるっきり足りないと言いたくなる気持ちもわかる。

でもね。この映画の前にあったハリウッド巨大ロボットといえば、『トランスフォーマー』シリーズだよ。あの映画のどこに見得がある？　あの映画のどこに巨大ロボットの重量感がある？　『パシフィック・リム』のなかに絶妙に配された見得とための要素こそがこの映画の妙味なのだ。怪獣プロレスなどと揶揄されてきた世界が、相応の説得力で眼前に繰り広げられるのだ。

怪獣がいる世界に誰もが抱える疑問に対して、きちんと答えを出してくれるのも美しい。その一方で、怪獣がいる世界ならではの無茶もきちんと見せてくれる。

もともと怪獣映画は、随所に妖怪がいる日本という国で生まれた理不尽な存在を見せる娯楽作品だ。怪獣と妖怪が近い存在にあるというのは、『ゲゲゲの鬼太郎　大海獣』を見れば一目瞭然である。ひとの怨念やものに宿った思いが、異形となり、人間にその思いをぶつける。科学的に説明できる存在ではない。科学的にアプローチしようとも、科学では割り切れない存在なのだ。『パシフィック・リム』では、異次元からの侵略者による使徒という設定で、その存在を説明しつつも、都市を破壊し、人間を襲う怪獣の圧倒的な映像詩を見せてくれる。巨大なる破壊力、それが怪獣映画を観る理由のすべてだ。

東日本大震災という無慈悲な破壊を目の当たりにして、ぼくらの心は凍りついた。その気持ちに最初に風穴を開けたのは、「館長庵野秀明 特撮博物館 ミニチュアで見る昭和平成の技」で上映された『巨神兵東京に現わる』だった。スクリーンの中の無慈悲な破壊。それを観たかった。カオスが生まれるとき、それは問答無用に美しい。

息苦しい社会、決まりきった日々。そんな静かな絶望を叩き壊す破壊の神。絶望を打ち砕くさらなる絶望。それが映画館の闇の中、生きる希望として浮かびあがるのだ。そのすべてが『パシフィック・リム』にあるとは思っちゃいない。それでも、このスペクタクルには、ぼくらの中の閉塞を打ち砕く爽快さがある。

IMAX 3D字幕版とIMAX 3D吹き替え版で鑑賞した。二度見ると、過不足のないシナリオの美しさにほれぼれする。

だからこそ、オンラインで映画評を読んでも様々な意見が出てくるのはしょうがないと思う。世界でいちばん特撮映画を見ている日本人が、ハリウッドでもっともわかりやすい特撮映画について語るのだ。それぞれの特撮観を吐露し、映画にツッコミを入れたくなるのは自然な理屈だ。

ゼロか一〇〇かの違いなら、違うことが自明だから、論争にはならない。しかし九〇と九五では、五の違いが気になり、そこをめぐって論争になる。あれがない。これがおかしいと、自分にとっての瑕疵をつつきたくなるからね。ここまでやってくれるなら、なんであれがないのだろう？　どんなことでもそんな近親憎悪的なロジックってあるでしょ？

『パシフィック・リム』の続編はもちろんだが、アフター『パシフィック・リム』の日本怪獣映画を早く見たい。いまの閉塞感を打破する、畏怖すべき破壊と爽快なバトルを見せてほしい。きっとそれができる可能性を見せてくれたのは、この映画だから。

ちなみに、字幕版と吹替版だったら、字幕版がよかった。声優ファン、吹替ファンが盛り上がる豪華声優陣がすばらしい演技で仕上げた吹替版は称賛すべきだが、怪獣を「怪獣」と発音するのではなく、英語で「KAIJU」と呼び、その連なりで「カテゴリー3」ということばの異化作用が、びんびん響くからだ。

『ワールド・ウォーZ』

（二〇一三年　アメリカ　監督：マーク・フォースター）

原作そのままではなく、ブラッド・ピットがヒーローの映画になっているが、それだけに映画としてはエキサイティングにまとまっていた。走るゾンビには抵抗があるけど、この映画の尺を考えると、走ったほうが効率がよかったね。

『ホワイトハウス・ダウン』

（二〇一三年　アメリカ　監督：ローランド・エメリッヒ）

脚本がしっかりツボを押さえてくれたら、ローランド・エメリッヒ監督でも、ここまで密度のあるエンターテインメントを見せてくれるんだね。脚本のジェームズ・ヴァンダービルトは『ゾディアック』や『アメイジング・スパイダーマン』を書いている。プロットやキャラクターなど、まんべんなく散りばめられた伏線とその回収が小気味良くて、最後まで、大いに楽しんだ。

きっちりと『ダイ・ハード』を意識している展開には、笑うしかなかったけれど、いまの『ダイ・ハード』シリーズより、『ダイ・ハード』らしいかも。冒頭シーンをていねいに描いているのは好感が持てたけれど、おかげで、誰が真犯人であるかということも含めて、謎が少なく、先読みができすぎちゃうね。

もちろん、ミスディレクションも入れているけど、もうちょっと演出のやり方もあったと思う。ホワイトハウスでのアクション映画といえば、直近に『エンド・オブ・ホワイトハウス』があったけれど、そんなのはブルース・ウィリスか、スティーヴン・セガールにやらせておけよという、マッチョに荒っぽいものだった。

この作品には難もある。チャニング・テイタムというヒーローと、ジェイミー・フォックスという大統領のコンビが軽すぎるのだ。もしも、『エンド・オブ・ホワイトハウス』から、ジェラルド・バトラーとモーガン・フリーマンを借りてこられたら、と夢想する。

『スター・トレック イントゥ・ダークネス』

（二〇一三年　アメリカ　監督：J・J・エイブラムス）

前作『スター・トレック』（二〇〇九）はその年のベストともいうべき作品だった。トレッキーすべてに好評というわけではなかったが、自分はトレッキーではなかったせいか、若き日のカークの葛藤と展開される情景には陶然とした。そして、新作の登場はこの夏、いちばん期待する映画として待ちに待ったものだった。

わざわざ関東最大のIMAXスクリーンを誇る成田HUMAXシネマまで出かけ、鑑賞した映画はすばらしいものだったが、前作ほどはのれなかった。と、こんなことを書くのは不本意だ。ここで書く以上、映画の内容をきちんと評価しつつ、熱と温度を持ちたい。

まず、公開までが長すぎた。英国公開が五月一日。全米公開が五月九日。となりの韓国でも五月三〇日だ。それがなぜ日本では八月二三日公開なのだ？　大作映画なのに四ヶ月近く遅れて公開というのは勘弁してほしい。公開の一週間前には限定で先行公開はしているが、通常スクリーンのみの公開でIMAXでは上映されない。悩んだ結果、一週間遅れでIMAXで鑑賞した。

公開が遅れた結果、映画館に行くたびに、予告編や冒頭部分上映を強制的に何度も何度も見せられて、うんざりしてしまった。さらにツイッターなどでは、映画の感想が目に飛びこんでくる。映画が公開されたタイミングなら、どんなネタバレでもしかたないと思う自分だが、この情報の氾濫にはうんざりしてしまった。

さらに飲み会で、初めて会った人から、唐突に重要なネタバレまで聞かされてしまった。

日本での公開を遅くしたのは、去年の『アベンジャーズ』同様、知名度の少ないシリーズ作品を周知させるため、事前の告知期間をたっぷりとるためらしいが、JRの自動販売機にキャラクターを刷りだし、パンやアイスクリームのパッケージを「スター・トレック」に変えるなんてことで話題の核になるとは思えない。広告代理店が手数料を稼ぐために拡大させているだけなんじゃないの。

パラマウントのマーケティング本部長である星野有香さんは、本社から五〇億円のヒットをねらえと言われ、「映画通でもオタクでもない人にも観てもらうために、何をすべきか。そこを考えるのが、映画を売るための仕事なんです」とインタビューで答えている。

映画の宣伝をする人から、この手の話はよく聞くのだが、来るかどうかわからない〝映画通でもオタクでもない人〟を動員させるために、映画そのものを陳腐化させるほどの宣伝量を投下した結果、映画を楽しみにしている人間にメインディナーである映画本編の魅力を損なわせているのだから、本末転倒ではないか。どんなにおいしいメニューでも冷めてしまってはまずくなる。その小細工の結果、初週三位の興行収入では、あまりにも残念な結果ではないか。

アメリカで「スター・トレック」シリーズは何度も再放送されており、コンベンションが頻繁に開催されている。そのアメリカに匹敵する興行収入をめざすのなら、テレビの深夜枠を買い、過去のシリーズ映画すべてを放送するとか、TVシリーズ全作をオンライン見放題にするとか、「スター・トレック」そのもののファンを増やすべきではないか。ベネディクト・カンバーバッチの露出で話題を作るなど、韓流メソッドで知名度を上げる方針は下策としかいえない。田舎の人やオタクでない人に話題作りで映画を観せるメソッドは、『貞子3D』みたいなIQの低いイベントムービーなら有効かもしれないが、歴史あるシリーズを安売りするのは、宣伝という仕事を増やすだけの自己満足だ。

最近では洋画にヒット作がなく、不作といわれているが、洋画という存在を身近な夢として触れさせる機会が少なくなっているいま、宇宙を舞台にしたSFを隠蔽して、『シャーロック』で人気のカンバーバッチが出演する映画という切り口のみで逃げていては、洋画の未来はますます先細りになる。

なにより、インターネットで世界中の情報が日本に集まるいま、話題の大作映画を四ヶ月遅れさせるやり方は、オールドファッションであると言わざるをえない。ぼくの「スター・トレック」を返せ！

ロボット三原則を生み出しつつも、そのスタンダードへの疑義と解決を執拗に繰り返したアイザック・アシモフ。完璧に見えるロジックとその破綻をどのように解決させるか。それを見せるのが、アメリカのエンターテインメントの醍醐味のひとつだ。

『スター・トレック　イントゥ・ダークネス』はそんな醍醐味を見せるため、現代的な見せ場を大量に注入した作品だ。その結果、カーク船長の決断が、自身の成長につながるというプロットは本当にすばらしい。

なによりうれしいのは、若きスポックにバルカン人とは思えないアクションシーンをさせたこと。あんたたちはジェダイかと言いたくなるその展開は、まるで『スター・ウォーズ　エピソード2　クローンの攻撃』でのコルサントのアクションのようだった。

シリーズを知らなくても楽しめる映画だったが、そのアクションシーンは、スポックの技、バルカン・ピンチを知っておくと楽しいだろうね。

『マン・オブ・スティール』

（二〇一三年　アメリカ　監督：ザック・スナイダー）

スーパーマンは移民の子であり、キリストの再来である。神を思わせる力と人としての苦悩。その軸さえ狂わなければ、どんな再創造を経ても楽しめる。敵であるゾッド将軍の提案と行動はキリストを誘惑する悪魔のようであり、漁師として荒海にでるクラーク・ケントなど、牽強付会だが聖人ペテロのエピソードを想起するものがあった。

神話を神話として自覚している作品だからこそのおもしろさが横溢していた。ハンス・ジマーのサントラはひさびさにハンス・ジマーらしい闊達さとメリハリがある。この過剰なノリは望むところだ。

クリストファー・ノーランが参加したシナリオは、『ダークナイト』三部作ほどには自縄自縛にはなっておらず、メインライターのデヴィッド・S・ゴイヤーの美点がでている。

クライマックスのアクションシーンは、ほとんど漫画『ドラゴンボール』の世界だ。等身大の超人が戦う以上、これがひとつの正解となってしまうのは仕方ないが、全体に明るさとユーモアが薄い作品の中で、過剰さが笑いを誘う。

展開については、いささかご都合主義も目立つのだが、監督ザック・スナイダーらしい絵作りが多少の難を隠してくれる。大きなスクリーンで観ると、ほんとに気持ちがいい映画だった。

ＩＭＡＸ好きのクリストファー・ノーランがプロデュースしていることもあって、ＩＭＡＸのような大スクリーンに最適化されている。

ロイス・レーンがディズニー・プリンセスな印象もあるエイミー・アダムスでどうなることかと思ったが、まあ、及第点。問題は彼女とクラーク・ケントのロマンス部分がきちんと見られないことかな。

『ドラゴンボール』なクライマックスは、マンハッタンの摩天楼に人がいないのではないかと思わせる破天荒ぶり。鳥山明は荒野でのバトルシーンを好んでいたが、ビルの中でそれをやっちゃっているわけだから、強引すぎるアクションだね。でも、そこがいいのだけど。

『夏の終り』

（二〇一三年　日本　監督：熊切和嘉）

以前の『海炭市叙景』が苦手だった熊切和嘉監督だが、こちらはおもしろく見た。そして、いとおしかった。満島ひかりの存在感と説得力は素晴らしい。彼女のための企画だろう。

『サイド・エフェクト』

（二〇一三年　アメリカ　監督：スティーブン・ソダーバーグ）

スティーブン・ソダーバーグが次の作品『恋するリベラーチェ』を最後に監督休業宣言をしてしまったのは、ほんとうに残念なことだ。これはすさまじく巧緻で、すばらしくのめりこめるサスペンス映画の傑作だ。

二一世紀にヒッチコックがいたら、嫉妬しそうな内容としかいえない。静かな緊張感があふれる冒頭から、ドラマは二転三転していく。登場人物のついた嘘、立場、状況が変化していくさまが、あまりにもダイナミックで、伏線のひとつひとつが、意表をつくように回収されていく。新薬の副作用（サイド・エフェクト）による夢遊病がカギとなり、ドラマを進めていくのだが、ＲＥＤによるデジタル撮影をされた色調と精細度が生々しい映画のトーンとなり、ドキュメンタリーめいた迫真性を見せていく。

事件の焦点であるルーニー・マーラはもとより、ジュード・ロウが誠実であろうとしている医師を演じているが、そんな彼にも秘密と過去があり、それ故のサスペンスが巧みだから、たまらない。

後半のカタルシスはやや凡庸にも思えるが、それまでの内容が抜群だから、これは許容範囲かな。

『共喰い』

（二〇一三年　日本　監督：青山真治）

諦念と怒りと性とが、渾然一体と化し、静かなる興奮を堪能させてくれる傑作だ。なにより二〇一三年の日本映画を代表する一本といってもいい。

地方の町なら、どこにでもありがちな平凡な情景を啓示と、メタファーに満ちた空間に変容させることこそ、映画のマジックだ。内なる暴力の呪縛を解くのは、なんだったのか。そのバランスが絶妙で、一瞬たりとも目をそらせない。

青山真治監督は北九州市の出身で自分とは同郷だ。北九州という土地にこだわった作品が多く、いつも目が離せない。工業地帯である北九州市は往時、文化不毛の地といわれ、製鉄所が失速するにつれ、街は生きながら廃墟と化していく感さえある。映画の舞台は主に下関だが、ロケ地は北九州市が多い。昭和が取り残されているような閉塞感が抜群に生きている。

やはり北九州市出身の光石研がすごい。むき出しの本能を肉体に反映させ、すさまじい血の恐怖とあれをまざまざと見せてくれる。テレビで見せる彼の姿とまるっきり違うよ。義手を装着した田中裕子がすごい。クライマックスはそうきたかという驚きとカタルシスがあった。惜しみないベッドシーンを演じる木下美咲がすごい。アミューズの女優さんはきちんと脱ぐなぁ。

閉塞感の中では人間関係も凝縮される。最も近い人間である父親と自分との相似に苦悶する一七歳の少年。何歳でそうなるかは異なるだろうが、男なら、その感覚を実感できる人が多いだろう。しかも父親の性癖が、性行為をしている際の暴力という悪癖だったら……。

巧妙なのは、昭和から平成という時代の移り目をクローズアップしていること。その中で生まれる常識の変化が、少年の性にも陰を落とす。そして、排水の泥にあふれた川が象徴するものが、ミザンセーヌとして、彼の心情を思わせ、胸に迫ってくる。

今年はアメリカ南部のすえた夏を描いた『ペーパーボーイ　真夏の引力』という傑作があったが、それと比肩しうる作品だ。

『ウルヴァリン：SAMURAI』

（二〇一三年　アメリカ　監督：ジェームズ・マンゴールド）

日本の地理のおかしさについては、言うだけ野暮だね。魅力的なキャラクターの設定が設定だけにとどまり、不死というテーマがあまりに表層的で、心にとどかなかった。だからこそ、カタルシスがないまま、終わったことが残念。切り口によっては家族の荘厳なサーガともなりえたのに不発に終わった。嫌いな映画じゃないけど、残念だな。

『許されざる者』

（二〇一三年　日本　監督：李相日）

撮影は美しく、役者の印象は強かったが、ジーン・

ハックマンに相当する佐藤浩市のキャラクターの印象が弱かったため、オリジナルほどの感銘を受けなかった。佐藤浩市のみならず、主要キャラクターが総じて弱い。アイヌのエピソードも添えもののようなサイドストーリーに過ぎない感じになってしまった。

『あの頃、君を追いかけた』

（二〇一一年　台湾　監督：ギデンズ・コー）

すばらしい恋愛映画だ。台湾映画はこういうのがほんとうにうまいね。ぼくにこの作品を薦めてくれた人、どうもありがとう。

よくある青春映画と言ってしまえばそれまでだけど、個人の体験を小説にしてさらに映画化した監督のセンスと情熱がきちんとスクリーンに反映されている。アダルトビデオや『ドラゴンボール』など、日本の文化が随所にあり、それが作品の重要なポイントになっているることなんか、うれしくなっちゃう。そこに台北の地震など、時代の事件も織りこまれ、たった一度しかない人生の体験が甘酸っぱく挿入されているわけだから、感情移入をするなというほうが難しい。

いちばん大好きな人とはどうしてうまく結ばれないんだろう。いまなら、なにがいちばん大切なのか、俯瞰して見られるのに、あのときはどうしてそれがうまくいかなかったんだろう。愛する人のために自分を変えていくことの喜びと、それがなくなったときの喪失感。そういう思いで満たされてしまう。

ぼくらは何度も反芻をして、反省して、それでも懲りずに生きていくのだけれど、そんな思いを映画で噛みしめるのも悪くはないね。

どうして、その一歩をうまく踏み出せなかったんだ。そんな思いはみんなの中にもあるよね。いちばん大切な人だから、いちばん大事にしたい関係だから、そんな思いのために、いちばん必要なときに、いちばん必要なひとことが言えない。そういう後悔をたくさん味

わった人だけが、この映画を楽しめるんだろうね、

『エリジウム』

(二〇一三年　アメリカ　監督：ニール・ブロムカンプ)

『メトロポリス』から『シティ・オブ・ゴッド』を経て、階級闘争映画はここまでピュアなエンターテインメントになったのだね。一瞬も目を離せない濃密なディテールが、骨太な音楽とともに迫ってくる。

SFとして見てもあらゆる部分がご都合主義だが、それを感じさせせないディテールとエネルギーがある。なによりSFとしての〝絵〟がある。スラムのような市街の上に浮かぶ理想都市、エリジウム。そのビジュアルだけで、すべてが満たされる。

『第9地区』の監督だけあって、わかっている設定と演出の上に、人を喰ったような飛躍が楽しい。

語るべきテーマも問うべき主張もないけれど、だからこそ、純粋に楽しめる映画の喜びはあった。

スラム描写の豊穣にくらべたら、エリジウムの描写は浅薄だ。汚されていないシド・ミード的世界が映画に登場するのはめったにないので、そこはうれしいのだが、これは映画として意図された欠落なのだろうな。

古今東西、天国と地獄の描写では、天国は平板になりがちだし、地獄にはアイディアが溢れている。

主人公にせまる、地獄のエージェントという魅力的な悪役づくりなど、ニール・ブロムカンプが好きなのは、きっと地獄のほうなのだろうね。

『ビザンチウム』

(二〇一二年　イギリス／アイルランド　監督：ニール・ジョーダン)

永遠を生き、永遠に追われる。死と生の黄昏。人と人でないものの簿明。すばらしい詩情。真実の希望。これは傑作バンパイアムービーだ。

『凶悪』

（二〇一三年　日本　監督：白石和彌）

想像以上にお行儀のいい話だったな。自意識過剰というべきか。役者はみんなよかったけど、そこに落し込むのはちょっとつらい。評判のいいラストだけれど、むしろ、常識的な解釈の枠をねじ込んだように思われた。

『クロニクル』

（二〇一二年　アメリカ　監督：ジョシュ・トランク）

『マン・オブ・スティール』も『スター・トレック イントゥ・ダークネス』も『パシフィック・リム』もなにもかもを吹っ飛ばした。今年のSF映画の本命はこれだったか。

観て吹っ飛んだ。視覚的快楽に満ち、サプライズに溢れ、映画や小説、漫画、アニメなどで、繰り返し語られたストーリーの再生が見事になされている。

これはつまり、『キャリー』であり、『AKIRA』であり、『幻魔大戦』であり、そういった思春期と超能力テーマの現代版ではある。映像的には、空を飛ぶリアリティと爽快感、シアトルという都市破壊のカタルシスが圧倒的な上に、思春期ならではの孤独と周囲との軋轢が、絶妙に配置されている。

『ブレア・ウィッチ・プロジェクト』、『クローバーフィールド —HAKAISHA—』、『リダクテッド 真実の価値』など、POVとか、モキュメンタリーといわれる手法で撮られた映画は多いが、この手法が思春期の葛藤を描くのに、これほどマッチしているとは思わなかった。さらに超能力映画ならではの発明で、従来のPOVの限界を超越しているのが、うれしい。なによりも愛おしいのが、これが友情のドラマとなっていることだ。繰り返し語られる友と友の距離感。だからこそ、カタルシスとともに得られる悲劇の構図が際立ち、主人公の孤独と限界、そして絶望が胸を打つ。

『ロード・オブ・セイラム』

（二〇一二年　アメリカ　監督：ロブ・ゾンビ）

魔女と人間が共存する多様性のある時代への郷愁を誠実に描いたホラー。ロブ・ゾンビのスタイルにはリッチな恐怖がある。魔女とはつきあいたいとは思わないけど、登場する三婆がかわいかった。

『地獄でなぜ悪い』

（二〇一三年　日本　監督：園子温）

あの『愛のむきだし』の熱狂が帰ってきた。園子温が生み出した映画空間に酔いしれた。もちろん、『冷たい熱帯魚』、『恋の罪』、『ヒミズ』、『希望の国』といった諸作も満喫したが、自分の求めていた園子温はこれだと思った。まさに会心作だ。他人がなんといおうが、自分の信じているものを全身全霊で、映像に焼きつけた渾身のコメディだ。

撮影所映画の文脈で捉えきれないアウトサイダー・アートであり、自分の浴びてきた映画に対する鮮烈なオマージュであり、あらゆる人の胸の中に眠る娯楽への渇望を満たす大らかで力強いエンターテインメント。登場人物のすべてが、おとなげない。行動原理が、ただならない。

どっぷりと感情移入させるが、だれひとり、この映画の中で生きるのは無理だと感じる。ただ、この映画の中に入って、死にたいと思わざるをえない。映画の魅力が自分の知らない時空を生きることにあるのなら、ここにそれがある。やりたいけれど、やれない。そんな禁じられた世界の空気を吸える自由がある。

映画に対するがむしゃらな愛を描いた作品として、深作欣二の『蒲田行進曲』があった。階段落ちという、つかこうへい脚本ならではの、偏ったこだわりを軸にやみくもな誠実さと愛情が炸裂した名作だ。『地獄でなぜ悪い』にもそんな偏りやこだわりはあるけれど、もっと偏ってこだわっている。

ここには階段落ちという物語の核はない。もっと実態のない〝映画〟の妄執があるだけだ。得体のしれない映画の神がいるだけだ。めざすものはあるけれど、ここにあるのはそれしかない。映画という熱に浮かされている。映画と撮影という状況があるだけで、実態さえない。最高にひどくて、最高にしびれる現場があるだけなのだ。そして熱に浮かされたまま見ていると、すさまじいカタルシスがやってくる。

海辺でていねいに作った砂の城。満ちてきた潮で崩壊するときを待っていたら、いきなり津波が襲ってきて、海岸ごと破壊されるような、想像を越えたカタルシスがやってくる。なにもかもを押し流す、悪趣味で爽快な喜びが押し寄せてくる。

いまこれを観ないと、この悪趣味で悦楽に満ちた映画的時間に身を浸さないと、生きている意味がない。

この饒舌さと確信はなにに似ているのだろうと思っていたが、大林宣彦に近い気もしてきた。『この空の花　長岡花火物語』などの、ひとりよがりといってもいいほどの確信に満ちた映画空間。一般に目にする映画とは明確に異なるが、一度身を委ねると、えもいわれぬリズムと説得力に押し流されてしまう楽しさ。あれだ。映画を越えて、映画そのものになる強さがある。

二階堂ふみは、一作ごとに進化している。いまいちばん、女優を感じる。なんとおぞましく、なんと美しく、なんとチャーミングなヒロインであることか。園子温映画は女優と演出がマッチしたとき、最高のブレイクポイントを迎えるんだね。星野源も長谷川博己も堤真一も國村隼も、みんなすばらしい。役者として溌剌としている。撮影も大変だっただろうけど、みんなしっかりとした居場所がある。

『そして父になる』

（二〇一三年　日本　監督：是枝裕和）

知性ある登場人物。納得のいく展開。なにより生きる愛おしさ。日本の映画ではめっきり見かけなくなった情景がここにある。描かれているのは数ヶ月だけど、ぼくらに委ねられた時間は永遠だということを、家族の形を模索する中で、見せてくれる。『凶悪』と合わせてみると、楽しいかも。

『パッション』

（二〇一二年　ドイツ／フランス　監督：ブライアン・デ・パルマ）

ブライアン・デ・パルマのサスペンス映画といえば、ヒッチコック・オマージュと言われることが多かったけど、これはデ・パルマ自身によるデ・パルマ・オマージュだね。スプリット・スクリーン、長回し、スローモーション、回転する移動カメラ、鏡を使ったサスペンス、エトセトラ・エトセトラ……。デ・パルマ全部入りだ。

そういった撮影技法だけでなく、『キャリー』のこれとか、『殺しのドレス』のそれとか、『ファントム・オブ・パラダイス』のあれとか、デ・パルマ映画を見てきた人なら、うれしくなっちゃうシチュエーションや展開、サプライズがてんこ盛りにされていて、歓喜の涙を流してしまう。

部下と上司、女ふたりの愛憎劇としても抜群で、仕事の現場でからみあう女の確執も興味深く映画を牽引してくれる。

デ・パルマは技巧の監督と言われ、実際にその評価は正しいのだが、その一方でせつない愛をデリケートに描く監督でもある。『キャリー』だって、『ファンオム・オブ・パラダイス』だって、『ミッドナイト・クロス』だって、『殺しのドレス』だって、そこで描かれる悲恋や初恋に、思春期にデ・パルマと会ったぼくたちは、胸をときめかせてきた。

若いときにデ・パルマのサスペンスで出会ったジェシカ・ハーパーやナンシー・アレンは、スクリーンでの恋愛対象だった。あの頃、映画雑誌でしたり顔して、「デ・パルマはヒッチコックの亜流」みたいなことを言っていたやつらは、全員射殺したいくらいだった。
さすがに初々しい恋愛はここでは描かれてはいないが、役者たちの表情やしぐさから、思いは濃厚に伝わってくる。エモーションの伝え方がほんとにうまいね。
超絶技巧を優しく包みこむ淫靡で華麗なエモーションこそが、デ・パルマの心情であり、その美点は余すところなく映像体験となっている。二転三転するプロットはすばらしいが、それをあなたに伝えたら、この映画で堪能できるめまいの甘やかさをそこねてしまう。ぜひ、映画館の暗やみで堪能してほしい。
エンディングが迫ってくると、やっぱり『キャリー』以来のあれを期待しちゃうわけですよ。それにきっちり応えてくれて、それ以上のものを見せてくれるデ・パルマには、もっともっと映画を撮ってほしいと願うばかりです。

『レッド・ドーン』

（二〇一二年　アメリカ　監督：ダン・ブラッドリー）

こういう映画なら、いっそのこと、もっとガチガチ愛国高揚感を髪振り乱して描いてほしかった。胸クソが悪くなるために行ったのに、映画としてふにゃふにゃで、お話にならない。地元の利を活かすと言ってるわりに、行き当たりばったりのゲリラ戦でどうする。

『ムード・インディゴ うたかたの日々』

（二〇一三年　フランス　監督：ミシェル・ゴンドリー）

ディテールがすばらしい映画だからこそ、限定公開されるディレクターズ・カットの存在が気になってしまう。オドレイ・トトゥがもうちょっと若ければ、もっとイノセントな存在として感情移入できたかも。

『トランス』

（二〇一三年　イギリス　監督：ダニー・ボイル）

観終わったあと、サントラをすぐに購入したくなる。

そのまま映画を包んでいた音に身を浸したくなる。至福の陶酔感の中で映画を反芻し、時を過ごしたくなる。

こんなに酔えるクライム・サスペンスがあっただろうか。この映画を観るときは予備知識を最小限にしてほしい。音のいいシネコンに行ってほしい。五感を澄まして、映画に没頭してほしい。なにより中途半端な予備知識では、この映画の満ち足りた内容を類推することはできない。もとより、テキストの情報だけでは伝えることが困難な、映画体験そのものがあるからだ。

なにしろ『トレインスポッティング』、『28日後…』、『スラムドッグ$ミリオネア』、『127時間』のダニー・ボイルだから、映像とサウンドのセンスは折り紙つきだ。さらにどこへたどり着くか、予断を許さない展開が、心地よく脳波の弦をかき鳴らし、やがて浮かび上がる事件の真相が、心の深いところにある熱情を噴き出させる。絵画窃盗団と消えた絵画、そして、記憶の回復の謎が映画を進めるエンジンとなっているが、それはあくまでもヒッチコックのいう〝マクガフィン〟に過ぎない。会話の中のキーワード、役者たちの表情をしっかりチェックするべきだろう すべてを見たあと、すぐにボックスオフィスにいき、すぐに次回上映分のチケットを買いたくなってしまった。

ロザリオ・ドーソンのヌードシーンにあんな意味を持たせるなんて……。残念なのはそのポイントに無粋なボカシが入っていたことではあるが。

ストーリーの中で描かれたシチュエーションも描いていないシチュエーションも、すべてが有機的に組み合わされ、主要登場人物の抱えてきた業が全開になるクライマックスにはスクリーンの前で悶絶させられた。

かつて『127時間』では事実上、たったひとりのキャラクターだけで、映画全編を生々しく描き切ったダニー・ボイルだけに、メインキャラクターが三人に増えても、その描写に迷いはない。

なにより、これが狂おしい愛のドラマだと知ったとき、脳内早戻しボタンを押してしまった。そして、すべてがあまりにせつない追憶の悲劇だと知るのだ。

『死霊館』

（二〇一三年　アメリカ　監督：ジェームズ・ワン）

まるで『エクソシスト』のような実録除霊ホラーの秀作であり、『ヘルハウス』、『ポルターガイスト』のような屋敷ホラーの名作である。なによりすばらしいのは、とりつかれた家族とそれを除霊する家族のディテールを、きっちりリアルに描いていることだ。それがあるから、映画のすべてが迫真的になった。

ふんだんに恐怖演出を散りばめているから、悲鳴だってたっぷり上げられる。実話をもとにしていて、七〇年代から八〇年代にかけていくつも見られた、この手のホラーでおなじみの道具立てがたくさん出てくるが、Jホラー的な演出もぬかりなく加味されて、現代ホラー映画としてもよくできている。

除霊師夫婦の家にある〝資料室〟って、ちょっと『レイダース』のラストシーンみたいで、怖いけどわくわくするよね。

『グランド・イリュージョン』

（二〇一三年　アメリカ　監督：ルイ・レテリエ）

いま観ても楽しいけど、中学や高校のときに観たら、熱狂しそうなウェルメイドな作品。『ルパン三世』好きな日本人にぴったりのプロットとキャスティング。もうちょっとキャラクターにコクをもたせたほうが自分の好みだし、一部の展開にその萌芽は見えるが、どこかの段階でカットされてしまったんだろうな。そこがいまどきのハリウッドチューニングで残念だった。

『ハンナ・アーレント』

（二〇一二年　ドイツ／ルクセンブルク／フランス　監督：マルガレーテ・フォン・トロッタ）

ヘイトクライム、ネットの炎上騒ぎ、さまざまな事象を単純化し、融通のきかない正義をふりかざし、不寛容が思考停止を伴って跳梁跋扈している。多様性を失い、熟慮よりも一時の爽快感で他者を裁く、そんな"いま"の日本だからこそ、観るべき作品だ。

ドイツで生まれ、ナチスによるユダヤ人迫害から逃れ、アメリカに亡命した女性哲学者ハンナ・アーレント。彼女自身が体験した悪夢の実像をつきとめるチャンスが訪れた。一九六〇年、アルゼンチンに逃亡していたアドルフ・アイヒマンがモサドによって捕縛され、イスラエルで裁判を受けるというのだ。アイヒマンといえば、ナチス親衛隊に属した、アウシュビッツのガス室に代表されるホロコーストの最終責任者である。ハンナ・アーレントはユダヤ人の女性哲学者として、アイヒマン裁判の傍聴記をニューヨーク・タイムスに連載することになる。

イスラエルで目の当たりにしたアイヒマンはユダヤ人絶滅をたくらんだ極悪非道の悪魔ではなく、仕事はできるが、それしか能がない小役人のような男だった。当時の記録映像が効果的に挿入されていく。

絶対悪ともいうべき民族根絶への舵を切った男が命令を効率的に遂行しただけの小役人だった、という彼女の傍聴記は反響を読んだ結果、すさまじいバッシングを受けてしまう。なぜ、多くの同胞を殺めた男を擁護するのか。戦争の記憶が生々しい時代、同じユダヤ人からも脅迫めいた抗議を受け、教鞭をとる大学でも彼女の思想は問題視される。その強烈なバッシングの中でも、彼女の思いはゆらぐことがなかった。

単純化され、図式化した悪など、現実にあろうはずもない。ぼくはどんな露悪的な表現をしている作品よりも、『水戸黄門』や『遠山の金さん』のような時代劇のほうが罪深いと思う。悪代官や悪徳商人が、警察・検察・裁判官を兼務した超越的な個人によって裁かれる。胸のすくような爽快感があるかもしれないが、そのような単純化された勧善懲悪ドラマをインストールされた日本人の多さにはぞっとする。

閉塞感のある時代だ。正義を唱えて快刀乱麻に断ち切りたい欲求はわかる。しかし、考えることを放棄してはならない。いつも考えなければ、われわれはまた、思考を放棄した同調圧力の波に乗り、自身がナチスとなってしまうのだ。

アイヒマン裁判と彼女へのバッシングにフォーカスされた映画だが、師であるハイデガーとの交流がていねいに描かれる。かつて不倫関係にあって断絶したのちに、ナチスを支持したハイデガーの復権に奔走した彼女の姿は、彼女の人となりを知る上で、重要な要素になっている。

『スティーブ・ジョブズ』

（二〇一三年　アメリカ　監督：ジョシュア・マイケル・スターン）

すべてが想定の範囲内の映画。存命の人や企業も多いし、落としどころとしては最適解だろう。彼の作ったものと歴史には敬意を払うが、個人的に働きたくない会社ではある。キリストの映画であるなら、ユダがもっとも描き甲斐のある人物だが、この映画にはユダを描く意志がない。『ソーシャル・ネットワーク』のような多面的な描写や、『42～世界を変えた男～』のように多彩な出演陣がいないことで、「知ってるつもり」みたいな再現ドラマになってしまった。

『42　世界を変えた男』

（二〇一三年　アメリカ　監督：ブライアン・ヘルゲラン）

学校で勉強していた頃は、リンカーン大統領のもと、一九世紀に南北戦争が終わり、黒人差別も終わったとシンプルに考えていた。しかし、たくさんの映画を観て、アメリカを学ぶうちに、第二次世界大戦後も人の意識や法律も差別がはびこっていたことがわかり、複雑な気分になったものだ。

そんな差別の残る国でスポーツを通して、存在そのものという形で差別に戦い、差別に抗議し、差別のない新しい時代へと歴史を変えた瞬間を描く。

自分はなにかのスポーツの熱狂的なファンだったことはないし、日本でもアメリカでもひいきのチームがないというスポーツ音痴だが、アメリカの映画で描かれるスポーツは大好きだ。野球では『ナチュラル』、アメフトでは『タイタンズを忘れない』など、ライフタイムベストにも選びたいスポーツ映画は数多い。映画の素材としてスポーツの豊かさがあるかぎり、ぼくみたいなにわかファンもその存在に感謝する。

なによりもスポーツの歴史が、人の意識が変わる歴史となる。スクリーンでその瞬間に立ち会う喜びが胸を打つのだ。

メジャーリーグで最初の黒人選手、ジャッキー・ロビンソンがチームの要となってワールドシリーズへと導いていく姿を描いた映画だが、ジャッキー・ロビンソンを演じるチャドウィック・ボーズマンがすばらしいのはもとより、所属チーム、ブルックリン・ドジャースの球団社長、ブライアン・リッキーを演じるハリソン・フォードの存在が絶品だ。さらに黒人記者として、ジャッキー・ロビンソンをケアするウェンデル・スミス（アンドレ・ホランド）と有機的につながっていき、時代と意志をくっきり描いていく。

時代の空気をきちんと描いた映像も特筆すべき美点だ。野球が偉大なものになっていくのは、時代に合わせて、意志を持った人が改革していく歴史があったからだ。流されない決意。理想を崇高なものにする夢。変革をおそれない覚悟。そのすべてが詰まった映画だからこそ、ぼくはこれを人にすすめる。

ヒール役として、ジャッキーを罵倒する相手チームのマネージャーや、南部の人々など、差別をする側もきちんと描いているが、必要以上に憎々しげに描いていない映画の矜持がうれしくなった。

ジャッキーにしても、超越した聖人ではなく、痛みを感じる人間としてくっきり描いている。

『恋するリベラーチェ』

（二〇一三年　アメリカ　監督：スティーブン・ソダーバーグ）

ぼくらの世代は、〝世界が恋した〟リベラーチェというピアニストはなじみが薄いのだけれど、この映画を観たことで、生々しくその存在を知ることができた。

ショウビズの世界における同性愛のありようを知るとともに、才能のある個人が自分を確認するため、ものすごく誰かを愛し、ものすごく誰かを疎んじるプロセスは、ショウビズに限られたものではない。ぼくもそういう現場を体験したことがあるし、他人ごとではない臨場感さえあった。

映画はリベラーチェ、最晩年の一〇年間を描いたものだが、リベラーチェを演じるマイケル・ダグラスも、その恋人、スコット・ソーソンを演じるマット・デイモンも、マッチョでグリーディなパブリック・イメージとはかけ離れた、ゲイの男性としての熱演に、舌を巻くばかりだ。ふたりの演技を見るだけでも元はとれるし、怪しい整形外科医を演じるロブ・ロウは、芝居を見ているだけでも喝采を送りたくなってしまう。

誰かが誰かを演じる豊かさを十分に感じられる。それこそが映画を観る醍醐味じゃないか。

アメリカでは、濃厚にゲイを扱った内容のために映画製作に資金が集まらず、HBOテレビの出資によってカンヌに出品できた一方で、アメリカ本国では劇場公開がなされなかったという作品だが、これを映画館で観られる日本にいるぼくたちは、なんて幸せなんだろう。ショウビズという虚栄の背後にある、マイノリティの苦悩、美を維持するグロテスクさとその快感をえぐいほどに描き、そこから立ち昇る愛しさもきちんと描いている。ソダーバーグの劇映画引退作だが、ほんとにそれがもったいないことを思い知らされる。

ショウビズで絶頂を極めた天才の最低と最高を逃げずに描き、多面性があるからこそ豊かな頂点に達することを思い知らされる。まさに味わうべき映画体験だ。
リベラーチェが、同時代のロック・ハドソンと同様に、エイズで死んだことさえ知らなかったから、映画の最後はせつなくてたまらなかった。全身整形でエンターテインメントの空間を日々提供していたことさえ知らないまま映画を観てしまったので、改めてリベラーチェのことを知り、もう一度観たい映画ではある。

『キャリー』

（二〇一三年　アメリカ　監督：キンバリー・ピアース）

クロエ・グレース・モレッツに謝れ。デ・パルマに謝れ。キングに謝れ。観客に謝れ。ひどい。すべての登場人物の行動原理が意味不明だ。原作やデ・パルマ監督の旧作でデリケートに扱われていた思春期の少女の性の問題が、これ以上もなく無神経に無視されて、下手なカメラワークがそれに拍車をかける。プロムのシーンは投げやりに笑うしかなかった。

『ルームメイト』

（二〇一三年　日本　監督：古澤健）

うわあ、映画として下手だなぁ、とっちらかってるなぁ……と、思っていたあれこれが意図的な伏線に見えてしまう不思議なサスペンス。とっちらかってる分、カタルシスが得られにくいというのはあるけれど、しみじみ思い出す楽しさはある。

『悪の法則』

（二〇一三年　アメリカ　監督：リドリー・スコット）

よくセリフで説明する映画はだめというけれど、セリフとして伏線を仕掛けておきつつ、それが映像で回収される快感に満ちていて、ゾクゾクしたよ。もうちょっと諧謔的なユーモアがあると、よかったんだけど、リドリー・スコットだからなぁ。もう一回、ていねいに観たい映画。

『ウォールフラワー』

（二〇一二年　アメリカ　監督：スティーブン・チョボウスキー）

自分が自分でいられる場所を心から求め、それを見つけだし、そこにいて、ほかの誰かのための居心地のいい場所にする。そんな奇跡のようなことが現実にできるのは、人間のいちばんすばらしい能力だよね。傑作でした。とにかく愛おしい。

最近は〝スクールカースト〟という便利なことばが輸入されて、この作品もそれを描いたものとして紹介されることが多いのだが、ジョックやギークといったステレオタイプな〝スクールカースト〟の分類を描いた作品ではないし、そんな偏狭な校内ドラマであれば、原作が全米で二千万部を売り、『ライ麦畑でつかまえて』の再来として賞賛されることはなかっただろう。

これは一〇代のあの頃、自分で自分のことさえわからず、心を据える場所も見つけられず、過去の傷に苛まれ、将来への漠然とした夢に揺れたことのある人のための映画だ。自分を見つめた少年時代があり、何歳になってもそんな少年を胸のうちに秘めている、そんなすべての人のための映画なのだ。「自分の青春時代は完全無欠、傷なんてない」と、断言できる人だったら観なくてもいいけど、それ以外の大抵の人なら、観ておくべきだろう。

ぼくも傷だらけで誇れることなどなくて、思い出すたびに恥ずかしくて穴に入りたくなる一〇代だった。いまも傷だらけで誇れることなどなくて、思い出すたびに恥ずかしくて穴に入りたくなる五〇代だ。経験が生む対症療法のおかげか、多少は小賢しく立ちまわってるあたりが、ちがうところか。

原作者が、自身の企画として脚本を書き、監督もつとめている。だからこそ、ドラマのポイントをきちんと外さず映像化できたのだろう。

サントラの数々もすばらしいが、白眉は『ロッキー・ホラー・ショー』の実演に代表される八〇年代から九〇年代のカルチャーだ。友人のアメリカ人は「原作は好きだし、映画もいいけど、映画の中の時代の空気はちょっと違うよ」とか言っていたけど、かまうものか。そんなアメリカ人の彼がいま見つけた居場所が日本、それも大阪だったというのが興味深い。

ご存知ない方はいないと思うが、『ロッキー・ホラー・ショー』はリチャード・オブライエンのホラーミュージカルを映画化したもので、映画に合わせて、リピーターのファンたちが、スクリーン前で役者とシンクロしながら、演技をしたり、かけ声をかけるというまるでクラブやパーティのりで楽しむ作品だ。

今年の金沢映画祭で『ロッキー・ホラー・ショー』の実演を久しぶりに観た。日本でも数度、ニューヨークでも一度観たけれど、『ウォールフラワー』のおかげで、〝彼ら〟にとっての『ロッキー・ホラー・ショー』がどんな意味をもつのかが、身にしみてわかったよ。

エマ・ワトソンの代表作は、もはや「ハリー・ポッター」シリーズではなく、『ウォールフラワー』だと断言できる。エマ・ワトソンだけではない。「パーシー・ジャクソン」シリーズのローガン・ラーマンにとっての最高があり、『少年は残酷な弓を射る』のエズラ・ミラーにとっての新境地がある。

『かぐや姫の物語』

(二〇一三年　日本　監督：高畑勲)

自分に子供がいたら、感じる部分が違うのかとか、いろいろ考えつつ……。自然・田舎VS人工・都会という、高畑勲監督ではおなじみの対立が、平安時代に移植されているのには、困惑した。どうも、現代的な視線と悪意に過去の時代やファンタジーというスキンを着せる作品は苦手みたいだ。

『キャプテン・フィリップス』

（二〇一三年　アメリカ　監督：ポール・グリーングラス）

「ボーン」シリーズ、『グリーン・ゾーン』、『ユナイテッド93』でドキュメンタリータッチの巧みさを見せつけたポール・グリーングラス監督の新作とあれば、駆けつけるのは当然だし、『アポロ13』や『キャスト・アウェイ』など、絶対の逆境で耐える男を演じたらピカイチのトム・ハンクスが主演するとあれば、期待は高まるってものじゃないか。

〝「生きて還る――」勇気だけが彼の希望となった〟という、ヒューマニティあふれる感動作品みたいなコピーで作られた予告編やCMを観て、自分の映画ではないと判断している映画ファンがいると聞いて、もったいないことだと思った。これは実話に基づき、映画でしか味わえない興奮とともに息づまる緊迫感を観客に体験させるすさまじい映画なのだ。

究極の牢獄は、人と人との断絶したコミュニケーションにある。海上のサラリーマンともいうべき主人公、キャプテン・フィリップスはごく典型的なアメリカ人だ。アメリカ本土に普通の家庭があり、会社員の出張のようなルーティンワークとして紅海の貨物船に乗り込む。一方、貨物船を襲う海賊たちは中央政府さえなく、国家としての体裁さえあやしい土地に住むイスラム教徒たちだ。高速船で武装した貧しい漁民たちというソマリア海賊の報道を聞いても、日本に住む自分にはまるで想像がつかなかった。

劇中、海賊たちの思うアメリカのイメージが語られるシーンがあるが、それはいびつすぎて、コミュニケーションの核となる部分さえない。貨物船での理性ある提案さえ通じない海賊との引くに引けない展開の中で、事態は果てしなく悪化していく。ことばがうまく通じなくても同じ人間だからわかるだろうといった発想は、薄っぺらな理想主義となる。

小さな船で海上を行くのなら、ソマリア海賊より『ライフ・オブ・パイ』のトラのほうが分かり合えるんじゃないのか。

手持ちカメラを多用するグリーングラス監督の演出が冴えわたり、息が苦しくなるほどの臨場感を堪能できる。ニュースではわからない、その瞬間のシリアスさや問題の根の深さが実感とともにわかってくる。

感動して泣きたいって人が観てもかまわないのだが、『ブラック・サンデー』や『ミュンヘン』といった映画らしいサスペンス・スリラーが大好きな人なら、迷わず大きなスクリーンで観るべき映画だろう。

ソマリアの武装海賊は、じつは私設海上警備隊として、英国の民間軍事会社の指導のもとに装備があたえられ、訓練がなされた武装集団という話もある。未開ではあっても侮れない姿は、ローマ時代に辺境に住みながらも帝国による文明化が進んだ、ガリア人やゲルマン人のことが思い出される。ちょっと古いか。

後半、キャプテンを人質にとりながら、圧倒的なアメリカ海軍の作戦に圧迫されながら、自暴自棄の縁に追いやられる海賊たちの姿は、太平洋戦争末期の大日本帝国のようだ。

映画は海賊による人質事件の再現という形で、文明の最前線で普遍的に起こる軋轢と闘争を描いている。

クライマックスでその威容を見せる空母や海原に降下するSEALSの姿は、圧倒的な力とともにカタルシスとなる一方、極東という文明の辺境に住む自分にとっては、複雑な存在だ。グリーングラスの描写は周到で、アメリカ=正義とは言いきれない要素を散りばめているだけに、自分の中の複雑さは発芽しきれない種子として、鑑賞後もずっと残っている。

最近の報道では、貨物船が海賊除けにブリトニー・スピアーズの曲を大音量で流して、功を奏しているそうだ。欧米の音楽を嫌うソマリア人たちは、それで退散するという。アニメの「マクロス」シリーズみたいな話だが、これも考えこんじゃうエピソードだね。

『REDリターンズ』

（二〇一三年　アメリカ　監督：ディーン・パリソット）

なんだ、楽しいじゃないか。前作よりも思い切りがよく、キャラクターが有機的に動いている。メアリー・ルイーズ・パーカーの存在がケミストリーを生み出して、居心地が良い上に、アンソニー・ホプキンスもおいしい。

『47RONIN』

（二〇一三年　アメリカ　監督：カール・リンシュ）

なるほどなあ。ジョン・ブアマンの『エクスカリバー』をちょっと思い出すところなんかもあって楽しめた。もうちょっと音楽がよくて、もうちょっと見せ場をエモーショナルに演出してくれたら、よかったのに。演じた役者自身が日本語吹き替えをやってると聞いて、3D吹き替え版で観たのだが、これは残念な出来。真田広之はよかったけど、菊地凛子が演じる菊地凛子はしんどかった。機内映画の吹き替えみたいな温度で、それもブレーキ材料。

『ゼロ・グラビティ』

（二〇一三年　アメリカ／イギリス　監督：アルフォンソ・キュアロン）

内容について、なにを語っても映画の緊張感をそぐことになりかねないから、とにかく「観るべき」としか言えない。とにかく臨場感に溢れ、むやみに息苦しくなる究極のサバイバル映画だ。

宇宙という絶対過酷な空間でのサバイバルを描いたSFは定番といってもいい。ジョン・W・キャンベルの『月は地獄だ！』やトム・ゴドウィンの『冷たい方程式』など、真空という熾烈な空間で、生き残りをかけた小説は古典となっている。

そんな苛酷さを最新の技術でビジュアライズした映像の美しさは特筆すべきで、その美しさを堪能するためにもIMAXなどの大型スクリーンの前寄りの席に陣取って、味わいつくしたい作品だ。残念なことに、日本ではあまりヒットしているとはいえないが、映画館でこれを観ないのは、人生の損失といってもいい。『2001年宇宙の旅』で描かれた恐怖の部分をより大胆に、よりダイナミックに描いた『ゼロ・グラビティ』は、新たな古典となる可能性に満ちている。

宇宙はあまりにも美しい。その美しさとは表裏一体で、知と決断を放棄した人間には冷徹な死が訪れる。

これを大スクリーンで観ずになにを観ろというのだ。漫画『プラネテス』でもおなじみの宇宙のゴミ、スペース・デブリが映画の中で絶妙に使われている。ドミノのようにデブリがデブリを生み、混沌と化していく現象をケスラー・シンドロームと呼ぶが、この映画の敵役はまさにこのケスラー・シンドロームである。

観ている間は必死だけれど、あとで冷静に分析してみると、ご都合主義に思われるところも見受けられる。たとえば、通信途絶の原因や、ジョージ・クルーニーの決断の必要性など、疑問点も多い。サンドラ・ブロックが息子をなくした原因など、作劇の上では考えられたものにしても、リアリティレベルを落としているのではないか。また、NASAのミッション・スペシャリストにしては、ドジっ子属性が強すぎるとは思う。

ただ、それは作品の質をおとしめるものではなく、この美しい宝石のような映像作品の効果を最大限に高めるために必要だったものだ。

IMAXではドキュメンタリー作品で実写の『HUBBLE 3D ハッブル宇宙望遠鏡』というすばらしい作品があり、これで地上のスクリーンに投影された宇宙を体験した人なら、くらべたくもなるが、本質的にふたつの作品では、目指す方向が違う。『ゼロ・グラビティ』は映画的記憶を心地よく刺激してくれつつ、最新アトラクションの醍醐味を堪能させてくれるフィクション超大作なのだ。

絶体絶命のサンドラ・ブロックのもとに現れたあの

ひとは、冒険家、登山家の危機に現れ、命を救う「サードマン現象」といわれるものだろう。シャクルトン、メスナー、リンドバーグが幻視した守護天使だ。

「GRAVITY」（重力）という原題が『ゼロ・グラビティ』という邦題に変わったことを嘆く人は多い。あの感動的なラストシーンを見たなら、そんな邦題をつけるセンスのなさには、頭を抱えてしまう。また、興行にはもうひとつクレームがある。IMAXでは字幕の文字が大きすぎて、肝心の映像が大きく隠されてしまうのだ。これ、なんとかならないのかな。IMAXでは吹き替え版が公開されていないし、字幕なしの英語版でもう一回観たいくらいの気持ちがある。

『鑑定士と顔のない依頼人』

（二〇一三年　イタリア　監督：ジュゼッペ・トルナトーレ）

『ニュー・シネマ・パラダイス』や『海の上のピアニスト』のジュゼッペ・トルナトーレ監督が、ミステリー・サスペンス映画を撮ると、こうなるのかという驚きがまずあり、至れり尽くせりの伏線と映画的快楽のハーモニーに陶酔した。

老境のオークション鑑定人が〝顔のない依頼人〟に惹かれていくプロセスは格別で、この作品をツンデレ・ミステリーとかヤンデレ・サスペンスと言いたくなる。鑑定人のキャラクター造形を丹念に作りこんでいるから、その心境にどっぷりと感情移入させてくれる。

説明は多い映画だが、そのほとんどが日本のドラマのような、台詞による状況説明ではなく、映像や展開による説明だから、それが豊かな伏線となり、かつて味わったことのない愛のドラマにもなっている。

それにしてもジェフリー・ラッシュの鑑定士がほんとうにいい。〝巻き込まれ型のサスペンス〟なんて言い回しがあるけれど、これは心を巻き込まれて、人生を変えていく男の甘美で狂おしいドラマだ。

美術品の真贋を見極める鑑定士がその立場を利用し

て、贋作のレッテルを貼った真作を自分のコレクションにする。しかも、美しい女性の肖像画ばかりを集めている。他者との濃い接触を拒み、コレクションの中で生きている鑑定士が、じつは童貞だったというのが、いちばんの驚きだった。

その意味では事件に巻きこまれ、老いて童貞を喪失したというのがこの映画のキモだろう。そのことにより偽物だった人生から、真の人生を歩み始めるというのがすごい。失ったものは大きく、得られたものはわずかだが、人生はそれでなければ、生きてる甲斐がない。

なにより、鑑定士が真の人になるプロセスを、不完全な自動人形（オートマータ）が完成に近づくという仕掛けで見せてくれるなんて、ありがたすぎて、ぞわぞわする。謎解きとしては説明過剰で、事件の全貌はわりと早い時期に気がつくのだが、ジュゼッペ・トルナトーレがこの映画で目指したものは謎解きの快感ではなく、不完全な人が、欠落した部品を見つけ、痛む心をとりもどすプロセスにあったのだ。たまらんなあ。

『ブリングリング』

（二〇一三年　アメリカ　監督：ソフィア・コッポラ）

過去のソフィア・コッポラの映画の中でいちばん好きかも。セレブとファッションという薄っぺらなレイヤーと深く口を開けた空虚のおぞましいコントラスト。身にまとう価値観が既成品……なのが、二一世紀のアンファンテリブルというのか。ドキュメンタリータッチでテーマをそのまま見せ、観客に判断を委ねるというスタイルに疑問もあるが、なにより着せ替え人形としての自分の着せ替えを求めることだけが行動の基準であるティーンが好む、セレブたちの空虚さを浮かび上がらせたのが、すばらしい。

『オンリー・ラヴァーズ・レフト・アライブ』

（二〇一三年　アメリカ　監督：ジム・ジャームッシュ）

ジム・ジャームッシュのヴァンパイア映画。そんなに熱心なジャームッシュ・ファンというわけではないが、この作品には酔いしれた。現代社会の周縁で永遠の命をもち、夜を生きるヴァンパイアを愛おしく描く。

登場してくるヴァンパイア三人がそれぞれ教養あるアーティストである点がなによりすばらしい。音楽や文学、量子論にいたるまで語り合い、作品を発表している。永遠の命をもつ存在が、永遠にも等しい時間を吸血とセックスのみに費やしているはずもなく、人類史に対して哲学的な考察もする。多くのヴァンパイア映画では描かれていなかった部分だ。

舞台はデトロイトとタンジール。廃墟と化しつつあるデトロイトを夜の車窓から見るシーンは格別だし、タンジールの乾いた迷宮のような町並みを放浪するシーンは幻のようだ。吸血鬼の永遠がアーティストの作品の永遠とからまりながら、多くの人が見向きもしない世界の隙間で息づいているというのは、それだけでどんなに豊穣であることか。

レコードのターンテーブル、オープンリールレコーダーなど、回転のモチーフが多々描かれている。さらに物理学のスピンの概念まで登場してくる。彼らの人生のメタファーなのか、人類の営みのメタファーなのか、はっきりはしないが、とても象徴的で作品に力をあたえている。

アダムとイブという主人公ふたりの名前は、人類の歴史をはじまりとともに見守ってきたという意味なのだろうが、ふたりがミューズとして、さまざまなアートに貢献していることを示しているのだろう。

『ファイア by ルブタン』

（二〇一二年　フランス　監督：ブルノ・ユラン）

おっぱい好きだが、巨乳は嫌いなぼくにぴったりの至福。女性のスタイルに貢献するためにあの高いヒールはあったのだと納得させる時間。ストリップ小屋の普遍。愛おしくもすばらしい時間でした。映画『クレイジーホース・パリ　夜の宝石たち』よりもこっちのほうが嬉しかったなぁ。

『永遠の0』

（二〇一三年　日本　監督：山崎貴）

凡庸なクリシェの連続。泣かせるところは三度くりかえし、感動ポイントは五回くりかえす。老婆心がモットーの山崎貴映画。自転車に乗れる人にとっては補助輪があるとじゃまなものだけど、補助輪が前輪後輪につけてある。優しいお坊ちゃん映画ではあるけど、教養が致命的に欠けている。説明の多い映画だけど、岡田准一が何故妻子を愛するかに関しては「なんにも理由はいらない。ただ愛だけがあればいいのさ」程度にしかわからない。出てくる人間がとにかく薄っぺらで、余計な説明するくらいなら、その描写をきちんとすればいいのにね。原作はどうか知らないけれど、映画では岡田准一がなぜ特攻に志願したかという核の部分がまったく解明されないまま、涙と感動と雰囲気と愛で終わらせているのが困ったものだ。せいぜいわかるのは、自分の教え子がたくさん亡くなって、鬱になった岡田准一が自暴自棄になったくらい。

『ハンガー・ゲーム2』

（二〇一三年　アメリカ　監督：フランシス・ローレンス）

やっぱり三部作は二作目が最高なんだろうな。前作のラノベ臭さが払拭されて、人間ドラマと普遍的テーマの織り込みが見事だった。尺の長さは気になるが、カタルシスの作り方が渋かったなあ。

二〇一三年ベストテン

1.『君と歩く世界』

フランス映画だが、この年、最も衝撃を受けた作品だ。美しく力強い内容に、何度も何度も脳内で反芻してしまう。大変な障害を克服する美談かと思いきや、人生に果てしない闘いを挑む壮絶なドラマだった。

2.『フラッシュバックメモリーズ3D』

大画面で3Dで観ることの醍醐味を感じたドキュメンタリー。そのアイデアと仕掛けだけで、降参してしまった。本来ことばにできないことを映像を通じて、一瞬にして了解させてくれる魔法が、ここにはあった。

3.『ウォールフラワー』

こういう作品にはいつだって、やられてしまう。回想する若き日の甘酸っぱさ。ぼくの一〇代とは違う世代の物語だけれど、そのときどきの社会の中で、一〇代という時期はいつだって、生きることにもがいている。

4.『エンド・オブ・ザ・ワールド』

避けようがない世界最後の日の奇跡。ぼくが若いころ熱中した滅亡テーマのSFの現在形が、ここにはある。SFロマンチックコメディと紹介されているが、映画のトーンはぼくら一人ひとりのいまを美しく描く。

5.『地獄でなぜ悪い』

園子温監督、会心の一作。ひとりよがりな映画愛と、映画だから生まれる虚構の興奮。映画を愛し、映画に殺される快感を、まるでアウトサイダー・アートのように破格にパワフルに描いている。

6.『ライフ・オブ・パイ　トラと漂流した227日』

宇宙と海の違いこそあれ、『ゼロ・グラビティ』的シチュエーションだが、同作より豊かなものを感じた。動物をCGで描き、それをIMAX3Dで見せるという展開が、その後の映画にも大きな可能性をもたらした。

7.『キャプテン・フィリップス』

ポール・グリーングラス監督、トム・ハンクス主演ともなれば、傑作であることは間違いない。あまりにもエキサイティングな極限状況から、世界のいまをぼくたちに見せてくれる。映画というのはこうでなければ。

8.『クラウド アトラス』

ウォシャウスキー映画の中で、別格のものになった。意欲十分で濃密で、見ようによってはその意欲と濃密さが映画の構成を破壊している気さえするのだが、だからこそ、愛すべき作品になったと思う。

9.『セデック・バレ』

文化衝突映画ならではのインパクト。知らなかった日本と台湾の歴史に立ち会ったような気がする。構成は長く過剰な部分もあるけれど、それでもこうした形で、近代とは何かを問いかける姿勢に敬意を払うのみ。

10.『恋の渦』

大根仁監督のワークショップから生まれた低予算映画だが、だからこそ感じる猥雑で底の浅い人間関係も含めて、抜群の鑑賞体験になった。これって苦笑し続けることの楽しさとでもいうのだろうか。

極私的シネコン・チェーンの歩き方

シネコンの充実のおかげで、二〇世紀とくらべて、二一世紀は年間鑑賞本数が圧倒的に多くなった。以前はロードショー館にいくという行為は、当日、チケットを買うために映画鑑賞前に暗い廊下や階段に並んで、開場すると席取り競争に巻き込まれ、下手をすると立って鑑賞することを意味した。有楽町の大きなスクリーンのドア横で一六三分を立ち見で鑑賞した『ラストエンペラー』みたいな体験は、二度としたくない。

映画を観るという行為は、その前に難行苦行をともなうものだった。

徒歩数分圏内にシネコンができたということもあるけれど、あらかじめネットで予約し、混みすぎていない映画館で、のんびり映画に浸れるという現状が、どれほど幸福なことなのか。たまに、むかしの小便臭い映画館がよかったなんていう人もいるけど、映画に浸りたいのに、なんで動けないところで他人の小便の匂いを嗅がなきゃいけないのだ。ノスタルジーは人を鈍感にさせる。

さらにデジタル上映の普及のおかげで、上映クオリティの均質化もなされた。洋画なんて、字幕付きフィルムではプリントが甘く、日本とアメリカでは上映クオリティに大きな差があったのに、最近は、それも感じなくなっている。もちろん、フィルムのメリットは知っているが、CDとアナログレコード同様にアナログの魅力をきちんと堪能するには、それなりの設備と技術が必要だ。ホームランか凡打のフィルム上映より、打率の高いデジタルのほうが、ぼくは好きだ。

映画館のマナーも以前より、改善されたと思う。ただ、それでもひどい客には遭うけどね。シネコンを選ぶには、立地、施設設計、客層、映写品質、コンセッションなどの飲食販売、スタッフワーク、チケット購入の利便性、特典など、さまざまな要素があり、いろいろ回るのも楽しい。ということで、あくまで私見のシネコン評だ。居住地である東京中心になるが、ご笑覧ください。

■イオンシネマ

ワーナー・マイカル・シネマズとイオンシネマが経営統合されて、イオンシネマになった。サイト数も多く、地方ではイオンシネマが町の唯一の映画館になっているエリアも多いだろう。

二〇〇一年にできたワーナー・マイカル・シネマズ板橋（現・イオンシネマ板橋）は、ぼくの住まいから徒歩圏内にあり、ぼくの人生を変えたシネコンといえる。二三区内に一二スクリーンというのは画期的だった。たいへんお世話になっているシネコンだが、板橋の施設はあまり好きではない。隣のスクリーンの音漏れは気になるし、全スクリーンで使っているK.C.S.のスピーカーがいまひとつなのだ。音が軽く、サウンドの情報量は乏しい。一説によると、ワーナー・マイカルが当時新設したシネコンで一括購入した戦略で導入されたらしいが、映画館で映画を観るという行為の価値を下げている。

サイトによっては「ULTIRA」という意欲的な上映システムが入っている。板橋も改善をお願いしたい。『スター・ウォーズ／フォースの覚醒』公開時にチェーン全体でサウンドの重要性を認識したようで、多少の向上は見られることは認める。

チケット発券システムは、以前ＴＳＵＴＡＹＡカードと提携したころのレガシーのせいか、使いにくい。予約のオンライン画面も一般の入力動線とは違う独特のもので、ユーザーにストレスを強いる。さらに発券機を使うたびにアンケートと称して、「駐車場を使いますか」と聞かれるのもうんざりだ。モールとの併設施設が多いために、仕方ないのかもしれないが。

ポイントはオンライン化されておらず、紙のカードを使う。一枚、発行するたびに一〇〇円とられるのはストレスがたまる。以前は五ポイントで映画一本という破格のサービスだったので我慢したが、六ポイント必要になったいまは鑑賞動機になりにくい。オンライン手数料の一〇〇円が撤廃されたのは、うれしい。

さらに都内のシネコンで、ＣＭと予告編の上映時間が長すぎるのも難だ。「映画泥棒」が流れるまで二〇分以上、待たされることもあった。

いちばん大きな八番スクリーンはＴＨＸ認定だが、あまりいいスクリーンではない。スクリーン前の舞台が、せっかくのスクリーンサイズを殺している。ここよりも、一回り小さい九番や一〇番がベストスクリーンだろう。

コンセッション（売店）のポップコーンは、シネコンの中でいちばんうまい。ただ、同時に配布しているビニール袋がじゃまだ。あれをずっとカサカサ鳴らすお客さんもいる。困るのはナチョスだ。当時、ワーナー・マイカル・シネマズに勤めていた山本マーク豪（ＴＯＨＯシネマズ前社長）が著書で、あれを導入したのは自分だと自慢していたが、映画館でディップにソースを付け、ポリポリ音の出るものを売るのは考えものだ。ファンも多いだろうけれど、静かに食べるのは困難で、ソースの匂いもきつい。WAONで購入できるのは便利だが。

4KのDLP導入など早くからやっているし、3Dシステムは最初からReal Dで、これは現状最良のチョイスだ。

イオンシネマ板橋の番組は意欲的だ。いろいろ制限のある中、単館系の作品もよく上映してくれるし、単館系は単館で観るより、シネコンで観るほうが好きな自分にとってありがたい存在だ。

■TOHOシネマズ

六本木は東京国際映画祭を開催するシネコンとして、すばらしい。旧ヴァージンシネマズの旗艦サイトだけあって、訪れるたびにわくわくする。新宿は近隣三チェーンの中で、動線が最もよく考えられている。日比谷・有楽町の劇場では発券機「vit」の台数が少なく、行列ができることも多い。ららぽーと横浜では、都心から離れていることもあり、独自の番組も多く、映画をまとめて観たいときなどに重宝する。

全館でチケット購入の無人化が進んでいるが、自分のような人間にはありがたい。「午前10時の映画祭」や「イッキミ」などの企画も楽しく、割引サービスが多いのも魅力だ。

オンライン・チケット購入も使いやすい。よく考えられたデザインだ。ポイントのほかにシネマイレージがあるのも意欲をそそる。鑑賞履歴もきちんと残る。カード発行手数料はかかるが、納得できる。サイトデザインの改善も素晴らしく、専用アプリのバージョンアップも頻繁だ。

上映環境や施設はサイトごとの差が激しいが、旧ヴァージン系、新設TOHO系のサイトでは、印象のいいものが多い。スタッフも好感が持てる。

クレジットカードも使えるコンセッションなど、利便性はよく考えられている。飲食物は総じて美味いが、フレーバーポップコーンをバケットではなく、紙袋に入れて販売するのは勘弁してほしい。あれは静かに食べられない

旧東宝系の館は繁華街にあるため、鑑賞マナーがいまひとつだ。なぜか、上映中に携帯を光らせる人が目立つ。とくにアート系をかけることが多いTOHOシネマズシャンテは、ノイジーな客が多い印象だ。鑑賞年齢も高く、混んでいるためにそういう観客が多いことは仕方ないのかもしれないが、同じ映画が別のサイトでかかっていたら、そちらを選ぶことが多くなる。

また、旧東宝系は傾斜のあるスタジアム構造になっていない館も多いため、スクリーン位置は高く、座席選びは慎重になる。

一時期とはいえ、本編の上映終了後に『風立ちぬ』の四分間ダイジェストを流すなど、言語道断なことをしていたのはTOHOシネマズだ。東宝本体の意向だったのかもしれないが、そういう映画好きの心理を逆なですることをやるシネコンは、信用しきれなかったりするよ。

3D方式はマスターイメージが多かった、メガネは独自デザイン。一部の館ではソニーデジタル3Dやネストリなども使っていたらしいが、最近はどうなんだろうね。3Dメガネも軽くて、適正位置で観ると好印象だ。MX4Dなどの導入にも意欲的だ。IMAXの導入にも意欲的だが、独自のTCX企画での上映のほうが好ましいことが多い。

■ユナイテッド・シネマ

いちばん好きなシネコンチェーン。豊洲、としまえん、恵比寿（YEBISU GARDEN CINEMA）、浦和、小倉、キャナルシティ、長崎を訪問したが、どのサイトも満足感が高かった。豊洲、浦和はかなり好きなサイトだ。IMAXはとしまえん、浦和、キャナルシティを訪問。としまえんのIMAXは二三区では最高だ。一般の3DはReal D方式だから、使いやすい。豊洲で最大のオーシャンスクリーンは一見の価値あり。豊島園は歩いていける範囲で、都内でも使いやすいIMAXスクリーンがあり、よく通ったものだ。4DXの導入にも意欲的だ。お台場のシネマメディアージュもチェーン入りした。

オンライン購入の方式も好ましく、ポイントシステムも二ポイント割引などあり、使いやすい。平常時の会員割引のみならず、金曜日の会員デーもうれしいサービスだ。コンセッションではカントリーポテトなど、匂いが強いものも売っているが、許容範囲だろう。ポップコーンの量は多い。ただ、キャラメル味はかさかさうるさい。

最近は角川系のシネプレックスと統合され、ローソン傘下になり、サイトによってはサービスクオリティが厳しいところもあるという話も聞くが、好きな施設が多いので、健闘を祈る。

■109シネマズ

川崎、菖蒲、木場、みなとみらいを訪問。

おおむね、標準的なシネコンという印象。以前はブルーモバイルという好サービスがあったが、最近、なくなってしまった。現在はシネポイントカードひとつになり、会員サービスは標準的になった。ただ、会員サービスとして、エグゼクティブシートを無料で予約できるのはありがたい、川崎や木場などはIMAXの良席に、この特典で座れるのだ。なにより、デジタルIMAXの導入はどこのチェーンより早かった。おかげで新作公開のたびに川崎に通ったものだ。

みなとみらいは、施設とシネコンとのマッチングデザインもよく、映画館に来たという気持ちを盛りあげてくれる。

エグゼクティブシートに座って、ゆったり観るのなら、このシネコンを選ぶ。ただ、川崎、菖蒲、木場のIMAXは、いまとなっては物足りない印象。未見だが、二子玉川のIMAXの評判が良い。

■T・JOY

東映系のシネコンだ。チェーンとしての最高峰は新宿バルト9だろう。マニアックな映画のファンなら、この劇場に漂う熱気がびんびんに感じられるはずだ。

ポイント・サービスが少なく、割引も少ないのはデメリット。オンライン予約はKINEZOという独特のものを使っているが、モバイルSUICAで決済できるなど、支払いのメソッドが多いのはいい。

バルト9のコンセッションは自然を強調するあまり、ちょっと首を傾げるフードが多いし、一階の発券機の混雑はうっとうしいものはあるが、都心で気合の入った上映を楽しむなら、バルト9かな。デジタル上映システムの導入も早かった。訪問したのは、バルト9、大泉学園、リバーウォーク北九州、ブルク13だが、どれも元気な音の印象だ。

3D方式はdolbyを採用している。これはメガネを使い回すので、あまり好きではない方式ではある。

現在は旧プリンスシネマである品川のサイトを組み込んだため、通うことが多くなった。ここには東京都内でいちばん好きなIMAXシアターがある。フィルムIMAX時代に設計された施設には、もともとのIMAXらしさがあふれている。最近のミニIMAXとくらべて、座席後方での鑑賞が最高だ。

■HUMAXシネマ

都内のサイトはあまりいったことがないが、成田のHUMAXは最高だ。なぜならば、関東最大のIMA

Xがあるから。多くの改造IMAXとは違い、ネイティブに設計されているため、IMAXの醍醐味を存分に感じられるのだ。ここいちばんのときは、成田まで遠征するメリットも十分にある。

■MOVIX

松竹系のシネコンだ。最近、経営統合されたのだが、このチェーンには好きなサイトと苦手なサイトが両方ある。好きなのはMOVIXさいたま、苦手なのは新宿ピカデリーだ。

MOVIXさいたまは特徴ある番組、考えられた劇場設計、コンセッションのラインナップなど、映画をハシゴするのに最適なサイト。12番スクリーンのJBLカスタムメイドスピーカーなど、一度は体験するべきだろう。

一方、新宿ピカデリーは長すぎるエスカレーターなどの動線、タイミングの悪い入場開始時間、角度が悪くストレスを感じるシートなど、嫌な面が多い。ポイント制度が統合されたが、登録しづらいところは改善してほしい。ただ、独自の番組と端正な音響や映写は魅力的で、結果的に訪れることになってしまう。

■シネマサンシャイン

池袋を拠点としていた佐々木興業系のシネコンチェーン。池袋と平和島を訪問。平和島はimm soundやdolby atomosの導入など、サウンドスペックの向上に意欲的で、音にこだわる映画のときに何度か訪問。

現在の池袋は施設の老朽化も目立つ。池袋に建設中のシネコン（二〇一九年開業）は都内の映画地図を描き変えるといわれ、心より楽しみにしている。

■コロナワールド

シネコンチェーンであることはたしかだが、温泉施設のそばにある映画館という印象が強い。早くから4DXを導入しており、小倉のサイトを訪問したが、既存のシネコンとはちがう雰囲気。地方都市で映画を身近にしてくれる場所であることは評価したい。

■立川シネマシティ　シネマワン／シネマツー

広域シネコンチェーンではないが、ここは押さえておきたい。中央線の立川という土地で光芒を放つ劇場。なによりも音に対するこだわりはすばらしい。シネマワンは座席もほぼフラットで、スクリーン位置はやや高いものの、シネマ・ツーは、上映も音響もすばらしい。作品に合わせたみっちりと力強い音質で、映画を楽しませてくれる。

最近は「極上爆音」というブランドづくりが功を奏して、『マッドマックス　怒りのデス・ロード』、『シン・ゴジラ』、『ガールズ&パンツァー』など、最良の映画体験を求めるファンのメッカとなっている。

シネマシティズンという割引システムはちょっと独特だけど、立川市民は幸せだと思う。

◎総評

あくまで自分の経験に基づくシネコン評価だ。もちろん、上映映画、スクリーン、サイト、上映事故の有無によって、映画体験の印象は大きく変わる。高い評価をしているチェーンでも、ピントが甘いこともあれば、音量が足りないこともある。

映画体験なんて、内容が八割、施設が一割、周囲の客が一割くらいかな。

なるべく空いているシアターでレイトショーにいき、やや前寄りのシートに座ることで、最良の環境を手に入れるようにしている自分だが、ロードショーでは、自ずと好みのシネコンを選ぶようにはしています。

そして、関東一円で多様なシネコンを選べる幸せもかみしめている

ひとつの映画タイトルとの出逢いは一生に一度のことだ。そういうことにも気をつけて、映画と最良の出会いをしたい。

2014

ＳＴＡＰ細胞とか、佐村河内守とか、虚実の区別がわからなくなった年。消費税が八%に上がったことに連動して、映画の各種サービス料金が上がった。「夫婦50割引」などが撤廃されるシネコンもあった。『STAND BY ME ドラえもん』、『GODZILLA ゴジラ』、『るろうに剣心』、『思い出のマーニー』などのヒットが鮮烈だけれど、記憶に残る映画といえば、やはり洋画のほうが多かった。ものすごく迷って、『ガーディアンズ・オブ・ギャラクシー』と、『キャプテン・アメリカ／ウィンター・ソルジャー』を個人的ベストから外してしまったが、よくできたマーベル映画にちょっとお腹いっぱいになってしまったのかもしれない。人間は贅沢だ。

『オッド・トーマス 死神と奇妙な救世主』

（二〇一三年 アメリカ 監督：スティーヴン・ソマーズ）

エンドロールまで、クーンツ原作とは知らなかったよ。なるほど、スティーブン・キングの『デッドゾーン』が、クーンツの小説を経て、このような映画になったか。バランスもよく、俗っぽさもあって楽しい映画。一週間限定公開というのがもったいない。

『エンダーのゲーム』

（二〇一三年 アメリカ 監督：ギャヴィン・フッド）

語弊があるかもしれないが、異なる文化が対峙するとき、戦争は熾烈かつもっとも親密な形のコミュニケーションとなりうる。わかり合えないから戦争は起こるし、戦争を通してわかり合えることもある。そして、そこには相応の痛みと喪失感をともなう。四半世紀前、原作を読んだ。そのディテールの多くは忘れてしまったが、今回、映画を観て、いろんなことを思い出した。なにより、ぼくはこういうSFを愛していたということを、懐かしく思い出した。

日本のSFやアニメの多くが、少年を主人公としている。日本のアニメで繰り返し描かれる「〝生来ひよわな青年〟になぜか〝恐るべき破壊力〟を賦与され、とりあえず〝悪を倒し、世界に平和をもたらす〟ために日々献身的に活動するのだが、あまり期待通りには感謝されず、〝おまえこそ世界を破壊しているじゃないか〟という人々の心ない罵詈雑言を浴びて傷つくイメージ」は、内田樹が著書やオンライン上で何度も語っている。

『エンダーのゲーム』は、自分にしかふるえない「恐るべき破壊力」を手にした少年が、葛藤しつつもその力をふるう（皆無とは言わないが）珍しいタイプのアメリカのSF映画だ。

身近に軍隊の存在を感じることが多いアメリカの作品だけあって、プロットやディテールが日本のアニメとは大きく異なる。『愛と青春の旅立ち』や『フルメタル・ジャケット』で描かれるブートキャンプ（新兵訓練施設）要素が多く、〝萌え〟要素は少ない。才能と教育に対する、日米の視点の違いが興味深い。

〝萌え〟って、それだけですべてが説明された気分になるから「つまらないなぁ」と思う自分みたいな人間には、〝萌え〟に逃げない作りは、胸がすく思いがある。また、「ゲーム」の部分が、きちんと描写されているから、そんなところにもわくわくしてしまう。

映画『スターシップ・トゥルーパーズ』とは表裏をなす戦争映画といってもいい。『スターシップ・トゥルーパーズ』では異星人との圧倒的なディスコミュニケーションを描いているが、『エンダーのゲーム』は、そんな中から一筋のコミュニケーションの道を描こうとする点が、胸を熱くさせる。

これはシリアスなジュブナイル（少年作品）と言ってもいいだろう。大人たちが宇宙のどこかで準備している戦争に対して、類まれな才能を持っている未熟な少年が、どこまで関わっていくのかを、臨場感豊かに描いている。

原作で描かれていたエンダーの残酷なまでの戦闘インスピレーションと、共感力もぬかりなく配されているし、犠牲をともなう成長のプロセスもきちんとある。もちろん映画の尺に合わせるために手際良くなりすぎている面もあるが、戦場における興奮と後悔、取りかえしのつかない痛みもきちんとある。

『バイロケーション』

（二〇一四年　日本　監督：安里麻里）

『リング』の出来損ないなセルフパロディ『貞子３Ｄ』と同じ角川ホラー作品で、「『シックス・センス』を超える、衝撃的な結末」という困惑する惹句。表と裏のふたつのバージョンを公開するというインチキくささ。水川あさみという特徴をとらえにくい女優。完全に侮って観てみたら、すばらしくエキサイティングで心に残る作品だった。

作品世界のルールが提示されたあと、そのルールに沿ってない行動原理があったりして、途中、興味を失いかけてしまったが、その行動原理さえもすべて吸収されるカタルシスには、「やられた！」と思ったよ。ただ、バイロケーションが鏡に映らないというルールがあるなら、やっぱり、あそこでそれを確認しないのは、違和感あるよなぁ。

ホラー映画といえば、もっと理不尽な恐怖があるものので、ある種、理に克ち、女性原作者、女性監督ならではの思いが濃厚だ。自分が確認できないもうひとりの自分というドッペルゲンガーではなく、オリジナルと同時に存在するバイロケーションとしたことのテーマもくっきりと描かれている。

『オンリー・ゴッド』

（二〇一三年　フランス／デンマーク　監督：ニコラス・ウィンディング・レフン）

陶然！　めくるめく因果の応酬。最高のサウンドとヴィジュアル。罪のジャグリング。原題は『Only God Forgives』。「神のみぞ許したまう」ってことか。つまり、人の罪を許すことができるのは神だけだから、神ならぬ人が罪を贖うには、然るべき代償を払うしかない。

ドラマ『半沢直樹』でさえ「やられたらやりかえす」と言いながらやりすぎてしまうが、こちらは「やられたら、きっちり、過不足なくやり返す」という罪深い復讐の応酬のみを描いている。

タイのバンコクを舞台にしているが、この映画の中のバンコクも登場人物もすべてが現実のものではなく、恐るべきメタファーである。時系列がゆらいで見えるような話法。特異なジャンプカット。さらには、ホドロフスキーへの献辞でもわかるような、隔絶された因果律。もう、誰にでも勧められる作品とは言えないし、暴力表現はダイレクトなので、不快感を覚える人も多いだろう。アメリカでは、否定的な意見が多かったとも聞く。

それになんだ、あのカラオケ！　『クライング・フリーマン』なんて、殺したあとに泣く殺し屋の漫画はあったけど、これ、「クライング・カラオケマン」か。でも、すべてのキャラクターが最高だし、繰り返し観たくなるんだよな。

『小さいおうち』

（二〇一四年　日本　監督：山田洋次）

『永遠の0』なんかより、こっちのほうが、鮮明におじいちゃんたちの世代にとっての戦争を描いている。両作に出演している橋爪功が別人のようで、こちらはきちんと人間になっていた。女中の黒木華、女主人の松たか子、それぞれが、ただただ愛おしい。

数年前に亡くなっていた祖母が、結婚前、九州から新宿に出て奉公していたそうだ。そのことを考えて、なんだか、たまらなくなっていた。祖母とふたりで上京したとき、祖父の関係で靖国神社に行くのはともかく、新宿御苑にこだわっていたのは、奉公先からよく行っていたからだった。

あの時代の東京には、少女だったころの祖母の思いもあったし、祖母だけではなく、多くの地方出身の娘たちが、生きて、希望を持っていたのだろう。その後、祖母は、出征した祖父の帰りを待ち、帰らなかった祖父のために何度も靖国神社に通っていたが、やはり、それは祖母だけの思い出ではない。

小林信彦が、中国との泥沼のような戦争のなか、真珠湾攻撃成功の知らせをきいて、晴れやかな気分になったと述懐していたが、その晴れやかさこそ、危険なことではないか。戦争の悲惨さを語るときは、同時に戦争の爽快さも考えなければいけないのではないかと、真摯に思う。

戦場に行き、悲惨な目にあった兵隊さんを描くことも大切だけど、戦時下、銃後においても現代と等価の人がいて、その人たちの思いが、無差別に摘み取られる様を描くことも、戦争を描くことにほかならない。

橋爪功の「やさしい言葉で、勇ましいことを言うやつがのさばる。いやな世の中だ」とは劇中のセリフで、まるで『永遠の0』みたいな〝泣ける〟戦争映画がのさばる現代を揶揄するかのようだ。

現代への警鐘を鳴らしたい思いが強いだけに、やや生硬に聞こえるし、作品としてのバランスはあやしいところもあるのだが、それでも、この映画は味わうに足るといえる。

『なんちゃって家族』

（二〇一三年　アメリカ　監督：ローソン・マーシャル・サーバー）

観終わったあとの圧倒的な多幸感はなんだろう？ケチなドラッグ・ディーラー、場末のストリッパー、ホームレス少女、場を読めない童貞。人生を詰まれた四人の男女が高額な報酬と引きかえにメキシコからアメリカへと麻薬の密輸をするために仮の家族を演じるというアメリカン・コメディ。

アメリカン・コメディの定跡をきっちりなぞりながら、群を抜くキャラクターにぐんぐん感情移入していく。麻薬やセックスといったアダルトなネタをふんだんに散りばめながらも、けっして下品にならない。

「こんな話はありえないよ」と思いつつ、ニセモノの家族が危機また危機の連続の中で、絶妙なチームへと成長していく。

主演のジェイソン・サダイキスは日本でこそ知名度が低いが、アメリカの長寿コメディ番組『サタデー・ナイト・ライブ』で知られたコメディアンだ。今回も善人ドラッグ・ディーラーを好演している。ストリッパー役のジェニファー・アニストンがすばらしい。「よくやるなぁ」ってポールダンスを見せてくれる。奔放なホームレス少女を演じるエマ・ロバーツがむやみにかわいい。『ナルニア』シリーズの三作めで鮮烈なめんどくささを見せつけたウィル・ポールターが最強の笑いどころをかっさらう。よく笑い、体温を感じた。ほんとにバランスがいい。いきあたりばったりで、偶然に恵まれているストーリー展開だけど、コメディチューニングとしてはこれくらいがいいよね。

『ウルフ・オブ・ウォール・ストリート』

（二〇一三年　アメリカ　監督：マーティン・スコセッシ）

最高だね。踊りまくっていた頃のホリエモンのＩＴバブル時代を思い出しちゃうけど、アメリカはスケールが違うね。もう倫理とか、小賢しいばかりの良識とか、ドラッグ依存の悲惨とか、セックス依存の異常性とかすっ飛ばして、壊れて、よろけて、ぶつかりながらも突き進む。暴力的な爽快感と笑うしかない圧倒的なブラック・コメディ。これが実話だっていうんだから、やばいったらない。

倫理とか、教養とか、社会性とか、そういったものがなく、金を稼ぐ能力のみに純化された人間の狂騒を、ただただ、まっしぐらに描いた壮絶な疑似体験だ。

ピカレスクロマンと言ってもいいけど、ピカレスクコメディと言い換えたっていい。後半は笑うか、絶叫するか、死ぬしかないスラプスティック・コメディだ。

ぶっちぎれたキャラクターを嬉々として演じるディカプリオも、スコセッシとの五度目のタッグにして、最高の当たり役だ。小銭を稼ぎたい小欲が、とてつもない貪欲に吸い込まれ、吸い込んだ大金を使う術もないまま、セックスとドラッグと家とボートに空費されていく。自分だってその才能があったら、この無為な狂騒に引き込まれるかもしれない。でも、映画で追体験したいま「その才能がほしいとはあんまり思わない」、なんて、教訓臭いことを書いたけど、この映画で卓抜なのは、そういった教訓臭さがまったくないところだ。裁くことなき再現ドラマ。迫真の純粋素材ともいえる。その素材を食べて、薬になるか、毒になるか、それはそれぞれに任されている。

主人公には感情移入できないっていうけど、おれ、うっかり、感情移入もしちゃったんだよなぁ。人間こそ死なないが、金というものがどれだけ暴力の餌になるのかを、つくづく知らしめる作品だね。人を人でなくして、他人の生き方を損ね、誇りを奪う。暴力描写の匠、スコセッシだからこそ、暴力をこんなに活き活きと描いているのだろう。

ぼくが子どもの頃から、母親が証券会社の外交員に「あんたたち、手数料稼ぎで、そういうこと言ってるんだよね」とよく言っていた。時代が変わっても、その本質にはまったく変わりがない。稼ぐ才能しかないから、家、クルマ、クルーザー、さらには、女房まで、金で買ったものを守る能力はない。金で買えないものはないことは、一面の真実かもしれないが、買ったものを保持し、堪能するには、稼ぐのと別の才能と教養がいるもんだなぁ。

『アメリカン・ハッスル』

（二〇一三年　アメリカ　監督：デヴィッド・O・ラッセル）

いわゆるコンゲーム（詐欺師登場）映画に分類される内容だが、『スティング』や『ワンダとダイヤと優しい奴ら』のようなカタルシスの痛快さを求めると、肩透かしを食らうかもしれない。それでも『グリフターズ／詐欺師たち』のような、人間関係や状況に振りまわされる詐欺師たちの、ケチで愛おしい人間性を愛すべき作品だ。

とにかく、名優ぞろい。『ダークナイト』で苦悩していたクリスチャン・ベイルが増毛し、でっぷり太ったセコい詐欺師を演じ、『アベンジャーズ』で、ホークアイを演じたジェレミー・レナーが汚職をでっちあげられる市長を演じる。さらにはディズニープリンセスなエイミー・アダムスが半乳《はんちち》を出し、『ハンガー・ゲーム』や『世界にひとつのプレイブック』のジェニファー・ローレンスはビッチ感たっぷりの女房を演じ、『ハングオーバー!』のブラッドリー・クーパーは名誉欲旺盛でマザコンなＦＢＩ捜査官を演じる。

どのキャラクターも実態と上っ面と欲望が、いくつもの層をなし、いい感じに薄っぺらな人間性を見せている。一九七〇年代にＦＢＩが詐欺師を使い、おとり捜査を仕掛けたという汚職スキャンダル、アブスキャム事件をネタにしているのだが、結果として描かれるのは、手段と目的さえ二転三転し、よじれながらも集結していくプロセスだ。

「ハッスル」は詐欺の意味だが、そこに「アメリカン」とつけたことから、アメリカの人間と社会の戯画を意図していることが伝わってくる。

クリスチャン・ベイルが丹念に増毛するシーンで始まる冒頭から、すべては見せかけである、上っ面のことであると暗示されているのだが、そこから先の上滑りかつ喜劇じみた展開と、その帰結が見せるある種の悲劇は、ほんとに楽しい。人をだますために役柄を演じているのは、詐欺師だけでなく、誰もがそうなのだ。

七〇年代風俗と七〇年代音楽もふんだんで、なにより、当時の風俗を見ているだけでもうれしい。

どうしようもないクズな人たちを描き、彼らのなかの凱歌を愛おしく描いた『世界にひとつのプレイブック』のデヴィッド・Ｏ・ラッセルの作品である。その視線とスクリプトのセンスは、こちらでも健在だ。

うまいこと捕まえちゃったケチな詐欺師を有効利用しようと思ったら、たまたま網に引っかかったのが、市長という大物。しかも、市長を餌に動き回っていたら、次から次に大物政治家が一網打尽にできちゃったというだけの話なのだ。海老で鯛を釣るようなお話。

結局、罪を作っていったのは誰なのか。当時のアメリカでも物議をかもした捜査法だ。
そんな中で描かれる本当の部分が、友情とデューク・エリントンなんだろうなぁ。

『ザ・イースト』

（二〇一三年　アメリカ／イギリス　監督：ザル・バトマングリ）

環境テロリストと潜入調査員との息づまるサスペンスかと思いきや、役者ひとりひとりの好演により、声なき者の声を祈りに昇華するような、現代を生きる怒りをヒューマンドラマに仮託した内容となっていた。ところどころスケール感が甘いと感じつつ、心に残る映画になっている。

『マイティ・ソー／ダーク・ワールド』

（二〇一三年　アメリカ　監督：アラン・テイラー）

『アベンジャーズ』後の集団キャラクター劇としてよくできていた。北欧神話とSFとトンデモ物理学をビジュアルで納得させる作り。話は偶然に支配されているが、そこをつっこむのは野暮。家族との葛藤がスパイスとなりつつ、キャラごとのカタルシスを堪能できる。ロキがほんとにいいなぁ。

『新しき世界』

（二〇一三年　韓国　監督：パク・フンジョン）

すばらしい。男が男として生きることの縮図がここにある。『インファナル・アフェア』、『土竜の唄』同様の潜入捜査ものでありながら、韓国にいる華僑という民族問題を織りまぜ、自らの生きる意味を、生き残る一点で熾烈に問いかける。

『スノーピアサー』

（二〇一三年　韓国／アメリカ／フランス　監督：ポン・ジュノ）

H・G・ウェルズの『タイムマシン』以来、破滅後の階級闘争をテーマにしたSF映画はいっぱいあったけれど、それぞれになにが足りないのかがわかった。このイヤな色のついたユーモアだったのか。『殺人の追憶』や『グエムル　―漢江の怪物―』、『母なる証明』のポン・ジュノ監督が全開でハリウッド・スターを配し、全開で見せてくれる意欲的な作品だ。

クリス・エヴァンス、ジェイミー・ベル、アリソン・ピル、ジョン・ハート、ティルダ・スウィントン、オクタヴィア・スペンサーといったハリウッド映画でもおなじみのキャストが、ハリウッド映画とはひと味違う、ねじれまくったキャラクターを演じている。

氷河期で人類の死に絶えた世界を走る列車、スノーピアサー。先頭車両には上流階級が、後方車両には奴隷同然の下層階級が乗っている。無茶ぶり以外のなにものでもない設定だ。予告編を観たとき、大丈夫かなと思った。しかし、これほど、映画的なシチュエーションはない。最後方から先頭機関車をめざし、一歩一歩、進んでいく反乱者たち。車両ごとに世界が変わっていく。映画的であると同時に、よくできたゲームのようだと思ってしまった。

多少混乱するところはあるが、いびつな世界とリアルな人間によって描かれる「破滅鉄道９９９」を大いに楽しんだ。

最後まで観ると、ある程度、腑に落ちる世界設定だが、割り切れない思いをさせるカタルシスが、ポン・ジュノらしくてよかったよ。

『ラッシュ／プライドと友情』

（二〇一三年　アメリカ／イギリス　監督：ロン・ハワード）

映画の評価をする際に〝泣ける〟なんて安直なことばは使いたくない。映画の評価と〝泣ける〟なんて生理現象は別の問題だからだ。ツイッターで女性編集者と会話をしていて、「女の〝泣ける〟は男の〝ぬける〟と同じ意味だと思います」というフレーズに膝を打った。泣くことのカタルシスは認める。だが、〝泣ける映画〟がいい映画かといえば、まったく違う。

そんな自分でも、この映画を観ている間は、最初から最後まで嗚咽をこらえていた。奥歯を噛みしめながら観ていた。これほど気高く、これほど生きる姿を問いかけてくれる映画に会えた喜びには、身を震わせ、そのすべてを網膜に焼き付けるしかないではないか。

的確で精度が高く詩的であるセリフの数々。エキゾーストノートにも負けない、ハンス・ジマーによる渾身のサウンドトラック。その佇まいから、すべてを了解させてくれる英国俳優陣の豊穣。迫真かつ神がかった撮影。完璧ではないか。

監督はロン・ハワードだ。ロン・ハワードといえば、『天使と悪魔』や『ダ・ヴィンチ・コード』、『アポロ13』、『バックドラフト』、『コクーン』のようなハリウッド大作御用達監督のイメージがつきまとう。その彼がこんな作品を作ってくれるなんて！　この映画の核にはイギリス人脚本家、ピーター・モーガンを主軸に据えたイギリス映画の香りが濃厚だ。『炎のランナー』のときに感じたあの香り。スポーツ競技の中で、知性と尊厳を持って対峙する男たちの成長を描いている。

ハリウッドの技術的ノウハウと、英国文化の最高のマリアージュ。

物語で描かれるニキ・ラウダとジェームズ・ハントが活躍した時代。これって、村上もとかが漫画『赤いペガサス』でF1を描いていた、あの時代の直前だ。同世代のF1ファンなら、はじめてF1を知った頃のドラマチックな展開に胸を躍らせることだろう。

もちろん、彼らの歴史は広く知られている。しかし、知っていても知らなくても、そんなことは関係ない。ここにあるのは普遍的な命のドラマであるから。

友情、努力、勝利では語れないライバル関係の彫りの深さが美しい。男たちの抱える孤独と欲求が際だつ。ライバルそれぞれがF1という死闘に走る理由が立体的に描かれる。その理由を実現させていくプロセスが直球で胸を打つ。相応の痛みと喜びを持って……。

クライマックスの富士スピードウェイの光景には息を呑む。あれこそ、歴史が神話になる瞬間だ。

自分にとって、『ライトスタッフ』は、折にふれ、一年に一度は観直す映画だ。『ラッシュ』もまったく同じだ。映画館で上映されているかぎり、観に行きたい。生きている喜びを感じるために何度も観たい。

ニキ・ラウダが追い上げていくシーンで、チャンピオンナンバーである〝1〟をカメラが捉え、そこからコクピットまでカメラがなめていく。もうそれだけで、たまらないんだ。彼が走る矜持と危険を冒す理由を、明確に描いている。

クリス・ヘムズワース演じるジェームズ・ハントがプレイボーイである反面、レースの折にふれて嘔吐する一方、ニキ・ラウダ（ダニエル・ブリュール）が「結婚という幸福が自分にとって敵になる」と新婦に吐露するシーン。そのどちらも、平気で人が死んでいた自動車レースの最高峰で、命をかけている異能の生をきちんと見せてくれる。

『光にふれる』

（二〇一二年　台湾／香港／中国　監督：チャン・ロンジー）

台湾映画はほんとにおもしろいな。二〇一二年の東京国際映画祭で見た中でも最高の一本だ。それがついに公開される。

実在する全盲のピアニスト、ホアン・ユィシアンが自身を演じている作品と聞いたとき、お涙ちょうだいな感動作と思い、敬遠気味だった。しかし、実際に観てみるとそんな印象はまったくなかった。のびやかでみずみずしく、デリケートだが力強く、美しい撮影とセリフのバランスが卓抜。一年半経ったいまも、思い出すだけで、心が震えるような名場面がいくつもある。

全盲のピアニストの人生の苦難を克明に描くことが映画のテーマではない。彼がダンサー志望の少女と出会い、彼女とともに生きていく中で、さらなる高みを目指すことが、この映画の魅力だ。
ダンサーのシャオジエ役のサンドリーナ・ピンナがいいんだよ。仏台のハーフらしいのだが、手足が抜群に美しくて、エキゾチックな顔立ち。物語はこのふたりを中心に、人と人とが有機的につながっていき、飛翔していく。
ああもう、説明するのがもどかしい。これは観に行ってください。あなたひとりでもいいし、あなたが大切に想う人と行ってもいい。

『地球防衛未亡人』

（二〇一四年　日本　監督：河崎実）

河崎実にしか作れないけれど、河崎実以外は誰も作ろうともしない、確固たるセルフィッシュな世界。檀蜜も乳首を出さずにがんばってるぞ。某都知事が最高だった。日本と周辺諸国との国境問題をこれだけダイレクトに取りあげたコメディってほかにないんだよな。

『ニシノユキヒコの恋と冒険』

（二〇一四年　日本　監督：井口奈己）

美人薄命ならぬ美男薄命というべきか。おもしろくなるまでにちょっと時間はかかったが、いとおしい映画だったなぁ。もうちょっと女たちからの生と視線の描写が多いほうが好みだけど。ていねいすぎて尺が長いよね。

『エヴァの告白』

（二〇一三年　アメリカ／フランス　監督：ジェームズ・グレイ）

ぼくがマリオン・コティヤールのおっぱいを期待していったのはゆるぎない事実だが、ディケンズやハーディを思わせる風格ある女の哀歌だった。自分をホアキン・フェニックスになぞらえて、狂おしく赦しをたまわりたくなるよ。

『土竜の唄 潜入捜査官REIJI』

（二〇一四年　日本　監督：三池崇史）

クドカン色が濃厚になっており、部分的には上滑りもいくつかあったが、総じて、三池崇史作品としては、受け入れやすい作品になっている。生田斗真の主演で、どこか上品になっているのもいいのかもしれないね。

『キック・アス　ジャスティス・フォーエバー』

（二〇一三年　アメリカ／イギリス　監督：ジェフ・ワドロウ）

『ダークナイト・ライジング』が重厚でペダンティックにもったいぶってグダグダしながら一六五分で描いたテーマ。自警団とヒーロー、悪の問題。それを軽やかでカジュアルで人懐っこく笑わせながら一〇三分で描いた、クレバーかつ豊かな映画だ。

ケレン味こそ一作目に譲るけれど、周到に練られたエピソードのひとつひとつに唸らされる。こんなに愛情深く描いたヒーロー映画ってなかったのではないか。ああもう、つべこべいわずに観るべきだね。

ラストシーンのヒットガールのあのひとこと。ふたりにとっての人生がはじまったことの凱歌だね。続編も観たいけど、ここで終わっても最高だよ。

『ダラス・バイヤーズ・クラブ』

（二〇一三年　アメリカ　監督：ジャン＝マルク・ヴァレ）

すごいや。頑固で蒙昧、テキサスでロデオとセックスに明け暮れる電気技師の人生に降りかかった、エイズ感染で余命一ヶ月という運命。頑固なまま、蒙昧をかなぐり捨て、きっちりと筋を通しながら、かぎりある生命を謳歌していく。

ロック・ハドソンが死に、エイズがゲイの病気という偏見がはびこり、治療や寛解の目処もない不治の病とみなされていた時代に起こったひとつの社会運動を、生々しく描いている。社会運動といっても高潔な運動家が、神のため、社会のために献身的に努力するなんて、抹香臭いものじゃない。この映画で語られるのは、理不尽な運命に対する怒りだ。運命に対する怒り。杓子定規に薬品の認可制を墨守する連邦政府に対する怒り。患者をモルモットのように扱う社会への怒り。無知による偏見に対する怒り。その怒りはやがて、行動となって社会を変えていく。金があるものには薬をあたえ、金がなければ、懇願されてもあたえない。見ようによっては、利己的な行動ととらえることもできるのだが、彼はゆるがない。

主演するマシュー・マコノヒーがとにかくすごい。アカデミー主演男優賞を取ったことが納得できる。デ・ニーロのメソッド同様、激ヤセして演じているのだが、それが映画を説得力あるものとしている。政府と戦っていてもセックスは好きだし、ロデオもやめられない。どれだけ痩せても背骨は固く背筋を伸ばしている。

これこそ、男が生きるってことだろう。

成長とは自分を譲ることではないんだね。ほんとにテキサスの風土が生んだ頑固で、自身の偏見にさえ忠実な男だが、ジャレッド・レト演じる女装のゲイとの交流や、政府との戦いの中で、豊かに成長していく。すべてはただ、命は無為に守ることはできないという自覚の中で。

同じエイズ患者の女を見つけたときに、狂おしくセックスするシーンはたまらないものがあった。

『赤×ピンク』

（二〇一四年　日本　監督：坂本浩一）

特撮ヒーロー『仮面ライダー555』の芳賀優里亜がこんなに脱いじゃっていいのという驚き。仮面ライダーと戦隊もので出色の演出を見せる坂本浩一監督の至福。ドラマそのものはゆるすぎるが、得体のしれない爽やかさが最後に残る女闘美世界。芳賀優里亜が演じるこの先のなにかを見たい。

『ホビット　竜に奪われた王国』

（二〇一三年　アメリカ／ニュージーランド　監督：ピーター・ジャクソン）

まずはなにより、ピーター・ジャクソンの中つ国がスクリーンに帰ってきたことは最高の至福であることを表明したい。

この至高のスクリーン体験は、絶対の幸福である。IMAXなどの巨大スクリーンでHFR（ハイフレームレート）視聴すれば、凡百の映像体験など、吹っ飛ぶほどの体験となる。スクリーンを後にしても「映画何本分のクライマックスがあったんだよ」と、指折り数えても追いつかない。なんと贅沢なクリフハンガーなのだろう。こんなものが観られる時代に生きていてよかった。上映期間中に、あと、何度か観て、ディテールを堪能したい。

とにかく、万全の体調で映画館に駆けつけてほしい。そして、映画史上、類を見ない巨大なる竜、スマウグに畏怖せよ。

とはいえ、文句がないわけではない。エルフ女とドワーフ男の恋愛劇など、原作の流れとはかけ離れたエピソードはロマンスとしては映画的だが、贅肉のように思えた。時代的にはこのあとになる『ロード・オブ・ザ・リング』三部作の序章としての要素は、原作にあった大らかな旅の要素を萎縮させるものではないか。

前トリロジーの第二作『二つの塔』のモチーフをいくつか持ってきたのは好ましいのだが、やはり、おとぎ話としての『ホビット』。エピックとしての『指輪物語』というスタンスが好きな自分としては、ちょっと欲張りすぎた映画『ホビット』に思うところもある。三部作にせず、全二作程度にしてもよかったのになぁ。それでも何度でも観たい映画だから、もどかしいんだけど。

『ネブラスカ ふたつの心をつなぐ旅』

（二〇一三年　アメリカ　監督：アレクサンダー・ペイン）

『なんちゃって家族』と、この『ネブラスカ』は、ぼくに家族の意味をつくづく考えさせてくれた。

モンタナ州。老境の父が詐欺まがいのダイレクトメールで、当たってもいない賞金を手に入れるため、遠いネブラスカ州に行くことを繰り返す。周囲の誰もが「それはインチキだよ」と言い聞かすけど、聞き入れやしない。思い立って、父と旅に出ることを決意した息子だが、父の信じるものを自分が信じているわけではない。ただ、父を不憫に思うあまりの行動だ。

その旅はやがて、父親の故郷を再訪する旅となる。地方に生まれ、東京に出てきた自分にとって、故郷の頑迷さ、薄気味悪さ、多様性を認めない狭量が、コメディ同然のエピソードとなって、ビンビン迫ってくる。自分にとって故郷は大好きで大嫌いな場所だ。

人が人の信じるものをあざ笑うとき、どれだけ、残酷になるのか。そして、信じるものにもかかわらず、人を受け入れることが、家族なのだと感じた。

なにより､映画史に残るカタルシスが､ここにはある。

あの墓場のシーンはアカデミー賞授賞式でも使われていたけど、ほんとに最高だった。やっぱりババア最高！　異常家族のいとこ兄弟もすごいなぁ。アレクサンダー・ペイン監督作品というより、コーエン兄弟映画みたいだったよ。

『魔女の宅急便』

（二〇一四年　日本　監督：清水崇）

清々しい。『呪怨』の清水崇監督がいったいどんなファンタジーを作るかと思ったら、バジェットの範囲内で、幼い魔女がいる世界を構築していた。一部の子役を除いて芸達者をそろえ、シナリオもきっちり組上がっていた。現代プログラムピクチャーの好例。欲を言えば、もうちょっとファンタジーとしての躍動感やカメラワークもほしかったな。

『愛の渦』

（二〇一四年　日本　監督：三浦大輔）

六本木にある乱交パーティの裏風俗店。ある夜、そこに集まった一〇人の男女が織りなす濃密な性愛模様。ポツドールの三浦大輔が自身の舞台を映画化した。そのねちっこい展開に、ぼくといっしょに行った女性は、興味深く見守りつつ、展開によっては引いていたりして、それもおもしろかった。そういう意味では、ある種のデートムービーといえるかもしれないね。

R18の年齢制限があるからこそ描けた濃密な時間の中に、凝縮された現代が叩きこまれている。誰もが心に抱えている残酷さとせつなさと薄っぺらさと貪欲さ。そのすべてが、純粋なセックス空間という極限の中で描かれている。

セックスを描いた監督といえば、『デカメロン』や『カンタベリー物語』のパゾリーニを思い出すけれど、『愛の渦』では、商品化された性の先進国として経験を積んできた現代の日本のいたるところにある、虚しいままに、むさぼるしかない性のありようが、台詞の端々から、鮮明に描かれている。

なにより、性を目的とし、やる順番でもめることの滑稽さと愛おしさをディテール豊かに描いているから、〝あるある〟ボタンを押しつつ、どこか冷静に見つめてしまう。おっぱい指数はひたすら高い。全編で着衣時間が一八分半……とはいえ、バスタオルを巻いてる時間もあるから、全裸時間はかぎられているが、それでも門脇麦はよく脱いだなぁと、脱ぎまくったなぁと感心するばかりだ。

童貞のときは、セックスすればひとつ高いステージに登れるはずだと思うことは多いけれど（って、多いのか）、実際にやってみても登れるステージなんて、たいしたものではない。いまでは、童貞の妄想のほうが豊かだったかもしれないと思う五一歳の自分だが、それでも童貞のときの残り香は、人生を支配している。

もっと先のセックスがあるかもしれないとか、ついつい思っちゃうんだよね。まあ、あるのかもしれないが、おじさん、よく知らないよ。

セックスの達成感とそのあとの賢者タイムの繰り返しの中で、セックスについての考えはぶれまくりだが、そんな振幅がきっちり入っていて、自身のほそぼそとした体験を俯瞰してしまった。

『それでも夜は明ける』

（二〇一三年　アメリカ　監督：スティーヴ・マックイーン）

奴隷解放宣言前、北部の自由黒人が拉致され、奴隷として南部に売られた一二年。全編、怒りがたぎりどおしだ。人が人の自由を奪い、従属させることがどれほど罪深いか。その毒が奴隷と所有者、双方の心をどれほど蝕むか。昔のことだと済ませるわけにはいかない。現代にもその残響はある。人が人を支配しようとするとき、奴隷制度の害毒がしみだすのだ。

『偉大なる、しゅららぼん』

（二〇一四年　日本　監督：水落豊）

いままでの万城目学原作のローカルルールなファンタジーのなかでも、いちばんよく撮れていて、自分好みだった。キャスト、スタッフともに、こしらえのていねいな映画で、小気味よい青春映画になっていたじゃないか。

『リディック：ギャラクシーバトル』

（二〇一三年　アメリカ　監督：デヴィッド・トゥーヒー）

『ピッチブラック』以降、三作目になった「リディック」シリーズ。今回は『エイリアン』的怪生物のいる世界からの脱出譚。

ヴィン・ディーゼルの俺様ぶりに、感情移入のポイントがゆらぐのが難だが、肉体派スペースオペラとして楽しかった。

『パズル』

（二〇一四年　日本　監督：内藤瑛亮）

『愛のむきだし』を観たときに近い衝撃があった。いびつであり、ひとりよがりでもあり、残酷でありながら、一途な愛による、少女の解放を描いている。

『リアル鬼ごっこ』の山田悠介が原作で、『先生を流産させる会』の内藤瑛亮が監督だ。双方とも歪《いびつ》なえぐ味を持ち味とする作家だ。映画『パズル』も分解しきれないえぐ味が横溢している。目を覆いたくなるほど凄惨。思わず声をあげてしまうほどショッキング。そして、人間の可能性を根こそぎ否定するほどゲーム的だ。しかし、それでありながら、美しく澄みきった純愛の香りが漂ってくる。

こんなの高校生が観ていいの？　いや、観るべきかも。夏帆、すげえや。

『アナと雪の女王』

（二〇一三年　アメリカ　監督：クリス・バック、ジェニファー・リー）

『プリンセスと魔法のキス』、『塔の上のラプンツェル』、『シュガー・ラッシュ』と、最近のディズニー・アニメの快進撃は驚くばかりだ。とりわけ『塔の上のラプンツエル』での古典的おとぎばなしを現代にアップデートする手腕の巧みさには舌を巻いたし、CGアニメーションの技術には圧倒されるしかなかった。

その快進撃はさらなるステージへと歩を進めたようだ。考えぬかれたシナリオ、習熟したキャラクターづくり、CGアニメとしての進化、比類もないミュージカル楽曲があいまって、古典的要素に現代の問題意識を織り込みながら、あらゆる観客を興奮させつつ、つねに考えることをやめさせない内容になっている。

初日に3D字幕版で鑑賞し、数日後に2D吹替版を観た。

雪の舞う光景を満喫し、スペクタクルシーンで興奮するために3Dは必須だ。併映の短編『ミッキーのミニー救出大作戦』も3Dで観ることを前提にしている。吹替版もすばらしい。ミュージカルナンバーの訳詞がしっかりなされているし、定評あるディズニー・アニメの吹替ならば安心だ。松たか子や神田沙也加、ピエール瀧の起用がスポーツ紙の紙面づくりやワイドショーの時間づくりに貢献する単なる話題作りのためのものでなく、きちんと仕事をさせていることがよくわかる。

3D吹替版があれば最高だが、いまのところ劇場では見られないようだ。大ヒットしているので、どこかで上映してほしい。また、最新の音響システム「Dolby Atmos」を採用しているので、これに対応した劇場でも堪能したいところ。日本ではまだ、対応劇場が少ないんだよね。

ディズニーのアニメ作品フォーマットでプリンセスとプリンスの存在は中心にある。作品の多くが「むかしむかし」からはじまり、冒険を経て、「ふたりは幸せに暮らしましたとさ」と結ばれる。怪物であったり王子さまであったりするプリンスと、薄幸の姫であったり人魚であったりするプリンセスとの恋愛の成就をひとつのゴールとしている。もちろんディズニーだけではなく、童話の基本的なフォーマットである。

テレビゲームをテーマにした『シュガー・ラッシュ』の中でさえ、ヴァネロペとラルフというキャラクターで古典的な形を踏襲してきた。バグ入りではあるがプリンセスであるヴァネロペを救うため、不出来な悪役、ラルフが意志の力でプリンスとなる成長の物語となっている。

しかし、『アナと雪の女王』の挑戦はすさまじい。プリンセスをふたりにした上に血筋の正しい古典的プリンス、ハンスを悪役にしてしまったのだ。もちろん氷配達人のクリストフという存在はいて、その行動はプリンスたるにふさわしいものだが、物語の結末で彼にあたえられるごほうびは、新車の橇《そり》と王室御用達の氷配達人の称号である。プリンスをプリンスとするために必要なプリンセスとの愛の成就、つまり〝承認〟は描かれない。

絶大なる力を持つ魔王や邪悪な魔力を使う継母など、打倒し克服すべき絶対的な悪も存在しない。存在するのは煽動者にして、目先の利欲で行動するウェーゼルトン公爵と、機を見るに敏なハンスのみだ。

物語はエキサイティングだ。音楽とコメディ要素により、立ち止まり考える時間はあまりにも少ない。しかし、反芻してみれば、映像のスケールは大きいものの、そこで描かれることは、少女たちの内面という小さな問題であることがわかる。雪の魔力という本性を持ちながら、女王になるべき運命に縛られた姉のエルザが、抗えない宿命を調和させるか。これがこの映画で投げかけられる最大のテーマだ。

雪の魔力はエルザにとっての呪いだ。その呪いは神話のミダス王を思い出させる。触れたものすべてを黄金に変えてしまうミダス王はやがて最愛の娘さえも金に変えてしまう。自分の王国を雪と氷の世界に変え、愛するアナさえも氷の塊にしてしまう。エルザは生来の善良さでもっとも愛するアナと離れて生きるという枷をつける。愛するがゆえに縛られるエルザと、それを知らないままに孤独と疎外感を感じるアナ。ふたりの距離感を歌った「雪だるま作ろう(Do You Want to Build A Snowman?)」はすばらしい曲だ。

さらに戴冠式直前の曲「生まれてはじめて(For the First Time in Forever)」。無邪気に解放感を味わうアナと、運命を甘受しつつ、より深い苦悩に苦しむエルザのコントラストを見せる。巨大で強力な敵と戦う勇ましい物語ならば構図ははっきりわかる。この物語では、現代のヒロインとしてアクティブな要素はアナが受け持ち、エルザは運命の桎梏をかかえながら、自分の内なる魔女と戦わなければならないプリンセスであり、魔女という、童話のふたつのロール(役割)

を一身にかねそなえている。

プリンスのロールは誰にあるのか、これは明確だろう。アナだ。この際、性別は関係ない。

眠れる森の美女、オーロラを救うためにドラゴンと戦うフィリップのように、アナはさまざまな困難に立ち向かう。そして、「愛とは、自分のことより相手のことを考えること」という〝承認〟を自己犠牲の形をとって体現する（ここって、ゲーム『ＦＦⅣ』のパロムとポロムみたいだね）。

ディズニー初のダブルヒロインとして紹介される『アナと雪の女王』だが、プリンス、プリンセス、魔女、呪い、承認といったロールをダイナミックに再配置した作品でもあるのだ。

この再配置により「ありのままで（Let It Go）」という曲の輝きは至上のものとなっている。生まれついての魔女でありながら、女王であるという、自分を拘束する運命から解放され、魔女は魔女のままで、生きていけるという自信を取りもどすのだ。知人が「長女コンプレックスからの解放」と言っていて感心したが、「あなたはおねえちゃんでしょ！　我慢しなさい」と育てられ、がんばりやでしっかりものである一方、がんこで融通がきかないという呪いをかかえた、世界中の長女たちが感情移入できることだろう。もちろん、リアルな長女だけでなく、すべての長女的な人たちへの普遍的なメッセージを発信している。

よく、こんなドラマを作り上げたな。ミュージカルという形は、テーマを凝縮された時間に叩きこむ最高のメソッドだと、つくづく思う。雪だるまのオラフがほんとうにすばらしい。夏に憧れる雪だるまという、自身の性質と反する夢をもつオラフだからからこそ、愛の意味を語り、自己犠牲の形を嫌味なく見せ、アナの見せた奇跡の一瞬への橋渡しをする。

そうして姉妹は幸せに暮らしましたとさ。そう結んでも、いいんじゃないか。そこに愛があれば。こんな内容を書きつつ、もう一回、映画館で観たくなる。それほど魅力的な作品だった。

『LIFE!』

（二〇一三年　アメリカ　監督・出演：ベン・スティラー）

仮定法過去形を現在形にする男の物語。まるで「LIFE」誌そのもののような人とランドスケープがからむ映像から、くっきりとした意志が浮かびあがってくる。シャーリー・マクレーンの起用がうまいなぁ。いくつか気になるところはあるけど、いい気分になれる映画だ。

『LEGO ムービー』

（二〇一四年　アメリカ合衆国／オーストラリア／デンマーク　監督：フィル・ロード、クリストファー・ミラー）

やばい。これはおもしろかった。自分が子供のころにブロックを遊んでいたときの記憶を蘇らせてくれる上に、大人だからこそ楽しめるスパイスもふんだんにある。バットマンが最高すぎる。ツイストに仰天した。反復してもう一回観たいなぁ。

『ローン・サバイバー』

（二〇一三年　アメリカ　監督：ピーター・バーグ）

海兵隊はたいへんだけど、それでもがっつりやったるぜという『ネイビー・シールズ』的追体験映画。いやもう、痛くて、ひどくて、凄まじかった。出演者みんなひげ面ばかりで、最初にキャラクターを把握するのが大変でしたよ。

『ワンチャンス』

（二〇一三年　イギリス　監督：デヴィッド・フランケル）

ポール・ポッツの事実に基づく成功物語。手堅いクリシェとコメディ要素のふんだんなドラマで、観ている間、いい気分になれる。人生の成功に必要なのは、いい嫁さんなんだなぁ。映画としては、一九二七年の『ジャズ・シンガー』と同工異曲な音楽成功もの。劇中、〝With great power, comes great responsibility〟というおなじみのセリフが出てくるのだが、字幕で〝great power〟を「大国」と唐突に訳していた。字幕翻訳者は『スパイダーマン』を観ていないのかな。

『白ゆき姫殺人事件』

（二〇一四年　日本　監督：中村義洋）

『告白』の湊かなえが原作、『藁の盾』の林民生が脚本、『アヒルと鴨のコインロッカー』の中村義洋が監督というだけで、俄然、期待してしまう。実際に上映中は没頭してしまった。なにより饒舌でありながら、急所をつく精度がすごい。

「ツイッターの炎上がテーマ」と宣伝されており、実際にツイッターのタイムラインのような演出が随所にある。しかし、それだけではない。ひとつの殺人事件の謎を追って、ネットやテレビ、さらには噂話など、現代におけるさまざまなコミュニケーションが描かれている。しかも、それぞれの層において、なにげない憶測や悪意までが加速され、コミュニケーションに色をつけていく。

菜々緒が演じる美人OL、三木典子が、腹をメッタ刺しにされて殺された。さまざまな憶測が流れる中、ツイッターやワイドショーで犯人として騒がれたのは、同僚の城野美姫（井上真央）だ。ワイドショーの契約ディレクター、赤星雄治（綾野剛）が、ふとしたきっかけに、事件の核に切り込んでいく。

黒澤明の『羅生門』のように、さまざまな証言によって、切り替わる事件の真相。自己保身のため、嫉妬のため、功名心やスキャンダルへの渇望から、事実は偏向し、真相は揺らいでいく。バカッターや、匿名掲示板、ワイドショーの報道被害など、日々の生活の中で、多くの人々が目にする事象をとりあげながら。それを映画という形で結実させたのはすばらしい。
途中までは、テレビの画面で観てもいいような話だなと思っていたが、あるシーンで、これは映画館で観るべき作品だと確信した。クローズアップからロングショットまで、中村義洋監督のうまさが際立っていた。インターネットやテレビ、近所のうわさまで、人と人のコミュニケーションにおけるさまざまな偏向と悪意の混入を悲しいまでに戯画化しつつ、それでもコミュニケーションでしか人間は救われないところまで描ききっているのは、さすがだ。やられたなぁ。

『大人ドロップ』

（二〇一四年　日本　監督：飯塚健）

妄想や戸惑いに満ちた回想の一〇代を描くために過剰な言葉にあふれている。それは演劇的空間を思わせるが、なにより、巧みな出演陣のみずみずしさが滴る演技で彩られた空間は愛おしい。とりわけ、小林涼子のツンデレぶりが出色。まいりました。

『アデル ブルーは熱い色』

（二〇一三年　フランス　監督：アブデラティフ・ケシシュ）

東京国際映画祭で一度見て気になっていた『アデル ブルーは熱い色』が、ついに劇場公開。カンヌ映画祭パルムドール受賞作であり、国際映画祭での上映であるにもかかわらず、ボカシだらけになった問題作だ。
なによりも生々しいレズビアンシーンが話題になった作品だし、撮影における性器が特殊メイクで、作られたこともネタになった。では、往時の『エマニュエル夫人』のようなソフトポルノかといえば、そんなことはなく、自身の本質や性の嗜好に悩む少女と〝運命の人〟との成長を描いた作品であり、愛しあいながら、コミュニティや階級、教養に起因する枷の悲劇を描いた作品なのだ。

オールヌードのレズシーンを楽しみに観にいくのもいいけれど、アデルの呪縛を感じながら、みずみずしい撮影を楽しむのもいいと思うよ。

文学の才能はあるものの、堅実な労働者階級に生まれたアデルと、アートに生き、性にも自由なエマ。これは愛し合いながら、階級やコミュニティ、因習、教養を越えられなかった恋人たちのドラマだ。

文学に対する興味や関心もありながら、幼児教育という現実的な日常に自身を閉じ込め、「文章を書いたらいいのに」というエマのアドバイスを聞き入れないアデルは、同性のエマを愛しながら、自身がレズビアンであることを誰かに知られるのを極端に恐れている。

エマに対するパッションが心身を苛みながら、身に沁みた因習から一歩でも外に出られなかった少女。

ふたりの間にたしかな恋愛があったことは事実だが、誰かを愛するということは相互に影響を受け、変わっていくことだったのに、それができなかったアデル。

ふたりの住むコミュニティの違いは、それぞれの家族や友人の姿を通して、丹念に描かれている。一〇代ならば、未来の成長への可能性をもって、相手を信じることもできるが、年をとるごとに、その可能性はなくなっていく。

物語の終盤の古典のシーンで、かつてはアクション俳優としてハリウッド映画を目指していた青年が登場し、いまでは、不動産業を営んでいるというが、その立場こそ、アデルに近いものだった。

『ワールズ・エンド 酔っぱらいが世界を救う!』

(二〇一三年　イギリス　監督:エドガー・ライト)

傑作。大好き。何度でも観たい。ぼくのネタバレ回避エンジン高性能すぎ！　一晩で一二軒のパブを回り、一パイントずつのビールを飲む話と聞いたから、『ハングオーバー！』みたいな酔っ払いコメディだと思って観ていたら、今年のベスト級映画だったよ。ぼくの好きなもの、全部入りだ。もう一回、最初から観直したい！　すげえや。『ホットファズ 俺たちスーパーポリスメン！』や『ショーン・オブ・ザ・デッド』のエドガー・ライト監督とサイモン・ペッグの映画だから、ただで終わるはずがないのだが、まさか、これほど濃密なコメディになっていたとは！

ああもう、ほんとにネタバレしちゃうけど、この映画が『光る眼』へのオマージュだと知って拍手したくなったよ。『光る眼』はジョン・カーペンターがアメリカを舞台にリメイクしているけど、もともとイギリスの作家、ジョン・ウィンダムが書いた侵略テーマのSFで、一九六〇年にイギリスで最初に『未知空間の恐怖 光る眼』（ビデオ版タイトル）として映画化された。何者かによって、子供たちが超能力を持つことになり、村を支配するというのが『光る眼』だが、『原子人間』や『ボディ・スナッチャー／恐怖の街』など、知らぬ間に人がのっとられていくというテーマは、東西冷戦の熾烈なこの時代に数多く書かれ、映画化されてきた。その背後には、得体の知れない子供たちへのジェネレーション・ギャップや、東西冷戦下における共産主義の恐怖といったテーマが隠れていた。

二一世紀の現代、侵略テーマを復活させるとしたら、共産主義ではなく、グローバリズムになるわけか！　映画が牙を見せたとき、一気にちりばめられたテーマが炸裂する。どこへいっても「スターバックス」のようなチェーン店。多様性を蝕む均一化された人とサービス。善意の名のもとの支配。そのすべてがイギリスのコメディならではの黒々とした毒で描かれる。

みごとなのは、一種の同窓会映画として、二〇世紀と二一世紀の時代を見せ、取り返しのつかない人生の袋小路という要素を織りこんでいることだ。これによってグローバリズムによる均一化への魅力と不安も同時に描くことができている。いや、やつらの言うこともっともなんだよなとか、ついつい思ってしまう。

渋谷のシネクイントではタイアップ企画として、イギリスのビールを売っていたけど、ビールを飲んでるどころじゃない。意識をはっきりさせて、直視したいコメディなのだ。

『アクト・オブ・キリング』

（二〇一二年　イギリス／デンマーク／ノルウェー　監督：ジョシュア・オッペンハイマー）

すさまじいドキュメンタリーだ。一九六〇年代にインドネシアで起こった大量虐殺事件をぼくらは知らない。スカルノの失脚前後の共産党のクーデターとその後の熾烈な共産党狩り。映画においてはオーストラリア映画でメル・ギブソン主演の『危険な年』で描かれたこともあるが、クメール・ルージュの粛清ほどの知識もない。

なにより驚くべきは、インドネシアでは虐殺を行った当事者たちが、現在も地元の実力者として繁栄を享受していることだ。

虐殺を生き残った被害者たちへの取材を禁じられたジョシュア・オッペンハイマー監督は、カメラの向きを加害者に変え、「自分たちのやった虐殺の歴史を描くため、あなた自身が演じて歴史を再現しませんか」と、持ちかける。多くの人を殺すという行為（アクト）を虐殺を再現するという演技（アクト）にさせる。ドキュメンタリーとは、現在進行中の事象を傍観者的に取材するという常識は、この仕組みの前に崩れ去る。

冒頭から驚くべきは、子どもたちに自分たちの歴史を伝えるべきだという〝使命〟に喜び、撮影を快諾し、嬉々として衣装を身につけ、演技する虐殺者たちの姿だ。拷問をし、針金で共産主義者たちの首を効率的に刎ねる行為の再現をする。異常だ。あまりにも異常すぎて、自分の目が信じられない。どうすればいいか。笑うしかないじゃないか。そんなことばと行動にあふれている。

常識が違えば、彼らのことを狂人とさえ思えなくなる。ヒストリーとフィクションとノンフィクション、それぞれの震源から発する地震波がせめぎ合うかのような、壮絶な彼岸といってもいいだろう。

孫たちとの時間を楽しむ好々爺のような男がかつて多くの人を無慈悲に殺し、それを悔いてさえいなかったのには驚いたが、彼にかつての自分を演じさせ、被害者の役まで演じさせることで生じたケミストリーには瞠目するしかない。

想像力と教養の欠如が他者の死に対して鈍感でいられる鎧なら、想像力と教養を持つことで取りかえしのつかない自分の過去が身を苛む悪魔的なトリックを呼ぶ。すごかった。エンドロールの「anonymous（匿名）」の多さにインドネシアの現在を感じて、ぞっとした。

『8月の家族たち』

（二〇一三年　アメリカ　監督：ジョン・ウェルズ）

舞台原作のエッセンスが凝縮されたようなハードコメディ。どんな魔女より手強い母と家族の呪いをエグさ満点のダイアログでぐいぐい描いていく。家族とか親戚って、血が繋がっていなければ付き合えない存在だね。おぞましさの実験場としか言いようがない。家族だけは逃げ場がなく、愛なんて、甘っちょろいことは言ってらいれない。それがまたせつなく愛おしい。

『映画クレヨンしんちゃん　ガチンコ！　逆襲のロボとーちゃん』

（二〇一四年　日本　監督：高橋渉）

『アイ、ロボット』、『WALL・E／ウォーリー』、『トイ・ストーリー3』、『サウスパーク』、さまざまな借景を踏まえつつ、現代日本の世相を憂慮した内容。細かいネタも潤沢で「クレしん」の枠の中ですばらしくよくできている。とーちゃんのアイデンティティ・クライシスにもう一歩、踏み込めれば完璧だったけれど、それをやっちゃうと「クレしん」じゃなくなっちゃうのかもね。

『キャプテン・アメリカ／ウィンター・ソルジャー』

（二〇一四年　アメリカ　監督：アンソニー・ルッソ、ジョー・ルッソ）

アクション、ポリティカル・サスペンス、ロマンス、香港映画、円谷特撮、東映特撮、SF、エスピオナージュ……。〝全部入り〟でありながら、奇跡の完成度を誇る超絶作品。しかも、『スター・ウォーズ』の香りまでして、ひとつの映画の中にこんなに入っちゃって、いいのだろうか。

打ちのめされるような完成度の高い娯楽作品だった。大小のカタルシスとさりげない叙情のバランスが絶妙で、現代における敵の設定が抜群だ。もちろん、想像の世界の敵なんだけど、アメコミ映画の中で、その敵の姿を外挿することの効果はすごい。

『アベンジャーズ』を頂点とするマーベル・コミックスの世界が次々に映画化される中、同工異曲のアメコミ・ヒーローが粗製乱造されるのではないかという恐れは杞憂となった。

キャプテン・アメリカはナチズムと対峙するアメリカのスーパー・ソルジャーだ。全身を覆うのは星条旗をモチーフとしたスーツ。その存在そのものが、アナクロニズム漂う古き良き時代のアメリカの象徴として、マーベル映画の中で蘇ったというのがおもしろい。その心情、存在がプラグマティズムに満ちた二一世紀のアメリカに対する批評的視点になっているのがうまい。

なにより、キャプテン・アメリカを演じるクリス・エヴァンスがつくづく美しいのだ。淀川長治さんが彼を見たら、なんと言うことだろう？　その佇まいそのものが、かつてのアメリカが愛した理想形ではないかと思ってしまう。

キャプテン・アメリカはアベンジャーズ世界の中核的存在になっている。この映画も『アベンジャーズ』

という大樹の枝葉ではなく、しっかりとした幹となっている。ヒーローを創造したアメリカが、ヒーローによってあるべき世界へと回帰するドラマは、胸を打つ。

そして、キャプテン・アメリカに寄り添うブラック・ウィドウはどんな峰不二子より峰不二子的で、楽しくなっちゃう。

これ、日本の特撮ファンにもぜひ観てほしい。あのシーンなんて、円谷特撮が好きな人は、必見だよ。スケールの大きな話でありながら、ワシントンDCにこだわった作りは最高だね。

シナリオ作りにあたっては映画『コンドル』を下敷きにし、『コンドル』に主演したロバート・レッドフォードを重要な役に起用したという。そう聞いて、納得した。

経済や安全の効率を求めるために複雑化する世界の中で、情報は分断され、あるべき人の姿も歪められる現在。キャプテン・アメリカは口数こそ少ないが、その高潔で揺るがない奉仕の姿勢は、断固たるキャラクターとして存在し、この映画に登場する得体の知れない敵の姿と、きっちりしたコントラストを見せている。

敵は第二次世界大戦中に生まれたヒドラだ。世界征服を企む悪の首領や魔王といったひとりの巨悪ではなく、まるでコンピュータ・ウィルスのように、システムの影の中に潜む集合体なのだ。

悪の帝国や宇宙から来た侵略者をやっつければ、世界に平和がもたらされた時代はよかったけれど、もはや、そういう時代でないことは、誰もが知っている。そんな中で、オールド・ファッションなキャプテン・アメリカが静かに力強く戦う姿は気高く美しい。

世界レベルの陰謀を描きながら、この映画の舞台のほとんどは、アメリカの首都、ワシントンDCだ。ロケーションの意味を最大限に使っている。アメリカのエンターテインメントに嫉妬さえ覚える。彼らはノスタルジーの甘美な鎧に閉じこもるのではなく、つねに現代を見つめ、その中でキャラクターを再生させる不断の努力にいそしんでいる。その上で、子どもから大人まで、楽しめる作品を作っているのだ。この映画はアメリカの娯楽映画の歴史を集約した産物であると同時に、未来の可能性を見せてくれる意欲的な純粋娯楽作品だ。

『チョコレートドーナツ』

（二〇一二年　アメリカ　監督：トラヴィス・ファイン）

客席のあちこちからすすり泣きが聞こえてきた。ぼくも涙もろいほうだが、全然、泣けなかった。その代わり、怒りに満ちていた。

作中描かれる良識ある人たちの無意識な差別に腹が立ってしょうがなかった。不幸な子がかわいそうと泣くことさえ、浅薄な差別のように感じてしまう。もちろんダウン症の子どもの健気さには、心を奪われるのだが、単なる〝泣ける映画〟として、消費したくない。こういう時代はあったし、こういう差別の意識はいまもあまねく存在する。

『アメイジング・スパイダーマン2』

（二〇一四年　アメリカ　監督：マーク・ウェブ）

新生スパイダーマンは二作目となっても「ひゃっほー」シーンみなぎる作品となっていた。なにより瞠目すべきは、そのアクションシーンのことごとくが、スーパーパワーを行使する喜びに満ちていることだ。これだけでスクリーンでこの映画を観る理由になる。さらに3D演出もスパイダーマンのアクションを効果的に見せてくれている。撮影時は2Dで後処理の3Dだが、ニューヨークという空間を縦横無尽に飛び回るスパイダーマンの姿を見るためにも3Dは必須といえるだろう。

きちんと描いているのはそれだけではない。市民の中のヒーローとして、いじめられている子どもを救い、消防官や警察官とも協力するなど、マメに活躍している。「ひゃっほー」する市民の中のヒーローという要素がしっかり描かれていれば、巨大な敵との戦いも納得できる。

ちょっと気になることがある。サム・ライミの「スパイダーマン」三部作が童貞感あふれる内容である一方、マーク・ウェブの『アメイジング・スパイダーマン』はリア充のドラマになっているという指摘だ。なるほど、一見、旧三部作は「大いなる力には、大いなる責任を伴う」という使命のみならず、キルスティン・ダンスト演じるMJ（メリー・ジェーン・ワトソン）との恋愛を成就させようという葛藤に満ちていたが、『アメイジング・スパイダーマン2』は、美人で才媛のグウェン・ステイシー（エマ・ストーン）とリア充な関係を築いているというのだ。

キルスティン・ダンストより、エマ・ストーンのほうが美しい。前三部作の最大の謎が「なんで、キルスティン・ダンストを起用したの？」ってことだった。失礼ながら、無駄なナイスバディと言ってもいいキルスティン・ダンストだ。彼女にもやもやするピーター・パーカーが不憫でたまらないと思ったものだけど、余計なお世話だね。

童貞的に煩悶するのがスパイダーマンの美点ではない。若いニューヨーカーとして、市民の中で活躍することがスパイダーマンの美点ではないかと。その意味では、今回のスパイダーマンもぶれていない。ただ、つきあう相手が、MJなのか、グウェンなのかという違いだけだ。

サム・ライミの『スパイダーマン2』は傑作だ。神がかった名シーンもある。そのディテールはいまだに心に焼きついている。しかし、だからといって旧作に義理立てて『アメイジング・スパイダーマン2』を観ない理由はまったくない。ここで描かれた伸びやかな若さとそれゆえの葛藤。そして、胸おどるアクションを堪能してほしい。

ちょっと心配なのは、父と子の因果律を濃厚に描いているところだ。ピーター・パーカーと亡き父、リチャード・パーカーの関係。グウェン・ステイシーにとっての父、ジョージ・ステイシーが遺言のように語ったピーターへの足かせ。ハリー・オズボーンに流れるノーマン・オズボーンの血の呪い。

「親の因果が子に報い」的なテーマが濃厚に展開されているのが、新三部作の特徴であり、多くのテーマは次回でクライマックスを迎えるのだろう。しかし、この重たい連鎖がスパイダーマンの闊達《かったつ》さの枷にならなければよいと願うばかりだ。

なにはともあれ、エレクトロ（ジェイミー・フォックス）の、好きすぎて嫌いになる悪の設定はすばらしい。『アメイジング・スパイダーマン2』は絶対悪なき時代のヒーロー映画というテーマを裏打ちする存在になっている。

『テルマエ・ロマエII』

（二〇一四年　日本　監督：武内英樹）

スマッシュヒットコメディの二作目。塩野七生が長年の歳月をかけて築いてきたローマ帝国への理解を一瞬にして破壊する、緩くて退屈な映画。平和ボケした主人公、テシウスが温泉平和主義で好戦的な元老院を鎮め、平和を愛するハドリアヌス皇帝が凱歌をあげるなんてなあ。キャラクターはなきに等しく、記号としてのなにかが、ローマ帝国と草津温泉をいったりきたりする。つくづく思うが、一発ネタは去り際が肝心だよ。

『プリズナーズ』

（二〇一三年　アメリカ　監督：ドゥニ・ヴィルヌーヴ）

人間の業と神の視点をハイコントラストで浮かび上がらせるサスペンス映画。

ドゥニ・ヴィルヌーヴ監督の前作『灼熱の魂』はまさに衝撃の作品であった。亡き母の遺言によって託された秘密を明かす姉弟のドラマであるが、その秘密はあまりにも凄まじく、苛烈な生への問いかけが横溢していた。

その監督の最新作であるから期待はしていたが、その期待を数倍にして返してくれた。

見かけ上は失踪した娘を探す父親の執念をエンジンにして、くねくねと二転三転するドラマをたどるサスペンスでありながら、随所に仕掛けられたメタファーにしびれる神話的構成となっている。

一級のサスペンスでありながら、劇場が明るくなっても、鑑賞者の信念に対する問いかけが、圧倒的な質量とともにのしかかってくる。

タイトルの「囚われた人」(プリズナー)とは、連れ去られた娘のことを意味しつつも、物理的に囚われた人、信仰に囚われた人、正義に囚われた人、過去に囚われた人など、さまざまな意味をかけあわせている。

なにを書いても、あなたがフラットに観ることを妨げてしまう。これはきちんと観てほしい。

開巻早々の神への祈り。刑事の名が北欧神話では知恵を持つトリックスターとして登場する「ロキ」であり、その指にはフリーメイソンの指輪があること。また、干支に関する興味深い会話。ヒュー・ジャックマンの名前が、災厄のときのために準備するもの=「ケラー」であることなど、表層のサスペンスドラマのほかに、さまざまなメタファーを織り込ませていることが、興味深い。

北欧神話のロキも神話の中では、『ロキの捕縛』として、囚われの身となった境遇を描かれている。

また、『ダークナイト』など、アメコミ映画で繰り返し語られる、アメリカ社会に見られる自警団の問題……。自分の家族やコミュニティにふりかかる災厄は自身の手で解決すべきという思想に対する問いかけも提起されている。さらには神という羊飼いの前に立つ羊として、なにをなすべきか。

シンプルに手に汗握る展開を楽しむ際、そういったことを無視しても構わないのだが、この映画に散りばめられたメタファーの数々は親の正義であるとか、アメリカやキリスト教的啓示のことなどを含めて、快刀乱麻に解題しづらい問題提起を心に残してくれる。アメリカ的なものを描いた映画だが、日本でも発生したいくつかの監禁殺人事件を思うとき、これは他人ごとでは済まないものがあると、思ってしまった。

『ブルージャスミン』

（二〇一三年　アメリカ　監督：ウディ・アレン）

自分探しの行き着く先を描いたような、皮層としての虚飾の映画。スコセッシなら『ウルフ・オブ・ウォールストリート』でエネルギッシュに描くところをきわめて意地悪く、きわめてうすら寒く幻想の皮を剥いでいく。ケイト・ブランシェットのメンヘル・セレブぶりがすさまじい。それにしてもウディ・アレンらしい、意地悪な映画だなぁ。

『WOOD JOB!（ウッジョブ）～神去なあなあ日常～』

（二〇一四年　日本　監督：矢口史靖）

よかったな。いつまでもこの幸せな時間とともにいたい。心からそう思える作品だった。林業の過酷、畏れ、気高さのすべてを潤沢につめこみ、ユーモアとスペクタクルまで欲張ってる。カリカチュアされすぎた主人公も当初は感情移入しづらかったが、やがて愛すべき存在になるのがいいね。

『闇金ウシジマくん Part2』

（二〇一四年　日本　監督：山口雅俊）

待ちに待ったピカレスクヒーローが帰ってきた。今回も都会の底辺を生きる人々をカットバック、カットアウェイなどを駆使して、コントラストも鮮やかに見せてくれる。ある種のファンタジーなんだけど、ヒリヒリする詩情は健在で、活きがいい役者を見る楽しみもあった。ウシジマくんの闇金世界も現行の法制度では存在しにくいものだけど、だからこそ描ける、色気のある底辺というのはあるんだよね。

『青天の霹靂』

（二〇一四年　日本　監督：劇団ひとり）

浅草の劇場支配人に風間杜夫を配しているのは『異人たちとの夏』を意識してるためかな。吉本映画とはレベルがちがう映画の空間をしっかり堪能した。視点の置き方やカタルシスの処理には疑問が残るが、忘れがたい映画となっている。

『X-MEN：フューチャー&パスト』

（二〇一三年　アメリカ　監督：ブライアン・シンガー）

よかった。激しい戦闘と人間の意志が、ふたつの時代を明確につなぐ。ベトナム戦争時代のアメリカという時代設定が絶妙で、せつない時間テーマも巧みに織り込んでいる。充実したエンターテインメントだった。

『グランド・ブダペスト・ホテル』

（二〇一四年　ドイツ／イギリス　監督：ウェス・アンダーソン）

これは楽しかった。なんてチャーミングで、なんて楽しい空間なんだ。コメディ、ノスタルジー、ドラマ、サスペンスのバランスが絶妙で、観ているあいだ笑顔が絶えなかったよ。もう一回観たいなぁ。

『捨てがたき人々』

（二〇一四年　日本　監督：榊英雄　出演：大森南朋）

ああもうもったいない。原作を愛し、キャストの熱演はすばらしい。それはわかるけれど、演出であるとか、画作りであるとか、そういう部分にセンスと意志と体力が欠けている。とはいえ、みんな脱いでいて、そこはいい。

『ニード・フォー・スピード』

（二〇一四年　アメリカ　監督：スコット・ワウ）

わははは。ブルーカラー大陸横断公道レース映画として、つくづくよくできているなぁ。しっかり興奮したり、笑ったり、息を呑んだりしたよ。いろいろ、強引な設定はあるものの、そこを突っ込むことは無粋でしかない。監督のスコット・ワウはスタントマン出身らしいが、スタント出身で娯楽映画がうまい人って、ほんとうれしくなっちゃうね。

『ノア　約束の船』

（二〇一四年　アメリカ　監督：ダーレン・アロノフスキー）

人間の原罪についてこだわってきたダーレン・アロノフスキー監督が、この映画に辿り着いたのは必然なのかもしれないね。「聖書ネタで諸星大二郎やるつもりか」みたいな興奮があった冒頭だけど、もう一発の破壊力がほしかったなぁ。

『ホドロフスキーのDUNE』

（二〇一三年　アメリカ　監督：フランク・パヴィッチ）

仮定法過去の映画。映画の歴史を変えるはずだったホドロフスキーの巨大プロジェクト『DUNE』に迫るドキュメンタリー。人たらしとしての監督の魅力がぎっしり。その残光だけで、歴史は十分変わっているよ。

『私の男』

（二〇一四年　日本　監督：熊切和嘉）

二階堂ふみはどこまでいくんだろう。空虚が生み出す非道徳を、すさまじく贅沢に描いている。きっぱりとした意志を持って、映像の隅々まで作りこまれており、劇場でそれを目の当たりにする快感はたまらない。これっぽっちも感情移入できない主人公たちに、これ以上なく酔わされた。凄惨な話だが、豊かなエンターテインメントだと思った。

『サード・パーソン』

（二〇一三年　アメリカ／イギリス／ドイツ／ベルギー　監督：ポール・ハギス）

脚本・監督のポール・ハギスにしてやられた。愛と希望と懺悔のトリニティ。虚実のせめぎあい。戸惑いさえも叙述のトリックだったとは……。もう一度いますぐ見返したい。

『300〈スリーハンドレッド〉～帝国の進撃～』

（二〇一四年　アメリカ　監督：ノーム・ムーロ）

映像のセンスやインパクト、一発の決めゼリフは前作にはおよばないが、特筆すべきはアルテミシア役のエヴァ・グリーンですよ。エヴァ・グリーンが全開すぎて、ギリシャ男たちの腹筋はどうでもよくなっちゃうんだよなぁ。

『ラストミッション』

（二〇一四年　アメリカ／フランス　監督：マックG）

ハリウッド映画ならぬ〝パリウッド映画〟。ハリウッドを目指したフランス映画。親父と娘、殺し、CIAとか、『96時間』と同工異曲の設定にくらくら。リュック・ベッソンって人は、似たような映画を何本、撮ったら気が済むんだ。

『渇き。』

（二〇一四年　日本　監督：中島哲也）

映像の装飾過剰はともかく、柳下毅一郎氏が言うところの〝副音声映画〟と等しいほどの説明過剰に辟易した。自分の表現で言えば、空間恐怖症的映画だ。映画における時間と画面を説明と血で埋め尽くしたようなもので、メタファーと詩情が圧倒的に欠けている。ただ、これが小松菜奈という新生をヒロインにすえた〝裏返ったアイドル映画〟だと解釈し、腹をくくってからは、笑いながら楽しんでしまった。嫌いじゃない。

でも、二回は観たくない。だって、仕組みがわかった二回目は退屈するから。

『トランセンデンス』

（二〇一四年　イギリス／中国／アメリカ　監督：ウォーリー・フィスター）

人工知能の脅威映画としては新味がない。一九七〇年の映画『地球爆破作戦』から十年一日のようだ。『地球爆破作戦』と本作の違いは、コンピューターの中の人がジョニー・デップであること。おかげでヒロインの科学者と優しくロマンスを語りあえる。映画の中で描かれた教訓は、「善意のお節介は文明を滅ぼすから気をつけよう」ってことか。

『ビヨンド・ザ・エッジ　歴史を変えたエベレスト初登頂』

（二〇一三年　ニュージーランド　監督：リアン・プーリー）

ヒラリーとテンジンのエベレスト初登頂の再現ドラマ。これをヒラリーの母国であるニュージーランドのスタッフが作った意義は大きい。以前、IMAX撮影隊がエベレスト登頂に挑んだものの、山岳史に残る事故のため、断念したことがあった。その一部始終はIMAX作品になったのだが、この映画は、まさに映像体験のリベンジとして、3Dの神の御座体験を堪能させてくれるものだった。もっと大きなスクリーンで見たかったなあ。

『her／世界でひとつの彼女』

（二〇一三年　アメリカ　監督：スパイク・ジョーンズ）

コンピュータのOSと真剣な恋をした男の物語。なにがリアルで、なにがヴァーチャルか。そんな愚かしい議論をはるかに越えたところにある、これは純粋でありながら愛おしい大人の恋愛ドラマだ。テクノロジーとファンタジーの兼ね合いが絶妙にうまい。上海でのロケを多用しつつ、ロサンゼルスと言い切った映像デザインから、圧倒的なエモーションを溢れ出してくる。たまらんなぁ。スカーレット・ヨハンソンの声には悶絶した。

『パークランド　ケネディ暗殺、真実の4日間』

（二〇一三年　アメリカ　監督：ピーター・ランデズマン）

まるで磔刑後のキリストを囲む人々を描いたような濃密な作品。ケネディ暗殺を起点に、悲しみ、困惑、怒り、組織と個人のさまざまな感情と内外のコンフリクトを圧倒的なディテールで描いていく。こんなに感情があふれる作品だったとは。

『オール・ユー・ニード・イズ・キル』

（二〇一四年　アメリカ　監督：ダグ・リーマン）

トム・クルーズはこういう話がほんとに好きだね、〝空間〟なら『オブリビオン』、〝時間〟なら本作と言ってもいいくらい、共通点が多い。そこから透けて見えるテーマも近い。なによりも、手際よくできた娯楽作品だった。

『マレフィセント』

（二〇一四年　アメリカ　監督：ロバート・ストロンバーグ）

ＣＧアニメで描かれた『アナと雪の女王』が、きわめてラディカルに現代的なドラマを描いているのに対して、実写で名作アニメを再構築した『マレフィセント』は、視点こそ変えてきているものの、古典的な情緒にもとづくドラマを描いている。

『アナと雪の女王』同様、女性の共感を主題においてはいるが、こちらは、ロールとしての母親を強く意識している。では、男性が楽しめないかといえば、そんなことはない。合戦シーン、飛翔シーンなど、スペクタクルは大したものだ。

サンフランシスコのＩＭＡＸで鑑賞したが、日本でのＩＭＡＸ上映の予定がないなんて、残念なくらいだ。最近になって引退をほのめかしているアンジェリーナ・ジョリー。彼女の主演映画の中でもいちばんのヒットになっている。なるほど、どんなＣＧや特殊効果よりも彼女の顔芸の説得力はすごいもんな。

『アナと雪の女王』同様、〝真実の愛のキス〟の映画でありつつ、〝呪い〟に関する映画でもある。『アナ』の場合は、姉、エルサのすべてを凍らす〝呪い〟。こちらはマレフィセントの純粋であるがゆえに自分でも解くことができない〝呪い〟。

〝真実の愛〟への絶望から生まれた〝呪い〟だ。運命に翻弄される古典的な女のドラマは母としての愛へと昇華されていく。いくたびもの結婚を重ね、最近生まれた実子以外に、世界中から何人もの養子を引き受けているアンジェリーナ・ジョリーが、恩讐の焦点ともいうべきオーロラ姫と心を通わせるマレフィセントを演じるのは、とても興味深い。


その愛の構図そのものに新味はないし、ファンタジーとしての驚きは少ないが、何とも愛おしい作品だ。

『怪しい彼女』

（二〇一四年　韓国　監督：ファン・ドンヒョク）


コメディタッチの人情メロドラマを作らせるとさすがに韓国映画はうまいね。口うるさい七四歳のばあさんが、二〇歳の女性に変身。初々しい見かけとは、まったく違うババアならではの喋りやお節介、人生哲学を語り出す。ドイツへの出稼ぎや経済成長など、時代のメルクマールがはっきりある韓国ならではのディテールがよい。いささか予定調和的なご都合主義はあるけれど、好感をもってしまう。ヒロインはかわいいなあ。

観終わって、初々しい少女がみなどうしてクソババアになっていくのだろうという理屈が明確に立ちあがってくる。さらには、母親讃歌へと収斂させる作りはきわめて良質。劇場の平均年齢は高めで、ふだん、

BSやCSで韓流ドラマを見ているようなおばさま方中心だったけど、若い人に観てもらいたくなる作品だ。

『ジゴロ・イン・ニューヨーク』

（二〇一三年　アメリカ　監督：ジョン・タトゥーロ）

大人のラブ・ストーリーとして宣伝されているが、中高年男性の〝prostitute & pimp〟（男娼とポン引き）ドラマ。それが、ジョン・タトゥーロとウディ・アレンなのだから、楽しく滋味があるヒューマン・コメディになっている。客演（?）のウディ・アレンは作・演出のジョン・タトゥーロの期待によく応えている。

ニューヨークのユダヤ人社会でラビによる審問があるシーンは、唐突にホラー映画の『ポゼッション』（二〇一二）とか思い出したけど、興味深い世界だね。性に向き合う老境の男として、自分のなるべき姿は、どっちなのかとしみじみ感じ入ったよ。

『ダイバージェント』

（二〇一四年　アメリカ　監督：ニール・バーガー）

『ハンガー・ゲーム』同様、ヤングアダルト向けのフェミ風味ディストピア映画。特殊なシステムの未来社会で特別な才能を持った少女がイニシエーションを経て、世界を変革させていく。もれなくロマンスつきで。オリジナルが持っていたであろう神話的構造やメタファーが単なる設定にとどまり、その設定の解説と、イベントをこなしていくのみのドラマはありきたりなクリシェに満ちている。キャストはよかったんだけどなぁ。

『複製された男』

（二〇一三年　カナダ／スペイン　監督：ドゥニ・ヴィルヌーヴ）

『灼熱の魂』や『プリズナーズ』を撮ったドゥニ・ヴィルヌーヴ監督の新作。ノーベル賞作家のジョゼ・サラマーゴが原作だ。明快な答えを出すのがエンターテインメントとしてのミステリーだとすれば、これは全然ミステリーじゃないし、大雑把にいえば、不条理劇といってもいいいくらい。
　描かれるメタファーについては全然深読みできていないけれど、個人の罪悪感をもとにした光景が多く、楽しい映画だったなあ。カナダを舞台にした作品だが、『オープン・ユア・アイズ』のようなスペイン製サスペンス映画の雰囲気もある。立ちのぼる違和感と町女の匂いが素敵だ。また観たいとは思うけれど、ドラマの明快なカタルシスを求める人には、勧めにくい映画ではあるな。

『エスケイプ・フロム・トゥモロー』

（二〇一三年　アメリカ　監督：ランディ・ムーア）

　これを有楽町の日劇で見るというのはおもしろい体験だった。どれだけのディズニー映画がここで上映されてきたのか。
　フロリダのディズニーワールドで無許可のゲリラ撮影をしたことで話題の映画。中盤まではおもしろかったけど、後半はネタも枯れて失速しちゃったな。ディズニーワールドにはぼくも何度かいったけれど、この映画で描かれるような〝悪夢と〝異常性〟は、あの夢の王国にうんざりするほど長い時間滞在したら、身をもって体感できる。ディズニーなるものに対峙する上で、この映画のメソッドは子どもじみたレベルにある。

『思い出のマーニー』

（二〇一四年　アメリカ　監督：米林宏昌）

　スタジオジブリの新作だ。『借りぐらしのアリエッティ』の米林宏昌監督のほかに、錚々たるスタッフが配されている。色彩が過剰に溢れすぎている背景とか、ついつい光源をチェックしたくなるようなアニメ塗りの影がついた人物など、作画まわりは苦手だった。自分にとっては省略とデフォルメのセンスが、苦手な監督なのかもしれない。

ジブリも露骨に〝泣ける映画〟な方向になってきたのかな。まあ、よい話ではある。ストーリー以外の部分で、ディテールやメタファーが、もっとあってもよかったな。

『GODZILLA ゴジラ』

（二〇一四年　アメリカ　監督：ギャレス・エドワーズ）


ゴジラがハリウッドでふたたび映画化されるともなれば、その凱旋を小旗ふりながら迎え入れるしかない。今回、ゴジラが暴れる舞台のひとつであるサンフランシスコでこの映画を観られたことはよかったよ。怪獣映画こそ、ぼくらの時代のイベントムービーだし、その核としての『GODZILLA ゴジラ』は十分な作品ではあった。

平成の怪獣映画でよく見られるパターンって、怪獣が怪獣として存在する理屈の解明だ。これが自分には、邪魔でしょうがない。古生物学とか、放射線とか、もっともらしい理屈をつけていても、怪獣が怪獣として存在する理由なんて、じつはどうでもよい。人智を超えた圧倒的な破壊のメタファーとして存在するだけで、かまわないのだ。

だから、今回のゴジラが、そういう理屈を言いはじめたときに〝やばいな〟と感じた。また、見せ場を多くするためにあまりにも無理のあるシチュエーションを作りすぎているのにも辟易した。なんだ、あのかっこいい予告編から期待した黙示録的光景なんてここにはひとつもなくて、期待しすぎたことを残念に思うばかりだった。

主役として登場した渡辺謙も、セリフというよりは顔芸担当という感じだった。放射能問題もいろいろとりあげているものの、それがテーマとして昇華されることはない。まあ、今度のゴジラは超巨大な熊さんみたいでかわいかったよね。アメリカで作っても、もっともらしい存在意義をあたえなければならないっていう、怪獣映画の罠にハマっちゃうものだなぁ。

いや、このストーリーとドラマはゴジラじゃなくて、ガメラ（それも平成の）だよね。古代文明的なものは出てこないけど、理屈づけが平成ガメラをリーズナブルにアレンジした感じ。しかも、ライバル怪獣ムートーのおかげで、ゴジラは怪獣王ではなくなり、牛とか象とかの草食巨大動物感さえ、出てきちゃったよ。ワン・オブ・ゼムのゴジラなんて、ゴジラじゃないやい。

演出も『ジョーズ』を意識しているとのことで、本体をなかなか正面切って描いてくれない。これにはかなりストレスがたまったよ。圧倒的な力を持っている存在が、人間が作った構造物を破壊するのが、醍醐味ってやつだよね。なんで、そこを避けちゃうの？

帰国後、日本のＩＭＡＸで二度目を観て、特撮シーンを楽しんだのだけれど、やっぱりしっくりこない。ああ、『パシフィック・リム』はよかったなぁ。それ、言っちゃやだめですか。

『るろうに剣心 京都大火編』

（二〇一四年　日本　監督：大友啓史）

一作目は乗り切れなかったが、今回は圧倒的な満足感。クライマックスの余韻がまだ残っている。つくづくゴージャスなオールスターチャンバラファンタジー。ハマるべきものがうまくハマるとこうなるのか。いま一本だけ映画を観たい、という人には圧倒的にお勧めだ。そう、『スター・ウォーズ』でいえば『帝国の逆襲』、『ロード・オブ・ザ・リング』でいえば『二つの塔』といった、「三部作の最高傑作は二作目に集まる」という法則は、『るろうに剣心』でも実証された形になる。

もちろん、「終わっていない」とケチをつける人はいるのだろうが、「終わらない」からこそ、最高のクライマックスを見せてくれる。本作では土屋太鳳、田中泯といった、大友啓史監督組ではおなじみのキャストが、すさまじいアクションを見せてくれる。さらには神木隆之介の存在感もすばらしい。香川照之が悪目立ちする演技をした前作よりも、全員が身をもって、アクション表現する本作のすばらしさを讃えたい。

『トランスフォーマー／ロストエイジ』

（二〇一四年　アメリカ　監督：マイケル・ベイ）

夏休み映画なんだな。年に一本は大きなスクリーンでこういうむやみなものを観たいね。

最後の最後で大笑い。つまりそういうことか。大山鳴動してトムとジェリー。「こっちの機械生命体もあっちの機械生命体もほどほどに喧嘩してください」って印象のシネコンアトラクション。

これ見よがしの映画内広告（プロダクト・プレイスメント）もふんだんで、意図的にあざとくやってるんじゃないかと思えるくらい。話もとってつけた展開の連続だけど、そんな中でゆるぎない、マーク・ウォールバーグのテキサス・ハイテク・パパぶりがよかったよ。

『STAND BY ME ドラえもん』

（二〇一三年　日本　監督：八木竜一、山崎貴）

なんとも、おぞましいものを観てしまった。

漫画原作の中から〝泣ける〟エピソードを中心に七つのストーリーを選び、それをつなぎ合わせるためにドラえもん本体に「成し遂げプログラム」をインストールさせた。

この「成し遂げプログラム」は、原作にはない要素。未来に住むセワシが、乗り気でなかったドラえもんを動かすためにインストールした。のび太を幸せにするプログラムに反する言動をすると、ドラえもんの身体に電流を流すという、奴隷労働強制システムだ。物語の方便としてこんなものを作るなんて、薄気味悪い。他者の心を変えることに鈍感なことには驚かされる。

のび太の幸せとは、手段を問わずしずかちゃんと結婚すること。これは名作『のび太の結婚前夜』や『雪山のロマンス』を映画の核としたことから、映画として設定されたゴールなのだが、金持ちが資金力にものをいわせて清純な少女を手に入れることと、できそこないの少年が未来の道具にものをいわせてクラスメイトの女性を手に入れることに、大差はない。

また、「さようならドラえもん」のエピソードを力づくで挿入しているため、ジャイアンというキャラクターがストーリーの中でぶれてしまっている。さっきまでのび太と仲が良かったジャイアンが暴君となり、子供向け作品とは思えないほどの暴力の応酬となる。のび太がジャイアンを殴り倒す必然性がわからない。

きちんと設計、選曲された一枚のアルバムの美しさは、人気があるという理由だけで集められたベスト盤とはくらべものにならない。泣ける話を七つ集めたからって、七倍泣ける話にはならないんだよ。

原作者の不在が、こんなことになる理由になるとは思いたくないが、『ドラえもん』ってもともと泣かせの話じゃなくて、子どもたちの日常を舞台にしたセンス・オブ・ワンダーの話だ。いまさら説明するのも大人げないが、ウィキペディアによると「センス・オブ・ワンダー（sense of wonder）とは、一定の対象（SF作品、自然等）に触れることで受ける、ある種の不思議な感動、または不思議な心理的感覚を表現する概念であり、それを言い表すための言葉」である。

『STAND BY ME ドラえもん』にはワンダーのかけらもない。泣かせるエピソードのパッチワークを作ってしまった結果、『ドラえもん』という存在の歪さのみが際立ってしまった。ぼくらは大好きな人を思い出すとき、その人が泣いている顔ではなく、その人の笑っている顔を思い出す。結果として泣く映画を否定するものではないが、〝泣ける〟という商品化を意図した映画なんて観たくもない。

『ALWAYS 三丁目の夕日』以来、CGを多用した〝泣ける〟映画のスペシャリストになった山崎貴監督だが、〝泣ける〟を旗印として、〝泣ける〟戦争映画『永遠の0』にまで手を出したが、その涙混じりの手を『ドラえもん』にまで伸ばしてきたわけだ。泣かせるためなら、「成し遂げプログラム」なんて、奴隷労働強制システムをドラえもんにインストールしたりする。
そんな山崎貴監督の次回作が『寄生獣』だ。あの原作も〝泣ける〟映画にしちゃうのか。ぼくはいま薄気味悪い期待感に身を震わせている。

『バトルフロント』

（二〇一三年　アメリカ　監督：ゲイリー・フレダー）

ジェイソン・ステイサムが対決した最も手強い敵は核テロリストでも狂信者でも元KGBでもなく、南部のぐだぐだ白人だった。その迷走したぐだぐだぶりを表現するためジェームズ・フランコとか、ウィノナ・ライダーとか、ケイト・ボズワースをキャスティングするとは！　チャック・ローガン原作、シルベスター・スタローン脚本だが、痛快アクション映画とはいえない土着の気味悪さが持ち味か。

『めぐり逢わせのお弁当』

（二〇一三年　インド／フランス／ドイツ　監督：リテーシュ・バトラ）

ああ、こういう映画がしみるお年ごろになってしまった。生命とタイミングと出逢いの妙をセンスよくまとめたインド映画。ムンバイという町のシステムとリアルがいいね。なんでもありのマサラムービーとは違って、センスのいいヒューマンドラマで、踏み込まない節度が好ましい。

『ホットロード』

（二〇一四年　日本　監督：三木孝浩）

能年玲奈の存在感は凄まじい破壊力だ。時代設定を意図的にぼかしているのみならず、主人公が設定の中学三年生にまるっきり見えない。ローカルヤンキーものによくある、大人が強引に若い役をやってることから生まれる違和感は濃密にあるけど、能年玲奈のアップを銀幕で見られるだけでもよいか。まあ、山口百恵の東宝映画みたいなものですね。

『イントゥ・ザ・ストーム』

（二〇一四年　アメリカ　監督：スティーヴン・クォーレ）

かの『ツイスター』から、飛んでいる牛がオマージュ出演。中途半端なモキュメンタリー視点がところどころで気になったけれど、夏休みには必要なパニック映画。主人公が、『ホビット』のトーリン・オーケンシールドと同じリチャード・アーミティッジだというのが、最大の驚きだったりしたよ。

『バルフィ！　人生に唄えば』

（二〇一二年　インド　監督：アヌラーグ・バス）

最近日本で公開されるインド映画のクオリティの高さには驚かされる。『バルフィ！』は聾唖の青年と発達障害の少女が織りなす美しい愛の物語。

ハンディキャップをもった人の行動で観客の涙腺を刺激するような話は苦手である。障害のある人を「かわいそう」と思わせ、映画の涙にするような作品は反吐が出る。そんな自分だが、この映画にはやられたなぁ。

美しい画面の中で、行動の純粋さがきわだってくる。誘拐事件の謎を解くという、ミステリー的構成を巧みに入れて、豊かで幸せなカタルシスをもたらしてくれる。インド映画だから二時間三一分と長いけれど、長さに見合った満足度はきちんとある。いろんな映画からのオマージュも魅力だった。

『LUCY／ルーシー』

（二〇一四年　フランス　監督：リュック・ベッソン）

中二のリュック・ベッソン少年が、小説「DUNE

／砂の惑星」あたりを読んで世界のなにかをわかった気になり、作ったプロットを初老のいまになって映像化してしまった作品。『トランセンデンス』とかの系列に入るのかな。行き詰まった映画監督って、誰でもこの手のコンピュータとからんで進化する人間テーマをやりたがるね。

『ルパン三世』

（二〇一四年　日本　監督：北村龍平）

なんんだ、この事故物件は！　登場人物誰ひとりの行動原理も理解できないし、生きている人間として感情移入ができない。うるさくて、ひとりよがりで、ずれまくっている。

「実写でルパン三世をよくやったよ」と高評価をする友人もいるのだが、一方で彼らはみな口をそろえて、「映画としてはどうかと思うけどね」と言う。モノマネ番組はテレビで十分だ。いろんなアジアの役者が出てくるのは、アジアでのセールスを考えているのだろうが、おかげで、日本人役者のボイスもすべて、安っぽいアフレコになってしまった。リップシンクが狂いまくりで気持ち悪い。

劇中、ハマー3に乗った敵とルパンたちが激しいアクションをするカーチェイスシーンがある。五右衛門登場で、斬鉄剣でハマー3をぶった切るかとワクワクしていたら、高速道路の路面に斬鉄剣を突き刺すのみ。最後に「また、つまらぬものを切ってしまった」とか言われましても。お前の言うつまらぬものとは、アスファルトかよ。まあ、中古でもハマー3は切れないか。

ほかにも『マトリックス』もどきのロングコート軍団が、主役のルパンたちより、存在感がありまくるのも意味不明。北村龍平監督はルパンたちより、ロングコートの人たちが好きなのだろう。『ルパン三世』の映画化なら『黄金の七人』みたいなタッチのものを観たいな。

『TOKYO TRIBE』

（二〇一四年　日本　監督：園子温）

ああ、幸せだ。若いときに夢想していた映画空間のあれやこれやが、こういう形で濃縮されて実現するなんて。すぐまた観たくなったよ。日本語ラップに対する思い入れは皆無だが、映画研究会的メンタリティをここまで純粋にキープしつづけ、それを映像化するというのは、奇跡みたいなものではないか。

おっぱいとパンチラに目を奪われ、ちんこのデカさを競い合うひとりよがりな世界観に身を委ね。大音響の映画館での大乱闘を堪能する。園子温監督にはケン・ラッセルみたいな映画を撮ってほしいよ。

『ケープタウン』

（二〇一三年　フランス　監督：ジェローム・サル）

原題は「Zulu」。南アフリカ共和国を中心に広範囲に住む固有の民族ズールー人とその文化のことか。アパルトヘイトの史実をベースにして、シリアスなタッチで描いたサスペンスだから、どこからどこまでがフィクションなのかが気になって仕方がなかった。

『私は生きていける』

（二〇一三年　イギリス　監督：ケヴィン・マクドナルド）

痛快なカタルシスや感涙のドラマは乏しいものの、それこそが美点の英国産最終戦争映画。破滅テーマの作品といえば、イギリスが絶品という好例である。

今回はアメリカから来た少女の視線を通じての破滅描写がせまってくる。多感な少女にとって、ただでさえ世界は住みにくいのに、得体の知らない戦争が、問答無用で彼女を追い詰めていく。対峙する暴力的で理不尽な世界。ディテールの質感がとにかくすごい。ぞくぞくする。シアーシャ・ローナンの魅力もあったなぁ。

『フライト・ゲーム』

（二〇一四年　アメリカ　監督：ジャウマ・コレット＝セラ）

ニューヨークからロンドンに向かう旅客機で、犯罪を防ぐために搭乗していた連邦航空保安官。彼の端末に一通のメールが届く。「指定口座に一億五千万円を振り込まないかぎり、機内の乗客をひとりずつ殺害する」と。

強引な設定だけれど、シチュエーションとキャラクター、ツイストのバランスが絶妙にうまく、しっかり引き込まれた。いわゆるリアリティ・バランスのチューニングがうまい航空サスペンスだね。

心に傷を負った航空保安官にリーアム・ニーソン。彼をサポートするなぞめいた乗客にジュリアン・ムーア。同じ監督がリーアム・ニーソンとタッグを組んだ『アンノウン』もクオリティの高いサスペンスだったが、今回もすばらしかった。

『イン・ザ・ヒーロー』

（二〇一四年　日本　監督：武正晴）

全編、クリシェしか出てこない撮影所空間礼賛映画。暑苦しい人とうすっぺらな人が現実感の希薄な浪花節を見せてくれる。

ＣＧもワイヤーも使わないと大見得を切った殺陣のシーンなら、そのシーンに見合う長回しの一発撮りを見せてくれるのかと思ったら、グリーンバックや、細かいカット割、ショック・ロープ（引き綱）を使っちゃダメでしょ。

特撮作品のスーツアクターに対するオマージュ作品かと思ったら、「（日本では）アクションスターを目指す役者は、みんな、スーツアクターをやるしかない」みたいなセリフを口にする。では、アクションスターの映画かと思えば、チャンバラの殺陣でしめる。最近公開されたばかりの映画の斬られ役を主人公にした映画『太秦ライムライト』とほぼ同じストーリーと聞くし、松方弘樹など、まったく同じ役柄で出てくるという。作品の骨格は『お父さんのバックドロップ』の流用というのも困ったものだ。エンドロールでは、ださいルサンチマンまで聞かされて、うんざりしたよ。

『ザ・マペッツ2 ワールド・ツアー』

（二〇一四年　アメリカ　監督：ジェームズ・ボビン）

これ、最高だよ。ディズニー映画だというのに日本全国で二館でしか公開していない。そんな作品だが、いますぐ幸せになりたければ、駆けつけるしかない。豊かな友情と信頼の心地よさが満ちてくる。地球のどこかにマペッツたちがいることって、どれだけ幸福なことだろう。

『るろうに剣心 伝説の最期編』

（二〇一四年　日本　監督：大友啓史）

なんだか、全力で走り切ったマラソンのゴールを見るような感覚だった。すばらしいことをやり遂げたと思った。日本のアクション映画を語る上でメルクマールとなる作品だろう。佐藤健という元仮面ライダー俳優をもって、一般映画のアクションと特撮ヒーロー映画のアクションが、幸せな合体をしたという象徴的な作品だ。

それでも、やはり……。それだからこそ言うのだが、三部作ってやつは二作目がピークだよね。つくづくそう思った三作目であった。ドラマを終わらせようとする意図がどれほど物語空間に負担をかけるのか。永遠に終わらない作品こそが物語の理想ではないのか。そんなことを感じてしまったよ。それでも歴代三部作の三作目の中では、最良の出来ではある。

『舞妓はレディ』

（二〇一四年　日本　監督：周防正行）

ブラボー。ブラボー。秀逸なミュージカル。愛すべき「マイフェアレディ」リスペクト。なによりも京都の花街というひとつの世界がしっかり構築されているから、歌と踊りの異化作用が抜群のケミストリーをもたらす。ちゃんとしてる映画はいいね。

ミュージカル嫌いのタモリが昔、「ミュージカルって、突然歌って、突然踊り出すでしょ？　あれがおかしくてね」みたいなことを言っていたが、ミュージカルの魅力とはつまりそこにある。しかも『ＴＯＫＹＯ　ＴＲＩＢＥ』のような破格のミュージカルにしてラップ・オペラを観たあとに、ここまでていねいにミュージカル映画であることを意識した作品を観ると、破格ではない本格のよさを、否応なく感じてしまう。

飛び道具のようなカメラワークもいいけれど、緊張感ある端正なレイアウトのフレーミングが、居心地よくさせてくれる。それにしても上白石萌音はすごい。撮影時はまだ一五歳なのか。それもすごい。週末にもう一回観てくるよ。

『フランシス・ハ』

（二〇一二年　アメリカ　監督：ノア・バームバック）

ありていにいえば、ニューヨーク在住一八歳ダンサーの自分探しの悪戦苦闘なのだが、キャラクターとディテールが豊かに溢れ、なにをやってもチャーミングで仕方ない。一瞬も目が離せない。心の底から、彼女のことを応援してしまう。圧倒的な女子トークがわかりやすすぎる字幕になっているのが残念だけど、それでもニューヨークにいけば彼女が闊歩していそうだ。

『ガーディアンズ・オブ・ギャラクシー』

（二〇一四年　アメリカ　監督：ジェームズ・ガン）

なんと見晴らしのいい、マーベル・スタジオのスペースオペラ。頭でっかちでややこしくなってしまったＳＦとかアメコミの映画作品に対する、娯楽映画の明快で力強い復権宣言。ぼくらの世代は音楽だけ聞いていても、たまらないものがあるよ。

プロットやストーリーの骨格には混乱があるけれど、いったん、オフビートなリズムに乗って、自由に活きているキャラクターたちを見つめていれば、これこそが冒険活劇SFの醍醐味だと愛おしくなってしまう。

あえていえば、ちゃんと作った『フラッシュ・ゴードン』。あのクイーンがテーマソングを歌った『フラッシュ・ゴードン』だ。奇妙なレトロ感あふれる『フラッシュ・ゴードン』には困惑する人も多かったけれど、あの一〇年遅かった感覚の中から、少年が夢想する冒険活劇のエッセンスをきちんと掬いとり、現代の技術とセンスで再構成したのが『ガーディアンズ・オブ・ギャラクシー』なんだよね。何度もくりかえし観て、愛したい作品だ。

『猿の惑星：新世紀 ライジング』

（二〇一四年　アメリカ　監督：マット・リーブス）

かつての『猿の惑星』が円環構造としての五部作を見せてくれたとき、ぼくは小学生だった。SFとしての差別や歴史の表現を娯楽作品として結実させてくれたことが、どれほどの偉業か知らないまま、自分の血肉となった。

二一世紀の『猿の惑星』は「猿は猿を殺さない」という全シリーズのキーワードをなぞるなど、旧作の轍をデリケートに踏みつつ、武器と戦争のメカニズムを強調した史劇となった。一部のキャラクターはややステレオタイプではあるが、人間の歴史を普遍のものとするための叙事詩的配置といってもかまわない。善意と努力とうらはらに中で戦争が起こる皮肉なメカニズムを効果的に描いた絶妙な作品。平和への努力は不安と恐怖とルサンチマンで粉砕されるのだ。

『柘榴坂の仇討』

（二〇一四年　日本　監督：若松節朗）

エンドロールを見たら、製作委員会筆頭が木下工務店。さらに浅田次郎、松竹と組み合わさって、危惧される日本映画のパターンがてんこ盛り。中井貴一×浅田次郎×松竹といえば『壬生義士伝』があったのだけど、テレビ東京のドラマのほうが数段おもしろかったという体たらくだった。

そういえば『ラブ・レター』もその組み合わせだった。中井貴一が出演しなくても『地下鉄に乗って』とか『椿山課長の七日間』とか、松竹・浅田次郎作品はあるけど、どれもよろしくない。

殺された井伊直弼って、桜田門外の変のとき、四四歳だよ。それを七〇歳の人間国宝・中村吉右衛門に演じさせる。浅田次郎作品の映像化にあたっては、おじいちゃんばかりを出演させるキャスティングセンスがひどい癌だ。年寄りの好む映画だろうから、年寄りを出せばいいってもんじゃない。役者は演じた満足度がありそうだけど、観客とは関係ない。おじいちゃんのリズムの映画だけど、おじいちゃんも退屈しそう。

『NY心霊捜査官』

(二〇一四年　アメリカ　監督：スコット・デリクソン)

エクソシストテーマでは、本当によく作りこまれていた。この手の作品が好きであれば必見といえるだろう。スコット・デリクソン監督はほんとうにうまい人で、『エクソシスト』など、正統派ホラーを現代に復権させてきた人だ。ジェリー・ブラッカイマーが彼を起用してこの映画を撮ったのは、正しいチョイスだ。

いくつかのシーンでは、すさまじく恐かったし、キャラクターや演出もていねいで説得力があったよ。R18というのも納得だ。クライマックスにもうひとつほしかったんだけど、やはりノンフィクションベースのホラーだと、これくらいが落としどころかもしれないな。

『劇場版　零～ゼロ～』

（二〇一四年　日本　監督：安里麻里）

美少女満載バカホラー。ライトノベル的なご都合主義にあふれ、ホラー映画としてのリアリティレベルはぼろぼろだけど、安里麻里監督のむやみなうまさに途中から楽しくなってしまう怪作。

『アバウト・タイム　～愛おしい時間について～』

（二〇一三年　イギリス　監督：リチャード・カーティス）

映画館を出たときの満ち足りた気分がいまも残っている。ささやかなタイム・トラベルをできる青年が愛と日常の価値を知る。タイムパラドックス展開の醍醐味ではなく、彼が選びとるたったひとつの人生を描く。

ある日、父親に呼び出されて言われたことば。「うちの家系の男には、タイムトラベルの能力がある」。物置などの暗がりに入り、手をぎゅっと握り、目を閉じて、念じるだけでいつでも人生のある時間に戻ることができるというのだ。ぼくらの人生には恥ずかしい失敗をした瞬間なんていくつもある。そうなった未来。そうならなかった未来。それぞれの可能性を知りつつ、自分で選択をしていきたい。そんな『素晴らしき哉、人生！』を反復するような設定が愛おしい。

主人公はその能力を最高の恋人を得るために有効活用するのだが、その際の描写がたまらない。大好きな人との初めてのエッチのシーンなど、あるあるボタンを何回も叩きたくなる。なにより人生のあるパートを何度もやり返すことで、かけがえのない瞬間はたったひとつしかないと知るのだ。

よくできた恋愛映画というのは、恋人同士の関係だけでなく、両親や兄弟、子どもという家族の存在をぬかりなく描くことで、ふたりの愛の価値を描いてくれるが、この映画では、レイチェル・マクアダムスというチャーミングな恋人だけでなく、ビル・ナイの老父が最高なのだ。

誰もがこの作品を自分だけのものとして抱きしめた

くなる。そして、自分の時間を抱きしめたくなる。

『ジャージー・ボーイズ』

（二〇一四年　アメリカ　監督：クリント・イーストウッド）

みんなが知ってることだけど、クリント・イーストウッドの映画はたまらない。アメリカの時代、土地、音楽。そういったものひとつひとつが、フォー・シーズンズの成長の日々を通じて、精緻かつダイナミックに迫ってくる。

自分にとってフォー・シーズンズは曲は知っているけれど、グループ自体のことはよく知らない存在。なにより、物心ついた頃、すでに存在していたし、原作となったミュージカルを観たことがない。そんな自分でも文句なしに楽しめる。

犯罪に手を染めることが当たり前の若き日々、マフィアとのつきあい、そんなダークな面も過剰にスキャンダラスに描くわけではない。正面から描き、過剰に批判するわけでもない。彼らの人生を微笑みながら見つめる視線がたまらないのだ。平明な語り口でありながら、画作りと、音作りはゴージャス。なにより、最低の環境から生まれる最高のハーモニーが胸を打つ。

グループだから生まれる高揚感と、グループだから生まれる摩擦と離反。ショウビズ映画としての定跡をしっかり押さえつつ、名曲が生まれる奇跡の瞬間をすばらしい高揚感とともに見せてくれる。

『悪童日記』

（二〇一三年　ドイツ／ハンガリー　監督：ヤーノシュ・サース）

映画としてまとまると、原作よりも因果応報なイメージが際立つんだな。なによりも戦火の中で、愛することと、生きることをすっぱりと描いている。あの原作をどうするかと考えた場合、これしかないという明確な映像化といってもいいだろう。このあと続編が映画化されると、この第一部の存在をいったいどう処理していくんだろうか。そこまで見守っていきたい。

『レッド・ファミリー』

（二〇一三年　韓国　監督：イ・ジュヒョン）

すごいや。国家分断という理不尽を、家族というミニマムなコミュニティの葛藤というメタファーで描いたコメディ&トラジェディ。胸震える理不尽の底に、仄かに見える希望。たまんないね。キム・ギドク脚本作品に多い構成上の瑕疵も多いが、それを含めても記憶に残る作品。

『FRANK －フランク－』

（二〇一四年　イギリス／アイルランド　監督：レニー・エイブラハムソン）

『アマデウス』のような天才の孤独と凡人の嫉妬を描いた作品には心を乱されるのだが、これもまさにそんな物語。奇妙なかぶりものを脱がないミュージシャンと出会った、インディーズバンドのフロントマンが主人公かと思いきや、彼と出会ったことで人生が変わる青年が主人公だ。

映画紹介によってはコメディ扱いされているが、それぞれの孤独をかかえたバンドメンバーたちの生々しい寓話といってもいい。孤独と名声、ネットと音楽など、さまざまな視点から読み解くことができる。

才能を持つ人間にも、才能に憧れる人間にも残酷な物語だ。観終わったあとにたまらない余韻が残る。

『ミリオンダラー・アーム』

（二〇一四年　アメリカ　監督：クレイグ・ギレスピー）

メジャーリーグに初めて入ったインド人選手の実話に基づくドラマ。ウェルメイドではあるが、インド人選手ではなく、彼らのエージェントをするアメリカ人が主人公で、インドの描写もその視点になってしまっていることが、なんかもやっとするんだよな。

『荒野はつらいよ　～アリゾナより愛をこめて～』

（二〇一四年　アメリカ　監督：セス・マクファーレン）

『テッド』のセス・マクファーレンの監督主演作。古き良き西部劇への愛情、モンティ・パイソンなどコメディへの愛情もわかり、「ひってー！」と声を出して笑うところも多いのだが、序盤のもたつきとか、ネタの小賢しさが気になって、乗れないコメディになった。テッドの代わりの存在がシャーリーズ・セロンか。

『誰よりも狙われた男』

（二〇一四年　イギリス／アメリカ／ドイツ　監督：アントン・コルベイン）

ジョン・ル・カレ原作の作品としては、『ナイロビの蜂』や『裏切りのサーカス』にはおよばないが、亡きフィリップ・シーモア・ホフマンが二一世紀の国際諜略戦の要で苦悩に満ちた存在感を示しているのを見ると、愛おしくなってたまらない。

冷戦時代に東側と熾烈な戦いを繰りひろげた各国の諜報機関が、いまはイスラム過激派のテロとの終わりなき戦いを繰り広げている。ドイツのハンブルグという舞台で、それぞれの思惑、ネゴシエーション、トラップが錯綜する。

巨大な力が働く息詰まる攻防の中で、諜報員であること、テロリストであること、人であることの意味が問われる。ウィレム・デフォーやレイチェル・マクアダムスらのキャスト、また、撮影や脚本もすばらしかった。なによりも輝くのはフィリップ・シーモア・ホフマンの姿だ。単独主演ではこれが最後の作品なんて、信じたくない。

『トム・アット・ザ・ファーム』

（二〇一三年　カナダ／フランス　監督・出演：グザビエ・ドラン）

語れない思いを語らざる沈黙で描いた印象深い映画。主人公トム本人それをとりまくゲイという状況はほのめかされるだけで、実態としてはいっさい現れない。容赦無い暴力。思いやりによる欺瞞。まるでサスペンスのような構成と終わらない思い。空虚がせまる。

『イコライザー』

（二〇一四年　アメリカ　監督：アントワーン・フークア）

「必殺」シリーズの快感は日本人だけでなくアメリカ人にもあるんだなぁ。男の子ならだれもが持っている耐える美学、そして許せないものに対してレッドゲージに振りきれた怒りを爆発させるカタルシス。いやもうここまでエスカレートさせる話だとは思わなかった。

八〇年代のテレビドラマ『ザ・シークレット・ハンター』の映画化でストーリーはオリジナル。アントワーン・フークア監督はこういうの作らせると、ツボをしっかり押さえていてほんとうにうまい。静的なドラマから小気味良いカタルシスまで心得て、ボストンに住む仕事人のパワフルな活躍を描く。

映画の冒頭、アヴァンタイトルで派手なアクションや爆発が起こるというのは、「007」シリーズ以来の伝統だが、この映画では、理想的なアメリカ人としてのデンゼル・ワシントンの日々が丹念に描かれる。最近は過剰に説明する映画が多いけれど、ここで描かれるディテールは、後半のはじけたアクションにつながっていく。いったんアクセルが踏みこまれるとすばらしい加速で彼方へと突っ走っていく。

日常と殺戮シーンのコントラストがはっきり際立っているのも美点だ。殺人という異常の描き方が美しい。クロエ・グレース・モレッツの使い方はちょっともったいないかなと思ったが、スクリーンをあとにしたとき、つくづくいい気分で帰れる映画だ。

『ドラキュラZERO』

（二〇一四年　アメリカ　監督：ゲイリー・ショア）

不出来なライトノベル原作を日本のテレビ局のサラ

リーマン監督が演出したようなわかりやすくて意味がない映画。ゲームの無双シリーズみたいな風味も効いている。賛否はあるけれど、『バットマン』や『ゴジラ』を現代的に再生させるレジェンダリー・ピクチャーの映画であったが、これは落としどころを間違った雑なハリウッド映画だった。口直しにコッポラの『ドラキュラ』をもう一度観たくなった。

『エクスペンダブルズ3　ワールドミッション』

（二〇一四年　アメリカ　監督：パトリック・ヒューズ）

まるでEXILEのように増員著しい消耗品軍団映画。シルベスター・スタローン、ジェイソン・ステイサム、アーノルド・シュワルツェネッガーに加えて、ハリソン・フォード、メル・ギブソンまで登場しやがる。今回はアントニオ・バンデラスとウェズリー・スナイプスが儲け役。

男たちが消耗品軍団にいることの喜びを恥もてらいもなく描く。ホモ・ソーシャル的な部活で戦争をやるって小気味よさはたしかにある。その戦争はもはや箱庭的で、体育会系のプレイグラウンドとしか思えないのだが、「トムとジェリー、仲良く喧嘩しな」「でも、負けたら死ぬけどな」って、イベント・ピクチャーだよね。

『マダム・マロリーと魔法のスパイス』

（二〇一三年　アメリカ　監督：ラッセ・ハルストレム）

ヘレン・ミレンが店主を務めるミシュランの星付きの格式あるフランス料理店。その向かいに引っ越してきたインド人家族。彼らもインド料理店を作ることになる。両者の間で対立が深まり、もはや〝戦争〟としかいえない状態になってしまうのだが……。ああ、こういう映画には弱い。他者を信じることから始まる絶妙なハーモニー。心温まる人間ドラマとして手練、ラッセ・ハルストレム監督が精魂こめて作った秀作だ。

インドとフランス、天才、料理、そして差別……。

現実を舞台にした夢の物語として、ずっといい気分だ。親や恋人、大切な人と観にいきたい。気持よく観て、記憶にも残るけど、あまりにもきれいに作られすぎて、映画鑑賞後には、黒いエグみもほしいと思ってしまう自分みたいな薄汚れた人間には語るべきことばが少ないんだけどね。

『サボタージュ』

（二〇一四年　アメリカ　監督：デヴィッド・エアー）

たいていのスプラッターより出血量が多いんじゃないかという血まみれアクション・サスペンス。アーノルド・シュワルツェネッガーもよく血を浴びていた。巧みな撮影、陰鬱なテーマであるにもかかわらず、いくつかのシーンで笑いたくなっちゃう小気味よい悪趣味テーストがあったよ。構成的には難はあるが、目が離せない作品だった。

『嗤う分身』

（二〇一三年　イギリス　監督：リチャード・アイオアディ）

すごい！　何作も低迷が続く松本人志監督が映画を学び、映画に畏敬の念をいだき、映画をこき使えば、きっとこうなるかもしれない不条理ファルスと。

二〇一三年の東京国際映画祭で『ザ・ダブル』というタイトルで鑑賞したのだが、そのときに観たベストワン作品だ。『未来世紀ブラジル』に相応する新時代のカルトであり、脳裏に刻まれる映画の歴史の一ページとなりうる作品だ。『未来世紀ブラジル』では、全体主義社会との戦いという枠組みがあったが、ここではその状況すら、ドッペルゲンガーとの対決という個人の内面に集約されていく。

途中、解題することさえ忘れ、状況にのめり込み、笑い、戸惑い、嗚咽する。

ジェシー・アイゼンバーグ、ミア・ワシコウスカの魅力ある存在感はもとより、オーソン・ウェルズ&カフカの『審判』に連なる不条理の吸引力と、どこにもない未来の魅力が毎秒ごとに迫ってくる。

『トワイライト ささらさや』

（二〇一四年 日本 監督：深川栄洋）

携帯小説のような設定、感情を逆なでする劇伴、ト書きのようなセリフ、過剰な演技、とってつけたようなレンズ効果、落語調にしゃべる大泉洋と、苦手なものが満載の映画。もう泣かせのために人の生死をいじるのはやめてくれよ。

ヤンキーなシングルマザーを演じた福島リラ。『ウルヴァリン：SAMURAI』の鮮烈な印象が吹っ飛ぶほどのひどい脚本と演出で痛々しかったよ。

『6才のボクが、大人になるまで。』

（二〇一四年 アメリカ 監督：リチャード・リンクレイター）

主人公の少年の成長を描くために一二年間におよぶ期間、断続的に撮影していったことで話題になり、先日のアカデミー賞でも作品賞候補と話題になっていた。すべての家族の物語はまぎれもないエピック（叙事詩）である。ぼくには子どもはいないが、スクリーンを観ているうちに、まるで身近な甥っ子を見るように、感情移入してしまった。

臭くて暗くてダサくてバカな中二の姿を映画の中で、精密に描くには、この手法しかなかったのかもしれないね。少年たちの視点から、結婚と離婚を繰り返す親の姿が生々しく描かれる。フィクションを描くために、成長というノンフィクションのマジックが必要だったのだろう。

ただ、日本で『北の国から』や『渡る世間に鬼はなし』といったドラマに親しんでいると、フィクションとノンフィクションのバランスについて、これでいいのかという疑問も湧いてしまう。とはいえ、ゲーム機、服装、音楽、選挙など、時代を示すアイテムがつぎつぎに出てくるあたり、卑怯だけど、まんまとしてやられた。

『天才スピヴェット』

（二〇一三年　フランス／カナダ　監督：ジャン＝ピエール・ジュネ）

フランス人であるジャン＝ピエール・ジュネ監督だからこそ描けた科学とカウボーイの国、アメリカ。上質のアメリカ文学作品を味読するような喜びが一級の3Dで溢れてくる。

今年の東京国際映画祭で観て、本当に幸せだった。3Dで鑑賞することがおすすめ。大自然と科学のコントラストは3Dだからこそ、堪能できる。

これは『エデンの東』など英米文学に濃厚にあふれる兄弟、カインとアベルの葛藤を描いた作品だ。神にエデンを追放されたカインのその後が、アメリカを横断する少年の旅という形となっている。アメリカの西部劇、ロードムービー、サイエンス・フィクションなど、さらには『北国の帝王』のようなホーボーものまで、さまざまな要素がわくわくする形でつめこまれ、幸せな気分になれる。

『神さまの言うとおり』

（二〇一四年　日本　監督：三池崇史）

はいはい……。ひとむかし前の推理パズルの新書みたいな映画。そのころにあったエグいイラストが身も蓋もない残酷描写になり、ちょっとアダルトなイラストが、とってつけたような恋愛模様になっている。

東宝映画で、三池崇史がメガホンをとり、国産トップクラスの優秀なCGスタッフが参加して、刺激物としての映像を作っている。

退屈はしなかったけど、まあ、アホらしかったな。ティーン向けのアトラクション映画にケチをつけてもしょうがないんだけどな。

『紙の月』

（二〇一四年　日本　監督：吉田大八）

池松壮亮、またベッドシーンしてるよ。ここじゃないどこかへ行きたい女性の思いを浮かび上がらせたピカレスクドラマ。家庭と仕事の息づまる日常から一歩外に踏み出たときのうしろめたい飛翔感がたまらない。道を外れ、お金を使うことについて、原作にあったえぐるような感覚は味わえなかったが、お金を持つこと、そのお金を遣うことの意味を丹念に見せ、その中で自分がいるべき場所へと突破させていく。『桐島、部活やめるってよ』の吉田大八監督ならではのカタルシスがすばらしくて、映画を観終わり反芻する時間が経つほど、じんわり効いてくる。必然としての破滅さえ、心地よいのだ。

『西遊記　はじまりのはじまり』

（二〇一三年　中国　監督：チャウ・シンチー）

中華怪異譚としての西遊記。そのリ・イマジネーション。欧米作品では絶対にありえない残酷な無道もさり気なく織り込みながら、八〇年代香港映画の香りさえ漂ってくる。もっともっとブラックにやってほしいと思いつつ、かなり楽しんだ。

『日々ロック』

（二〇一四年　日本　監督：入江悠）

『SR　サイタマノラッパー』の入江悠監督のセンスがたまらない音楽コメディ。こんなベタなメロドラマ、こんな過剰なオーバーアクト、こんなに恥知らずなコメディにここまで心を揺さぶられるとは思わなかった。おっぱい至上主義者としては「ロックだったら、おっぱい見してみろよ！」の一言にしびれる。おっぱい最高！　二階堂ふみのふりきれた演技にはしびれたよ。『SR』もそうだったが、見ようによっては自主制作映画的な雑さが目立つように思えるだろう。しかし、その雑さが奔流のような思いを作品として説得力を高めてくれるのだ。映画の世界観として、このドラマの中では雑さが当然になるのだ。見終わったあとは、この論法でしか語れない豊かさになってくるから、すばらしい。雑ではないうまい。うますぎる。

近年の整った映画空間の中での竹中直人の演技には辟易する部分もあった。だが、これだけ濃密な映画空間の中では竹中直人の臭ささえ、しかるべき居場所があるのだと思ってしまう。

あの松竹がよくこんな映画を撮ったなぁと感心してしまう。見終わったいま、もう一度すぐにでも見直したい。それも可能なかぎりの爆音で。ヤバい映画だなぁ。

『インターステラー』

(二〇一四年　アメリカ　監督:クリストファー・ノーラン)

特殊相対性理論やウラシマ効果を初めて知ったときの中二的夢想こそ、『メメント』以来、時と思いにこだわるノーラン兄弟の好餌であったか。

インターネットで検索すれば、知識や見識など自分の程度がわかる時代だけど、クリストファー・ノーランは「すごいアイディア!　これを知ってるのは自分だけだぜ」とうれしくなって一億六五〇〇万ドルもかけて、映画を作っちゃった。

リアリティにこだわる映像作りをしているからこそ、設定のディテールでの齟齬が目立ってしまう。壮大で複雑な設定や構想のわりには、のっぺりとしたエモーションが無骨に顔を出す。ややこしく描いたメロドラマじゃないか。ぼくだったら、『2001年宇宙の旅』をこうしちゃうぜと作ってみたけど、洞察のない俗っぽさが顔を出す。

ただ、さまざまな瑕疵は目立つが、題材とノーラン節が絶妙にマッチして、抗えないカタルシスがある。ぼくもそういう意味では俗っぽいからな。

この映画、二回目のほうがおもしろいね。初見では気になっていたさまざまな部分を微笑ましく見過ごせば、いろいろと楽しめた。

『フューリー』

（二〇一四年　アメリカ　監督：デヴィッド・エアー）

すばらしい。大学生の頃にドイツ映画『Uボート』を見たときの緊張感と興奮がよみがえる。閉鎖空間としての戦車の内部をみごとに描いている。サブマリナー（潜水艦乗り）だったというデビッド・エアー監督ならではの迫真がある。シャーマン戦車に乗り込む5人のキャラクターが際だっている。車長を演じるブラッド・ピットの造形が興味深い。

経験ゼロの主人公が戦車部隊に配属されてからのわずか二日間の中で、味わった地獄、はかない生と死の無残が執拗に描かれる。名作映画の条件としての短い期間での出来事の数々が鮮明だ。二日間の中で映画の快楽と苦悩、そして成長が叩き込まれている。

残存する歴史であるタイガー戦車とのバトルが話題になっているが、予想をはるかにしのぐカタルシスがあった。観終わってずっと興奮が残って消えない。

『寄生獣』

（二〇一四年　日本　監督：山崎貴）

あらら、『ALWAYS　三丁目の夕日』や『永遠の0』の山崎貴監督作品なのに、おもしろいじゃないか。とにかく泣ける映画にすることが多い監督なので、「泣ける『寄生獣』はいやだなぁ」と危惧していたのだ。

もちろん、前後編に合わせた調整で原作のディテールをかなり縮めているし、原作の「泣かせ」の要素にフォーカスを合わせている。そういう構成には疑問もある。ちらほら見える浅薄な描写など、不安要素はあるもののとりあえず、後編を楽しみにしておこう。

『チェイス！』

（二〇一三年　インド　監督：ビジャイ・クリシュナ・アーチャールヤ）

インド映画のツイストにはいつも驚かされるなあ。ほんとにせつなくて愛おしい。

ただ、舞台が全編シカゴでロケされていることとか、インド以外の世界的マーケットで通用する娯楽を作ろうという意欲がありすぎたこととか、お行儀が良すぎて、物足りない部分もある。アクションやスタントは超一級だし、明かされるトリックは絶妙で、その後の展開もすばらしいのだが……。

『メビウス』

（二〇一三年　韓国　監督：キム・ギドク）

もはや我が道を行きすぎるキム・ギドクの問題作だ。全編無言であること、母親が息子の性器を切り落とすという内容で話題になっている。

性器をめぐる家族を描いているが、シチュエーションと展開に何度か笑ってしまいそうになったよ。無言ってことで、ジェスチャーゲームを見てるような気になった。さらに女優が一人二役で出てきて、意味もわからず、混乱してしまう。

おっぱいはよく出るけど、その気分にはならない。筒井康隆の『万延元年のラグビー』は桜田門外の変のあとで、井伊直弼の首をラグビーよろしくパス回しするという小説だったけど、首のかわりにチンコの行方を見守るコメディみたいだった。伝えたいなにかはわかるけど、変な映画としか言いようがない。

『ゴーン・ガール』

（二〇一四年　アメリカ　監督：デヴィッド・フィンチャー）

デヴィッド・フィンチャー監督がコメディを撮れば、こんな作品になるのか。いやあ。あっけにとられた。デートムービーには絶対向かない映画だ。以前、新婚だったころ、女房を連れて、エクストリーム夫婦げんか映画『ローズ家の戦争』を観にいって、大変なことになったが、この映画はそれどころではない。

恋愛の最終形態が結婚ではないといことくらい知ってはいたが、このデフォルメされたシチュエーションは、結婚という決まりごとが持つ危うさを最大限に描いている。女性原作者が自分で脚本を書いているのが、よく理解できる。人生で最大のテーマというべき結婚を描くのに、こんなやり方があったとは。

気のきいたセリフばかりで、松浦美奈の字幕もすばらしい。とりわけ、冒頭のモノローグが出色で、見終わったあとの余韻の核となる。長く書いちゃうと、ネタバレになるので、ほどほどにしておくが、とにかく結婚を描いた映画の中でも白眉であるから、結婚を考えているお相手といっしょに観るといいかもしれない。責任は取れないが。

『ホビット　決戦のゆくえ』

（二〇一四年　ニュージーランド／アメリカ　監督：ピーター・ジャクソン）


一四五分があっという間。ミドルアースのオールスター作品だ。まさか、あの人が大活躍するなんて！まるでアクションゲームのステージみたいな活劇と繰り返される歴史。映画としての評価はともかく、この世界といつかまた会いたくてたまらない。

『ロード・オブ・ザ・リング』以来、六本目の大団円。ピーター・ジャクソンの『指輪物語』の集大成だ。ここまでのエンターテインメントに振りきった作りには、とにかく関心した。フレームレートをあげて上映するIMAX HFRで鑑賞したが、ヌルヌルした動きと評された上映法がこなれてきて、効果的な手法を完成させている。映画『ロード・オブ・ザ・リング』には、活劇の復権、映像叙事詩の再生というテーマがあるのだけれど、ほんとうに年末、最高の映画を観た気分だ。ピーター・ジャクソン、ありがとう。おつかれさま。でもね、もうなんでもいいから、続けてほしいよ。

『あと1センチの恋』

（二〇一四年　イギリス／ドイツ　監督：クリスチャン・ディッター）

リリー・コリンズ主演とあって、制服姿の女子高生でぎっしりの武蔵野館。今回は女性といっしょに観にいったのでよかったけれど、まるで女性専用車両みたいで、男ひとりだと、気が気じゃなくなっただろうね。

良質の恋愛映画は成長と家族を描くものだけれど、この作品もまさにそれ。人生における責任のとり方について、ティーンにはきつい内容もあるけれど、一二年間の時代の描写も含めて、説得力あふれる内容だ。イギリス映画はこういうのが、ほんとうにうまいね。

『バンクーバーの朝日』

（二〇一四年　日本　監督：石井裕也）

撮影の苦労が忍ばれる作品。よくぞここまでまとめたものだ。鬱々とした前半はつらいが、加速度的によくなる。美術やCGもがんばっている。オールスターキャストはがんばってるが、本上まなみなど中途半端に出すくらいなら、カナダ人のメインキャラをひとり出したほうがいい。時代と人を表現するためにも。

バンクーバー朝日というカナダの日系人野球チームの存在は、史実として印象深いが、ステレオタイプの人物が、エピソードを羅列していくだけの印象になってしまう。『舟を編む』の石井裕也監督というので、期待していた。ある部分は持ち味と思えるが、ある部分は物足りなく感じた。妻夫木聡がセリフでいうほど、野球を好きに思えないってことが、問題なのだろう。

『ベイマックス』

（二〇一四年　アメリカ　監督：ドン・ホール、クリス・ウィリアムズ）

あらゆる娯楽産業を飲みこんでいく、巨大ディズニーの全部入り。

この世界観とキャッチフレーズこそ、ウォルト・ディズニーの夢見た未来であり、フロリダ・ディズニーワールドにあるEPCOTのテーマ「イマジネーション」の成果なのだろう。科学に対する憧れ、科学とファンタジーを信じれば、世界はきっとよくなる。そんな思いが、満ちあふれている。

兄の死の謎を解くという意欲的な脚本でありながら、どこかで見たもの――クリシェに満ちつつ、絶妙なブレンドを見せる脚本は娯楽映画の最適解なのだろう。日本のジブリとか、アメリカのマーベルとか、すべての娯楽がここに集まる巨大ディズニーが誇示するなにかを感じてしまう映画だったよ。おもしろかったんだけど、さまざまな娯楽に対するリスペクトも感じたのだけど、新しいものはなにも受け取れなかった。

大いに笑って、たくさん泣いて……。最後はあらゆるものがディズニー色に染まっていくことが、そらおそろしくなってしまった。

神話的に英雄は身体の一部を失うモチーフなんて、「スター・ウォーズ」サーガのようだ。

きちんと波乱を見せつつ、収斂させていく展開は色気のある名人の棋譜みたいなところだけど、最後のマーベルネタはやり過ぎだよね。作り手のドヤ顔ぶりにぞっとしたよ。

どのように突っ込まれても、きちんと答えを用意している。サンフランシソウキョウという世界観もコレド日本橋みたいな感じで、もやっとするんだよね。できすぎていて、引いてしまった。でも、おすすめです。

『毛皮のヴィーナス』

（二〇一三年　フランス　監督：ロマン・ポランスキー）

ポランスキー監督が描くマゾッホ作品だから、一筋縄ではいかない。男と女が観客のいない舞台で交わし合う愛のマウント合戦！　舞台の上で虚実のフェーズがめまぐるしく変わり、リテラシーと創作の表裏一体の対話が息づまるものとなる。最後のカタルシスには弾けまくった。

『百円の恋』

（二〇一四年　日本　監督：武正晴）

個性派とか演技派ではない。安藤サクラがスターとして光芒を放つ熱のこもった映画だった。どこにでもある底辺のどこにでもいるダメな人間たちを執拗に描きつつ、そこからボクシングを通して浮揚するダイナミズムが命に意味をあたえていく。最高。年間ベスト級。

現代に『あしたのジョー』をよみがえらせるには、安藤サクラが必要だったのだなぁ。スクリーンを出たあとの味わいがずっと残る。

『海月姫』

（二〇一四年　日本　監督：川村泰祐）

キャスティングはよいが、まるで届かないコメディ。冒頭、説明独白を声にする能年玲奈を見て絶句したが、オーバーアクトによる笑いの強要が全編にわたる。スタッフにオタク女を知ってる人がいないのかな。インスタント食品しか食べたことがない人が、高級食材を台無しにした印象だ。

二〇一四年ベストテン

1.『ラッシュ／プライドと友情』

ジョン・ハントとニキ・ラウダの神話ともいうべきF1黄金時代。その頃にF1を知った、おれの映画というしかない。アメリカ人の監督がヨーロッパのキャストやスタッフを起用して、濃密な世界を描いてくれた。

2.『アナと雪の女王』

大ヒット映画で今更だけど、ディズニー映画の系譜を現代に再生させたという意味で、いろいろと興味深い。よくやったなぁと感心する。ディズニー映画の定石をかなり覆した部分も含めて。

3.『ウルフ・オブ・ウォールストリート』

現代のピカレスクをこれだけゴージャスかつ肉食テイストで結実させたのはみごと。スコセッシでしか描けない境地とエネルギーに圧倒された。映画の中のデジタルの、みごとな使用例でもあった。

4.『ゴーン・ガール』

サスペンス、ミステリー、笑い……。映画館で体験したいさまざまなエモーションが詰めこまれている。これぞ全部入り映画。ひどい女だけれど、チャーミングでさえあるのは、うまいなぁ。

5.『百円の恋』

現代に名作『あしたのジョー』をよみがえらせるには、安藤サクラが必要だったのだ。現代的貧困の中で生きる理由。映画館を出たあとの味わいがずっと残る。後に日本アカデミー賞を受賞したのがうれしかった。

6.『アバウト・タイム　～愛おしい時間について～』

一年に一本、きちんとしたタイムトラベル映画があれば、その年が豊かになる。英国系のつつましやかな人生ドラマとしても余韻がつづく。なによりもビル・ナイという説得力がきいている。

7.『her／世界でひとつの彼女』

人工知能と恋愛というテーマは繰り返し語られてきたが、上海で撮影されたロサンゼルスというデリケートに作られた世界観にスカーレット・ヨハンソンの声、といった仕掛けに心を奪われた。

8.『フューリー』

戦争映画の復権。これこそが観たかった戦争映画だ。シャーマン戦車とキングタイガーのすばらしいバトルのみならず、いかに生き残るかをダイナミックに見せてくれた。

9.『LEGOムービー』

これはもう、やられたとしかいいようがない。サービス満点の子供向け冒険映画かと思ったら、とんでもないことになってしまう。まさにメタ！　これだけの大仕掛を見せられたら、感服するしかない。

10.『ワールズ・エンド　酔っぱらいが世界を救う！』

こちらもやられたと思った。あのテーマをこういう形で描いてくれるとは！　エドガー・ライト監督のやることに間違いはない。酒好きの映画好きなら、しっかり脱帽だよ。

シネコン時代の気くばり入門

二〇一六年の春、『家族はつらいよ』が封切られた際の舞台挨拶で山田洋次監督が、こんなことを言っていた。「最近は映画館がおとなしくなっている気がしてしようがない。遠慮なく笑って、前の席を蹴って、楽しくおしゃべりしながら観てほしい。おしゃべりしちゃいけないっていうテロップが出ても大きなお世話だと思って、少しでも元気になってください」

そう言いたくなる気持ちはわかるけど、監督は試写室ばかりで最近のシネコンであまり映画をご覧になっていないのかな、と思った。

シネコンでの映画鑑賞といえば、マナーのことがよく話題になる。

少なくとも自分の経験では、シネコンでのマナーは以前よりよくなっていると思う。また、自分もマナーがひどいお客さんの存在も含めて映画体験だと思っているし、映画も旅行と同様、若干のトラブルがあっても、それが記憶の彩りになるとは思っている。

とはいえ、映画を観る回数が多い分、いろんなお客さんがいた。

携帯やスマホで時間を見たり、ゲームしたり、メッセージを送る。着信音やバイブを鳴らす。しかも、通話をする。本編上映中、スマホの明かりで自分の座席番号を探す。液晶画面は光らせなくても、小さな通知ランプが果てしなく明滅している。エンドロールで感想を延々と話す。映画と関係のないお喋りをする。隣の子供に字幕を読む。小声で解説を続ける。白檀の薫りがする白い扇子であおぎつづける。貧乏ゆすり。奇妙なタイミングで笑う。香水、独特な体臭、口臭。過剰に音を立てて食事をする。匂いのする食べ物を食べる。席を後ろから蹴る。肘掛けから両肘を広げて座る。足をあげて前の座席に乗せる。靴を脱ぎ、足の匂いを漂わせる。鼾をかいて眠る。指をポキポキ鳴らす。前の席に帽子を脱がない人がいる。ドリンクホルダーを両側占領する。子供が座面を上げ下げして騒ぎはじめる。靴裏を床でキュッキュッと鳴らす。

一パーセントの人のマナーが悪くても、意外と目立ってしまう。マナーは席の移動がしにくいシネコンの弱点でもある。

まず大抵の場合は、口の前に指を立て「お静かに」のサインを出すか、「眩しいので、スマホの明かりが見えないようにしてください」とか、「ごめんなさい。話すなら、聞こえないようにしてください」などと言えば、だいたいおさまるものだ。相手がスマホを弄りたい。話したいという気持ちは否定せずに、ソフトに協力をお願いするしかないね。

ただ、ものを食べるときにレジ袋や包み紙を触る音をする人、靴の音を鳴らす人など、騒音系迷惑客は手強い。カレー屋などにいったとき、カウンター席でどうやったらそんな音を出せるんだというくらいスプーンをカチカチ鳴らし、ルーをジュルジュル吸う人がたまにいるのだが、そのくらい自分の立てる音が聞こえない人はいる。一定数は存在する。だから、逃げるしかない。空いていれば、なるべく音源から遠い席に移る。

ネットではこの手の話題になると、炎上することが多い。「むかしの映画館はもっと自由に観ることができた」という人もいる。でも、むかしの映画館と、いまのシネコンでは、環境がまるで違うのだ。まず館内に避難誘導の明かりがなくなり、壁面も暗色になるなど、暗闇を大切にしている。一方、スマートフォンのバックライトはロウソク二〇〇本分以上ともいわれ、煌々《こうこう》と明るいのだ。人間は暗闇に慣れるのに時間はかかるが、明るさにはすぐに順応する。隣の席の人が時間を確かめるために、一瞬でもスマートフォンを点灯させると、そのダメージは大きい。

また、むかしの映画館と現代のシネコンはサウンドの設計がちがう。サウンドといえばモノラルが当たり前だったむかしの映画館では、リバーブ（残響）が盛大だった。しかし、6・1や7・1など、スクリーンから客席をとりかこむようなサウンドデザインの作品ばかりになった映画は、壁面も吸音性が高いものになった。バーンと盛大に鳴った音が残ることなく、次のシーンに変わり、静かになるのが理想だ。

ラップ・ミュージックが売り物のある映画を古い街の古い名画座で観たことがあったのだが、あまりに響きすぎて歌詞が聞き取れないほどだった。逆に、映画祭で有名な町で、当時最新の体育館を映画祭でも使えるように設計していたのだが、音響設計者に言わせると、「残響がなさすぎて、スポーツ大会だと盛り上がらないでしょうね」と言っていた。

また、人間の体はそれ自体が吸音材なので、きちんとした映写を行うところは、客の数に合わせて、ボリュームを調整することもあるそうだ。

そんな環境で映画を観るようになってなにが変わったか。以前の映画館では気にならなかったレジ袋やビニール袋、包装紙などの直接音が耳につくようになったのだ。良い音響の映画館は静寂さえもマルチチャンネルでデリケートに描いている。意識は自然と自分を包み込む音に向いていく。そんな中、真後ろの席で、絶え間なくカサカサとやられると、自然と気になってしまう。

ぼくはポップコーンやホットドッグなど、映画館で売っているものを食べることは否定しない。映画を観ながら食べるポップコーンは、おいしいよね。ぼくは食べないけれど、食べる人の楽しさはよく知ってる。コンセッションといわれるドリンクとフードの売店がシネコンの大きな収入源であることも知っている。

でも、ちょっと考えてほしい。なぜ、シネコンのポップコーンがバケットといわれる紙製の大きな容器に入っているのか。それは、音を立てずにおいしく食べられるための工夫だ。じつは、ポップコーンそれ自体の原価より、バケットの原価のほうが高いくらいなのだ。袋とはちがって、バケットはノイズを出しにくい。ガサガサさせず、クチャクチャさせず、ちょっとだけ気をつけながら、おいしく食べることは、映画を共有する楽しみだと思う。あるシネコン・チェーンでは、原価を削るために、安い紙袋のポップコーンを復活させている。あれは耳につく音なので、同じ映画を近くのシネコンでかけていたら、そちらを選ぶことが多くなってしまった。自衛するしかないね。

以前、となりに座った人が、レジ袋から出したポテチの袋を開けた瞬間、なんともいえない異臭が漂ってきたことがあった。予告編の上映中だが、そのときは配慮もできず、「うあ、臭い！」と言ってしまった。袋のカサカサ音よりも耐え難い匂いだった。幸いなことに、その人はすぐにしまってくれた。ごめんね。楽しみにしてただろうに。

ハンバーガーのセットでついてくるフレンチフライの匂いも相当なものだ。すごい匂いがする。シネコンであの匂いを何度も嗅ぐうちに、ぼくはハンバーガーショップのフレンチフライが苦手になってしまった。

実はシネコンでは、空調の関係で匂いがこもりやすい。もともと、食べ物の匂いがない無臭状態なことに加えて、空調そのものが音響設計の難所になることから、あまり空気をかき回さない。シネコンをあちこち回っていると、匂いのこもりやすいシネコンと、そうでないシネコンがわかってくる。匂いやすいシネコンでは、混雑する映画は避けるようになった。

マナーについては、そのシネコンのある土地柄や時間帯、映画内容によってちがう。東京に住んでてよいことは、それぞれの映画の内容に合わせて、都内のシネコンから自由に選べることだ。

以前、ルブタンがパリのヌードショー「クレイジーホース」を3Dで紹介する『ファイア by ルブタン』という映画を有楽町に観にいったとき、会場の若い女性の多くが、ルブタンのトゲトゲな靴を履いていて、それも楽しかったな。

最近では、『ヤミ金ウシジマくん Part3』を観たとき、右には薄いサングラスをかけたおじさんが、どっかと広がって座り、左には金融とかマルチをやってそうな若者が、スーツのジャケットでスマホを隠して、ゲームしていた。4DXなんて機器はいらないリアルな鑑賞体験だ。

子供のための映画を、子供たちの中で観ることが好きだ。東映ヒーローものなど、マナー以上に子どもたちの熱中が感じられる。以前、『アナと雪の女王』を観たときは、ママ友グループが大勢の子供を連れて来ていて、座席配置上、手が回らなくなっていた。本編前の短編上映中にやんちゃな子どもが、隣の子にちょっかいをかけていたとき、その子が通路際に座っていたこともあり、横にいってひざまずきながら優しく注意したこともある。映画はきわめておもしろく刺激的で、その子たちが集中していることがわかるほどだった。エンドロールが始まると、その子の母親がとなりにきて、ていねいにお礼を言ってくれた。ただ、そんなことはいいから、エンドロールに集中させてください……とは、言わなかったけどね。

エンドロールといえば、ぼくが回った世界中の国のうち、エンドロールが終わるまで、座席についているひとが多いのは、日本くらいだ。アメリカのシネコンで、エンドロール後まで、大勢残っていたのは『スター・ウォーズ』シリーズくらいじゃなかったかな。映画本編の中でもより暗いエンドロール中、座席に残ってスマホをいじったりするより、外に出てもらったほうがいいのにな。エンドロール後のお楽しみを期待しているようだけれど、もともと観られることを期待しているシーンでもないし、マニア以外はよくわからないシーンだったりするよ。それでも観たいのなら、ほんの数分、スマホを我慢してほしいな。

ちなみにアメリカでも、〝texting〟といわれる、スマホ操作を警告するショートフィルムが流れたりする。スマホ操作している人を銃で脅したり、ポップコーンをバリバリ食べていた人のマナーを注意したら、射殺されたりする怖さもある一方で、若者の映画館離れを防ぐため、スマホ操作可能を検討しているシネコンチェーンがあったり、アメリカのシネコンがこれからどうなるかわからないけどね。マナーを守らない人も多いけど、そんなバッドマナーを注意することは、日本より多い気はするよ。

さて、いままで最悪の映画館マナーといえば、ふたつほど思いだす。一〇年ほど前だが『THE 焼肉 MOVIE ぷるこぎ』を観たときのこと、スクリーンを観ているのは、ぼくと若いサラリーマンのふたりだったが、そのサラリーマンが映画に退屈したのかバッグから、ノートPCをとりだし、液晶画面を光らせながら、なにかをやりはじめたのだ。さすがにかんべんしてほしいので、そのサラリーマンのそばにいき「すみません。パソコン使うのなら、光が見えない後ろの席でやってくれますか」と言ってしまった。

もうひとつはウェス・アンダーソン監督の『グランド・ブダペスト・ホテル』のときだ。劇場はいい感じで埋まっていた。三席ほど前の男が、予告編の最中からスーパーで買ってきた惣菜を食べているのがわかる。パッケージを開けるゴムの音とか、コロッケの匂いが広がる。離れているから、大丈夫かなと思っていたら、もうすぐ本編上映開始というタイミングでその男が餃子を食べ始めたのだ。勘弁してくれよ。これから甘やかなヨーロッパ趣味のコメディ・ミステリーを観ようっていうときに広がる強烈なにんにくの匂い。「餃子はやめて」と声をかけながら、通路に飛び出し、そこにいたスタッフに「餃子を食べ始めた人がいるので、空調強くしてください」と、言ったものだ。普段では聞けない音の強さで空調が回ったが、本編上映開始後、しばらく餃子の匂いは蔓延していた。いまではそれもおもしろい思い出ではある。

シネコンが飲食物の持ち込みを禁止するのには理由がある。そのあたり気をつけてもらって、みんなでポップコーンを食べながら、映画を観られれば、幸せだな。

2015

個人的には二回も入院して、映画鑑賞の本数は減ったものの、この年は『バードマン』など、忘れがたい作品も多かった。『進撃の巨人 ATTACK ON TITAN』も話題作のひとつ。前後編の公開形式が物議を醸しもした。新宿に日本映画系フランチャイズ・シネコンが三サイトそろったのは、大きなニュース。シネコンでの映画興行が日本の津々浦々まで行き渡った観がある。ほかにもデジタルの映像制作機材のおかげで、世界中の映画がさらに活性化した印象がある。さらにNetflixなどの動画配信サービスがオリジナル作品を次々に作成するようになったことも、大きな喜びだった。映画の見方も変わってきているのかもしれない。

『96時間　レクイエム』

（二〇一四年　フランス　監督：オリヴィエ・メガトン）

これ、フィルム撮影なのか！　もはやキャラクターがぶれることがないリーアム・ニーソンだが、全体に横溢する八〇年代アクション映画感覚を満喫した。リュック・ベッソン製作のアクション映画の中でも抜群の職人センスが溢れる、オリヴィエ・メガトンの演出と編集センスが心地よい。新味ゼロだがそこがいい。

『アゲイン 28年目の甲子園』

（二〇一五年　日本　監督：大森寿美男）

セリフの量も多く、起こることはなんでもセリフで説明する系統のめんどくさい日本映画かと思っていたが、テーマの輪郭もくっきりしたバランスのいい作品だった。長尺なのは事実だが、これなら納得がいく。

『ジャッジ　裁かれる判事』

（二〇一四年　アメリカ　監督：デビッド・ドブキン）

新しさはないが、ていねいな作風で濃密な感動を呼ぶ。父（ロバート・デュヴァル）はバイブルベルトの老判事。息子（ロバート・ダウニー・Jr.）は辣腕弁護士。その父がひき逃げ事件を起こしたことから被告となり、息子が弁護する。法廷劇のサスペンスはもとより、登場人物すべてにフォーカスがあった脚本がよい。なによりもこれはコミュニティを去った放蕩息子がコミュニティに帰る話なのだ。巧みに織り込まれた聖書的モチーフや男兄弟の関係性、いかに老いるかという問いかけがふんだんにあふれ、じっくりと描きこんでいる姿勢に好感が持てる。絶望の先に見える希望がすばらしい。

『ビッグ・アイズ』

（二〇一四年　アメリカ　監督：ティム・バートン）

才能がないのに映画を撮る喜びを横溢させていた

『エド・ウッド』。能力があっても自分の名前で描くことができなかった『ビッグ・アイズ』のマーガレット・キーン。どちらも同じ脚本家が書いたティム・バートン映画だが、同じ事象の裏表を描いている。創造という神の業に近づこうとする人間。しかし、その才がないために、才能を騙る人間の姿に〝あるある〟ボタン押しまくりだ。

それと同時に、大衆のための商業絵画の勃興を見せてくれる。その舞台として、光りあふれるサンフランシスコを刺激的に見せてくれる。

妻の描いた作品を自身の作品として売り込むウォルター・キーンの姿は印象的だ。マーガレット・キーンはよくいる才能ある画家だが、ウォルター・キーンの創造の才がないのに、作者の名に憧れる才能は、稀有なものだ。佐村河内守の姿が脳裏に浮かぶ。ウォルターも佐村河内も目の前の作品が自分のものだと、心底思っていたのだろうな。

以前、ある編集部で「あの漫画家はぼくが育てたという社員は一〇人はいる」と冗談めかして聞かされたことがあるが、その手の話は枚挙にいとまがない。作品という神の御業に自分の名前をつけるのは、麻薬のようなものなのだ。

『KANO 1931海の向こうの甲子園』

（二〇一四年　台湾　監督：マー・ジーシアン）

日本統治時代の台湾を舞台にした野球映画。これを見ると、太平洋戦争前にカナダで活躍した日本人野球チームの活躍を描いた『バンクーバーの朝日』が気の毒でならなくなる。

台湾とカナダそれぞれで史実として上下があるわけではないが、映画としての格や美しさが違う。『海角七号 君想う、国境の南』のヒット以来、大きく変わった台湾映画の美点が豊かに結実した作品。同時期の台湾を知る上で、これらに『セデック・バレ』を加えた三本は必見だ。すべて魏徳聖《ウェイ・ダーション》の作品じゃないか（『KANO』については制作・脚本）。歴史映画として、青春映画として、野球映画として、失われたタイムラインのいとおしさをとことん感じさせてくれる映画だ。

『ジョーカー・ゲーム』

（二〇一五年　日本　監督：入江悠）

入江悠監督はリアリティレベルの設定が抜群にうまいなあ。予算と規模の折り合いをつけるのが絶妙。過剰なところも足りないところもあるが、北村龍平が撮った『ルパン三世』より、軽やかにルパンっぽい世界を楽しませてくれる。良質なプログラムピクチャーの空気感がうれしいね。

『エクソダス　神と王』

（二〇一四年　アメリカ　監督：リドリー・スコット）

『天地創造』や『十戒』、『サムソンとデリラ』など、キリスト教史劇映画は、スペクタクルとおっぱいで、幼い自分を楽しませてくれた。『エクソダス』は圧倒的におっぱい不足なんだけど、キリスト教史劇ならではの理不尽な暴力とスペクタクルがふんだんにある。虫けらのような人間がたっぷり出る映画は楽しいなぁ。神託と人の情の折り合いの付け方とか、いろいろおもしろかったよ。

『チャーリー・モルデカイ　華麗なる名画の秘密』

（二〇一五年　アメリカ　監督：デビッド・コープ）

しまったなあ。こういう作品だと知っていたら、吹替版を選んだのに。懐かしいモンティ・パイソンみたいに、油の乗り切ったスペシャリストによる吹替なら、あるいは楽しかったかも。欧米人はこういうのを楽しめるのかなと思っていたら、海外のレビューサイトでも最低評価。日本の配給会社が気の毒になるような作品だったよ。

『はじまりのうた』

（二〇一三年　アメリカ　監督：ジョン・カーニー）

最高だった。音楽とニューヨークとキーラ・ナイトレイ。この組み合わせがこれほどの魔法を見せてくれるとは！　ミュージシャンの恋人に捨てられたキーラ・ナイトレイと、落ち目の音楽プロデューサー、マーク・ラファロが出会ったことから〝音楽〟が生まれる。たったこれだけの物語がこんなに心をつかむなんて！

音楽ビジネスへの批判もさり気なく織り込まれているが、なによりも酔わせてくれるのは、これが音楽の生まれる瞬間をヴィヴィッドに描いてるということだ。そして、「音楽を聞けば、見慣れた風景が美しい真珠のように輝き始める」というセリフのように、土地と音楽のケミストリーもふんだんに描かれている。ぼくらがどうして音楽を好きなのかを、あらためて教えてくれる。そして、キーラ・ナイトレイの歌！　女優が歌う意味のすべてがここにある。

『ONCE ダブリンの街角で』のジョン・カーニー監督の新作だが、音楽的に多大な影響を及ぼし、闘病の末に亡くなった監督の実兄の名前が献辞として登場している。そんな思いの詰まった作品だ。

『味園ユニバース』

（二〇一五年　日本　監督：山下敦弘）

渋谷すばるの歌唱、二階堂ふみの存在感、もちろん「赤犬」もすばらしく魅力的なのだ。ディープ関西の魅力が溢れているが、映画としては直球に過ぎ、微妙にうねらずに終わってしまったな。素材はよかったのに、ケミストリーが起こらず、素材のままの味を供された印象。

『君が生きた証』

（二〇一四年　アメリカ　監督：ウィリアム・H・メイシー）

音楽を通じた再生の物語。そう思っていた。しかし、はるかに重く、はるかにつらく、はるかに痛みに満ちた映画だった。

サムは広告マンとして充実した人生を送っていた。しかし、大学で発生した銃乱射事件により、たったひとりの息子、ジョシュを喪ってしまう。失意のあまり、サムの人生は崩壊し、いまではボート暮らしを送る日々。そんな彼のもとに別れた妻から、息子の遺品が届く。「音楽はあなたとジョシュのものだから」と言われ、渡されたのは、息子が自作した曲のCDや歌詞のメモ、そして、ギター。

サムの人生はいよいよ、どんづまりに陥る。そんな中、CDで息子の歌う曲を聞き、息子のギターとともにその曲を歌うようになる。息子の音楽は新たな出会いを生む。やがて、サムは息子の曲を認めてくれた若い仲間とバンドを組み、活動していく。しかし、サムは仲間たちに、これが死んだ息子の作った曲だと、明かせないままでいるのだった。

仲間たちとバンドを組み、音楽によって人々が集まっていくさまは、『はじまりのうた』同様、心躍るものがある。そのまま、いい気持ちで終わってもおかしくないのだが……。

これは音楽を通じた父と子、生者と死者の対話のドラマであり、答えのない罪と赦しのドラマだった。

『アメリカン・スナイパー』

（二〇一四年　アメリカ　監督：クリント・イーストウッド）

すごかった。ひとりの青年がその〝境地〟にいたるプロセスをファーストカットからエンドロールまで、無駄なく緻密に描いている。

戦争はぼくらのとなりにある。これはアメリカのドラマだが、現代において、戦争は遠い国の物語ではないことがはっきりとわかる。テレビで9・11を目の当たりにしたことから、アメリカを守ることを決意したアメリカの青年、クリス・カイル。ネイビー・シールズに入隊し、生まれ持った優秀な視力のおかげで「伝説」と言われる狙撃手となり、イラクの戦場で一六〇人の敵を射殺する。

イーストウッド監督作品ならではのオフビート感覚とドキュメンタリータッチがみごとに融合されている。クライマックスの戦闘シーンはとことん凄まじく、見ているこちらの心拍数が一気に上がってしまった。

クリス・カイルは四回にわたりイラクに派遣されている。まるで出張の多いビジネスマンのようだ。アメリカ本土とイラクとの〝日常〟が交互に描かれている。その往復の中で、戦争それ自体が徐々にクリス・カイルの心を蝕んでいく。それを狂気と呼ぶのはたやすいが、戦争という日常の業務の中では、最適化された精神状態といえる。クリスにアメリカ本土での生活がなければ、異常でさえないだろう。仲間を救うためには、たとえそれが女や少年兵でも悪い敵として排除し、死んだ敵のことより、救えなかった仲間のことを後悔する。それは異常なことなのか。そんな意識のゆらぎさえ感じられる。

以前、北朝鮮のミサイルが日本の上空を通過したとき、ふだん穏やかな女性が凄まじく怒り、興奮したときのことを思い出したりする。自分や同胞が死の危険にさらされたと感じたとき、人は変わり、敵の命の意味を変えてしまう。

イーストウッド映画としてははじめてのＩＭＡＸ版があるのだが、音響がすばらしい作品だったから、やはり初のDolby Atmos版でもう一度鑑賞してみたい。

『幕が上がる』

（二〇一五年　日本　監督：本広克行）

「踊る大捜査線」シリーズ、『ＵＤＯＮ』、『少林少女』など、心ある映画ファンの度肝を抜いてきた……というより、むやみに回りすぎるカメラワーク、ふんだんすぎるスローモーション撮影、くどすぎる説明セリフで辟易させてきた本広克行監督の作品だが、今作に限っていえば、そういう本広映画のうざったさはかなり抑制されていて、キャスティングと脚本の卓越によって、見応えのある映画になっている。

残念ながら、制御しきれない多動なカメラワークや、余計な独白セリフ、身内受けがすぎるカメオ出演も残っているが、それさえも自覚的で、あるセリフを起点に変えている。その描写の巧みさで、主人公の成長に多様な世代が関わる絶妙なストーリーからは、近年の良質な台湾青春映画の香りさえ漂ってくる。

『桐島、部活やめるってよ』の喜安浩平による脚本がすばらしい。「ももいろクローバーZ」の五人が主演だが、そんなことは知らなくても存分に楽しめる。少女たちと演劇との出会いが、リアルにヴィヴィッドに描かれている。少女たちをインスパイアする女教師を演じる黒木華がすばらしい。生の鮮烈さが胸を打つ。

青春のドラマにもかかわらず、男女の恋愛要素を一切描いていないが、その潔さが作品のフォーカスをきっちり合わせている。アイドル出演映画でありながら、アイドル映画の枠を越える作品となっている。ちなみにこのあと、「ももいろクローバーZ」主演の舞台まで観にいってしまった。

『アナベル　死霊館の人形』

（二〇一四年　アメリカ　監督：ジョン・R・レオネッティ）

いい仕事をしている。『死霊館』のプリクエルホラーとして、七掛けくらいで怖かった。『ローズマリーの赤ちゃん』リスペクトな仕掛けも多く、時代のエッセンスが旨味となっている。ホラーとしてはよく残り、映画としては残らない。そんな潔い映画。

『シェフ　三ツ星フードトラック始めました』

（二〇一四年　アメリカ　監督・出演：ジョン・ファヴロー）

満足感高いなぁ。現代らしいネット炎上から始まる、心温まるドラマ。映画『アイアンマン』シリーズのジョン・ファヴローが、『アイアンマン3』の監督を降板して脚本・監督・主演したドラマだ。

ビッグバジェットの『アイアンマン』から、インディーズの本作を撮ったジョン・ファヴローの姿が、一流レストランをやめ、フードトラックを始める主人公の姿に重なってしまう。本当に作りたいものを探す姿はいとおしい。

ツイッターでの迂闊なツイートで破滅したシェフがゼロから再起する。フードトラックという素材を使って、親子のロードムービーとなっているのいいね。触れ合うだれもがいい人過ぎて、そこがすばらしい。

『ソロモンの偽証　前編・事件』

（二〇一五年　日本　監督：成島出）

劇中、役者が落涙する映画は苦手だ。だが、この映画の涙には引きずり込まれた。宮部みゆきの映画化作品として最良のものとなるためには、松竹というステージが必要だったのか。現代の松竹映画でしか描けない〝絵〟がすばらしい化学作用を見せる。

オールスターキャストの映画であるが、どの役者もふさわしい場をあたえられた中できちんと登場しているのが好ましい。

学校内模擬裁判を描いたものとしてはドラマ『鈴木先生』が思い出され、学内の犯罪を描いた作品としては湊かなえ原作作品が思い出されるが、絶望の淵にいる子どもたちに注がれる、仄かだが暖かな視線が感じられるのがすばらしい。後編が公開されていないので、軽々な判断はできないが、観ておくべき作品だろう。

『博士と彼女のセオリー』

（二〇一四年　イギリス　監督：ジェームズ・マーシュ）

撮影と編集、役者はすばらしい。イギリス映画の美点もたっぷりなのだが、ホーキング博士が離別した元妻への感謝と謝罪のために映画化を認めたみたいな企画。映画のテーマを神と物理学にしたために、感動的ではあるが、浅薄なクリシェとなってしまった。生きている人を映画化することはつくづく難しい。

『イミテーション・ゲーム／エニグマと天才数学者の秘密』

（二〇一四年　イギリス／アメリカ　監督：モーテン・ティルダム）

すばらしい。さすがの脚本。さすがの演技。ナチスのエニグマ暗号解読に挑むアラン・チューリングのマシンというだけで鳥肌モノだが、カタルシスがただのカタルシスに終わらず、人と嘘と秘密と暗号と戦争と孤独をめぐる壮大かつ複雑な構造として組み立てられていて、それが至上の感動となり、胸を打つ。

英国映画で同様に天才を描いた作品に『博士と彼女のセオリー』があるが、満足感はこちらのほうが高い。天才をきちんと描き、天才の孤独を描いている。

ル・カレ原作のスパイ映画やエスピオナージュ作品のように、人の気持ちと国家謀略の乖離をきちんと正面に据えている。個人の思いを踏みにじる冷たい方程式の存在を抜かりなく描いている。

なによりすばらしいのは、この時代における〝同性愛〟という秘密を正面から扱っていること。チューリングの同性愛を悲劇として描きつつ、チューリングのパートナーであるジョーン（キーラ・ナイトレイ）も、女性という理由だけで、時代の中で個性を発揮できないのだ。一人ひとりの個性さえ踏みにじる時代の中で、偉大な業績を達成するとはどういうことなのか。なにより、多様性のある社会の意味を考えさせてくれる。

『風に立つライオン』

（二〇一五年　日本　監督：三池崇史）

中学や高校の映画教室あたりに使われそうな感動映画。三池崇史の演出だけあって、ときに刺激的な部分もある。人はその生とその死をもって、残されたものになにを伝えるかをきちんと描いている。大沢たかおと石原さとみのキャラクターが説得力になってる。

ただ、映画の医師とモデルとなった医師で、キャラクター的に重複はさせていても、それぞれの人生の軌跡を大きく変えてしまったのが、腑に落ちない。

『イントゥ・ザ・ウッズ』

（二〇一四年　アメリカ　監督：ロブ・マーシャル）


ディズニーのアトラクション的映画を期待している人にはつらいだろうが、結果と責任、ことばと呪い、願いと約束など、お伽話を構成する要素がシャッフルされる後半は抜群におもしろかった。

過去のことをしつこく咎める行為の無意味さが、こんなに楽しい曲になってるなんて！　デフォルメされた人間関係から浮かびあがる暗さが、力強い人間賛歌になる。

舞台版は未見だが、赤ずきんのキャラクターなど、映画ではかなりカットされているらしい。また、冒頭のシーンなど、舞台であれば、スペクタクルを感じられそうな総見世になったところだが、映画ではそれができず、めまぐるしいカット割りにならざるをえなかったのは残念だ。

アメリカの批評サイトをみても、批評家には受けて、一般の観客の評価はイマイチという印象だ。

ディズニーでなければ、映画化できない作品だが、ディズニーだからこそ、リミッターが被せられてしまった。

『きっと、星のせいじゃない』

（二〇一四年　アメリカ　監督：ジョシュ・ブーン）

死の後に残された生命を、やがて死を迎える若者たちが想う映画。ヤングアダルトとか、ライトノベルのテイストが垣間見えるが、キャラクターの存在感は抜群だ。難病ものだが、難病を描いた作品ではない。恋愛映画だが、恋愛も生の一部としてがっちり押さえている。役者と脚本がよかったよ。

『映画　暗殺教室』

（二〇一五年　日本　監督：羽住英一郎）

『海猿』や『ワイルド7』など、リアリティに欠けた〝泣かせ〟のホモソーシャル映画を撮り続けてきた羽住英一郎監督である。まるっきり期待していなかったが、触手を持った〝殺せんせー〟という荒唐無稽な設定が、監督の雑な部分と絶妙にマッチし、「少年ジャンプ」漫画の実写化に成功している。びっくりするほど、楽しめたよ。

『ジュピター』

（二〇一五年　アメリカ　監督：アンディ&ラナ・ウォシャウスキー）

ウォシャウスキーの純正スペースオペラ。気に入った！　かなり気に入った！

ストーリーはご都合主義だし、設定も『マトリックス』の構造とそっくりで、伏線の展開と回収がうまくできてないところも多い。すべてのひとに薦められるかといえば、逡巡してしまう。

それでもさまざまな具が入った中華餡がたっぷり詰まった月餅みたいな濃さが最高だ。古くなじんだ素材をもとに二一世紀のスペースオペラを見る至福に溢れていたな。

『ジヌよさらば　～かむろば村へ～』

（二〇一五年　日本　監督：松尾スズキ）

当たり前に存在するものに対して、「もう無理！」というしかなくなってしまった人間。その痛みを知るものには素直に入ってくる現代日本のファンタジーだ。

タイトルの〝ジヌ〟とは東北弁で〝銭〟のこと。東京での銀行員生活でお金恐怖症となった松田龍平が、東北の限界（ぎりぎり）集落で、お金を使わない生活をはじめる。

松尾スズキの作品系譜的には、『クワイエットルームにようこそ』。そして、空気感としては『まぼろしの市街戦』を思わせるような、心に爆弾を抱えた人たちのデリケートで健気なコメディだ。阿部サダヲと松たか子の夫婦といえば、『夢売るふたり』を思い出すが、ほんとうによくハマっている。

いがらしみきおの原作は好きだったが、大人計画の役者をこのように配して、映画にしたんだねという納得感がある。なにより、社会からはみ出た人間、世界から置き去りにされた人間を見つめる視点が温かい。ただ、友情出演の三谷幸喜は余計だったね。

『バードマン あるいは（無知がもたらす予期せぬ奇跡）』

（二〇一四年 アメリカ 監督：アレハンドロ・ゴンサレス・イニャリトゥ）

中年俳優のミドルエイジクライシスをほぼワン〝ムービー〟、ワンカットで撮った、胸をしめつけられるようなせつないコメディ。

セリフで語られる業界ネタから、ブリーフひとつでタイムズ・スクウェアを闊歩するマイケル・キートンの情けない行動など、シチュエーションにいたるまで、贅沢にネタがつまっている。

全編ほぼワンカットというスタイルが話題になっているが、一人称のリニアタイム進行に見せて、実はワンカットだから表現できる時間の伸び縮みを魔法のように表現している。究極の一人称から生まれる魔法だ。ジョージ・クルーニー、ロバート・ダウニー・Jr.、ライアン・ゴズリングなどなど、現時点のアメリカのショウビズ・セレブたちの名前が次々に出てくることから生まれる批評性も、作品の生々しさを高めている。有名であることにとりつかれ、強迫神経症のような不安が全編に溢れ、「誰なんだよぉ、ぼくは誰なんだよぉ」

という自意識過剰な問いかけが、一度成功し、成功の裏の虚無から、自身の軌道を切り替え、それによって新たな空虚を見出してしまった男のもがき苦しむ姿が、たまらない。

『ゼロ・グラビティ』ミーツ『ブラック・スワン』のような映画といってもいい。『ゼロ・グラビティ』で研ぎ澄まされた長回しの技術が、自己表現の迷路にはまりこんだ『ブラック・スワン』の地平をさらに広げた。

なによりもこれは現代の映画のひとつの到達点だ。だからこそ、これを映画館で観ないのはもったいないと思うのだ。

ここから、ネタバレを書くが、観客に「わからない」と言われることを恐れ、なんでも説明する日本映画と違って、この映画の結末は露骨には説明されていない。しかし、作品をしっかり観ていればわかるように、俳優としてもがく元ハリウッド・スター、リーガン・トムソンは舞台の初日に、観客が見守る中、自身の頭を銃で撃ち抜いて死んだ。

長回しで語られるすべての映像は、死の直前にリーガンの脳裏に浮かんだ過去の記憶の再構成なのだ。人は死に際すると過去の記憶のビジョンが現われては消えていくという。まるで走馬灯のように。だからこれは走馬灯映画なのだと言い切ってもいい。

記憶の再構成と考えると、リーガンが随所で見せる超能力など、不可思議な現象は理解できる。超能力はかつてスーパーヒーローだったリーガンの一部である。リーガンは〝走馬灯〟の中で、自分の中にある〝バードマン〟への肯定と否定を繰り返す。

もちろん映画にあった多くのことは死の前のリーガン自身の体験に基づいている。しかし、先述のように伸び縮みする時間の中で、娘のサムなど、リーガン以外の人物の行動はリーガンの解釈によって変えられている。随所に登場する元妻のシルヴィなど、ほんとうにこのタイミングで現れるのだろうかと思えるほど、都合が良い。唐突に現れるドラムや、役者のマイクが楽屋に持ち込む日焼けマシンなど、リーガンの日焼けのエピソードに呼応した記憶の改変ではないか。

もちろん、現実と妄想の齟齬は映画の中で巧妙に描かれている。ニューヨークの大空を自在に飛び回り、劇場に到着したはずのリーガンにタクシーの運転手が精算を求め、リーガンが亡くなった劇場に献花を手向けるファンの姿。

ありたい姿と現実の自分。他者からの評価と自己の充足感。走馬灯の中で、あらためて自己をふりかえったとき、亡霊のような評価を気にしながら、過度にねじれた自己承認欲求の歪さを少しずつ受け入れていく。

ニューヨークの批評家が好んでくれるような、レイモンド・カーヴァーの作品をブロードウェイで上演するには、リーガンという男は浅く、狡猾さが足りない。人生に対する洞察もない。自分を相対化することさえできない。一度むやみに有名になった、善良で考えが浅い男にすぎない。若き日に出会ったカーヴァーとの陳腐なエピソードは芸能誌には受け入れられても、場数を踏んだ批評家の歯牙にもかからない。タイトルにある「無知がもたらす予期せぬ奇跡」の〝無知〟とはリーガンその人のことだ。そしてリーガンはショービズの世界でもがき苦しむ男というだけではなく、世間の評価と自己実現の間であがく、ぼくたちの姿と重なる。

リーガンはそんな中、おろかしくも、自身の空虚を埋め、娘からのリスペクトを取り戻し、高みにのぼるために、銃を手にとり、死を選んでしまうのだが、〝走馬灯〟の中ではじめて自己と対峙し自分を理解すると、見て思った。バカだね、リーガンは。バカは死ななきゃわからない。でも、そんなバカの姿が愛おしく、ぼくたち、バカの心にしみるのだ。

リーガンが死んでいないという解釈もきわめて正しいのだけれど……。究極の一人称ともいえる長回しのマジックに陶然としつつ、中年セカイ系のいとおしさを抱きしめたくなってしまう。まあ、いろいろずるい映画だよね。

『ソロモンの偽証　後編・裁判』

（二〇一五年　日本　監督：成島出）

かつて一四歳であった自分を誇りに思い、いま一四歳である彼らをとことん信じたくなる。前後編の尺をムダにすることなくきっちり描き切った作品だ。撮影のコントロールもお見事で、カメラワークからエキストラまで感心しまくりだったよ。前編からもう一度観たくなる映画だね。ただ、間を置くのではなく、前後編を一気に観たかった。

『マジック・イン・ムーンライト』

（二〇一四年　アメリカ／イギリス　監督：ウディ・アレン）

ああもう、ウディ・アレンはずるすぎる。全編がマジックアワーだ。魅力的なエマ・ストーンが生み出すマジック。一九二〇年代という時代のマジック。虚実の境界だからこそのマジック。そしてダンスシーンのマジック。楽しかったなあ。

美人霊媒者と、そのトリックを暴こうとするマジシャンとのロマンティックな駆け引きにはうっとりするばかり。オールドファッションな映画だが、二〇一五年のいま、こんなに豊かな世界を見られるだけで、満足だ。

映画は一九二九年のベルリンから始まる。まさにベルリンがエンターテインメントのメッカだった時代、さらに南フランスの美しい光と優雅な人々。ウディ・アレンは『ミッドナイト・イン・パリ』でもこの時代への愛情を色濃く描いていたが、エマ・ストーンが身にまとうフラッパーファッションのすばらしさは、まさに二〇年代の精華。女優としての彼女の魅力を一気に高めてくれる。『バードマン』のエマ・ストーンもいいけれど、この映画のエマ・ストーンは格別だ。

七九歳のウディ・アレンが旺盛に作品を作り続けてくれることは、ほんとうにありがたいね。

『ワイルドスピード SKY MISSION』

（二〇一五年　アメリカ　監督：ジェームズ・ワン）

シリーズ七作目ですでに八作目の製作が発表されている。わはは。「トラック野郎」シリーズ並みの一〇本とかを目指してください。

どなたかが指摘されていたが、「００７」がお気楽だった頃の大らかな活劇感があふれる、プリミティブなお祭り映画だ。この真摯な娯楽路線には理屈ぬきで心を打たれる。

まあね。劇中のマクガフィンになる大切なコンピュータのパーツをわざわざ車の部品に隠していたところ、その部品がアラブの大富豪に手に渡り、スーパーカーに仕込まれ、超高層ビルのパーティー会場に設置されるというご都合主義には、豪快に笑うしかない。

クルマと家族とやんちゃが世界を覆うマイルドヤンキーの桃源郷。撮影中に事故で亡くなったポール・ウォーカー（ブライアン・オコナー役）への哀悼のシーンもあり、シリーズの中でも愛おしい一本か。

『セッション』

（二〇一四年　アメリカ　監督：デイミアン・チャゼル）

機内映画でうっかり観てしまった『セッション』がすさまじく楽しく、みなぎる音楽映画だった。その後、新しくなったＴＯＨＯシネマズ新宿で、改めて鑑賞。

『巨人の星』でもいい、『フルメタル・ジャケット』でもいい、異常なまでのスパルタ教育を描いた作品は数多いが、現代スパルタ映画の沃野は、プロ野球を目指す少年の長屋でもなく、若者をベトナム戦争に送り出す新兵ブートキャンプでもなく、名門音楽学校のビッグバンドジャズにあったのだああっていう意外感。

絶対音感の話でもそうだけれど、一線を越えたトップクラスの領域というのは、常人には理解しがたいものがある。作中、指導者のテレンス・フレッチャー（J・K・シモンズ）がこだわるテンポだとか、調音だとか、どこに違いがあるのか、まったく理解できないのだが、その鬼気迫る指導を目の当たりにすると、傍観する観客でさえも、「これほどのことをやらなければ辿り着けないゾーンがあるのだ」と思わざるをえなくなる。

圧倒的なマウント行為や逃げることさえ許されない理不尽な暴力から生まれる完璧主義。完璧に到達するためのただならぬ練習量。

音楽だけでなく、体操などの採点競技、クラシック・バレエなど、徹底的な基礎の習得の上に成立する世界がある。文字通り血を流し、痛みに耐え、異常を当然とし、ライバルたちとしのぎを削る。そんな世界を緊張感とともに描いているのだ。

そして、この映画の最高のポイントは、至高の音楽を目指す登場人物すべてが〝小さい〟ことだ。ものすごく厳しいんだが、人間として小さいやつばかりだよ。『巨人の星』の星一徹も小さくて卑怯な男だった。そう思わないか。そして、小さくなければ到達できない領域があるんだよ。

小さい男、サイコーだ。

『寄生獣　完結編』

（二〇一五年　日本　監督：山崎貴）

前編で鳴りを潜めていた山崎貴ワールドが全開だ。みんな、叫ぶ、泣く、演説する。愛は地球を救う。思い出したようにCGががんばって、物体Xになったりする。すべてが上っ面だけの浅さ。

ミギーは理屈っぽい変形トッポジージョにしか見えなかったよ。かぎられた予算の中で、漫画の完コピをしたのはお疲れさまだが、田宮良子のセリフなど、唐突すぎて説得力がなかった。そこで「いじめるな」と言わせるのなら、群れとなった人間たちのおぞましいほどの強さを描くべきだろう。

『龍三と七人の子分たち』
（二〇一五年　日本　監督：北野武）

こういうネタは北野武の映画ではなく、ビートたけしの芸で堪能したかったな。

ネタからネタをつないでいく構成で、コメディとしては笑えるところも多いが、映画としてのリアリティレベルが揺らいでいるので、どこか没入できない。結局、老人たちはなにがやりたかったのか。ナンセンスと言い切るには生臭い。敵役の半グレ集団の描き方もぞんざいで、布団の訪問販売やオレオレ詐欺など、時事ネタも陳腐化している。

『Ｍｏｍｍｙ／マミー』
（二〇一四年　カナダ　監督：グザヴィエ・ドラン）

生きづらい形質を抱える人々の生々しく、狂おしく、愛おしい時間。グザヴィエ・ドラン作品のひとつの到達点だ。二六歳でこれを撮っちゃったか。

なにより、インスタグラムサイズともいうべき、正方形のフレームで、人と人との距離と息苦しさを緻密に表現している巧みさに舌を巻く。たとえば大林宣彦の『ＨＯＵＳＥ』などでこういう仕掛けはあったが、この映画でそのフレームワークはなにより美しい。

ＡＤＨＤの少年と気の強いシングルマザーとの関係はまるでドキュメンタリーを見ているようだ。これほど愛し合っている親子なのに、こんなに傷つけ合うしかないなんて……。そんな母子に、吃音症で引きこもっている女教師が加わる。不完全な状態の人々が触れ合うことで生まれるケミストリーが圧倒的だ。

構図の美学、撮影の美学、時の美学が渾然一体となり、新鮮に感情を揺り動かす。作品の中でたまらず胸が震える瞬間がいくつもあったよ。目が離せない。映画であることへの真摯な思いがびんびんに伝わる作品だった。

『私の少女』

（二〇一四年　韓国　監督：チョン・ジュリ）

韓国映画はこのような小品を作るのがほんとうにうまい。

韓国の僻村での児童虐待を軸に、不法移民やコミュニティの閉塞、アルコール依存、同性愛など、さまざまな要素がからんでいく。なによりも警察官、ペ・ドゥナと少女、キム・セロンの存在感が圧倒的だ。どちらも平板ではなく、表に出ない秘密を抱えている。

観終えたあとに、オープニングとエンディングの情景を思い出す。主人公たちのこれからの人生を思う。静かで緻密なサスペンスの構成をとりながら、人の織り成す詩情がたまらない。それにしても韓国映画に出てくる警察ってのはいつもひどいね。

『映画　ビリギャル』

（二〇一五年　日本　監督：土井裕泰）

最初から最後までテレビ的な作りだが、退屈はしない。ほどよく〝泣ける〟手堅い商品。

サービスカットも含め、有村架純を楽しむ上ではよいのかな。両脇に座っていた女の子はずっとグスグス泣いていたよ。一〇代の子なら抱えている思いを、成功譚としてそつなくきれいにまとめたところが上手だね。登場人物全員、いい人ばかりなのも〝泣ける〟ところなのかな。

『フォーカス』

（二〇一五年　アメリカ　監督：グレン・フィカラ、ジョン・レクア）

ウィル・スミス率いる詐欺師集団による大型犯罪を描く。ニュー・オーリンズでの集団スリシーンや、スーパーボウルでの息づまる詐欺シーンなど、見せ場はしっかり作ってあるが、カタルシスに欠ける。ヒロインのマーゴット・ロビーは『ウルフ・オブ・ウォールストリート』のほうがしっかり脱いでたよ。

ウィル・スミスの万能感とユーモアの欠如、説得力のないヒロインに不完全なマクガフィン。そのすべてのおかげで、サスペンスの気が抜けた逐次説明コンゲームになっちゃった。残念なことです。

『脳内ポイズンベリー』

（二〇一五年　日本　監督：佐藤祐市）

なんでもセリフで説明しちゃう映画を柳下毅一郎さんは〝副音声映画〟と言っているのだけれど、この映画の場合は説明セリフを発する人が多い。なにしろ脳内心理を〝理性〟〝ポジティブ〟〝ネガティブ〟〝衝動〟〝記憶〟という五人がかりで説明しちゃうのだ。

そんな設定に期待はしていなかった。しかし、ラブコメとしての精度が高いシナリオと豪華なキャスティング、演出がぴたりとハマり、小気味よいカタルシスのある作品となっている。ほどよい年頃の女性とのデートムービーによろしいのではないでしょうか。

『シグナル』

（二〇一四年　アメリカ　監督：ウィリアム・ユーバンク）

ハッカーを追いかけた挙句に、宇宙人と思しきなにものかと遭遇し、意図せず超人的な力を得ることになった若者が主人公のSFスリラー。こういう話だと『クロニクル』を思い出したりもするね。ややアート寄りというか、学生映画テイストが濃い。

ツイストもがんばっていて楽しかったけど、もう少し脚本段階の開発が必要だし、ジャンル映画への目配せもほしい。見るためには少し温かい目が必要かな。

『ラン・オールナイト』

（二〇一五年　アメリカ　監督：ジャウム・コレット＝セラ）

リーアム・ニーソン印の高水準作品。命がけで身内を守るという初老の父親という『96時間』以来のリーアム設定は変わらない。今回の場合は、最愛の親友が最悪の敵になり、ニューヨークという舞台を活かして、さまざまな工夫に満ちている。ただ、さすがにリーアム主演アクション映画には食傷してしまったなぁ。

『駆込み女と駆出し男』

（二〇一五年　日本　監督：原田眞人）

原田眞人監督が現代劇で駆使したスタイルを維持しつつ、描いた時代もの。江戸人情の世界を活写した。過剰なストーリーを高踏的な視点で描いた距離感に戸惑うのは事実だ。意図的に聞き取りにくいセリフ回しにしているので、開巻しばらくは頭に情報をインプットできずに戸惑ってしまう。お歯黒メイクの満島ひかりにぎょっとするのと同様、江戸の空間に現代のカメラを持ち込んでいるのだと納得させるしかない。

その戸惑いにも馴れ、全編、見終えてみれば、まぎれもない、清々しさがあふれた人間のドラマが浮かびあがってくる。縁切り寺として、江戸時代に機能していた東慶寺をめぐる物語だが、現代にも通じる人間の機微と、命に対する思いがあふれている。なにかをつかむために、なにかを捨てる希望が愛おしい。

往々にして理が先に立つ原田眞人作品だが、そんな中で破格の存在感を見せる（というか、大芝居をする）役者の存在がいつも救いになっている。今回の場合、大泉洋や樹木希林もいいが、やはり健気に生きる戸田恵梨香が愛おしい。そしてなによりも滝沢馬琴を演じる山崎努の使い方はずるいとしか言いようがない。

『ゼロの未来』

（二〇一三年　イギリス／ルーマニア／フランス／アメリカ　監督：テリー・ギリアム）

テリー・ギリアムの最新作。現代版『ブラジル』ともいうべき世界観で、東京や秋葉原の姿にインスパイアされたとのことだが、そこはあんまり気にしなくていいかもしれない。

正しく生きるために、引きこもるしかない男のエレジー。そう感じてしまった。あまりにもぼくらの日常に近すぎて、不条理さえ感じられない不条理劇だ。

世界ってやつはいくつものレイヤーで覆われていて、今日どんなにもがいても明日を生きる理由さえつかめない。不安神経症をつきつめて、たどりついた地平のせつなさが狂おしい。敵なる支配者の明確な姿さえ遠くて、同時に近いのだなと思ってしまう。

『チャッピー』

（二〇一五年　メキシコ／アメリカ　監督：ニール・ブロムカンプ）

『第9地区』で熱狂しつつ、『エリジウム』には戸惑ったニール・ブロムカンプ監督の長編三作目だ。

ロボット、チャッピーの成長は、子供を持った人なら、そのときの感動を蘇らせてくれるだろう。生まれたばかりで、世界をインストールされていない赤ん坊に、親としてのチューニングを加味しつつ、少しずつ世界をインストールしていくような感動だ。自分の何気ない一言が重要な行動則になったり、自分の意図とは違う方向で、新たな視界を広げてくれたり。

ただし、ギャング一味のキャラクターの描き込みが足りない上に、ヒュー・ジャックマン演じるライバルの行動原理に説得力が欠けるなど、作り込みには困惑してしまう。みんなステレオタイプで行動に考えが足りないよ。

SF作品というより、SF映画へのオマージュは横溢しているが、人工知能のSFならば深く洞察してほしいところが易きに流れている。アイディアの熟成が足らず、通俗なカタルシスに逃げ込んでしまった。

ぼくがほんとうに観たいのは、この映画の続きだな。

『イニシエーション・ラブ』

（二〇一五年　日本　監督：堤幸彦）

おみごと！　自分のような一九六二年生まれにはツボだらけの八〇年代グラフィティだよ。

尺的にもお話に飽きたところで、謎解きという構成も鮮やかとしかいいようがない。堤幸彦監督はこういうのをやらせると絶妙だね。

ドラマは原作通りであるが、小説の叙述のトリックを映画の叙述トリックに変換させたあたり、すばらしい。謎解きに懸命になりすぎて、楽しすぎるディテールを堪能しないなんてことにならないよう、ご用心。

『ピッチ・パーフェクト』

（二〇一二年　アメリカ　監督：ジェイソン・ムーア）

やばい。クライマックスまで、冷静に観ていたのに、たった一曲ですべてが吹っ飛んだ！　アメリカのポピュラー音楽五〇年分が、アカペラの衣をつけて一気に流れ込んでくる思い。すごすぎる。幸せすぎる。

全米で大ヒットした『２』の公開を控えて、『１』のお蔵出し公開だ。ＣＵＰＳの妙技を見せるムービークリップはネット上で目にされた方も多いと思うが、クライマックスの感動はそれをかなり凌駕する。

大学のアカペラ選手権ということで、ストーリー的にはかなりシンプルなコメディ映画でもある。そこで展開されるネタには、悪趣味なもの、ベタなものが満載で、頭を抱えるシーンも多いが、クライマックスで耳にする曲の持つ力がすごすぎて、すべてが許せてしまう。主演のアナ・ケンドリックについては、この『ピッチ・パーフェクト』を先に観てから、『イントゥ・ザ・ウッズ』を堪能したかったな。

『夫婦フーフー日記』

（二〇一五年　日本　監督：前田弘二）

夫婦の馴れ初めと別れを描く過去。作家志望の夫が書いた原稿の中の記述。妻のゴーストとともにわが子を見守る現在。三つのレイヤーがそれぞれに説明調で錯綜した挙句、役者の奮闘にもかかわらず、生きた人間を描いているとは思えない、頭が悪い映画となっている。なにをやりたいの？

キャストの永作博美は魅力的だが、『ゴーストニューヨークの幻』を下敷きにした構図が不協和音となり、素材を活かしきれていない。見終わったあと、この夫婦の存在にはほとんど感情移入できなかった。

『新宿スワン』

（二〇一五年　日本　監督：園子温）

いつもの園子温組とは座組が違うが、だからこその新鮮な喜びに満ちている。なにより歌舞伎町ストリートロケが最高だ。

凄惨な世界だからこそ、監督と主演の愛嬌が絶妙なスパイスになっている。

最近は三池崇史の世界観と近似のような作品が多い園子温だけど、三池作品と異なる魅力は、その底知れない無邪気さにある。これが振り切ったような綾野剛の一途な役柄とみごとに共鳴して、突き抜けたすがすがしさを生み出している。

『あん』

（二〇一五年　日本　監督：河瀬直美）

河瀬直美が監督！　ドリアン助川が原作！

これはもう苦手なものだらけだが、それを凌駕する樹木希林の存在感。すばらしい。個人的には、この映画一本で河瀬直美の演出というものがやっとわかってきたように思える。

ハンセン病という偏見の中で、人生を凍らせてきた女性と、狂ってしまった人生を誰からも注目されないどら焼き屋の男、そしてネグレクトされつづけた少女の話だが、人と人とが出会い触れあうことの意味にあふれている。

『ハンガー・ゲーム FINAL：レジスタンス』

（二〇一五年　アメリカ　監督：フランシス・ローレンス）

終わる終わる詐欺みたいなタイトルの映画だが、このあと、もう一本あって、秋に公開するそうだ。

故フィリップ・シーモア・ホフマンやウディ・ハレルソン、エリザベス・バンクス、ジュリアン・ムーア、ジェフリー・ライト、スタンリー・トゥッチ、ドナルド・サザーランドと、むやみに豪華なキャストだが、心がかけらも動かない。

あたえられた状況に、ちょっとだけ手を貸すばかりの主人公、カットニスのマグロ感が半端ないね。

『トゥモローランド』

（二〇一五年　アメリカ　監督：ブラッド・バード）

監督が『アイアン・ジャイアント』、『Mr.インクレディブル』のブラッド・バードだから、かなり期待して観た。

もちろん、『ピーターパン』や『オズの魔法使い』からのスケルトンに、ディズニーワールドに実在するテーマパーク、EPCOT的テキスチャーを貼り付けた内容は実験として楽しいのだが、描かれる危機が対岸の火事みたいな地球の破滅ではカタルシスが生まれない。

四半世紀前、初めて訪問したEPCOTには、まるで、高度成長期のゴールである大阪万博のような明るい未来があった。しかし、そのころの未来は、現代とは遠い、違った次元のものになってしまった。いまではレトロフューチャーともいうべきものだ。なによりもレトロフューチャーを描くには映画の仕掛けが皮相的で、小賢しかったのが残念だ。

『海街diary』

（二〇一五年　日本　監督：是枝裕和）

四人の姉妹という家族の構築を描きつつ、どこかで亡父の存在を意識させる。これは吉田秋生という女性原作者の視点ではなく、是枝裕和という男性監督の視点なのだろうな。広瀬すずがよかったよ。そして、長澤まさみのサービスショット満載。

『マッドマックス 怒りのデスロード』

（二〇一五年　アメリカ　監督：ジョージ・ミラー）

長期の検査入院で観るのが遅れてしまったが、二一世紀のいま、近未来アクション映画を観るということの意味すべてがぎっしり詰まっているじゃないか。生きててよかった。駅馬車、フェミニズムなどなどネットで目にしたキーワードに納得しつつ、鑑賞したが、内容の予測を大きく凌駕してたよ。

とにかく胸を衝いたのは、故郷の喪失とそこからの再起。時代は変わり、故郷はただ胸の中に残るのみ。しかし、生命は続き、新たなる故郷を求め、止まらず躊躇《ちゅうちょ》なく、進み続けるしかないのだ。

『アリスのままで』

（二〇一四年　アメリカ　監督：リチャード・グラッツァー、ウォッシュ・ウェストモアランド）

難病ものは苦手なのだが、これはよかった。なによりも母娘三人の女優がみんなすばらしい。ジュリアン・ムーアはいわずもがなだが、クリステン・スチュワートやケイト・ボズワースまで、命の輝きを見せている。若年性アルツハイマーの重みにはしてやられるけど。

この映画のすばらしい部分は、記憶をなくし、刻々と能力もなくしていく中、人間として生きる意味をあらためて考えさせるところにある。『マッドマックス 怒りのデスロード』が環境の変化に意志を持って立ち向かう映画なら、『アリスのままで』は内面の変化に意志を持って立ち向かう映画じゃないか。

『アベンジャーズ　エイジ・オブ・ウルトロン』

（二〇一五年　アメリカ　監督：ジョス・ウェドン）

クイック・シルバー姉弟が事実上の主人公であるドラマだが、過剰な登場キャラクターの数の暴力により、慌ただしいものになってしまった。アベンジャーズ無双ともいうべきクライマックスなど、一定の完成度はあるが、本質的なユーモア不足が気になってしまう。ウェルメイドではあっても、キャラクター全員集合のお祭り騒ぎは一度で十分だ。食べ放題のバイキング料理は味が混じって記憶に残らない。

『ターミネーター：新起動／ジェニシス』

（二〇一五年　アメリカ　監督：アラン・テイラー）

どんでん返しと新展開とシュワちゃん歌舞伎のミルフィーユ。クラウドコンピューティングなどのアイデアはあれど、スカイネットという〝マクガフィン〟の危うさが、サスペンスを減速させる。要素満載の忙しさは退屈を緩和させる要素じゃないよ。ドラマ『ゲーム・オブ・スローンズ』のデナーリスこと、エミリア・クラークのヒロインはちょっとよかった。

『バケモノの子』

（二〇一五年　日本　監督：細田守）

やばい。すばらしいよ。細田守監督の作品ではいちばんかも。子の成長と親の成長、教育と社会をこれだけクリアな輪郭で描くなんて！　舌を巻きました。

渋谷を遊泳する鯨の絵づくりにやられてしまった。これ、渋谷の映画館で観たかったなぁ。孤独な子供だからこそ、見ることができるバケモノの世界の存在感が、劇場を出てもいつまでも消えることはないだろう。

『リアル鬼ごっこ』

（二〇一五年　日本　監督：園子温）

『ラブ&ピース』の過剰な説明から一転。突き放した語りで、残虐サービスに努めている。それがそのまま、園子温という監督が見るゲーム観の表明となっている。

伏線やこだわりも抜かりなく、疾走感にこだわる演出も冴えているが、最後の最後で投げ出してしまった印象を持った。

『インサイド・ヘッド』

（二〇一五年　アメリカ　監督：ピート・ドクター）

未知に挑戦し、親しみの温度を高める。ぼくたちの大好きなピクサーが帰ってきた。

最近は『シュガー・ラッシュ』、『アナと雪の女王』や『ベイマックス』など、ウォルト・ディズニー・アニメーション・スタジオ側の作品ばかりが目立っていたので、『トイ・ストーリー』や『モンスターズ・インク』など、一作ごとに瞠目させるピクサーの作品はごぶさたという気持ちになっていた。

人は人と関わるとき、なぜ、こんなに胸踊り、なぜ、こんなにせつない気持ちになるのか。それを漠然とした「泣ける」、「感動した」なんてことばではなく、寄り添うような距離感でていねいに見分け、見過ごしそうなディテールに意味をもたせる。

これこそ、精神医学とメタファーが融合する幸せなエンターテインメントといえよう。

彩りにあふれたキャラクターや世界設定は、さすがというしかないが、脳内親友、ビンボンと抽象化の世界など、筒井康隆がピクサーで脚本書いたら、こんな感じになるのかと感じさえする。

なによりも主人公が一一歳の少女という設定が卓抜。「少女が女になる」といえば陳腐な表現だが、まさしく思春期の女性のデリケートな心の働きが、胸を打つ。

『野火』

（二〇一四年　日本　監督・出演：塚本晋也）

よくやったなあ。限度をふりきった非日常の中で浮かびあがる形。混沌であり、ゲスであり、野蛮であり、おぞましく、すべてが枯れる。これが戦場。これが戦火の日常。これが剥き身の戦争。

　小学校のとき、老人ホームに慰問をすることがあったのだが、「部屋の片づけなど、お手伝いします」というぼくら子供に「そんなことはいいから、お茶でも飲みながら、話を聞いてほしい」という老人たち。

　当然、子供であるから、戦場のリアリティはなく、歴史の知識も浅く、わかっていることといえば、人気のドラマだった花登筐の『どてらい男』くらいだった当時の自分に、「日本の軍隊は野蛮だった」と、くりかえし語ってくれた。

　本や映画を通してその〝野蛮〟を見る機会はあったが、ぼやけた日々を空費する自分ではそこを理解しきれることはない。『野火』は戦場のおぞましさを目と耳を通じて疑似体験する時間だった。自分の中では整理できず、日常からあまりにも遠く、どこか他人事のようにさえ感じてしまい、衝撃というよりは置いていかれたという……映画に対する疎外感もあった。その現実感と乖離した感覚こそ、消化しきれない暴力空間という戦争なのかもしれない。

　もちろん限られた予算で撮影された『野火』に十分な予算があれば、そんな落差ある感覚が埋まったのかもしれないが……。ぼくはなにがわかっているんだ。ずっと傍観者じゃないか。その思いがつのるばかりだ。

　なにより、『野火』は、観終わってしばらくは消化ができない体験であった。善悪の道理、説教、状況の理解、ヒロイズムや叙情とは隔絶された、ひたすらに無慈悲な空間があるだけだ。これは戦争を描いた作品というより、戦術もない、戦略もない、戦場の理不尽に慄然とする作品だ。意識の改革を待つ時間さえない。ただ、状況の中で生きるだけだ。インテリの主人公はその嘘下しがたい現実に翻弄される。弾き飛ばされそうな状況の中で、どこかにいくことさえできない。

　生々しい話だが、その中で、なにか他人事のような感じも同時にあって、そういう自分が映画に感じた非現実感が、主人公にもあったのではないかと思ったよ。日本での日常から、召集されフィリピンという戦地に赴いたものの、病気になって、兵士で在り続けることも否定され、圧倒的なフィリピンの自然の中で、「自分はこんなところで、戦争のメカニズムにもハマることなしに、なにをやっているんだろう」という思い。

そういう意味で、戦後、心の中で戦争を反芻するとともに、逃れられない地獄のフラッシュバックの中で、戦場を離れて、はじめて戦争を知った恐ろしさ。

主人公にとっての戦争は終りを迎えることはない。体験した時間の意味を理解するには、その数千倍、数万倍の時間をかけるしかない。それはエアコンが効き、銃弾が飛んでくるわけではない安全な映画館の一一〇分でさえ同様だ。そこで埋め込まれ、導火線に火を付けられた体験を理解するには、残りの人生で足りるのだろうか。

いまは目を背けず見るしかない。体験するしかない。そのあと一生考えつづければいいのだ。それは戦争なき戦後を生きる自分たちの努めなのだ。

『ラブ&ピース』

(二〇一五年　日本　監督：園子温)

プラレールひとつで楽しく遊んでいた子供にHOゲージの本格的な鉄道模型をあたえてしまったか。あるいは、シリアスな状況に屈託のない幼児性を持ち込む美点がある人にチャイルディッシュなテーマをあたえた結果、高級素材を使ったお子様ランチになっちゃった。

ほんと食い合せの悪い映画だった。もともと自分は動物が話す映画は苦手だ。怪獣特撮はよかったけど、動物による説明セリフが多すぎてうるさかったよ。

映画好きの友人には、同じ園子温の『TOKYO TRIBE』にはのれなかったけど、こっちはのれたと言われ、ぼくの評価とまったく逆だが、そういう多様な解釈があることは、豊かなことかもしれないね。

『ゴッド・ヘルプ・ザ・ガール』

（二〇一四年　イギリス　監督：スチュアート・マードック）

スコットランドの人気バンド「ベル・アンド・セバスチャン」のフロントマンを務めるスチュアート・マードックが初監督と脚本を手がけた作品。これはツボにはまったなぁ。

生命というロウソクの芯にあるような音楽の存在を静かに強く高らかに歌い上げるポップ・ミュージカル。翳りゆく地方都市に生きるふたりの少女とひとりの少年。音楽により色彩が変わり、音楽によって意味があたえられる。細やかに心を配った歌詞と映像がたまらないよ。

『進撃の巨人 ATTACK ON TITAN』

（二〇一五年　日本　監督：樋口真嗣）

立花隆が田中角栄の巨悪を暴いていたころ、日本の大新聞の政治番記者たちは、そんなことは知っていたとほざいていたそうだが、日本の映画もそのあたりの事情は変わらないようで、映画『進撃の巨人』に関しても、公開前から目にする雑誌やSNSなどで、むやみな好評が目立っており、実写化が困難な素材に対する不安や、樋口真嗣監督のこれまでの作品の仕上がりから、「大丈夫だろうか」という不安がありつつも、スタッフには期待するものがあり、楽しみにしていた。

自分はといえば、基本的にお金を払って、映画館で観たい映画を観るだけの人なので、そういう好評の波に押し流されていたわけではないが、現実に映画『進撃の巨人』を目にしたら、子どもの頃からうんざりしてきた日本映画特有の悪弊が、変わることなく横溢しており、悲しくなってしまった。

自分は映画村の住人ではないし、映画評論村にも住んでないのだが、三一年前の映画『さよならジュピター』のときを思い出して、仕方がなかった。なにより、公開当時の雑誌「STARLOG」の身内びいきぶりを鮮烈に覚えている。

SF作家、小松左京が満を持して書き上げた原作小説をもとに私財を投じ、当時のSF作家たちの頭脳を結集し、オガワモデリングの手による精緻なミニチュア、ロボットを使ったモーションコントロールカメラを駆使。『2001年宇宙の旅』を凌駕するかのごとき大作映画と言われれば、期待せざるをえない。しかし、目にした映画はといえば、眼高手低の最たるものので、心意気は買うけれど、安っぽい芝居に弛緩したストーリー。特撮シーンのいくつかに見るべきものはあったが、映画としては、ぐだぐだであった。

当時は、所属するワセダミステリクラブの現役たちをOBの田中文雄プロデューサーがご厚意で日比谷の東宝本社試写室に招待してくれた上に、中華料理までふるまってくれたものだが、気まずい会食の最中に空気を読めないぼくが、「ジュピター教団のヒッピー感がすごかったですね」とか口走ってしまい、「そうなんだよなぁ。教祖が女の子の頭に手を置いたりしちゃまずいよね」と田中さんが言ってくださったとき、「あ、この人はわかってて、あれができちゃったんだなぁ」と得心がいって、そのあと、楽しくお話ができたのだけど……。

いや、ジュピターゴーストのシーンは迫力があったよね。三〇年以上の時が経ち、『さよならジュピター』も愛おしい作品に思えてくる。

しかし、『進撃の巨人』でその気まずさをふたたび味わうことになるとは、思わなかった。

『進撃の巨人』は、セリフの六割が絶叫で、八割が説明、一〇割がアフレコ調でうんざりする。舞台劇かと思うほど、役者の演出が大仰だ。役者がみんな大根に見えてしまうのは、演出の問題だろう。

シナリオ的にやりたいことの意図はわかる。映画『スターリングラード』や、ロシア映画『炎628』などを彷彿とさせるシーンはあるが、箱書きが箱書きのままで、主要キャラクターのエモーションのうねりを感じられない。主人公たちが壁の補修に赴く、本来なら ば緊迫感のあるシーンでさえも、ぎゃあぎゃあとにぎやかすぎて、中学生の遠足かと思えてしまう。勘弁してくれよ。お前ら全員、群れて喚いてないで、手を動かせ。立体機動しろ！

樋口真嗣監督の演出については、絵コンテやストーリーボードレベルの静止画であれば、迫力はあるだろうが、動きをともなう連続だと、動線のゆらぎに癖がありすぎて、ついていけないこともある。『進撃の巨人』は特撮シーンのみならず、平場の演出もそんな癖があふれていて、頭を抱えてしまった。もしかしたら、人間に対する興味がないのかなと、思えるほどだ。

キャラクター造形も困ったものだ。もともと日本において漫画原作のアニメや映画に登場する女性は不思議ちゃんキャラと、お姉ちゃんキャラ、オタク男の裏返しキャラという三パターンしかないように思っているが、この映画も例外ではなかった。フェミニズム視点を作品に織り込んだ『マッドマックス　怒りのデス・ロード』が公開される時代に、これはないだろう。

特撮的な見せ場はある。それは否定しないが、長編映画ではなく、一〇分程度のクリップにまとめてほしい印象だ。

先述のタイトルのほかに、東宝特撮映画や円谷ヒーローもの、軍艦島というロケ地、果ては生頼範義の秘蔵の作品まで引用は豊富だが、そのすべてがキマイラのような歪な組み合わせとなっている。

ヴィジュアル面でも世界設定でも借景と書き割りばかりの舞台で、血の通った人間が出てこない。人間を描くのではなく、記号化されたキャラを描いているようにしか見えないのは問題だ。ジャンルムービーだからという言い訳はできない。原作を大胆に変えたことは問題ではない。原作の要素をいったん壊したものの、どうつなげてよいかわからずに、ほうりだされた不出来なプラモデルみたいだね。

この映画の問題は予算の多寡じゃない。ウンチク自慢でオタク知識を披露するのではなく、教養に裏づけされたエンターテインメント作りの姿勢の問題であり、なによりも映画の歴史に対する真摯さから生まれる、観客への敬意の欠如にあるのではないか。

『ジュラシック・ワールド』

（二〇一五年　アメリカ　監督：コリン・トレボロウ）

最高！　あまりに楽しくて、初見の２Ｄ吹替版では飽きたらず、ＭＸ４Ｄの字幕版でも鑑賞。娯楽作品というか、〝ジュラシック〟な世界づくりで見たいもの全部入り！

唐突に「この世界は残酷」と大声で叫ぶより、痛快なまでに残酷。ジュラシックワールドは容赦なく残酷。あっちもこっちも残酷。笑っちゃうくらい残酷。

オリジナルの『ジュラシック・パーク』のエッセンスをよく研究しているな。最近の日本映画より、よりよく怪獣映画を研究しているんじゃないかね。サントラの一部に伊福部昭リスペクトな旋律が聞こえたような気もする。

さらも『GODZILLA／ゴジラ』といい、ピーター・ジャクソン版『キング・コング』といい、良質なハリウッド怪獣映画には、「ゴジラ親分！　コング親分！」と声をかけたくなる任侠エッセンスが入っているが、ジュラシック・ワールドではさらに進化している。人間と恐竜の馴れ合わない関係の中から生まれる任侠道には、しびれるよ。

ドラマという点では深みに欠けるが、それも意図したもので、キャラクター造形は作劇上のテクニックも含め、絶妙。セリフも暗示に満ち、唸らされるなぁ。

ハリウッド、フロリダ、大阪、シンガポールのユニバーサル・スタジオで、ジュラシックパークのアトラクションを堪能した自分だが、MX4D版はそのどれをもしのぐ興奮で、4Dというフォーマットに懐疑的だった自分も認識を改めた。ただ、吹替版はやたら力んだセリフ回しが耳触りだし、字幕版は戸田奈津子が独特な語尾でマーキングしているし、選択に困ったりもするのだけれど……。

コリン・トレボロウ監督はこれが長編二作目だというのに、ほんとうにうまい。次回作が楽しみすぎる。

『ミッション：インポッシブル／ローグ・ネイション』

（二〇一五年　アメリカ　監督：クリストファー・マッカリー）

新味はないが、熟成が進み安定したシリーズ五作目。なにより、ロンドン、ウィーン、カサブランカと舞台がすばらしい。いずれも虚実の入り混じった国際謀略の象徴ともいえる舞台であり、歴史と映画好きなら、にやりとするしかない。ときとして、ケレンに走りすぎるシリーズであったが、今回は現代におけるスパイとはなにかを周到に描いている。

脚本と音楽の職人技がすばらしい。難しく陰鬱となった「007」シリーズ（そこも好きなんだけど）が忘れてしまったたったスパイものの楽しさがぎっしりつめこまれた夏の娯楽作。トム・クルーズというスターの映画の魅力が存分に描かれた作品だ。

『この国の空』

（二〇一五年　日本　監督：荒井晴彦）

この映画の二階堂ふみには乗れなかった。戦時下の東京のささやかな愛を描くという点では『小さいおうち』を思い出してしまうが、二階堂ふみの役を黒木華が演じていたら……と夢想する。工藤夕貴、富田靖子、石橋蓮司のキャスティングには命を感じたんだけどね。

終戦間近の東京、疎開で子どもが消えたことによる静けさなど、戦争のひとつの側面は語られているのだが、理の強い話と思えてしまう。長谷川博己がただのインテリスケベにしか思えないのは、致命的だ。

『日本のいちばん長い日』

（二〇一五年　日本　監督：原田眞人）

本木雅弘が演じる昭和天皇の姿に感銘を受ける。日本映画では遅すぎたくらいの人間宣言である。

岡本喜八版の『日本のいちばん長い日』では、ドキュメンタリータッチで描いていた宮城事件の詳細については大胆にトリミングされ、〝最後の陸相〟阿南惟幾にフォーカスした作りとなっているあたり、原田眞人監督らしい語り口である。こういった素材でもキャラクター作りやユーモアなども巧みに挿入されているのは、興味深い。

ただ、阿南陸相が自決を決意して、実際に割腹するまでがもったいつけすぎなように感じる。群像劇としての岡本喜八版のほうが好きかな。

『彼は秘密の女ともだち』

（二〇一四年　フランス　監督：フランソワ・オゾン）

クロスドレッサー（女装趣味）の男とその女友達のドラマ。性的マイノリティの恋愛模様をテーマとしながら、普遍的な人間の愛を描いているのがすばらしい。

男であり、女であっても、知らない他者と惹かれ合う気持ち。そのゆらぎながらも少しずつ近寄っていくさまが、きわめてデリケートに描かれているのだ。フランソワ・オゾンの映画としては、笑いをともなうコミカルなシチュエーションがいくつもあるのがうれしい。さまざまに織り込まれた撮影テクニックが映画として、抜かりなく心情を描いていく。

『ナイトクローラー』

（二〇一四年　アメリカ　監督：ダン・ギルロイ）

フリーランスのパパラッチがロサンゼルスの事件現場を求めさすらう。脚本家出身のまじめな監督と、問題作に注意深く出演するまじめな役者が、丹念に描いた現代社会の狂気の物語。
暴走する報道を描くため、浅薄なビジネス啓発のおぞましさを推進エンジンにしているのがうまい。緩急により神性を加速させ、そのまじめさのひとつ先にいければ、傑作になったかもしれない。とはいえ、ジェイク・ギレンホールの演技は魅力的で、見逃せない瞬間がいくつもあり、現代人ひとりひとりの中に存在するメディア性の異常を告発するような、刺激的な作品。

『テッド2』

（二〇一五年　アメリカ　監督：セス・マクファーレン）

わりとどうでもいい『テッド』の、わりとどうでもいい続編だ。ヒロインがミラ・クニスからアマンダ・サイフリッドに変わったのはよかったけど、よかったのはそれくらい。いや、ミラ・クニスもいい女だが。なにより、前作で濃厚だった八〇年代テイスト、ばかばかしいホモソーシャル感が、かなり薄くなり、カメオ出演している有名スターで姑息に笑いをとってばかり。笑ったけど、それだけだ。セス・マクファーレンもネタが尽きたなって感じ。

『キングスマン』

（二〇一五年　イギリス　監督：マシュー・ボーン）

みなぎる！　ありえないほど幸せ！　見たかったものの全部入りのスパイアクション。
正義は負けてもマナーは勝つ！　『マイ・フェア・レディ』同様に下層の若者が上流階級のマナーを仕込まれることで、紳士ならぬスパイになる。そのテーマは確かにあるけれど、マナーってものはつくづく命がけだね。原作者と監督のコンビはイギリス出身で最高すぎる。真面目くさった、しち面倒な話はこりごりだよ。もちろん同じ原作・監督の『キック・アス』と同等なバイオレンスもすさまじいが、ノブレス・オブリジェともいうべき正義に関しての感覚は、なつかしい『サンダーバード』以来、ゆるぎがない。これもイギリスのエンターテインメントだなぁ。世界の平和を守るのは紳士のボランティアってところが、アメリカの正義とはちがう。

「モンティ・パイソン」シリーズのスピンアウトかと思えるほどの多幸感があふれだしてきそうだよ。

『進撃の巨人 ATTACK ON TITAN エンド オブ ザ ワールド』

（二〇一五年　日本　監督：樋口真嗣）

さすがに以前、前編のことをあれだけ書いてしまうと、この後編を観るのが、きつい。

普段から、「いちばん好きな映画は、次に観る映画です」と公言している自分には、なんという試練だ。

ということで、劇場に駆けつける理由をつけるため、「映画秘宝」の柳下毅一郎×町山智浩の対談を読んでしまった。普段は事前情報を極力カットして、スクリーンに向かうのにね。罪な映画だ。罪のかたまり。

対談の中で、樋口監督の「劇団☆新感線」好きに触れられてた。その一節で心構えができた。

映画じゃなくて『ゲキ×シネ』だった。最近、ライブやコンサート、演劇、スポーツをシネコンで上映するODS（アザー・デジタル・スタッフ）が増えているが、『進撃の巨人』はまさにそう。東宝特撮のスキンを被った「劇団☆新感線」なんだ。

大声で怒鳴り合う役者たちの大芝居。くどすぎるカット割り、状況をすべて説明するセリフ、決め台詞の連呼、唐突な見せ場と主人公の「少年ジャンプ」みたいな行動原理。全部が「劇団☆新感線」だった。

『野獣郎見参』や『大江戸ロケット』、『犬夜叉』などの作品を観たのは、だいぶ前だけど、そのときの呼吸などは覚えている。そういえば樋口真嗣監督の『隠し砦の三悪人』も同じテイストだったな。

エキセントリックに「こんなのはじめて」と絶叫する石原さとみがなじんでいるのはもちろん舞台芝居だからだし、クライマックスの壁を巡る攻防や、そのあと見える景色も舞台的だ。
よくやるなあ。次は映画を見せてね。

『アントマン』

（二〇一五年　アメリカ　監督：ペイトン・リード）

うまいな。『ショーン・オブ・ザ・デッド』のエドガー・ライトが脚本を担当している。――こっちもイギリス由来か！

日本の映画に見当たらなくなった笑いの要素をヒューマンコメディの高みまで引き上げてジャンルムービーのエンジンにしているのが、すばらしい。どこかの日本映画のスタッフが「だったら、（お金かけただけの）ハリウッド映画を観ろよ」とか言っていたけれど、特撮のよさとか、CGのクオリティだけじゃないんだよね。単発のギャグとか、キャラクターにあぐらをかいてきたツケは、こういうところに出ている。

一流コメディ映画を作ってきたスタッフは一流のジャンル映画を作れるものだ。ドロップアウトしたダメ男コメディでありつつ、量子力学の世界まで地続きにする力技を讃えよう。

キャストも最高で目が離せなかった。ドラマ『LOST』のエバンジェリン・リリーが、こんなにすばらしい女優だったなんて。七一歳のマイケル・ダグラスが怒れる老博士を演じているのが、たまらない。

家族の再生というテーマに、ラテンのテイストまで入って、ほんとに最高だ。

『螺旋銀河』

（二〇一五年　日本　監督：草野なつか）

ふとした経緯で生きる手応えに出会うふたりの女性のケミストリーをヴィヴィッドに描く。生きて人と関わるとは、なんとすばらしいことか。

巧妙な脚本に拙い演技でもどかしさを感じるが、見終わって見慣れた景色の意味が違うこと。生まれ合わせた重力と有意を潔癖に描く。新人監督の一作目だが、主人公ふたりの三年後を見たいと真摯に思う。

『岸辺の旅』

（二〇一五年　日本／フランス　監督：黒沢清）


黒沢清監督らしい、日常と隣接する彼岸の話。

この歳になると亡き人の存在を身近に感じる経験は増えてくる。日々の生活に残像を見る。静寂に残響を聞く。陰る日差しに輝きを感じる。そんな思いを手触りのある形で見せてくれた。

東京国際映画祭で上映された台湾映画『百日草』も死者と生者の折り合いをつける物語だが、こちらは正攻法で、喪の期間を描いている。

離婚でも失恋でも、愛するものの死でも、不意に訪れた喪失に対しては、穏やかにその喪失を受け入れる喪の期間が必要なのだが、現代に流れる時間とシステムの中では、なかなかそれを受け入れることができない。そのあたりのことをじわじわと考えさせてくれる。

スクリプトは淡々としていても、レンズや照明は饒舌で、パンフォーカスの中で死と生の対話を語る。ワンシーンだけ登場する蒼井優が鮮烈な印象を見せてくれる。やられた。

『バクマン。』

（二〇一五年　日本　監督：大根仁）


プロジェクションマッピングを使った対決シーンは冗長で、全体にこぎれいなイメージに流れ気味だけれど、うまくまとめた作品。青春と「ジャンプ」って便利だな。

いちばん感じるのは、自分が集英社「ジャンプ」文化の人ではないってことかもしれない。大根仁監督については、そんなにディスるつもりもないし、『モテキ』のテレビシリーズや『湯けむりスナイパー』など、楽しませてもらったのだけれど。

いわゆる「アンケート至上主義」をカタルシスの縦軸にし、「友情・努力・勝利」そして、恋愛を共感のモチーフにして組み立てている。二〇一五年のいま、「アンケート至上主義」とやらも、都市伝説に近い存在であるというのは、周知のことだ。現在の編集部の見解でさえ、そのことを否定している。「アンケート至上主義」はよりよいものを作るためというより、打ち切りの口実としての機能があったのだろう。

読者アンケートなんて、統計学的にもぞんざいな作りで、応募ハガキの並び順で操作可能だ。もちろん、そんな中でも、意味がないとはいえないのだが、高校野球の結果のように一喜一憂するものではない。

映画は、そのような見方に対しても周到で、『ラッコ11号』のエピソードや、おじさんの死という悲劇を用意して、多様な解釈に対する逃げ場を用意しているのだが、うんざりするのは、ティーンの熱量を推進力として、人が自ら奴隷化するプロセスを美しく描いていることだ。

漫画を創作するというプロセスをあいまいにさせ、王道漫画と邪道漫画という一軸で、薄気味悪い思考停止の中で、得体のしれないアンケート神におもねり、創作の真髄に触れもしない。血尿を出し、入院するまで、漫画という消費物生産に勤しむ奴隷の賛歌を誇らしげに描いている。

世代的には、団塊ジュニアが狂喜する『北斗の拳』や『ドラゴンボール』あたりではなく、『侍ジャイアンツ』、『荒野の少年イサム』、『アストロ球団』、『包丁人味平』、『プレイボール』がありつつ、『はだしのゲン』、『妖怪ハンター』や『ブルーシティー』もあった頃の、王道とか邪道とか、しゃらくさい軸がない時代の「少年ジャンプ」が好きだったので、ここに描かれる「ジャンプ」のことをよく知らないだけのことかも。
それでも映画『バクマン。』には、薄気味悪い他人のノスタルジーに付き合わされたような気がして困ってしまう。エンドロールはうまいと思ったし、小松菜奈はよかったけどな。

『ファンタスティック・フォー』
（二〇一五年　アメリカ　監督：ジョシュ・トランク）

テーマパークのモーションライド系アトラクションから、モーションを抜いた映像みたいだ。順番に設定を消化するだけのお話。制作ではいろんなトラブルがあったと漏れ伝わってきているけど、『クロニクル』の監督がもったいないことです。

『マイ・インターン』
（二〇一五年　アメリカ　監督：ナンシー・マイヤーズ）

アン・ハサウェイはいい歳のとり方をしているなぁ。老人すぎる老人でもなく、若すぎる起業家でもなく、健気にいまを生きる人間を描いた心温まるヒューマン・コメディ。

ハリウッドはこういうの作らせるとうまい。劇中、『雨に唄えば』の挿入が絶妙で唸らされる。海外のサイトを調べると、デ・ニーロ&アン・ハサウェイの組み合わせは、当初、ジャック・ニコルソン&リース・ウィザースプーンだったそうで、それだったら、随分違った印象になっていただろう。

『ピッチ・パーフェクト2』
（二〇一五年　アメリカ　監督：エリザベス・バンクス）

前作で感じた多幸感を今回も満喫。下品なコメディの形を取りながら、アメリカの多様性というポテンシャルへの賛歌を織りまぜている。とどめにアカペラを持ってくるという必勝の方程式で、これはもう卑怯というほかない。でも、それがいいんだよなぁ。

虫のいい話だなと思いつつ、今回もクライマックスでぶちかまされた。日本では絶対に作りえないエンターテインメント。前作を観ていなくても平気です。

『エール！』

（二〇一四年　フランス　監督：エリック・ラルティゴー）

フランス映画。父・母・弟が聴覚障害という酪農一家に生まれた少女が天性の歌の才を発揮して自分の人生を歩き出していく。シンプルなストーリーだが、ディテールと笑い、そして、愛情に満ちている。

誰ひとり、家族には聞こえないシャンソンを、とどける健気さにやられたよ。音楽根性映画ではない。説教するような映画ではなく、あたえられた環境の中で、自分のギフトを大切にしていく決意を描く。

聴覚障害家族ならではの、ちょっと下品なネタもあって、そのあたりの視線もよかったなぁ。撮影もほんとによかった。

『エベレスト3D』

（二〇一五年　アメリカ／イギリス　監督：バルタザール・コルマウクル）

古くからのIMAX好きとして『エベレスト』は因縁のタイトルだ。

フィルムのIMAX時代、新宿のIMAXシアターで観たけれど、そのとき、この映画で扱われている事故によって、きちんとしたものにはなってはいなかった映像が、デジタルIMAXで見られたのは感慨深い。やっと見られたよ。がつんときた山岳サバイバル。人間にはうかつに触れてはならない神の領域があることが体験できる。

『サヨナラの代わりに』

（二〇一四年　アメリカ　監督：ジョージ・C・ウルフ）

邦題はひどいが、凛とした難病もの。ヒラリー・スワンクが『ミリオンダラー・ベイビー』を思い出させ、エミー・ロッサムが、『オペラ座の怪人』やドラマ『シェイムレス』を思い出させる。俳優の魅力を存分に活かした作品。できないことの無力さを正視させる作品。

『コードネームU.N.C.L.E.』

（二〇一五年　アメリカ　監督：ガイ・リッチー）

最高だ！　そうだよ、これを観たかったんだよ。

今年は「007」リスペクトのスパイアクションが豊作だった。

もちろん本家「007」も健在だが、最高だったのは『コードネームU.N.C.L.E.』だ。ほかのスパイ映画が現代を舞台にさまざまな形で、アップデートを模索しているのに対して、本作は原作ドラマの『0011　ナポレオン・ソロ』の生きた東西冷戦時代を舞台にして、絶妙なノスタルジーを現代の技術とセンスでアップデートしているのが、格別だった。

監督のガイ・リッチーは映画『シャーロック・ホームズ』二作でも、ホームズとワトソンのバディ・ムービー的構図をきっちり活かしているが、『コードネームU.N.C.L.E.』ともなれば、円熟の技となっている。ナポレオン・ソロとイリヤ・クリヤキン、体制を越えたふたりの対立と協力関係こそ、この映画を魅力的なものにしている。

ベルリンの壁が健在だった時代に、東西ベルリンをまたぐ冒頭のアクションシーンはきわめて象徴的だが、当時のファッションや風俗も周到にとりいれられていて、二一世紀のスパイ映画のさまざまな無理を軽やかにクリアしているのだ。

観たかったスパイ映画のエッセンス全部入りで、映画を楽しんだ。

『ハンガー・ゲーム FINAL：レボリューション』

（二〇一五年　アメリカ　監督：フランシス・ローレンス）

全四作をすべて観たけれど、結局、舞台となる社会の仕組みも、ハンガーゲームのルールも、ヒロイン、カットニスの行動原理も得心がいかなかった。これがフィリップ・シーモア・ホフマンの遺作になるのか。最後までモヤッとする映画だった。ヤングアダルト・ディストピアには、説得力のある人間は出てこないね。

それにしても、『ゲーム・オブ・スローンズ』キャストがわらわら出てきたのには、あきれるくらい。今回はブライエニーのグェンドリン・クリスティーまで出てたよ。彼女の次回作が『スター・ウォーズ／フォースの覚醒』というのも、興味深いなぁ。

『黄金のアデーレ　名画の帰還』

（二〇一五年　アメリカ／イギリス　監督：サイモン・カーティス）

ナチスに奪われ、その後、ウィーンの至宝となった絵画を正答なる所有者に返還させるドラマ。ドラマとして見れば、本当によくできている。ナチスに覆われるウィーンの空気と、現代アメリカの空気を絶妙に対比させる映画としての設計も確かだ。

ナチスとユダヤ人、法と美術、戦争に関わる歴史問題など、観客を引き込む術に長けている。鑑賞後、深い感銘があったのは事実だ。もちろん、国家的暴力は正さなければならない。それはまったく否定しないのだが、この〝事件〟を映画化しているのは、ユダヤ系映画会社のワインスタイン・カンパニーなんだよな。とか、ついつい思ってしまった。

『007　スペクター』

（二〇一五年　アメリカ／イギリス　監督：サム・メンデス）

『スカイフォール』に関しては、かなり入れ込んで、「メルマ旬報」でもその熱を伝えようとしたものだが、今回は「あれ？」って感じ。『スカイフォール』と同じ監督・脚本だけれど、撮影監督がロジャー・ディーキンスから、ホイテ・ヴァン・ホイテマに変わっている。そのあたりが、ルックやテイストを変えてしまった大きな原因かもしれないね。

冒頭、メキシコ・シティでのアクションシーンはすばらしかったが、ドラマが始まってしまうと、一気に失速してしまう。

「007」シリーズでは何度も何度も原点回帰が叫ばれるが、うまく着地するのはなかなか難しい。永遠に歳をとらないまま高度成長期に生きるサザエさんや、ちびまる子ちゃん。時代は移るが歳をとらないゴルゴ13。長寿シリーズにはさまざまな生き残りのメソッドはあるけれど、007の再生は難しいとしかいえない。

いまさら出生の秘密を聞かされてもなぁ。ラスボス、クリストフ・ヴァルツが登場シーンからどんどん、小粒になっていく。脚本も甘い。ヘリコプターを使いすぎだよ。キャラクターが生き返りすぎだよ。

『I love スヌーピー THE PEANUTS MOVIE』

（二〇一五年　アメリカ　監督：スティーヴ・マーティノ）

ぼくは熱心な「PEANUTS」のファンというわけではないけれど、豊かなディテールには陶酔した。

PEANUTSが動く作品は数々あるけれど、これはひとつの到達点だよね。多様性のある子供たちが適正な距離を持ちつつ、自分の居場所を見つけていく。

冬から始まり、夏を描く季節感の中、小気味よく世界に浸ってしまった。とにかくむやみに幸せだ。

『海難1890』

（二〇一五年　日本／トルコ　監督：田中光敏）

一八九〇年、和歌山県沖で起きたエルトゥール号遭難事件。その歴史的事実には頭を垂れる。でもなあ。遭難が起きたあと、救助に尽力する人々の真ん中で、村長役の笹野高史にカメラが寄って寄って寄って、一体なにを言わせるのかと思ったら、「こりゃ大惨事じゃ」って。スクリーン、見りゃわかるだろう。

トルコ人乗組員を触って「体が冷たくなっている。だれか、裸になって暖めんか」といわれて、ほかにも村人が大勢いるのに、若い刹那汐里に寄るカメラ。「お、脱ぐか」と思わせたところで遊女の夏川結衣が「それは、あたしの役目じゃろ」みたいなことをいって、すっぽんぽんになる。

キャストはむやみに豪勢だが、諸事情があったのだろう。盲腸みたいに顔だけ残している人がたくさんいる。竹中直人とかなにをやらせたかったんだか。

さらにイラン・イラク戦争開戦時のあたりになると、話は一気に直接的になる。「だから、安保法制、必要でしょ?」といわんばかりの修身美談になってしまう。幸福の科学映画でおなじみの東映が贈る、日本の現政権に寄り添って泣かすための直球プロパガンダ映画。プロパガンダしても構わないけど、もうちょっとひねりなさい。

『母と暮せば』

(二〇一五年　日本　監督:山田洋次)

原爆はその閃光と烈風、業火で人を殺すだけでなく、生者すべてを死の淵に追いやるものだ。井上ひさしが舞台『父と暮せば』で描いたヒロシマに対して、山田洋次がナガサキを描いた。

原爆症だけでなく、心まで刈り取っていく暴力だ。これはもうひとつの『シックス・センス』と言ってもいいのかもしれない。ちなみに山田洋次監督、ホラーを撮らせると、すごいことになるのではないか。

『スター・ウォーズ/フォースの覚醒』

(二〇一五年　アメリカ　監督:J・J・エイブラムス)

すばらしい力技である。まずは新たな「スター・ウォーズ」をぼくらに届けてくれたディズニーとルーカス・フィルム、そして、プロデューサーのキャスリーン・ケネディと監督のJ・J・エイブラムスに最大限の感謝の意を表したい。ありがとう。「スター・ウォーズ」の銀河にはふたたび生命が宿り、これからまた、何十年ものあいだ、ぼくらは空を見るたびに、はるか彼方の銀河に思いを馳せることができるだろう。

「スター・ウォーズ」とのつきあいは長い。高校一年生の頃、はじめて第一作の『スター・ウォーズ』と出会い、高校三年生で『帝国の逆襲』に衝撃を受け、大学生のとき『ジェダイの復讐』（当時）によって一旦、終結した「スター・ウォーズ」のことは、自分の中のかけがえのない一部として血肉となっている。

アナキン・スカイウォーカーが主人公となったプリクエル・トリロジーの登場には熱狂し、日本にいたままではネタバレを聞いてしまう危険を避けて、先にハリウッドに出かけ、現地でその熱を体験した。もちろん、オリジナル・トリロジーへのその後の改変と、プリクエルの内容には、多くの拒否反応があり、その理由を聞くと納得できるものではあったのだが、それでもジョージ・ルーカスが生きて、スター・ウォーズに関わっていくことの、かけがえのない喜びは同時にあり、それは否定できるものではなかった。

『フォースの覚醒』はスター・ウォーズの新しい時代を作るために、かつての「スター・ウォーズ」諸作では見られなかった魅力的なキャラクターを誕生させた。『フォースの覚醒』に文句を言っている人も多くいるが、新ヒロイン、レイのことは手放しで褒めている。ジョージ・ルーカスの演出下手は有名で、彼が演出した四作では、人物は神話的構図の記号として扱われている。特に女優の扱いがぞんざいで、キャリー・フィッシャーには「もっと速く」と「もっと激しく」としか言わなかったし、パドメ・アミダラを演じたナタリー・ポートマンは「スター・ウォーズ」のおかげで、キャリアを潰されかけてしまった。「誰もが私のことをひどい女優だと思っていた。私は最高の興行収益を記録している超大作に出演していたのに、私と一緒に仕事をしたいと思う監督は一人もいなかったの」（『Movie Walker』より）。

そもそも「スター・ウォーズ」のオリジナル・トリロジーで女性が話すセリフがどれだけあっただろうか。ちょっとしたクイズを出せるくらいには難問である。レイア、ベル（・オーウェン）おばさん、レーダー・オペレーター、モン・モスマ以外が話すことはなかった。プリクエル・トリロジーでも同様である。

『スター・ウォーズ』の抱える女性問題はかねてより話題になっていた。『フォースの覚醒』のレイやレイア、マズ・カナタの存在は、それに対しての明確な回答である。レイはこれまでの「スター・ウォーズ」世界では見られなかった人間である。ルーカス自身もかつて「守ってもらえるだけのプリンセスではない、冒険に参加する新しい形のプリンセスを目指した」としているが、現代のディズニー・プリンセスの姿を敷衍するかのように魅力的に描いている。『フォースの覚醒』に批判的な人でも、デイジー・リドリー演じるレイの姿には納得できるはずである。その登場時、AT－ATの残骸のもとで、共和国軍パイロットのヘルメットをかぶる仕草から、彼女の人生が浮かびあがってくる。

生きているのは女性キャラクターだけではない。男性キャラクターもすばらしい。とりわけ脱走ストーム・トルーパーのフィンはその出自や命名、交流から、ルーカスの諸作では表層的にしか思えなかったキャラクターのありように、一石を投じた。

フィンの葛藤は、その名の由来から始まって、身分を詐称し、行動によって承認されるまで、見るものの魂を震えさせる。フィンのいう〝Because it's the right thing to do.〟こそが、フォースを導き、世界に光をもたらすものだろう。だって、それが正しいことだろ？　なにしろ映画の最初のセリフが老いたロー・サン・テッカー（マックス・フォン・シドー）が言う〝This will begin to make things right.〟なのだ。正しさへの問いかけと、正しさの決意表明。ぼくはポーとフィンのこのやりとりだけで、この映画のことを全部好きになった。これこそが、かつて混迷の時代に勧善懲悪のドラマを復権させた「スター・ウォーズ」の意味じゃないか。

今回はアフリカ系出身のジョン・ボイエガだけでなく、グアテマラ出身のオスカー・アイザックをポー・ダメロンに起用するなど、ディズニーらしい〝政治的正しさ〟も感じられつつ、『ザ・レイド』のイコ・ウワイスなど、インドネシア出身キャストも、犯罪組織の一員として出演している。ちょい役だけどね。

旧三部作でも生きのよいスクリプトを書いたローレンス・カスダンを起用し、数々のドラマで腕を見せたJ.J.エイブラムス登板の効果が顕著に現れている。もちろん、ハン・ソロ、チューバッカ、レイア・オーガナなど、旧知のキャラクターにも命が吹き込まれている。チューバッカなど、そのキャラクターはより深化している。また、レイがマズ・カナタの城の地下で見る幻想には、オビ＝ワンのユアン・マクレガーやヨーダのフランク・オズのみならず、老ベン・ケノービのアレック・ギネスまで登場する。かつて「アフレイド」と言ったセリフの中から、〝レイ〟の部分を抜き出しているのだが、その声は特徴的で、「スター・ウォーズ」を愛した人の心をしめつける。

デス・スター攻略がドラマの核だった『エピソード4』が、こちらではむやみにでかくなったスター・キラー攻略になっていることから、オールド・ファンの中には新味が乏しいと嘆いている人もいるのだが、それは表層的な見方だろう。『フォースの覚醒』には、クラシック・トリロジーのあらゆる要素に満ちている。レイたちのミレニアム・ファルコンが捕まったとき、ハン・ソロ、カンジクラブと三つ巴に戦う怪物ラスターの暴れっぷりなど、〝これぞ、スター・ウォーズ〟と膝を打った。そんな中で、ハン・ソロが〝I have a bad feeling about this.〟と言ったときには、歓声をあげた。もう歌舞伎の世界だね。

清水節さんはレイ、フィン、カイロ・レンと主要キャラクターすべてが、その登場シーンでマスクをかぶっていることに注目しているが、まさしく慧眼である。そして、老いたハン・ソロとレイアの再会とセリフと演技。これこそが見たかった「スター・ウォーズ」だよ、と心底思った。

しかし、同時に疑問もわいてきた。なにかが決定的に欠けているのだ。

その正体を確かめるべく、何度も『フォースの覚醒』を観たのだが、その足りない、なにかの存在は、次第に大きくなっていった。

最初その違和感、欠乏感を感じたのは、特報や予告編の映像で見るミレニアム・ファルコンや、Xウイングファイターや、TIEファイターだった。

それまで、そういったスペースクラフトが格闘戦を展開するのは宇宙に限られていた。大気圏内で彼らが戦うシーンはほとんどなかった。『帝国の逆襲』で、ベスピンのクラウドシティ周辺で交戦するシーンもあったが、限定的だった。新作の『スター・トレック』でエンタープライズを地表ドックで作ったり、地表付近でよく活躍させていたJ.J.らしい。映画の文法的にはそれもありなのだろう。地表に降りたエンタープライズの存在にしても、J.J.だけのものではない。

でもね。これがルーカスの作品だったら、地表戦用の兵器や戦闘機を配置していたはずだ。戦闘機にしてもほぼXウイングとTIEファイターしか出てこない。また、宇宙での戦いにしても、AウイングやBウイング、Yウイング、TIEボマーや、TIEインターセプターはリストラされてしまったのか。

『フォースの覚醒』での湖上を滑空するXウイングの勇姿など、本作でも屈指の名シーンだ。『暁の出撃』を想起させるのだが……。

人間ドラマとしての多様性は確保しながら、もうひとつの宇宙を彩るメカはリストラされている。人間以外の種族も、酒場や司令基地では、潤沢に出演させながら、屋外ロケシーンでは一気に減らして人間だらけになっている。ルーカスの「スター・ウォーズ」なら、「あれ、なんだろう?」というキャラクターがふんだんに登場しているだろうに、一気に減っているのだ。

ルーカスの空白恐怖症はよく知られたところで、テスト上映のとき、画面が寂しいところには、「ここ、乗り物を足しておいて」とか、「じゃ、ドロイド置いとこうか」とばかりに、画面をうるさくしてしまい、それが原理主義的ファンの顰蹙を買っていた。「ルーカス風」と銘打つ動画作品はいくつもあるが、多くは無駄に画面がにぎやかだ。CGを自由に使えるようになると、まるで油粘土をこねくり回すように、作品をいじりたおした。

それが一掃された。「あつものに懲りてなますを吹く」とは、まさにこのことだ。新キャラBB－8はすばらしいのだが、ルーカスが様々なドロイドに託したキャラクターをすべて一箇所にまとめ、ほかのドロイドは手薄になっている。ルーカスならBB－7やBB－9など色違いの同系ドロイドを登場させるのでは?

それは登場する世界にも顕著だ。まるでタトゥーインみたいな砂漠の惑星、ジャクー。まるでエンドアかナブーみたいな森と湖の惑星、タコダナ。スターキラー基地も、森のあるホスみたいな感じだ。

J.J.は宇宙の距離感についても、ルーカスの宇宙距離感と違うものをもっている。スターキラー基地から発射したビームが拡散波動砲よろしく、銀河の周縁部から中心部の新共和国軍の惑星ホズニアン・プライムと、ご近所惑星をまとめてつぶしてしまう。この銀河ではグッドガイの国と、バッドガイの国が大雑把に固まって、一網打尽にしやすいのだろう。CGによって景観を作られていた都市の破壊は、ルーカスのプリクエル・トリロジーの破壊宣言のように思ってしまった。CGで作ったコルサントみたいな星は全部壊してしまえ、マット・アートの進化系みたいなリアリティに欠けるCGは根絶するのだ、と……。

カリフォルニアの田舎、モデストに住むルーカスは子供の頃、アナハイムにできたばかりのディズニーランドに毎年、いっていたという。ウェスタンランドやファンタジーランド、フューチャーランド……。テーマパークの中にはエリアごとに違った夢や未来、ノスタルジーがあった。「スター・ウォーズ」にはそんな数々の異世界を、一日で回るサプライズと喜びがあふれている。かつての『エピソード4』を思い出してほしい。ドルーパーや将校だけでなく、得体のしれないドロイドが、地上を走り回り、うろついていたりした。J．J．の「スター・ウォーズ」にはドロイドへの関心はない。それどころか、異世界への関心も憧れも薄い。『エピソード4』で、ルークやハンを窮地に陥らせたゴミ圧縮機、ガベージ・コンパクターなどの存在はセリフで口にされるだけだ。

なによりも決定的なのは、ラストシーンだ。ここはアイルランドの離島、スケリッグ・マイケルで撮影されている。ここはその奇景と初期キリスト教者の遺跡により、世界遺産に登録されている。確かに、隠遁したルーク・スカイウォーカーを配するには、絶好のロケーションだ。「スター・ウォーズ」では、チュニジア、グアテマラ、ノルウェイ、スペイン、スイス、イタリア、カリフォルニア、モハヴェ砂漠など、さまざまなロケーションで撮影が行われている。しかし、その〝借景〟をそのまま、使うことはなかった。エイリアン、ドロイド、テクノロジーなど、ミザンセーヌの設計上のさまざまな〝役物〟が使われていたのだが、今回はそれが希薄なのだ。それでもジャクーでは、さまざまな残骸が戦争の傷跡をドラマチックに見せてはいたが、スケリッグ・マイケルのシーンではそれさえ忘れられてしまう。遺跡の教会跡とか、グーグルで見る写真とまったく同じだよ。友人はミレニアム・ファルコンって地球に来たのかと思ったといっていたが、それは一理あるだろう。

『スター・トレック』で、エンタープライズのエンジンルームをビール工場で撮影したJ.J.ならでは撮影だ。J.J.は見立ての画作りがうまい。しかし、もうちょっと飾ってほしい。ぼくらの銀河色にしてほしい。もっと違う世界を見て回りたいんだ。

ハン・ソロとカイロ・レンが対面するシーンなど、そこがなにをする場所かさっぱりわからなかった。映画的理由で狭い空中回廊を使ったのはわかるけど、クラウドシティでベイダーとルークが対決したときの情景にあった必然が感じられない。

ルーカスの作品にあった、見たこともない世界、そして、説得力ある世界を見せてやろうって部分がJ.J.には希薄なのだ。モデストという小さな町で厳格な父とともに育ち、ディズニーランドでもうひとつの世界を垣間見ていたルーカスと、ニューヨークでテレビ・プロデューサーの息子として育ち、祖父といったユニバーサルスタジオでフィルム作りに目覚めたJ.J.エイブラムスとでは、映画の見方、世界の見方は大きく違うのだ。アメリカのテレビドラマにおいて、その骨格を作るのは、監督ではなくチーフ・プロデューサーだ。チーフ・プロデューサーはシーズンの一作目などを自ら監督して、そのドラマの基本的なガイドラインを可視化する。『フォースの覚醒』はそんな作り方をした映画だ。

今回、日本のファンはディズニーが気を使って、ディズニーロゴをオープニングに見せなかったと、性善説ばりに喜んだ。しかし、エンドロールの後で、くっきりと映し出されるムービング・ロゴはJ.J.の会社「バッド・ロボット」のもので、そこで聞こえる子供の声は彼の子供、ヘンリーとグレーシーのものだ。これからの続編もぼくらはJ.J.の子供の声を聞くことになるだろう。いつしか、三部作が十三部作になるかもしれないが。

本作の瑕疵はもちろん多い。カイロ・レンってば、未成熟なファザコン男じゃないのか。ルークの居場所地図という〝マクガフィン〟の機能のさせ方が、あまりにもご都合主義じゃないの。レイのライト・セーバーさばきってどうよ。長い時間をかけてルークが習得したフォースの使い方が、わずかな時間でレイが習得するのってどうよ。大気圏ハイパードライブネタって『ギャラクティカ』じゃないの。クライマックスの破壊カタルシスの前後に詰めこみ過ぎでは。ルーカスが空白恐怖症なら、J.J.はダレ場恐怖症じゃないかな。シリーズ初の回想シーンを雑に入れている。結局、クリストファー・ノーラン的なことをやりたかったんじゃないか。クリストファー・ノーランは『2001年』ワナビーの映画『インターステラー』で、超重力惑星から軽やかに飛翔する着陸船を描いていて失笑したが、そういう真面目な顔して、脳タリンなことはやらないでほしいのだ。「スター・ウォーズ」の銀河は別の物理法則が働いていてもいいけれど、映画の都合で、一作ごとに変えないでほしい。

そのあたりの瑕疵は正直にいって、どうでもいい。J.J.が「スター・ウォーズ」にもたらしたものはとてつもなく大きい。でも、リアルにこだわりすぎた映像よりも、SFとして、ファンタジーとして、日常から遠い銀河を見せてほしいのだ。ドラマも演技も大事だけど、その世界を深く読み解く価値のある説得力がほしいのだ。次もXウイングとTIEファイターがドッグ・ファイトするだけで、もっと大きなデススターを作るようだったら、暴れるからな。日本一強い、世界一強い、銀河一強いって、「少年ジャンプ」じゃないんだから。

今回はプロデューサーJ.J.のパイロットフィルムである。その意気やよし！　ルーカスの呪縛との決別はいいだろう。だって、そのためにハン・ソロを殺したんだよね。だからこそ、この作品の真価は次の『エピソード8』まで待ちたいのだ。だって、たった二年だろ？　でも、地球色を強めたりしたら、承知しないからな。

『ストレイト・アウタ・コンプトン』

（二〇一五年　アメリカ　監督：F・ゲイリー・グレイ）

新進バンドとショウビズプロデューサーの確執という音楽ドラマは「ジャズ・シンガー」以来のパターンだけど、それを遥かに凌駕する緊迫感にしびれたよ。九〇年代後期にLAサウス・セントラル地域を訪れたことはあるけど、この実感は全然なかった。衝撃的としかいいようがない。

『友だちのパパが好き』

（二〇一五年　日本　監督：山内ケンジ）

鮮烈なる恋愛兵器！　ポンっと撮っているように見えて、撮影も録音も実にうまい。不思議ちゃんとか変態の子って、じつは残酷で粗暴ではないのかとかねてから思っていたが、まさにそういう感触が実体化したようなドラマ。誰もが持つささやかなえぐ味を、さらに味わい深く抽出してくれている。

家族の崩壊のドラマであり、恋愛のおぞましさをも描いている。

『クリード　チャンプを継ぐ男』

（二〇一五年　アメリカ　監督：ライアン・クーグラー）

『ロッキー』をリスペクトする新世代ムービーメーカーが、老スターを配しつつ、珠玉のドラマ構造を再生するという意味では、『フォースの覚醒』に近いものがあるかもしれないね。すべてが濃密な人間賛歌となりえている。

そんな『ロッキー・エピソード7』は『フォースの覚醒』同様、原作者の手を離れつつ、原作のエッセンスを抽出&濃縮し、アップデートに成功している。ロッキーとの出会い以降は、なにがあっても胸が熱くてたまらない男泣き映画。今年いちばん、サントラを買いたくなったよ。

映画の中では、フィリー・チーズ・ステーキが出てきた。『ロッキー』シリーズでは以前も登場していたけれど、懐かしい! チーズ牛丼の具をはさんだ、ホットドッグみたいなものだが、ロッキーの舞台フィラデルフィアの名物料理だ。それを食べるシーンは、西海岸出身の男がフィラデルフィアに出会うような意味合いとなっている。映画を観ていたら、無性に食べたくなるね。日本でもフーターズで売っているので、食べにいこうかな。

『マイ・ファニー・ガール』

(二〇一四年 アメリカ 監督:ピーター・ボグダノヴィッチ)

本来の三谷幸喜がやるべきであろうことが、ここにあるよね。ボグダノヴィッチの新作コメディを見られる幸せ。とにかく楽しいとしか言いようがない九〇分。いますぐ、もう一度観たいよ。東京国際映画祭に続いて、二回目の鑑賞だったが、ジャストサイズの映画で、ずっと笑いっぱなしだった。新しくはないけれど、いまの時代にこういう映画を観られるのは至福。

二〇一五年ベストテン

1.『マッドマックス　怒りのデス・ロード』

二〇一五年はこれに尽きますね。劇場で四回、家で四回観たが、観るたびにアガる。ぶれない、ゆるがないジョージ・ミラーの映画作りが、いまを生きるぼくらの想像を凌ぐアップデートを成し遂げた。

2.『スター・ウォーズ　フォースの覚醒』

『帝国の逆襲』を筆頭に、新作ができるたびに年間ベストワンと評価してきたが、今年はちょっと仕方がないかな。つきあいの長い作品だけに、複雑な思いが去来する。

3.『野火』

映画館の体験という意味では、『マッドマックス』同様、この年の最高に濃厚な体験だった。戦火そのものよりも、見知らぬ環境での筆舌に尽くしがたい理不尽を生きるしかなかった痛みを垣間見ることができた。

4.『コードネームU.N.C.L.E.』

スパイアクション映画が美しく開花した一年だった。『キングスマン』もリストアップしたいところだが、どちらか一本といえば、こちらを選ばざるをえないかな。このスタイルはかなり好きなのだ。

5.『ジュラシック・ワールド』

MX4Dなど、ムービングシート鑑賞として、これほどマッチングした素材はない。驚異的なビジュアルやハイテンションな展開のサバイバルは、シネコンという町のテーマパークを活性化してくれた。

6.『イミテーション・ゲーム／エニグマと天才数学者の秘密』

イギリス、諜報戦、数学、LGBT、現代娯楽映画の魅力的要素が全部入りだ。まさに天才であるがゆえに、政治や戦争に翻弄されることが多かった、熾烈な人生から、得たものと失ったものを深く考えさせられた。

7.『クリード チャンプを継ぐ男』

『セッション』を入れたいところだが、スポ根映画の文脈で考えるとこっちかな。『ロッキー』をリスペクトする新世代が老スターを配しつつ、オリジナルを再生するという意味では、『フォースの覚醒』に近いかも。

8.『インサイド・ヘッド』

ピクサーはすごい。最新の精神医学の成果をくりこみながら、ジュブナイルとしての少女の成長を愛情いっぱいに描いている。なぜ、ぼくたちは悲しみという面倒な感情を抱えたまま、生きているんだろう。

9.『君が生きた証』

この年は音楽映画も豊作だった。『エール!』や『ピットパーフェクト1・2』、『はじまりのうた』、『セッション』……。どれも忘れがたいのだが、一本を選ぶとすれば、これになっちゃうかな。

10.『KANO 1931 海の向こうの甲子園』

日本と台湾の歴史の断面を鮮烈に描いた『セデック・バレ』と同じスタッフがこれを撮ったということの意味は、ただならぬものがある。台湾映画界がこれを作ってくれたことの意義はかけがえがない。

世界のシネコン巡礼

偉そうに書いているが、海外に長く住んでいるわけではないので、日本以外のシネコンにものすごく詳しいわけではない。本書の冒頭でも書いたが、初めて海外の劇場で映画を見たのは、一九八五年のホノルルのダウンタウン。まだ一ドルが二〇〇円くらいの頃だった。『スター・ウォーズ』が最初に公開されたとき、日本での公開が一年以上遅くなったこともあり、石上三登志や野田昌宏、伊藤典夫などのSF関係の人たち、さらには、『宇宙戦艦ヤマト』プロデューサーの西崎義展までアメリカにいき、『スター・ウォーズ』を観て、喜々として雑誌にその報告を書いていた。学生の自分にはこれがうらやましかった。

それで初めての海外旅行の地、ハワイで映画を観たかったのだ。映画の舞台はフロリダだったが、ハワイの地にも共通する空気が感じられて、シネコン以前の封切り館に集まる人たちを見ては、なんだか幸せな気分になった。

その後も台北や香港、フロリダ、ニューヨーク、ロサンゼルス、ラスベガスといった土地にいっては、可能なかぎり映画館にいった。現在のように、インターネットが普及する前だったので、現地で購入した新聞や雑誌で公開情報をチェックして、その土地の雰囲気がよくわからないまま、ボックスオフィスで当日のチケットを買ったものだ。もちろんいまだって、英語が堪能というわけではないが、舞台劇がオリジナルの法廷劇などの作品ではなく、娯楽作品であれば、英語字幕なしでもおおむね理解ができる。

ロビーで観客に話しかけられて、困ったりするときもあるけど、そういうときの英語もだいたい決まっているので、なんとか対処できる。一時期、輸入盤レーザーディスクを観ていたのも役に立った。

この趣味がさらに加速したのは、一九九九年だ。『スター・ウォーズ』が一六年の沈黙を破り、新作が公開されるとき、ぼくはゲームのショーである「E3」を取材するためにロサンゼルスにいた。正確にいえば、帰国を一週間ほど遅らせれば、『エピソード1　ファントム・メナス』を観られるタイミングだった。当時は小型のノートPCがあり、電話線につなげれば低速でも入稿ができたのだ。ここで見逃すと、日本公開は二ヶ月近く遅くなってしまう。当然ロサンゼルスに残るしかないよね。ノース・ハリウッドの小さな映画館、ユニバーサルシティ、ハリウッドのチャイニーズ・シアターなどで、同じ『エピソード1』を観まくった。同時期の『マトリックス』なども観たけれど、その体験によって、スクリーンごとに違う、映写やサウンド、雰囲気を堪能した。なによりも『スター・ウォーズ』のファンにとって、チャイニーズ・シアターは伝説の地である。

ハリウッドで『スター・ウォーズ』の初日を観ることは恒例行事となり、『エピソード2』の際は、当時六〇代半ばの母と福岡で知り合った友人を連れて、チャイニーズ・シアターで観た。「どうだった？」と母に聞くと、「なんか、ぎょうらしい（にぎやかでうるさい）映画だったね」とのこと。『エピソード3』のときは、九州でアナウンサー／気象予報士をされている山本耕一氏とロサンゼルスにいった。チャイニーズ・シアターでの初日上映はやっていなかったが、近くのシネラマドームで初日〇時一分の回、三時三〇分の回とたて続けに見た。

当時の日記を引用しよう。


そして、アークライトシネマのシネラマドーム館内へ。まるでプラネタリウムのようなドーム上の天井を持つこの劇場は、その名の通り、シネラマ上映館である。シネラマといっても若い人は知らないかもしれないが、特殊なフィルムと特殊なレンズで映画を上映する方法で、特徴としては凹の字状に湾曲したスクリーンがあげられる。

今回はそのシネラマ上映館にて、普通のフィルムと特殊なレンズで上映する予定だったのだが、なんと、ここでデジタル上映されることが、急遽決定した。デジタル上映ってのは、ハードディスクに蓄えられたデータをＤＬＰといわれる映画上映用のプロジェクターで上映する方式だ。

詳しいことは省くが、とにかく精緻で安定した映像が楽しめるシステムなのだ。

映画上映前は、スクリーンの前でファンによるライトセーバーの殺陣が次々に……。そして、運命のカウントダウンと圧倒的な拍手の中、映画が上映された。

圧倒的だった。あれよあれよの展開で、最後にじんわりと深く泣ける作品でした。ある意味、スターウォーズらしくなく、ある意味、とてつもなく、スターウォーズだった。感想がまだ、ことばにならないので、詳しくは後日。

午後10時35分、タクシーでアークライトシネマに戻ろうとしたとき、山本耕一さんがあわてだす。なんと、いま、地球で最高に入手が難しい今夜のショーチケットを客室に忘れてきたというのだ。あわててタクシーを止め、山本耕一さんはひとりで客室へ。ぼくはアークライトシネマへ。

じつはアークライトシネマでは、今日の0：01と、3：30の回のほかに17：30の回のチケットもとっていた。しかし、ウェストウッドにあるビレッジシアターのチケットが取れたことから、そのチケットは不要になった。

（中略）

0：01の上映のあと、3：30からの回も見たのだが、上映前に近くに座っていた男性から「日本から来たんですか」と声をかけられる。上映が終わった後、あれこれと話をしたのだが、日本から、截拳道（ジークン・ドー）を学ぶため、LAに七年いる男の子で、とても感じのいいやつだった。

年齢は三二歳だけど、少年のようなかわいらしさがある。楽しく濃く、スターウォーズについて語ったあと、あまっていたチケットを「これ捨ててもいいし、売ってもいいから、好きに使って」と、プレゼントする。いい人に譲ってあげられた。外に出ると、すっかり明るい。映画の完成度も含めて、ここにいる自分がとても幸せだ。あらゆるものがいとおしく感じられる。

早朝6時、アークライトシネマから、サンセット・ブルバード経由でホテルに帰る。やや興奮しながら、歩いていると、こちらのTシャツを見かけた連中から、「おもしろかったか」と聞かれます。

エクセレント！　エクセレント！　エクセレント！

山本さんとふたりでそう答える。

目を覚ましたら、もう一度、スターウォーズを見られるのだ。それもまた、幸せなことじゃないか。

自分の三〇代後半から、四〇代前半は『スター・ウォーズ』と海外映画館の記憶の存在が年輪のようにある。しかし、それだけで終わるわけではなかった。『ロード・オブ・ザ・リング』が日本で公開されたとき、その興奮が蘇ってきた。これも自分が大好きな映画だ。しかも、海外での公開から、日本での公開には大きなタイムラグがある。だったら、海外にいこう。しかも、この映画の魅力はロケ地であるニュージーランドにある。だったら、ニュージーランドにいくしかないじゃないか。友人とニュージーランドに向かい、第二部『二つの塔』は、ニュージーランド南島で観てロケ地をまわった。第三部『王の帰還』は北島で観てロケ地をまわった。最近は、フィルム・ツーリズム、ロケ・ツーリズムということばで、映画やアニメのロケ地を回る旅行が増えている。インバウンド製作としても期待されている。どうせだったら、ロケ地だけでなく、その近くのスクリーンでそこを舞台にした映画を観るのは、たまらない喜びだ。

その後も海外旅行をするたびに、シネコンを回っている。サンフランシスコで『GODZILLA　ゴジラ』を観たのは、ゴジラが壊したゴールデンゲートブリッジの近くだったりもした。二〇年前とちがって、航空券やチケット、現地の交通手段など、当日の手配に関しては、インターネットのおかげで簡単になった。もちろん、PCの必要さえない。スマートフォンやタブレットで十分なのだ。海外の巨大なシネコンのオペレーションや客の雰囲気は興味深い。IMAXのサイズも違う。観客の目線で、日本のシネコンを考えるときの参考になる。

もちろん、イベントにからめていくのも楽しい。ぼくはニューヨークとロサンゼルスでファンクラブが盛り上げる〝体験上映〟としか言いようがない『ロッキー・ホラー・ショー』を観た。ほんとうに得難い体験だった。だが、日本とアメリカで数回、観てきたものの、奥の部分まで理解しきれなかった。

だが、二〇年以上経って、高橋ヨシキさんに伺ったところ、

「そもそもは、雨の場面で、何度も何度も観ていた観客のひとりが『いい加減、傘ぐらい買え！』と言ったのがはじまりで（これを言った人も特定できています）、〝ツッコミ〟というくらいで、映画が固定されたものであることを前提に（つまり画面内の人は決まった返事しか返せない）、面白おかしく揶揄してからかうのが基本パターンなのですが、映画のほうは決まったことしか絶対に起こり得ない、という特性を生かしてからかうのが『ロッキー・ホラー・ショー』の観客参加のベースとしてあります。だから、ツッコミも、〝後ツッコミ〟（画面で誰かが何か言ったことに対して返事をする）というのはどちらかというと邪道で、〝先ツッコミ〟（こちらが先に質問なり何なりを投げると、画面の人が間抜けな返事をしてしまったように見える）が『ロッキー〜』で面白さを生むことのほうが多いです。で、それは映画では決まったことしか起こり得ない、という特性と関係があるわけです」

という話から、ニューヨーク派とロサンゼルス派の対立と和解、さらには新興勢力の台頭まで、教えていただいた。

理解しきれないままでも、そのときにしかできないさまざまな映画の体験は、次へとつながる。ほかにもいろいろあった。その意味でも、知らない土地にいって、知らないことばを聞きながら、知らないけれど、なじみのある映画の世界に触れる。スクリーンの先には映画の記憶と体験をもとにした扉があるのだと思う。訳知り顔で「アメリカの映画館ではね」みたいなことを言っているやつをかわすこともできる。なによりも自分に異なる文化を触れさせることは、映画の醍醐味だ。映画を見慣れていれば、字幕なしでも意外と大丈夫だ。ただ、海外のドリンクは日本のものより、圧倒的に量が多いので、気をつけてほしい。

2016

本書の締め切りに合わせ、一二月中旬までの映画タイトルを紹介している。『シン・ゴジラ』、『君の名は。』の記録的なヒットで、夏以降のシネコンは、いつもの夏とは様子が違った。老若男女がそれぞれのお目当ての作品を観るため、それぞれのスクリーンに出向き、映画を観終わったあと、出口で感想を語り合う。なによりも東宝作品の快進撃が目立つが、爆音上映や応援上映、発声可能上映など、イベントとしての映画も新しい次元に入ったようだ。大阪エキスポシティに開業した最新のＩＭＡＸも話題になった。同一作品を複数回鑑賞する人も増え、映画を観るためにスクリーンを選ぶ楽しさを、多くの人が当たり前に口にするようになった。

『ブリッジ・オブ・スパイ』

（二〇一五年　アメリカ　監督：スティーヴン・スピルバーグ）

これこそまさしくマスターピースだ！

スピルバーグがこれを撮った意味がある。コーエン兄弟がこれを書いた意味がある。トム・ハンクスがこれに出た意味がある。エンドロールを眺めながら、そのすべてが腑に落ち、そのすべてに心を震わせてしまう。映画を見た満腹感でいっぱいだ。すばらしい。

スピルバーグはいつも映画の中で橋をうまく使うと思っていたけれど、今回は『ブリッジ・オブ〜』というタイトルそのままに、冒頭のブルックリン橋から、クライマックスのグリーニッケ橋まで、数多くの橋が登場して、どれも効果的だった。冷たい戦争の中で、ベルリンの壁が立ち、つながっていた土地が分断される様子が、視覚的にもわかりやすく描き出されている。

過酷なシチュエーションが人を翻弄する。その役割と居場所の描写においては、コーエン兄弟のシナリオはいつも絶妙で、登場人物一人ひとりの立場に応じたスクリプトのそれぞれが胸を抉る。

〝Would it help?〟それ、役に立つの？　なんか意味あんの？　ロシアのスパイでありながら、アメリカの法廷に立つアベル（ピーター・マクロビー）の口癖だ。国家の非情に生死を委ねられるという極限状態のニヒリズムが生みだした名ゼリフ。正義感に対する疑いを持ちつつ、それでも正義の有意を浮かび上がらせる。

映画では数回使われているが、「不安じゃないのか」と問われ、「（不安になったら）事態が良くなるのか」と答えるといった具合に、怒り、恐怖といった冷戦の時代を生き残る覚悟と悲しさが一言にあふれている。

さらには、アベルが回想しながら、ドノヴァン（トム・ハンクス）を「ストイキ・ムジェ（Stoikiy muzhik）」とロシア語評する。ドノヴァンをなにがあっても動じない不屈の男＝〝Standing Man〟であることに敬意を表しているのだ。その立ち姿こそ、トム・ハンクスのイメージだ。耐えて、乗り越えて、生還する。それはもうトム・ハンクスの真骨頂だ。『アポロ13』でも『フォレスト・ガンプ』でも『プライベート・ライアン』でも、トム・クルーズはいつもそうだった。弁護士を演じたトム・ハンクスの作品だと、『フィラデルフィア』を思い出すが、ふと見せる彼の表情こそが、なにより雄弁で、ことばを発さないときの彼の分まで、声を出したくなるくらいだ。

「出身や人種は違っても、アメリカでアメリカ人を形作っているものは、ルールブックのおかげだ。アメリカではそれを〝憲法〟というがね」

それこそが、彼を立たせる理由なのだ。冷戦時代、他人をレッテル貼りして、うわべの正義で裁く恐ろしさ。恐怖と不安はいつも心を狂わせる。ぼくらは冷戦時代の悲劇をこの映画で振り返られるからこそ、二〇一六年のいまもそれを経験として生かしていかなければならないのだ。

『クリムゾン・ピーク』

（二〇一五年　アメリカ／カナダ　監督：ギレルモ・デル・トロ）

風格ある映像美を堪能できるゴシック・ホラー。ケチのつけようがないほどの完成度の高さなのだが、ケチを付けにくい周到さが、理不尽の恐怖を置き去りにしてしまう。

ギレルモ・デル・トロ監督らしいなぁ。最近、オタクの友人の〝とにかく持ってる知識を全部話したい〟という強引さに辟易したことがあったけれど、ギレルモ・デル・トロも同じなのかもしれない。こういう映画を撮りたいと思ったら、持てる蘊蓄のすべてを注ぎ込まなければ気が済まない。それが伏線の回収につながらないあたりは、ペダンチックなアドベンチャーゲームで、謎解きをしているような感じになる。まあ、おもしろくはあったのだけれど、映画というのは、結局、有限の尺の中で取捨選択することが大切なのだ。

『ピンクとグレー』

（二〇一六年　日本　監督：行定勲）

キャストとスタッフの座組は立派だが、浅薄なキャラクターが大声でクリシェを叫ぶ姿を、小綺麗に撮ってるジャニーズ案件。観客の知性を信頼していないことから生まれる、極限までの薄っぺらさがアートの域だ。ほんとに、こういうのでいいの？　もちろん確信的に薄っぺらく撮った理由はわかる。だが、最後までずっと薄っぺらい。思春期の夢想を描くのはいいけれど、本当の人間のつながりの意味まできちんと描いてくれたら、ここまで虚しく思わずにすんだのに。

夏帆の振り切った演技がすばらしすぎて、もったいないと思ってしまう。

『の・ようなもの　のようなもの』

（二〇一六年　日本　監督：杉山泰一）

あの時代に森田芳光に出会ったときの鮮度感はないものの、スタッフ・キャストともに幸せに満ちている。ある部分はオリジナルより成熟していて、それが寂しさとか、せつなさにつながっているのかな。

こういう空間での北川景子はいいね。

『白鯨との闘い』

（二〇一五年　アメリカ　監督：ロン・ハワード）

堂々たるアメリカの時代を描くと、ロン・ハワードのカメラは輝きを増すね。

漂流ものとしては『ライフ・オブ・パイ』と通底するテーマがある。『パーフェクト・ストーム』とか、怪獣映画を思い起こさせるシーンもいくつかある。

だが、ロン・ハワードの風格ある演出はよいけれど、メルヴィルとからめる二重構造が、いまひとつ機能していないように思える。時代と勇気を描きたかったのだろうが。

『ザ・ウォーク』

（二〇一五年　アメリカ　監督：ロバート・ゼメキス）

ただ綱渡りをするだけの映画だってのにすごすぎる。人生でそれなりの数の映画を観てきたけれど、こんなに手から汗が噴出するなんて、初めての体験だ。

ゼメキスのカメラワークとテーマとの最高のマリアージュ。これこそ映画だ！　これこそ3Dだ！　スーパー職人が撮った最高の作品といってもいいだろう。

主人公は異常であり、狂人といってもいいかもしれない。ニューヨークのワールドトレードセンタービルに架けられたロープの上を歩くことに、何の価値があるのか。それを問うことはまったく意味がない。しかし、その一途な熱情は周囲にいる仲間を巻き込み、実行すれば、それを見た人の心をかき乱す。身近にいれば迷惑な人間だが、ひとつひとつ不可能を可能にしていく中で、「しょうがないな」と思えてしまう。

個人の実録として感嘆するが、当然、9・11によって失われたワールドトレードセンタービルへのやるせない思いを持つ人にとっては、無意味な行為に意味をあたえることになる。

ワールドトレードセンタービルの完成は一九七三年であるが、映画の中に濃厚にあふれる七〇年代の空気がすばらしい。希望と閉塞感がともにあった時代だからこそ、この〝偉業〟がなされたのだろう。

アートとは、つまりなにか。人はなぜ、人を冒険に巻き込むのか。それは日常の中で置き去りにした驚きと実感を、ぼくらにもたらすものなのだろう。

『サウルの息子』

（二〇一五年　ハンガリー　監督：ネメシュ・ラースロー）

やられた。ホロコーストの中で、人として尊厳ある死を迎えることとさえ封じられたユダヤ人の憤懣。それを直視せざるをえない圧倒的一人称視点。サウルの声なき叫びが耳の中で轟く。すさまじい技巧の映画を、痛みに満ちた人間の迫真が有機的につなぎ、それは悲劇の中の祈りを未来へとつなぐ。

見せないことで見せる凄惨。二人称視点はもとより、サウンド設計もすばらしい。巧緻かつ濃密な映画で、文句のつけようもないのだが、どこか気分的には乗れないものがある。主人公の行動に対する苛立ちのせいなのか。それともいまの〝気分〟とは違うのか。ちょっと、そういうところはあるのだが……。

それでも観なければならない映画でもある。もう一回観たい。

『残穢 ―住んではいけない部屋―』

（二〇一六年　日本　監督：中村義洋）

ルポルタージュ風ホラー。ホラー映画としては新しい構造をオーソドックス演出でまとめたおもしろさがある。けれども、その結果として呪いのインフレ現象を起こし、途中で素面にかえってしまった。キャストがちょっとぜいたくすぎるのが、素材とミスマッチだったかも。

『ブラック・スキャンダル』

（二〇一五年　アメリカ　監督：スコット・クーパー）

ボストンのアイリッシュ・ギャングを描き、愛国心や絆、郷土愛など、ヤンキーが美徳とするものの有害をえぐりとった実録映画。禿げたジョニー・デップの存在感が興味深い。

地域の絆で仲間が集まり、のし上がっていくが、ほんとうに信じられるものが、息子、母、兄しかいなかったという描写が象徴的だ。

ジェイムズは、裏切られた思いから、仲間を殺処分にする。たとえ妻でもだ。さすがに妻は殺さなかったが、瀕死の息子をめぐって、感情を露わにする。その恐怖は仲間の結束にもつながるが、仲間の裏切りをも誘ってしまう皮肉な結果を誘ってしまう。

ジェイムズをサポートしたのは、同じボストン南部地区出身のFBI捜査官だ。妻に言う。
「おまえがどう思おうが、おまえが結婚したのは、街で育った男だ。街はぼくに教えてくれた。友だちに義理を果たせば、返ってくるんだ。義理はぼくにとっては、すべてだ」(柴尾訳)

さらにはFBIの規定よりも街の掟が優先するとも言っていた。

映画は、この部分を強調して描いていた。コミュニティに忠節を尽くそうが、道に外れれば、さらに大きなコミュニティによって、淘汰されてしまう。国でも地方でもSNSの仲間でも、所属するコミュニティへの愛情は人間にとって理屈で否定できない原初的な感情ではないか。人とそのコミュニティを自滅させるほどの。個人的な体験を踏まえ、いろいろ考えさせられた。

『オデッセイ』

(二〇一五年　アメリカ　監督:リドリー・スコット)

もうどれだけ褒めても褒めたりない作品。いまはこういう映画を観たかった。ユーモアとサイエンスとサバイバルは、リドリー・スコットの新境地といってもいいだろう。ぼくはワシントンDCのスミソニアン航空宇宙博物館もいったし、フロリダのケネディ宇宙センターにもいったけど、『オデッセイ』という映画体験はそれに等しいものがあるよ。

中学生の頃に読みふけっていた『月は地獄だ!』とか、『渇きの海』とかの興奮が、映画『オデッセイ』という形で映像化されちゃうんだから、生きてるだけで丸儲けだよなと、つくづく思ってしまうのだ。『マッドマックス　怒りのデスロード』公開の昨夏あたりから、時代が帰ってきた感覚がハンパない。

たったひとりで火星に生き残るという、考えうる最悪のサバイバル環境だ。もちろん、科学には非情な現実もある。官僚主義による冷徹なロジックもある。不可避の混乱や事故だってある。当然、寂しさや無念もあるだろう。生きることは火星だって地球だって大変だ。しかし、悩むより前に考えよう。そんなの全部吹っ飛ぶから。ユーモアとサイエンスのみが生命に通じるのだから。

宇宙というフロンティアを切り開き、危機に立ち向かう映画は数多くあった。『ライトスタッフ』や『アポロ13』など、どれも好きだったけど、ここまでやってくれるとは驚きだ。『ゼロ・グラビティ』とか、『インターステラー』とか、SFワナビーな映画のことは、どうでもよくなっちゃうね。厳密にいえば、火星という重力が三分の一しかない環境を描くにあたって、首を傾げるところがないわけではないが、映画は間違い合わせのテストではない。

大人はもとより、中学生、高校生、大学生は全員観るべきだ。文部省選定映画にもなっているが、江戸しぐさを教えるひまがあったら、いまこれを観せろといいたい。現代に生きてこの映画に立ち会えることを誇りに思う。全米公開時にアメリカの劇場で観たかった。

主人公はポジティブと評され、映画宣伝でもポジティブが多用されてるけど、むやみにポジティブなわけじゃなくて、プラグマティックなのだ。なにかといえば叫び泣き怒鳴りふんばる『海猿』みたいな感動なんて余計なものだ。死んだり、難病で泣けるとか。職人魂だったり、告白されたり、そんなことで感動するとか。日本でそういう浅薄なところで、映画を作ったり、売ったりしてるしてる間に、軽やかに『オデッセイ』みたいな映画を作られちゃうんだからな。『ブリッジ・オブ・スパイ』の〝Would it help?〟と同じだ。現実があまりに過酷であれば、ネガティブに悩んでちゃ、生き残れないんだ。

なによりも弟の自死という困難に直面したリドリー・スコットが、まさに生への凱歌ともいうべきこの作品を作ったことがうれしい。邦題はひどいけれど、ぼくらの上に宇宙があるかぎり、いつだって挑戦すべきフロンティアはある。ぼくらは大丈夫だ。

『キャロル』

（二〇一五年　イギリス／アメリカ　監督：トッド・ヘインズ）

この映画を観た至福。それはすばらしすぎて、何日もあとを引いてしまう。

目の端に止まり、言葉をかわし、肌と肌がふれあうとき、なぜぼくは涙を流すのだろう。時代と無理解の中で、それでも引き寄せあう魂と魂が触れ合う。その温度、その触覚、そのさやかな音が銀幕を通して伝わるからだ。周到な撮影と緻密な演技からしか生み出せない魂の音。

とにかく圧倒された。一九五〇年代、アイゼンハワー時代のニューヨークが舞台だ。同性を愛することが法律的にも不利となっていた時代の思いのドラマである。

周到な撮影がすばらしい。この映画を撮るためにニューヨークにフィルム現像所を復活させたそうである。フィルムの粒子感を残すため、16ミリフィルム撮影に35ミリ用のレンズを装着。ソール・ライター、エルンスト・ハース、ヘレン・レヴィット、ヴィヴィアン・マイヤーなど、時代の写真家の作品を徹底的に研究し、そこから産みだされた映像は、すべてのシーンを輝かせてくれる。ここのところ、『ブリッジ・オブ・スパイ』や『ザ・ウォーク』など、冷戦期の時代を舞台にした映画が数多く公開されている。五〇代の自分が幼い頃生きてきた時代が、現代の経験をもとに意味を問い直されているような気がしてならない。

見えるものの色彩や距離感、ことばのひとつひとつまで、心をざわつかせる。

声にならない思いを表情で叫びに変える役者もいい。無神経さに取り囲まれている中で、いい人たちがいい人であるためがゆえの一途な思いが胸を打つ。女性同士のベッドシーンなのに、それを見ている男の自分が涙を流してしまう。それは自分と違う人間が肌を通して魂を交わすコミュニケーションだから。鈍感で不器用な善意が、理解できない愛に対する無神経な暴力をふるうから。

映画が終わって、かなり動揺してしまったといっていい。これは圧倒的な傑作である。

『スティーブ・ジョブズ』

（二〇一五年　アメリカ　監督：ダニー・ボイル）

これまた快作だったね。アーロン・ソーキン脚本、ダニー・ボイル監督、おそるべしだ。

iMacやiPhoneなどなど、誰もが知る革命的プロダクトを産んだ男、スティーブ・ジョブズの人生の三つの瞬間を凝縮と省略、そして人間関係で描いている。ひとりの人生を描くのにただ出来事を羅列していくのではなく、選び抜いた断面を体験させることで、過去の諸作を凌駕してみせた。映画という一定の時間に限られた形式の中で、時代のシンボルともいうべき男を描くというのは、つまりこういうことなのだ。

究極のバックステージドラマだが、映画では語られないその後の彼の実人生に関する知識が、映画が終わったあとに真のエピローグとなる。事実を羅列するノンフィクションではなく、再構築によって真実をえぐりだす巧緻を極めた作品。エキサイティングだった。

『ディーパンの闘い』

（二〇一五年　フランス　監督：ジャック・オーディアール）

びっくりしたなぁ。カンヌのパルムドールがまさかこんな話だったなんて。

スリランカ政府とタミル人組織、故郷での終わりなき内戦から、フランスに亡命してきた難民の擬似家族。しかし、戦争を避けて、逃げてきたフランスでも終わりなき戦いが待っていた。

二一世紀、ヨーロッパを難民、移民が覆う時代に、ヤクザ映画のごとき文脈が気高い感動を呼ぶ。静かに耐えた男が、生きるための怒りを闘いで表現する。周到な映像作りに衝撃のサウンド。沈殿したかに見えた人間の怒りは、どんな境遇にあっても、空高く噴火する。すごかった。クライマックスはもうリーアム・ニーソン映画かと思うくらいだったよ。

『ヘイトフル・エイト』

（二〇一五年　アメリカ　監督：クエンティン・タランティーノ）

こりゃすごかったね。虚実がそのまま血まみれの勧善懲悪になる、密室西部劇。あんな嘘や、こんな嘘……。恩讐の彼方にある裁きの感覚が、時代を生きた男たちの死にざまという断面をせつなく描く。

前作『ジャンゴ　繋がれざる者』から『ヘイトフル・エイト』への二年間、失望は単純な怒りとカタルシスをともなうことさえ許されず、静かなる絶望へと加速したのか。だからこそ怒りはびしびしと伝わってくる。

70ミリ撮影、推理小説ばりの密室劇など、この映画を語るポイントは数多くあるが、クエンティン・タランティーノはメタファーとしての映画の機能をさらに進化させたといえる。差別と戦争の複雑な様相。レッテル貼りによって、人を支配する無益さ。なにより自分自身の心まで、そのレッテルによって支配される無意味さ。血肉を忘れて、他者を裁き、排斥することのおぞましさ。動機探しのミステリーの体をとりつつも、人殺しの動機がいかに薄っぺらいものであることか。

『女が眠る時』

（二〇一六年　日本　監督：ウェイン・ワン）

おもしろかった。ウェイン・ワン監督作品といえば『スラムダンス』が大好物である。それがさらに進化したようなサスペンス・アート映画。こんな作品を東映系で全国拡大公開するものだから、映画レビューサイトでは低い評価にあふれている。

もう一度観たくなるような、エキサイティングな映画体験だ。オープニングの砂浜からプールへのパンからわくわくして、展開に固唾を飲む。俳優、ビートたけしの存在感あふれる怪優ぶりもたまらなかった。

あるいは半勃ち、中折れ中年の不条理回春劇とでもいえばいいのか。映画の中では新作小説を書けなくなった作家という形をとるが、自身の機能に疑問を持った男が、海辺のリゾートマンションで出会った奇妙なカップルを盗み見ることから、自身の欲望の手応えを取りもどしていく。

女は恐ろしい、起きていても眠っていても。

『ザ・ブリザード』

（二〇一六年　アメリカ　監督：クレイグ・ギレスピー）


よくできました。フロリダ・ディズニーワールドの中にあるテーマパークのひとつ、「エプコット」にあるアメリカ館あたりで上映されてそうな由緒正しい沿岸警備隊賛歌。『海猿』や『海難1890』なんかの一万倍くらいよくできていて、バランス的にも絶妙だ。いまどきのハリウッドはお仕事系自画自賛映画を作るときも手を抜かないね。

映画として一片の新味もないけれど、そこがMX4Dなどのムービングシート鑑賞向きってことでしょう。

『マネー・ショート　華麗なる大逆転』

（二〇一五年　アメリカ　監督：アダム・マッケイ）


怒りを持って不条理なるリーマン・ショックを描く、笑えないコメディ。笑えないというのはネガティブな評価ではない。まさしくゲームのためのゲームで実態とは乖離した、金が金を生むシステム。笑っちゃうしかない状態をコメディのセンスで描いているのだ。

すさまじい情報量で顔の見えない金融・証券のインチキシステムに迫る。日常の生活ではなじみのない金融用語が飛び交うので、置いてけぼりにされないようについていくのが大変ではある。しかし、実態を現地で調査するあたりは、ありえないことが当たり前に起こっている不思議を感じてしまう。

役者陣も潤沢で、とてもおもしろい。興奮したけれど、やりきれないいな。アカデミー賞や大統領選でにぎわう時期にアメリカで公開されたのが興味深い。邦題のサブタイトルにある「華麗なる大逆転」は意味不明でおかしいけどね。

『セーラー服と機関銃　卒業』

（二〇一六年　日本　監督：前田弘二）

この映画を観るのが遅れてしまった不明を恥じる。角川映画、橋本環奈、ヤクザネタなど、マーケティング要素による分析から、不入りを言われており、劇場にいくのがすっかり遅れてしまった。

しかし、観て驚いた。気合の入った傑作だ。七〇年代や八〇年代のテイストが横溢すると同時に現代的でもある。現代ヤクザの『キック・アス』。あるいは女子高生ミーツ『アウトレイジ』。橋本環奈が酷使され、橋本環奈がそれに応えている。

かつての相米慎二版『セーラー服と機関銃』なんて、一度忘れちゃっていいよ。なにより大切なのは、『セーラー服と機関銃』のリメイクではなく、赤川次郎が続編として書いた『セーラー服と機関銃・その後　―卒業―』を基にした作品であるということだ。テレビコマーシャルでさえ、「カ・イ・カ・ン」のフレーズを押し、ミスディレクションを誘っているのは困りもの。

これはかつて機関銃を手に大暴れした女子高生組長、星泉が日常を取り戻そうとするものの、そうはいかないジレンマの中で、ついに立ち上がるという続編ヤクザ映画の王道なのだ。

『ロブスター』

（二〇一五年　ギリシャ／フランスほか　監督：ヨルゴス・ランティ

モス）

未婚、童貞、死別を問わず、独身者はホテルに隔離され、四五日以内にパートナーを見つけなければ、動物に変えられて森に追放されるという世界を描く。

メタファーとは、すさまじい武器だね。

悪法もまた法なりとはいうけれど、この映画は実態から乖離したシステムを糾弾する現代のファルス（笑劇）だ。独裁者による圧政の近未来を描いたディストピアではない。いまを生きているぼくたちの世界を、メタファーによって描いた作品だ。

ブラックユーモアの乾いた笑いはいたるところにあるけれど、そのまま笑うことはできない。恐怖がひしひしと伝わってくる。目的と手段が狂った世界への怒りが横溢している。恐ろしいのは、この歪な世界は善意によって産みだされ、その善意が社会のシステムとなって、人の行動を支配し、一人ひとりの心を侵していくことなのだ。

レッテル貼りと共同幻想。この映画をお伽話と笑えるほど、上等な世界に生きてるわけじゃない。

『マジカル・ガール』

（二〇一四年　スペイン　監督：カルロス・ベルムト）

がつん！　ときた。〝予想外の展開〟と評するのは簡単だけれど……。

まいったな。いちばん大切なところは、隠されているが、いちばん大切な不可避の現象からは目を背けることができない。闘牛、黒蜥蜴、ジグソーパズルの欠けたピース……。

日本製の魔法少女アニメ「魔法少女ユキコ」に憧れるスペインの少女、アリシアは、白血病で余命いくばくもない。ユキコのコスチュームを着て踊るのが、アリシアの夢だ。その夢をかなえるため、失業中の父親がやったこととは……。

まるでロベール・ブレッソン作品を思わせるクリア

に見える視界の中、瀬戸際で踏ん張っている誰もが、隣り合った人の肩にそっと手を触れる。それが奈落へのひと押しとなり、冷徹な玉突き追突、無慈悲なドミノ倒しを引き起こす。あまりにも悲しすぎる消去法。

いちばん肝心なところは見せない語り、多様に張りめぐらされた伏線に舌を巻く。現代のフィルム・ノワール。謎めいた女、バルバラはファム・ファタールそのものだけれど、少女、アリシアもまた、関わった男の人生を狂わせるファム・ファタールだったのだ。

すさまじい吸引力を持った映画だった。日本のサブカルチャーは、スペイン人監督にとてつもないケミストリーをもたらした。

『エヴェレスト　神々の山嶺』

（二〇一六年　日本　監督：平山秀幸）

羽生丈二のキャラクターが阿部寛の怪演とダイアログ中心にしか語られないのが残念だ。クライマックスは岡田准一の大芝居になるという、日本映画のトホホパターン。マロリーのカメラという〝マクガフィン〟の扱いがなってない。すばらしい原作小説、卓越した漫画化作品があるのに、なんでこんなことになったのか。

尾野真千子は解説と泣きポイントのマーカーとしてしか使われていない。女優として、ベースキャンプの撮影に付き添い、大変だったね。エヴェレストの映画だけれど、山を描くのではなく、山に憑かれた人間をきちんと描くだけで、すばらしいものになったのに。綱渡りをするだけの映画『ザ・ウォーク』でさえ、人を巻き込む孤高の狂気をしっかり描いていたのに。

『アーロと少年』

（二〇一五年　アメリカ　監督：ピーター・ソーン）

まるでカウボーイのTレックス一家は最高。でも、『メリダとおそろしの村』など、ピクサー作品で背景とか、自然表現に力が入っているものはだいたい凡作になるという法則が、ここでも適用されていた。

恐竜が絶滅しなかった世界のリアリティレベル設定が雑で、気持ち悪かったよ。アイディアは豊富だけど、豊かな自然の中、アーロたちの顔がほんとうに苦手だ。酒場で飲んでいたら、「『アーロと少年』を見て、すっごく泣いた」と語っているOLがいて、とほほな感じだった。「家族愛とか、友情とか、泣けて泣けて」なのだそうだ。草食恐竜の家族愛とか、恐竜と人間の少年の友情なんて、ついていけないよ。

脚本の開発に失敗して、とりあえず「家族ぶっこめ」、「友情ぶっこんどけ」と、凡庸なクリシェで味をごまかした無駄に甘い砂糖菓子を口に入れたくはない。恐竜が絶滅しない文明世界を設定しなくても描けるものじゃないか。

『リリーのすべて』

（二〇一五年　イギリス／ドイツ／アメリカ　監督：トム・フーパー）

『英国王のスピーチ』にしても、『レ・ミゼラブル』にしても、トム・フーパー監督ってこんなんばっかり。

世界初の性転換手術を受けた画家夫婦の「知ってるつもり」。役者はがんばっているけど、映画としての興奮、絶望、葛藤、高揚、失意は響いてこない。みんな、いい人。可哀想ね。って、それだけかよ。

エディ・レッドメインやアリシア・ヴィキャンデルはよいのだけれど、いまの時代に映画としてこれを作った意味が、ぼんやりしていて気になる。

『僕だけがいない街』

（二〇一六年　日本　監督：平川雄一朗）

よかったよ。原作漫画もアニメも観ずにこの映画を観たけれど、これは収穫だ。みんな大好きループものだけど、気持ちにより添う、ていねいな構成の脚本もよい。設定のおかげもあるが、子役づかいが抜群である。藤原竜也も大芝居が少なめでよい。

映画を観たあとに原作漫画を読むと、映画の中で強引に思えた展開がていねいに描かれており、好感をもった。オンラインの評価では、「二時間じゃ足らない」みたいなことを書いている人もいるけれど、よくある原作ファンのそういったことばは、滅びてほしいよ。

『ちはやふる』や『64』など、二部作映画が増えているが、去年の『進撃の巨人』の悲惨な結果を見ても、予算の都合などで、無理矢理に合計三時間超の映画を作る傾向が強くなりすぎている。二〇一六年はそういう映画にお金を払うことはしないと心に決めた。

最近は「Netflix」や「hulu」などでドラマや映画をまとめて観ることが多くて、映像作品の尺（上映時間）について考えることが多い。映画館で二部作、二倍の鑑賞料金を払って、小倉百人一首の映画を見せられる滑稽さを真剣に考えてほしいのだ。映画館のスクリーンで観る映画は、七〇分から一五〇分程度の格好をしっかりとってほしい。

「原作のすべてを描ききれない」なんてみみっちい理由で、映画ならではの尺にまとめる努力を放棄した映画会社に、二倍以上の映画料金を払う理由を正当化させるのは愚かしいことだ。

『ちはやふる　―上の句―』

（二〇一六年　日本　監督：小泉徳宏）


去年の『進撃の巨人』二部作にはひどい目にあったので、東宝映画の二部作は観にいかないと決めたのだけど、なんてことだ。評判がよいではないか。しぶしぶ観にいったが、なんてことだ。おもしろいじゃないか。

序盤は原作漫画由来であろう過剰なキャラクターが大声で叫ぶばかりの展開で辟易していたが、ドラマが収斂していくにつれ、『勝利への旅立ち』や『栄光のエンブレム』など、八〇年代スポーツ映画を思い出させる、しなやかな青春映画として胸を打つ。二部作構成は余計だけれど、広瀬すずは無欠なアイドル女優だと感心した。『下の句』も観にいっちゃいそうだ。

『暗殺教室　～卒業編～』

（二〇一六年　日本　監督：羽住英一郎）

ROBOT制作、羽住英一郎監督ラインでは会心作だった前作の完結編。ありえない設定があると、この組み合わせも納得いっちゃうね。例によって泣かせのシーンに入るともたつくけれど、奇妙な味の原作漫画をユーモアもたっぷり活かして、実写化している。うっかり感動しちゃったじゃないか。感動なんて、簡単にできちゃうね。

『バットマンVSスーパーマン　ジャスティスの誕生』

（二〇一六年　アメリカ　監督：ザック・スナイダー）

豚骨チャーシューワンタンメンを食べてたら、チャーハンと餃子が問答無用のセットでついてきた。しかもうっかり完食してしまった。いろいろ言いたい人も多いだろうけど、すげえ美味しかったよ。あはは。胃袋は、へとへとだけどな。そんな映画である。とにかくディテールや思いが多くて、圧倒的な物量をひたひたにまぶして見せてくる。「ちょっと串かつ、ソースかけ過ぎじゃないか」って感じだ。2D版で鑑賞したが、3D版だったら、情報量が多すぎて、脳が焼き切れてしまいそうだ。

着実にヒーローが実在する世界を広げていくマーベルコミックに対して、一気に追いつこうというDCコミック側の焦燥さえ感じてしまう。ただ、『アイアンマン』以来、十数作で展開してきたマーベル・シネマティック・ユニバースの構想に一気に到達するべく、詰め込めるだけ詰め込んでいる上に、『ダークナイト』に代表される自省的ヒーロー像が呪いのように色濃く出ている。いきなり観ると、食あたりしそうだ。

リチャード・ドナー版『スーパーマン』以来、アメコミ映画は欠かさず観ても、アメコミ自体にはそんなに詳しくはない。『スーパーマン』であれば、とみさわ昭仁さんなら「ヒャッホー」と呼んだ、あの感覚が評価を決める。

その評価軸でいえば、「ヒャッホー」には乏しいアメコミ映画である。しかも初老のバットマンと、若きスーパーマンが正義をめぐって対立するという、ややこしい構造だ。スーパーマンがいるメトロポリスとバットマンのゴッサム・シティの位置関係がよくわからない。ミネアポリスとセントポールやカンザスシティみたいな双子都市の設定なのだろうか？　それにストーリーづくりにおいて予知夢が多いよね。未来に対する予測不安を象徴するのはわかるし、そういった多次元宇宙を描いたDC作品があるのもわかるけど、なんでも入れれば、いいってものじゃない。

日本映画でいたずらに流行している二部作構成はかんべんして欲しいけど、この映画に関しては、二部作構成でよかったんじゃないかと考えてしまう。

それでも、この映画を嫌いになれないのは、ワンダーウーマンのおかげである。ヒーロー原理主義でいがみ合うふたりのヒーローの確執を快刀乱麻を断つように明快に裁いてみせるその存在感がすばらしい。胸躍る。劇場で立ち上がって、ガッツポーズを取りたくなる（実際には立たないけど）。帰ったあと、YouTubeでワンダー・ウーマンのテーマ曲〝Is She With You?〟を見つけて、エンドレスで流しまくったよ。

♪ドンドンドンダダッダドン

スーパーマンもバットマンも「ヒャッホー」しなかったけど、ワンダーウーマンには「ヒャッホー」があった。

『仮面ライダー1号』

（二〇一五年　日本　監督：金田治）

放映中の『仮面ライダーゴースト』とからむ以上、どうやったって、今回のフィナーレにつなげるしかないのだが、老いたヒーローが変わり行く時代の中で不器用に道を貫く『ラスト・シューティスト』をやりたいのなら、「ヒーローとは」と、お題目をしつこく唱えるより、きちんと老境のライダーを描こうよ。藤岡弘、はすばらしいけれど、素材が生煮えのままなのは残念としか言いようがない。見どころは大杉漣の地獄大使。楽しそうに演じていたな。

『無伴奏』

（二〇一六年　日本　監督：矢崎仁司）

小池真理子の半自叙伝的同名小説が原作。映画で描かれる一九六九〜七〇年という時代を実際に生きていた自分にとっては、スクリーンの端に見える二一世紀に気持ちが萎える。仙台の商店街などのロケ地で画面の端々にオタフクソースの幟など、当時の仙台ではありえないものが見えちゃ困るんだ。

主演四人はよいけれど、書割あつかいのモブの弛緩が、展開の緊張を途絶えさせる。孤独を描くのに、四人のみを孤絶させて語っては、大切な刹那が消尽してしまうのではないか。

R15の映画。今回も池松壮亮は、いつものように脱ぎ役で尻出ししている。成海璃子はバストトップなしの中途半端な脱ぎ。交接の位置関係に説得力がない。遠藤新菜の脱ぎはよい。好きなおっぱいではある。

予算の制約などもわかるけれど、デモシーンなどではエキストラの演出も弛緩している。音楽の制約もわかるが、作品の示準となる曲をかけないまま、クラシックのみで埋め尽くしているのは疑問だ。エンドロールでDrop'sのアコースティックな新曲が流れる。事情はわかる。しかし、これじゃ時代のバッタモンな感じ。

一部で好評な夜間撮影だけれど、画作りには色気が感じられない。フィルムの色とか記憶色とか、色味の設計に関しては緩すぎて、出てくる人たちのやるせない空気を描いていない。若さの眩しさが見えてこない。

『あやしい彼女』

（二〇一六年　日本　監督：水田伸生）

二〇一四年の韓国映画『怪しい彼女』のリメイク作品。設定やプロットはそのままに、舞台を東京に移した作品。日本版だけではなく、中国やベトナムでも作られている。企画を持つＣＪ　Ｅ＆Ｍは、同様なパッケージを世界中で展開する模様だ。

豊富なディテール、無理のない時代設定、ていねいな撮影と、オリジナルの韓国映画版のほうが圧勝だが、日本には多部未華子がいる！　多部未華子のオーバーアクトな〝毒舌ばあさん〟ぶりは出色である。序盤で倍賞美津子が演じていた際、その年齢表現などで、雑な映画だなと思っていたが、多部未華子が出た途端に、クオリティが一気に上がる。彼女が座長のアイドル女優映画として画面から目が離せない。コメディエンヌひとりの存在感で、映画って成立するんだな。

オリジナル映画が朝鮮戦争後の韓国独裁政権時代に女手ひとつで娘を育て上げたというテーマをきっちり展開しているのに対して、日本版は倍賞美津子が第二次世界大戦後の戦災孤児という無理な設定にしてしまったことで、破綻だらけの話になっている。また、サブキャラクターに関心がないことも映画のクオリティを下げているのは残念だが、これは日本映画の宿痾《しゅくあ》ともいえる制作環境では仕方ないのかもしれない。

それでも楽しんだよ。

『スポットライト　世紀のスクープ』

（二〇一五年　アメリカ　監督：トム・マッカーシー）

先日発表されたアカデミー賞で、作品賞と脚本賞を受賞した作品だ。ボストンの新聞が、丹念な調査報道をもとに、カトリック教会の性的虐待事件というスキャンダルを暴く。実話ベースの映画。

『大統領の陰謀』の撮影監督ゴードン・ウィリスをオマージュするような画作りに胸が踊る。しかし、そのカメラによって映しだされるのは巨悪ではない。犯罪そのものを起こす邪悪さを告発するのではない。責められるべきは、ことなかれ主義であり、ひとりひとりに宿る〝願い〟という名の先送りの暴走。考えてみれば、自動車会社が燃費不正をするなど、組織とコミュニティによって隠蔽されることは、洋の東西を問わず、起こりうることだ。

結局、組織は誰を守っているのか。セリフのひとつひとつが他人事ではない。これがアカデミー作品賞を受賞したという、いまがおもしろい。

『ルーム』

（二〇一五年　アイルランド／カナダ　監督：レニー・エイブラハムソン）

すばらしい。朝霞市の女子中学生誘拐事件なども想起させる、他人事ではない監禁シチュエーションもある。予算規模で考えると、日本の映画界でも作れそうな企画といってもいい。

誘拐監禁という特異な状況をセンセーショナルかつ猟奇的に取り上げるのではなく、生きる人間の事件として誠実に取り組んだ大人の映画だ。美しく均整のとれた脚本を基に、圧倒的な子役使いで生々しく描かれたら、完全に脱帽だよ。さらに子供の視線や視野を、観客に追体験させるようなカメラワークが秀逸である。この周到さを実現させることは、現代の日本では難しいことかもしれない。

原作者が脚本も担当したことが興味深い。犯人に関する描写を大幅に削いだのが絶妙だ。心理的外傷は残っても、それでも人生は続くというシチュエーションを過不足なく描いている。

クライマックスはもうこれしかない、という形だ。自分は何年も部屋に閉じ込められる状況になったことはないが、かすかに覚えている幼い気持ちを思い出したりもした。

人生の大事な時期を奪われる不幸は絶対に取り返しがつかないことだが、明日を生きる人間への信頼が揺るぎなくあることに、胸を打たれる。

『ボーダーライン』

（二〇一五年　アメリカ　監督：ドゥニ・ヴィルヌーヴ）

『灼熱の魂』のドゥニ・ヴィルヌーヴが監督、撮影監督は名匠ロジャー・ディーキンス！　もうそれだけで、楽しみじゃないか。ドゥニ・ヴィルヌーブもロジャー・ディーキンスも、暗闇の中を歩かされ、全身の痛みを刺激する、まさに地獄めぐりのような映画が真骨頂のフィルムメーカーだ。地獄をめぐってきたよ。アメリカ・メキシコ国境地帯という深い闇の地獄を巡礼する。なるほど、巨悪に対して巨悪をぶつける、『ワイルド7』設定の話だね。その『ワイルド7』に法律順守のFBI女性捜査官をぶつけることで、法の正義のゆらぎを描いているのがたまらない。ガチの監督がガチな闇をガチに撮っているのはいいのだけれど、ただ、正しく生きようとする女性捜査官の葛藤があまりにもきつすぎて、いたたまれない気分になってしまった。この闇はキリがない。

『レヴェナント：蘇りし者』

（二〇一五年　アメリカ　監督：アレハンドロ・ゴンサレス・イニャリトゥ）

レオナルド・ディカプリオ、よくやったよ。アカデミー賞をとるためにはここまで体当りしちゃうんだね。熊に襲われ、熊に喉笛を食いちぎられ、高いところから落ち、冷たい川に流され、生肉を食い、生魚にかじりつく。これはもう、ディカプリオの勝ちだ。文句はない。声を出しそうになりながら、主役のディカプリオの苦難を眺めていたのだが、映画を見終わる頃には、ほんとうの主役はディカプリオではなく、カメラではないかと思ってしまった。

全編カメラのアクロバットだ。IMAXで観て叫びそうになる。広角、パン・フォーカス、長回し、自然光撮影、技術の粋を極め尽くしているよ。さすが三年連続アカデミー撮影賞だ。さらにサウンドが超絶レベル。ディテールの情報量が異常なほどで、よくもまあ、ここまで鳴らしているな。サウンドのいい劇場で観ることを絶対的に推奨する。

この監督おなじみの父と子の関係性、キリスト教モチーフが、ときに鼻につくし、テレンス・マリック監督の映画に娯楽ベクトルを加味したようにも思えてならない。見せてくれたものはすさまじいのだけれど、いろいろなところが未消化に終わってしまったような気がする。あるシーンのモチーフに見覚えがあるなと、海外サイトをチェックしていたら、ホドロフスキー監督の『ホーリー・マウンテン』のアレだったのね。オマージュのように意図的なものなのだろうか。

いろいろ考え合わせると、つまり西部開拓時代の『ゼロ・グラビティ』なんだろうな。すげえすげえと言いながら、数年後には、記憶から失せていくような……。

『アイアムアヒーロー』

（二〇一六年　日本　監督：佐藤信介）

単行本では八巻くらいまで読んでいるのかな。わりと期待していたのだが、予告編でも描かれたあたりは楽しかったけれど、舞台がモールに移ってから大減速。日常が侵食されていく部分をクローズアップしてくれたほうがおもしろかったかな。

ゾンビものは、破滅テーマとしての視点がなければ物足りないのだが、その欠片もない。大事なことは二度言って、それでも足らずに大きな声で三度言う日本映画の悪癖が、人間にしゃべらせるだけでは飽き足らず、ゾンビまでしゃべらせる。静かにしなければいけない状況で怒鳴り合うのは、映画『進撃の巨人』同様に、東宝映画の最近の傾向なんだけどね。

とにかくうるさい。やたらにくどい。R15指定なので、地上波で流すのは難しい内容なのだから、テレビドラマ仕様で画面を見なくても通じるような作りにしなくてもいいんじゃないか。

序盤は期待したけど、変わらぬ定番のクオリティだったよ。東宝映画としては血の量が記録的。国産ゾンビとしては意欲的だけれど、国産の呪いは祓えなかったね。

ゾンビ演出としては、見どころも多い。でもね。ゾンビ祭りに参加したいわけじゃない。

『太陽』

（二〇一六年　日本　監督：入江悠）

これはきつかったな。前川知大の舞台劇を基に、『SRサイタマノラッパー』の入江悠監督が撮った作品だ。意識した長回しに、映画としての喜びを感じられず、クローズアップを封じた前半の撮影には、事象に対する距離を感じるのみ。きっとやりたいであろうことはわかるし、撮影の美しさには陶然とするところもあったのだが、だめだった。

状況説明のセリフがくどくてしんどい。「四国はノクスぬきで自治をしている」みたいなセリフを、二回も三回も繰り返さなくていいよ。

そういう説明が多いわりに、「陽に当たると死んじゃうノクスの人が、なんで、壁を警備しているの？　ドラキュラでいう、レンフィールドみたいなやつはいないの？」みたいな腑に落ちないことが多い。

セリフのほとんどが絶叫だらけの神木隆之介はつまりバカの人なの？　だから、斧で変なところを切ろうとしているの？　田舎の息苦しさを描きたいのだろうけれど、住民のガヤまで説明的なのは勘弁してほしい。

ヴァンパイアのメタファーのいいとこどりをしたいのだろうけれど、説明セリフの氾濫に疲弊した。生きた人間を感じられなかった。SFやファンタジー映画では、その世界が信じるに足るものであることを期待してしまう自分だから、気になるのかな。そうじゃない気はするけど……。

『フィフス・ウェイブ』

（二〇一五年　アメリカ　監督：J・ブレイクソン）

破滅ものか、侵略ものかと思ったら、ヤングアダルト・ラブロマンスだったよ。しかも出来の悪い話。日本のライトノベルのほうが出来がいいよ。つぎはぎ設定、思いつきの展開、頭の悪い登場人物たち。どこかのSFXスタジオの素材の使い回しみたいな破滅映像オンパレードから、侵略者に乗っ取られた男と、元高校アメフト選手との三角関係にゆれるクロエ・グレース・モレッツ。

地球になにが起こっても恋愛のほうが大切なのか。

『ズートピア』

（二〇一六年　アメリカ　監督：バイロン・ハワード、リッチ・ムーア）

エクセレント！　最近、続編が多く、当たり外れの振れ幅が大きいピクサーと違って、ディズニーの打率の高さはなんということだろう。最近、ケモノ好きを〝ケモナー〟というらしい。そんなにケモナーでもないし、動物がしゃべる作品が苦手な自分だが、動物だらけのこの映画には没頭した。

一九四五年、ジョージ・オーウェルが『動物農場』という作品で、動物を使って全体主義社会やスターリン主義への寓話として描いた手法は、二〇一六年ディズニーというメジャースタジオによって、差別と多様性ある社会の啓蒙的な寓話となった。

なによりも娯楽映画としてこの作品が、中国やアフリカ、中東、世界中で公開されることとって、すごすぎる。いまを生きてる世代すべてにおすすめしたいくらいだ。

差別と偏見をテーマにしつつも、一途で前向きな主人公も無辜《むこ》ではいられない。自分の内にありながら、気づかぬ差別による残酷な結果もきちんと描きつつも、わかりやすいドラマにしている。差別は差別しているという人を糾弾するだけで、解決するものではない。自分も自分の大切な人も優しくて、善意に満ちていても、自然に差別することがある。しかし、そんな差別に対して、優しく受け止めつつも、理想とする社会に対する希望を忘れてはならない。

完璧なバディムービーだ。現代ハリウッドの脚本作りのメソッドが縦、横に駆使されている。

もちろん、多様な動物が登場することからも、人種差別と共生に関する寓話といえるのだけれど、その次元にはとどまらない。都市と地方、夢と現実、多数派と少数派など、娯楽作品という形で、現代のさまざまな生きづらさに、救いの手を差し伸べている。

自分に子供がいたら、子供と一緒に観て、そのあと映画について、いろいろ話をしたいな。素直にそう思わせる作品だった。

『ちはやふる ―下の句―』

(二〇一六年 日本 監督：小泉徳宏)

すばらしい。メンタルスポーツとしての「競技かるた」を素材にしているからこそ生きる作品だ。登場人物たちのメンタルの成長を無駄なく描き、胸躍る高みを見せてくれる。

広瀬すずの表情は説得力に富み、松岡茉優のヒールっぷりに痺れる。酒場で会った人には、「あれは広瀬すずの顔芸映画としては一級品」と言ってしまう。皆が若いからこそ、高め合うコミュニケーションの境地が豊かすぎる。

ただ、観客の視点でいえば、『上の句』との二部作にする必要はまったく感じられなかったし、一本にまとめてくれれば、より豊かなものになったはずだ。なによりも『上の句』で群像劇として豊かに始まったドラマが、『下の句』では一度、痩せてしまうのが残念だ。また、『上の句』で提示されていたある人物の再生が

『下の句』では、ほのめかすだけに終わってしまうのが、カタルシスを損ねている。

自分たちのシネコンチェーンに作品を供給するために、普通なら一本の映画としてまとめるべきものを二本に分け、予算を確保しながら、作品の熱を冷ましてしまう。すばらしい作品であるだけに、残念な思いがしてならない。映画を作る側は観客を信頼しておらず、観客は映画を信頼しなくなる悪循環が悲しいな。

『テラフォーマーズ』

（二〇一六年　日本　監督：三池崇史）

まあ、ひどい作品だけど、そんなに悪くない。三池崇史の悪いほうのアベレージ作品だ。そこを楽しむしかないのだけれど……。

アウトサイダーSF漫画原作をアウトサイダー監督が撮った、リドリー・スコットなんちゃってオマージュ映画といっていい。オールスターキャストがガチで馬鹿芸を披露している。伊藤英明はほんとに大雑把な演技だなぁ。もともと原作はSF風ではあっても、ありきたりのネタを一発ネタのサプライズだけでまとめようとしておかしくなってるしね。CGIもかなり雑ではある。つくづく三池崇史らしい、楽しくひどい映画だ。

『スキャナー 記憶のカケラをよむ男』

（二〇一六年　日本　監督：金子修介）

木村文乃、杉咲花、ちすんがすばらしい。ときに目を瞠るシーンがある。基本的には舞台劇に映えそうな素材だね。

野村萬斎のむやみな大芝居、二時間サスペンス風のベタな劇伴にくたびれてしまった。なによりもここで笑えとか、泣けとかを音楽で指示されなくてもいいよ。『ズートピア』のマイケル・ジアマッティの音楽について、バイロン・ハワード&リッチ・ムーア監督は「本能的に、映画におけるコメディを強調するべきではないことを理解していました。優れたコメディ映画においてスコアを聴いた際に、その音楽は、可笑しくないのです。それは、常に、悲劇を強調し、主要な登場人物の葛藤を強く表現しているのです」と言ったそうだ。

つまりこれは、そういう日本の二時間サスペンスみたいなサントラが、作品に対する嫌悪感を高めてくれる好例ではある。

『シビル・ウォー／キャプテン・アメリカ』

（二〇一五年　アメリカ　監督：アンソニー&ジョー・ルッソ）


ゴールデンウィークの初日にいき、あまりの完成度に興奮して、すぐ二回目を観にいってしまった。この映画に文句をつけるなら、ただひとつ、MCU（マーベル・シネマティック・ユニバース）といわれる諸作に触れず、いきなり観てしまうと、だれがおなじみのキャラクターであるか、だれが新顔のキャラクターであるかさえ、わからないことだ。とはいえ、そんな人はそもそもこの映画とは縁がないよね。さらにはマニアックな人のための思いがけない隠しキャラまで出てくるときては、多少なりともこの世界になじみがあれば、劇場で観るべき映画といえる。

めったやたらの満漢全席。マーベルのヒーローたちが織りなす喜怒哀楽の全方位エンターテインメント。DCの『バットマンVSスーパーマン』がしかめっつらで、原理原則に苦悩していたことが嘘のようだ。ヒーロー全員に戦うべき理由があり、とびきりの見せ場が用意されている。

シェイクスピアですかと言いたくなるほどの絶妙なスクリプトと構成。その後の運命をわかった上で観ると、たまらない展開の数々。

これもまた、すごい時代になったとつくづく感じる。撮影に入る前の脚本の段階から、撮影後の編集や映像効果など、ポスト・プロダクションにいたるまで、すさまじいノウハウが蓄積されている。

日本映画とハリウッド映画の比較論が、ネットを騒がせていたが、そういうことを語りたがる人の多くは、現在の日本映画をきちんと観ていないし、ハリウッド映画の新作も観ていないなと感じる。ハリウッドのエンターテインメント映画はもちろん、日本のエンターテインメント映画のシステムでは及ばない域に達しているが、アートフィルムの分野では、日本映画も捨てたものではない。魂を震わせるような作品も多い。

日本で作られたプロフェッショナルなエンターテインメント映画が、世界に売れるようにはなってほしいとは思うが、日本固有の問題がそれを難しくさせているのもわかってしまう。

MCU作品は二〇〇八年の『アイアンマン』から始まったといわれるが、そこから劇場作品で一三本。すべてが無駄になっていない。個人のクリエイティブも尊重しつつ、それを映像化するために、どのようにすればいいのかをマーベル＋ディズニーというスタジオは、経験を無駄なく蓄積しているのだ。ハリウッド黄金時代の撮影所システムはテレビの台頭によって崩壊したが、最新のテクノロジーを手にした現代のスタジオが、どれだけのレベルでクオリティ・コントロールをしているのか。だからこそ、比較的若い監督に、これだけの大作を任せられるのだ。

『アベンジャーズ』シリーズでは、なによりも都市破壊のインフレーションに観客も食傷していた。それを止めたのは、ヒーローとヒーローのバトルロイヤルによるあるべき正義の削り合いだった。この発想はとりたてて新しいものではないが、ここまで作りこまれると、頭が下がるばかりだ。

なによりも、もう一度、観てみたいと思わせる作品だ。

『64－ロクヨン－ 前編』

（二〇一六年　日本　監督：瀬々敬久）

組織の走狗となるのか、人として人に期待するのか。

その葛藤を主軸に置いた原作の切り取り方は芯を食っている。東宝作品の前後編ものだけれど、これは、そうするだけの理由がありそうだ。原作はまさに、ここで切り分けるしかないだろうな。

アヴァンタイトルで描かれる昭和の誘拐事件から、平成の時代感をていねいな美術で表現している。瀬々敬久監督の近作に心惹かれるものはなかったけれど、これはすばらしかったな。

国家官僚など、悪役キャラクターはステレオタイプ気味だが、濃密な演出と、贅沢なキャストを堪能した。後編が楽しみである。

『ヒーローマニア —生活—』

（二〇一六年　日本　監督：豊島圭介）

福満しげゆきの漫画を原作にした町のヒーロー映画。役者はみんなよかった。とりわけ小松菜奈がすばらしい。『渇き』以来、見てきたけれど、こんな役もできるんだ。ただ、キャラクターごとのドラマが表層的で、ストーリーの要所要所で強引に話を進めてしまうから、見ていると頭の中が疑問符だらけになってしまう。「きっと、こういうことをやりたかったんだろうな」という観客の好意的解釈に頼りすぎている。

映画がまるっきり納得いかなかったので、原作漫画を読んでみたら、映画でおかしく思ったところが、きちんとしてるじゃないか。自警団の暴走というテーマをよくもまあ、ズタボロにしたもんだな。

映画オリジナルの設定を入れることについては批判的ではないが、結局、原作からキャラクターのみを引っこ抜いてきただけの印象だ。

『カルテル・ランド』

（二〇一五年　メキシコ／アメリカ　監督：マシュー・ハイネマン）

（※これは例外的に劇場のスクリーンでは観ず、「Netflix」で鑑賞したものについて書いた。本書では削除することも考えた

が、ほかの映画との関連で掲載する）

「Netflix」を眺めていたら、映画館で見逃してしまった『カルテル・ランド』があるじゃないか！　五月七日に公開されたドキュメンタリーが早くも家で観られるなんて……。

映画『ボーダーライン』同様、メキシコ麻薬戦争のテーマをドキュメンタリーで追った作品だ。『ボーダーライン』がひとりの女性捜査官の目を通して、まるで地獄めぐりのように麻薬カルテル内部の異常な道理の真相に迫った映画なら、『カルテル・ランド』は、アメリカ側とメキシコ側、双方の自警団（ヴィジランテ）を追った作品だ。

豊臣秀吉の刀狩令以来、日本に住んでいるぼくらには、自警団の存在自体がピンと来ないし、大統領選挙でドナルド・トランプがメキシコとの国境に壁を作ると公約しても、その意味が漠然としかわからない。

国境の南北にいる人々と、その世界をドキュメントしたいというマシュー・ハイネマン監督が撮れば撮るほど、混迷の中に、迷い込んでいく。義侠心と正義のために立ち上がったリーダーが、自警団組織が巨大化していく中で、その義侠心と正義と、あえていえば、スケベ心のために、さらなる混沌を生み出してしまう。

イギリスの政治家ジョン・アクトンが「権力は腐敗する、絶対的権力は絶対に腐敗する」と言っていたのを思い出すが、武器と正義の御旗で立ち上がった人々が、わずか数年で簡単におかしくなってしまうなんて。

残念なことに、中東などで空爆され廃墟のようになった街が戦場になるさまは、テレビを通じて何度も目にするが、美しく舗装された道がそこかしこに見えるメキシコ・ミチョアカン州で、事態のきっかけとなる犯罪組織が台頭したのは、二〇〇二年頃だそうだ。映画の中で敵とされているカルテル、テンプル騎士団も、最初は自警団から始まり、やがて、住人にショバ代を請求するようになった。

わが国の政治運動でもそうだが、いったん動き出すと、運動することが第一義になってしまい、終わらせることは本当に難しいものだ。しかもひとりひとりがヘルメット、防弾チョッキを身にまとい、自動小銃を抱えて歩く状況の中では、誰も終わることができず、いたずらに殺されていく。

英語のキャッチコピーで〝暴走する正義〟をうたっているが、だいたい正義ってやつは暴走するよね。「正義は暴走する。絶対的正義は絶対的に暴走する」とでも言いたくなってしまう。残念だけど。

『ひそひそ星』

（二〇一六年　日本　監督：園子温）

メメント・モリのオデッセイ。

ぼくらは何度も間違える。大切な人を死なせ、積みあげたものを廃墟にし、大事ないまを追憶にする。

こびりついて剥がせない人の業。思い出が風化する、その手前の愛おしさをフクシマの現在に準《なぞら》えている。

フレームインフレームの構図や自転車、マッチなど、過去の園子温作品からの引用。これはフィルモグラフィーの総決算にしようという意思表明なのか。

もとより、声を潜め、囁くように話すことで、どんなに怒鳴り力説する映画より、饒舌に怒り、悲しみを伝えてくる。

声を大きくしてもことばは届かない。

大切な人のそばで囁くことで、伝えたい相手は耳を近づけ、時間をかけて、ことばを受け取る。

ラストシーンの影絵には心を奪われた。ひそひそは音だけではない。目で見るものにも通じている。

『2001年宇宙の旅』でHAL9000のメモリーを引っこ抜くのと同様に、コンセントを抜いていくシーンにはにやりとした。

生きること、死ぬことの意味を考えてしまう人間にとっては、東日本大震災によって現出した福島の光景は、漠然とした不安の中で垣間見た彼岸そのものだ。

週末後の世界を語るアンドロイドという配置は平田オリザ原作の映画『さようなら』と共通するものが多い。人類の黄昏をロボットや人工知能が語るというパターンはSF作品ではおなじみのものだ。

園子温は宇宙の片隅で衰弱し、死を迎える人、そして、記憶の黄昏にある、人のいとなみを詩情という優しさを使って語っている。

『銀河鉄道の夜』でジョバンニが見つめるカンパネルラの死のように、受け入れざるをえない終末に、それでも立ち会う人がいてほしいと願いはいつだってせつなく、いとおしい。

『殿、利息でござる!』

(二〇一六年　日本　監督:中村義洋)


小学校の映画授業用か、中高年のシルバー映画教室用といってもいい、高水準完成度修身教育映画。『超高速!参勤交代』路線かな。おじいちゃん、おばあちゃんと一緒に映画を観るのならこういうのがいいのかな。

オールスターキャストを中村義洋監督がみっちりとまとめる。説教臭さを回避するさまざまな工夫が多い。わかりやすくしているが、ぎりぎりでくどくない仕上がりだ。ずるい映画だなぁ。素直に感動して「日本人でよかった」と思うひとが多いんだろうな。

『世界から猫が消えたなら』

(二〇一六年　日本　監督:永井聡)


まいったな。小綺麗で頭の悪いライトノベルを見せられたような感じ。電話、映画、猫……、主人公の佐藤健の余命をわずか一日延ばすために、世界から大切なモノが消えていく設定だ。ドラマが進むたびに、消すものすべてがあまりに迷惑すぎて、佐藤健は早く死んだほうがいいと願ってしまったよ。

世界から電話が消えたらどんな社会になるのかと

思ったら、間違い電話で出会ったかつての恋人との縁がなくなるだけ。世界から映画が消えたらどんなことになるかと思ったら、映画オタクの友人との交流がなくなるだけ。世界から猫が消えたらどうなるかと思ったら、亡き母親との思い出がなくなるだけ。

電話のない社会はそれどころじゃすまないでしょ？　映画がなくなったら、テレビドラマはどうなるの？　猫がいなくなったら、動物園のライオンやチータは？

世の中にあるモノは、単純にそれが存在するだけではなく、社会のインフラとして、教養の基礎として、社会の重要な要素になっている。主人公の矮小な個人的体験が世界のすべてではない。そんなことも知らない十歳児の妄想を語られても困っちゃうんだよね。〝セカイ系〟というのは懐かしいことばだが、これは稚拙に進化した〝サラニセマイセカイ系〟映画。

映画『メトロポリス』はサイレント版でもなく、ジョルジオ・モロダー版でもなく、二〇〇六年のＤＶＤ版だったけど、間違い電話でそのサントラを聞いただけで、「メトロポリスでしょ？」と、当てる宮崎あおいは、気持ち悪かったよ。ほかに引用される映画が偏りすぎていて、居心地悪い。主人公の佐藤健と顔を合わせるたびに、「次に観るべきＤＶＤだ」と映画を渡す濱田岳。ほんとに勘弁してほしい。余計なお世話だ。結局、お前にとって映画というのは、友達とつながるためのツールでしかないのか。

何千本の映画を観ても教養にはならない。何十の国を旅しても経験にはならない。何時間、電話で会話をしても洞察にはならない。それがはっきりわかる。

泣かせるためには突然の死を与えればいいと思っている。唐突に脳腫瘍による死を宣告される佐藤健。旅先のブラジルで通り魔に殺される旅人、奥野瑛太。よくわからない病気で死んでしまう母親、原田美枝子。宮﨑あおいがハグした相手が三人連続で死ぬあたりはコメディかと思ってしまった。殺人ベアハグ少女。

自分の関わる人やシステムすべてが、認めてほしいあなたを甘やかすために存在してるんじゃないよ。

『ディストラクション・ベイビーズ』

（二〇一六年　日本　監督：真利子哲也）

やばい。予測不能で、理不尽、骨を砕き、心を折る。祭りに潜む暴力の胎動が海辺の町を蹂躙する。そうか、爪と牙を失った近年のあいつはここにいたんだ。柳楽優弥の等身大怪獣映画。

愛媛県松山市を舞台に柳楽優弥が、とにかく喧嘩しまくる映画。なぜ、殴りかかるのかの説明はほぼなく、柳楽優弥がほとんどしゃべらないまま、殴って、殴られる映画。柳楽優弥自体がひたすら殴られているにもかかわらず、顔が変わることがなく、異常なほどの回復を見せている。暴力は暴力に連鎖する。

役者の演技も熱く、リアルに撮っているがどこかリアリティがない。途中から、これは「怪獣映画」なのだと思うようになり、腑に落ちた。

菅田将暉におっぱいを揉まれてレイプされるキャバクラ嬢が小松菜奈。露出は少ないけれど、よくやったな。

ローカルなコミュニティの中にある規格外の暴力。それはどのような時代や社会でも否定しきれないもので、人間社会は法律によって、その暴力の噴出を防いできた。それはシステムによる封鎖だけでなく、祭りやエンターテインメントという安全弁もあるのだが、この映画で見せる柳楽優弥にはどこか、憧れさえ覚えてしまう。その巻き込まれていく感覚はたまらない。

『海よりもまだ深く』

（二〇一五年　日本　監督：是枝裕和）

すばらしい。すばらしい。こんな映画を五〇歳を過ぎた男が観てしまうのは残酷すぎて苦しいのだが、目を背けられない。映画の中で目に見えるもの、耳に聞こえるもの、語られることばのすべてが、有機的に連動している。エンドロールでは、映画の体験と、鑑賞者自身の体験との、マリアージュを見せてくれる。

作家として芽が出ないまま、探偵として糊口をしのぐバツイチ男が主人公だ。阿部寛、樹木希林、真木よう子、池松壮亮……。最近の日本映画やドラマではおなじみのメンツだが、これが同じ役者かと思えるほどの場を与えられている。

約束したまま叶えられなかった未来。失って初めてわかる愛情。〝あれ〟と共にこだわる夢。迫る嵐の中で垣間見える可能性。全編に散りばめられたセリフが有機的に効いてくる。緻密なホームドラマの中に、時代に取り残された〝団地〟という背景が効果を見せる。

『神様メール』

（二〇一五年　フランス／ベルギー／ルクセンブルク　監督：ジャコ・ヴァン・ドルマル）

ベルギーの映画。神はまず、ブリュッセルを作り、そこに動物を作り、人を住まわせた！　ミッション系の学校に通っていたら、自ずと直面するキリスト教の理不尽に対する皮肉がいっぱい。

戒律の宗教に対するメタファーはふんだんにあるけれど、映画が提示する新たな福音が結局、新約の延長線上にあるトリプルスタンダードを示唆してないか。

エピソードのひとつひとつは楽しい。ただ、唯一神に人格をあたえて、「人としてどうよ。無能で意地悪な男の神にはうんざり。世界に女性原理を」という展開には首を傾げる。

結局、神の理不尽な支配があるのに、それを打破するため、新たに支配してくれる神が必要なの？　と、思ってしまった。

『スノーホワイト　氷の王国』

（二〇一六年　アメリカ　監督：セドリック・ニコラス＝トロイヤン）

『指輪物語』的に魔法の鏡を聖域に廃棄する話かと

思ったら、そういう解決させるのかよ！　君たちの苦労はなんだったのだろうねと、優しく声をかけてあげたくなった。前作で『スノーホワイト』を演じたクリステン・スチュワートの不倫による降板があったとはいえ、これではなぁ。

制作の迷走が目に見えるようだ。続編なのか、愛の物語なのか、姉妹の物語なのか、さまざまなモチーフが融和しないまま終わる。ハンツマンを集めた目的など、本来語るべき部分はうやむやだ。ぎりぎりでハードランディングさせた印象だけどね。予告編で使われているコンピュータグラフィックスの表現はいまひとつだったけど、いくつかのシーンには見せ場があった。

『ヒメアノ〜ル』

（二〇一六年　日本　監督：吉田恵輔）

ホラーかサスペンスかと思いきや、これはていねいに作られた童貞コメディであり、きちんと作られた殺人鬼映画。サイコパス役に森田剛を作って、ファンなら目を背けたくなるようなことまでさせている。ただ、小市民ベクトルへの肯定が、好演の角を矯めて牛を殺している。うーん、最後はジャニーズ映画か、と思わざるをえなかった。

森田剛対ムロツヨシの対決を、きちんともっと見たかったな。

『若葉のころ』

（二〇一五年　台湾　監督：ジョウ・グータイ）

一九八二年と二〇一三年、一七歳の母と娘ふたりの初恋を描いた定番の台湾青春映画。ハイキー気味の撮影と白い制服が台湾らしい。母親の時代の台湾には、ぼくも訪問したことがあり、ちょっと懐かしくもあった。戒厳令解除前と後の時代の対比が効果的だ。

ドラマ作りに生硬なところはあるが、それさえも時代を超えた母娘の健気な生を瑞々しく描く要素となっている。

『デッドプール』

（二〇一六年　アメリカ　監督：ティム・ミラー）

笑って泣いて幸せだ。『シビル・ウォー／キャプテン・アメリカ』が二億五〇〇〇万ドルの制作費で、アメリカ興収が三億九〇〇〇万ドルだったのに対して、『デッドプール』は、五八〇〇万ドルの制作費で、アメリカ興収が三億六〇〇〇万ドル！　世界興収を見ると、知名度のある『キャプテン・アメリカ』が大きく稼いでいるが、互角の勝負をしているといってもいい。同じマーベルのキャラクターとはいえ、メジャーなヒーローたちが、苦悩と葛藤の中、世界規模で戦線を広げるのに対して、「ヒーローじゃない」と公言するヒーローがゲスで利己的に自分のための戦いをする作品が支持されているというのがおもしろいね。

最近は、真摯で深刻な問いかけをする巨大なヒーロー映画に対する、疲弊感が蔓延している世相もあるのかもしれない。

デッドプールの能力としては、超絶的な回復力もあるけれど、メタな存在として自分がアメコミキャラクターであることを自覚して、ダイレクトに観客に語りかけるという「第四の壁」の突破がすばらしい。ネタの多くはファンでなければ、わかりにくいところもあるだろう。ネタ元の映画を見ていても、「これ、なんだっけ？」と思うところもある。わからなければ、あとで調べればいいだけのことだ。ぼくも「あ、そういうことか」と嬉しくなっちゃったよ。

話の規模はけっして、大きいものではないが、主人公はやさぐれた元海兵隊員。ヒロインは娼婦。そのふたりが爽やかラブストーリーにしてくれた。R15指定になっている、ゲスで血なまぐさいレイヤーは主人公の正直さを描写するためのもので、本質の部分では、良質な最新ブロードウェイ・ミュージカルでも見ているような気分だよ。醜く屈折した主人公と、一途なヒロイン。それは『美女と野獣』、『オペラ座の怪人』にも通じるテーマだから。

『サウスポー』

（二〇一五年　アメリカ　監督：アントワン・フークア）

高校生の頃に観た『チャンプ』を思い出させるなと思ったら、そもそもの企画は『チャンプ』のリメイクだったのね。

父と子の絆を軸に、頂点からどん底に落ちたボクサーの再起を描く。泣かせの湿度は高めだし、ジェームズ・ホーナーの音楽も過剰気味だ。俳優や撮影はよい。試合のシーンはまさに迫真。だが、ストーリーが単調で、肝心なところが強引すぎる。

『マネーモンスター』

（二〇一六年　アメリカ　監督：ジョディ・フォスター）

ジョディ・フォスター監督作品。

仕掛け、ユーモア、アイロニー、サスペンスはふんだんにあるが、登場するキャラクターが平板で、ご都合主義に展開が流された結果、すべてが不発に終わっている。ジョージ・クルーニーとジュリア・ロバーツといったスターを使いこなさないままだね。スター監督はスターに気兼ねするのかな。

脚本そのものも未映画化のブラックリストに載っていたものだそうだ。もっとおもしろくなりえた要素は多かったのだが、肉づけが中途半端だ。

現在のアメリカで金融は、大戦時のナチス並みの敵キャラなのだね。ただ、『ウルフ・オブ・ウォールストリート』とか、『マネー・ショート』の完成度を見たあとでは、物足りなく感じてしまう。

『裸足の季節』

（二〇一五年　フランス／トルコ／ドイツ　監督：デニズ・ガムゼ・

エルギュヴェン）

現代トルコの北部にある家を舞台にした女たちの映画。トルコ版『ヴァージン・スーサイズ』とも言われている。

五人姉妹の少女たちによる奔流のようにほとばしる若々しく艶めかしい映像がすばらしい。その瑞々しさが因習によって、押し殺されていく。声高にそんな人と社会を否定するわけではない。しかし、ただ一途な思いから、その因習の牢獄から巣立っていく。

トルコの地方にいまも残る処女検査の風習は初めて知った。国としてそれは禁じられたが、古い社会の慣習はなかなか変えられるものではない。そうして、抑圧されてきた人は、次の抑圧を産んでいく。大人になるということは、あきらめ、考えることをやめ、因習に心を任せることなのか。

匂いたつような少女たちの姿態がなによりの説得力だ。因習を善意という凶器にして、ゆるやかに人を殺していく社会から、一歩踏み出す旅立ちの映画。それにしても処女検査のなんとおぞましいことか。

『教授のおかしな妄想殺人』

（二〇一五年　アメリカ　監督：ウディ・アレン）

ウディ・アレンにまたやられたよ。おもしろかった。邦題がこんなことになっちゃっているのは仕方がないのだが、原題は〝Irrational Man〟。「理不尽な男」とでも訳せばいいのかな。

哲学読みの人生知らず。もてる無頼の非合理。社会運動に参加しても、世界を旅していても、ミドルエイジクライシスのED解決のほうが大事な男をいやらしく描いていて、最高だ。

テーマはきっちり冒頭で描いている。「彼の書くテキスト、スタイルはすごいけど、中身がないんだよね」

そうなのだ。どんなにスタイルを極めようとも、当たり前のことがわからなきゃ、バカと一緒。どんな理由があっても、自分らしく生きるために、自分以外の人を利用しちゃいけないんだよ。

『エクス・マキナ』

（二〇一五年　イギリス　監督：アレックス・ガーランド）

『ブレードランナー』のフォークト＝カンプフ検査を想起させるチューリングテストの対話映画でありつつ、現代のファム・ファタールとはなにかを考えさせる。

小規模の作品ながら、よい役者を使っている。『スター・ウォーズ　フォースの覚醒』に出演したふたりも、意外なキャラで登場している。絵作りも刺激的だ。ただね。自己への疑念、閉鎖から開放への希求、複製から生まれる意志など、いたるところがミニマルな『ブレードランナー』としか思えないのだ。

メタファーというより、理が強い映画だなと思う。

人工知能に人格があると判定するプロセスを描いているのだけれど、その判定をする人間自身も、自らの〝人間性〟を疑ってしまうあたりとか、ジャクソン・ポロックの絵を引き合いに出すシミュラクラにも似た偶然の意味性とか、『ブレードランナー』から三十数年、もうちょっと先を見たかったな。

神として知性あるロボットを創造した人間だったが、被創造物であるロボットが人間を支配するそのプロセスは魅力的ではあった。アリシア・ヴィキャンデルとかソノヤ・ミズコがとてもよかったので、よしとしよう。

『64―ロクヨン―　後編』

（二〇一六年　日本　監督：瀬々敬久）

『前編』はすばらしかった。『後編』は誠実なる意欲作だが、ここで前後編に割ったことによる弊害が目立ってしまった。

結局、三上（佐藤浩市）が四つに組むカウンターパートは誰であったのか。マスコミ？　警察官僚？　真犯人？　被害者？　娘？　エモーションの着地点が宙ぶらりんなままだ。

原作では、時効間際の犯人逮捕の難しさをリアルに描き、そのやるせなさを大人の視点で見せていたが、そこをトレースしつつ、前後編の構成にしたために、熱血刑事ドラマ的なクリシェに頼ってしまった。おかげで丹念に前編で描写してきた人間模様が、一気に崩壊してしまった。

全五回のNHKドラマ『64（ロクヨン）』での語り方ならよかったが、前後編四時間のドラマでどうしてこんなことになってしまうのか。ここは二時間半くらいの尺できっちり整理して映画的に語ってほしかった。

前後編という構成でカタルシスを設計することの難しさはよくわかるのだが、よくわかるだけに、小説を映画にすることの難しさが露呈されてしまった。

たぶん、『カッコーの巣の上で』の水飲み台のようなメタファーに対するカタルシスがあればよかったのにと思う。クルマのトランクや、群馬のどんど焼きの配置のせいかな。この構成では、作品を見るフォーカスが合わないんだ。

いろんなところが、惜しくてくやしい。

『10 クローバーフィールド・レーン』

（二〇一六年　アメリカ　監督：ダン・トラクテンバーグ）


主観ショット中心でPOV映画、ファウンド・フッテージ映画の代表とされた『クローバーフィールド-HAKAISHA-』の続編（？）と思ったが、だいぶ違うのね。

ヒッチコックの『サイコ』を髣髴とさせるオープニングから、九〇分という尺を効果的に活かした展開。予告篇がネタバレし過ぎで、戸田奈津子字幕ってのは困ったものだが、クラシック・サスペンスの満足感は高い。ジョン・グッドマンのキャラクターと演技がうまいな。

ただね。J．J．エイブラムス製作映画として『クローバーフィールド』の名前を冠するのはあざといなと思ってしまった。

『帰ってきたヒトラー』

(二〇一五年　ドイツ　監督:デヴィッド・ヴェンド)

こんな世相だからか、最近はせめぎあう虚実の薄明を描く映画が多いが、これは歴史とフィクションと、ドキュメンタリーを渾然一体とさせた映画であり、現在に投げ込まれた破壊実験だ。時空をまたいだ『ボラット』だ。独裁者は意を決して生まれるわけではない。景気良くわかりやすい話こそが、明快な内容と人間的魅力によって、ぼくらが選んでしまうものなのだ。

世界戦争とユダヤ人虐殺を引き起こした大悪人、独裁者としてのヒトラーというイメージは強いのだが、リアルタイムに等身大で歴史を見ると、ヒトラーって、人間として魅力があった人なんだね。愛嬌があって、頼れる親父みたいな側面もある。国に不安があるときに、そういう親父がわかりやすく解決策を提示してくれることを言ってくれたら、「親父、いいこと言うね」と、一票を入れてしまう。

つまり、その人間としての愛嬌が、ホロコーストという恐ろしい死をもたらしてしまうのだ。そう、つくづく思った。映画で毒舌コメディアンのようなヒトラーを目の当たりにした老婆が、「ヒトラーが登場したとき、最初はみんな笑っていた」と言っていたけれど、ほんとにおそろしい。身の周りにも優しくていい人がいる。友だちだったらいいけれど、国の指導者になってしまうと、優しくていい人のままに、おそろしいことをやってしまうのだ。

最近、「Netflix」で視聴したスタンダップコメディアンのスペシャル番組『ジム・ジェフリーズのフリーダム』では、ドナルド・トランプの跳梁跋扈《ちょうりょうばっこ》を指して、「理解できることを言う人が率直な人であるとは限らない」と言っていた。快刀乱麻に小気味良く解決案を出す人間にぼくらは飛びついてしまう。『帰ってきたヒトラー』のヒトラーだって「あいつ、わかってるよ」と信を置いてしまう。多様な人が住み、多様な欲求が錯綜する複雑な世の中だから、水戸黄門や遠山金四郎、半沢直樹みたいなヒーローが、悪を討つ快感に酔ってしまう。でもね、そんな簡単な答えなど、ないんだよね。だからこそ、威勢のいいこと、誰かを敵にして解決させようとする人には、気をつけるべきなのだ。

タブーを突破する作品として、これを作った意義と、実際の映画として到達したことには、驚嘆する。原作由来の考察と虚実の感覚には感謝したい。だが、映画としては、あと五%足りなかった印象がある。もちろん、映画内映画ネタとか、楽しかったんだけどね。

『クリーピー　偽りの隣人』

（二〇一六年　日本　監督：黒沢清）

待ちに待ってた黒沢清監督のホラームービーだ。すごい。観終わったあと、もう一度最初から観たくなる映画の愉悦。頭のいい監督と頭のいい脚本と頭のいい役者が、観客を馬鹿と思わずに作ってくれれば、これだけの世界を作れるのだ。

『冷たい熱帯魚』で描かれたシリアル・キラーと支配の構造。それが研ぎ澄まされた形で、展開されていく。クリシェから解放され、支配の連鎖を明瞭に描いてくれる。たまらないね。

テレビドラマの予定調和からは離れ、隣りにあるかもしれない暗渠《あんきょ》をえぐりだしていく。西島秀俊、竹内結子、東出昌大、香川照之といったテレビドラマではおなじみのキャストが、見たことのないような人間のえぐ味を見せてくれる。

香川照之のフォーカスが合っていくあたりの演技は最高だったし、竹内結子はやればできる子だったんだなと、感じ入った。西島秀俊が支配し、支配されていく感覚がぞくぞく迫ってきてたまらない。共感と感動を剥ぎとるだけで、映画はこんなに楽しくなるんだ。

映画やドラマに共感と感動を求め、カラオケで発散するように安っぽい涙を流したい人には不向きな映画だ。オンラインでレビューを読むと、「薄気味悪くて、不気味だった」と書く人が多い。総じてレビューの点数は低い。その感想を否定するつもりはないが、胸糞悪くて、何日も嫌な思いを引きずりつつ考えることに、豊かさを感じられる人にとっては、最良のエンターテインメントだろう。

なじんで居心地が良いと思っていた空間が歪んでいき、やがて『悪魔のいけにえ』を髣髴とさせる新たな空間が現出、当たり前と思っていた空気を覆い尽くす。

埼玉愛犬家連続殺人事件、北九州連続殺人事件、尼崎殺人事件など、事件の詳細を読んでも「ありえない」と思ってしまう感覚に対して、その異常は、異常ではなく、日常に隠れてインストールされた人間関係のウィルスとして迫ってくる。その萌芽はあっても、気づかないうちに事態は深刻化する。人が人を支配するとは、どういうことなのか。その支配はどのように人を壊していくのか。そのことを体験させてくれる。

歪みをもたらす空間設計と、違和感ある音作り。映画にあるべきはリアリティとリアリズムの違いだという真実を意識させつつ、自分が看過していた感覚を刺激させる鮮烈な体験だ。それがここにはある。

ちなみに〝原作と違うことで、実写映画を裁くのはもうやめよう。映画にとって原作はインスピレーションの源泉であるものの、答え合わせをする対象ではない。尺や予算、実写映画のフォーマットで、小説や漫画をトレースする意味はまったくない。原作を読もうと読むまいと、暗闇の中で、二時間前後、映画の世界を堪能すればいいのだ。

後半の〝家族旅行〟のシーン、最高だったよ。あの瞬間、自分も同乗している気分になった。

『貞子vs伽椰子』

（二〇一六年　日本　監督：白石晃士）

イベント映画というか、ODS（アザー・デジタル・スタッフ：スポーツや舞台中継など、映画館で上映する映画以外のコンテンツ）みたいな作品。

ホラーはかけらも感じず、サスペンスは皆無、話はごった煮で大雑把だが、下品なショッカーとしては、ぐいぐい押してくる。まあ、キャラクターホラー映画としてお化け屋敷代わりに見るのなら、よろしいのではないでしょうか。ショッカー演出のために、思いつきでプロットを作っている印象。

監督はウェブマガジン「GIZMODE」のインタビューで「裏テーマに『Jホラーをぶっ壊す』というのはありました。淡々とした展開や、引っ張って引っ張って引っ張って後ろにフワっといて怖い……みたいな、Jホラーの流れというのはずっとありますよね」「自分はそれを地味だなと感じて、ちょっと物足りなくなってしまったんです。無理やりアメリカに合わせるわけではないんですけど、娯楽映画の構成としてバーン、バーンと見せていく映画を作っていきたいと思っています」と語っている（二〇一六年六月一七日掲載の記事より）。

まさにそういうバーン、バーンという作品だ。でも、そういうのはテーマパークのアトラクションでやってほしいな。〝号泣する映画〟という表現は苦手だが、この作品は〝号驚する映画〟としかいいようがない。

そのまんま観るとつらいから、4DXやMX4Dなど、シートがグワングワン動く上映にはいいのかもしれないね。シャワーシーンまで披露する山本美月は物語を進めるキャラクター以上のものではない。

『リング』や『呪怨』に対して、ショッカー演出の研究材料として使っていても、映画としてのリスペクトが感じられない。「庇を借りて母屋を乗っ取る」みたいな作品だった。

『TOO YOUNG TO DIE! 若くして死ぬ』

（二〇一六年　日本　監督：宮藤官九郎）

楽しかった。宮藤官九郎が脚本と監督をしたハイテンションコメディだ。劇場で予告編は何度も観たし、「ミュージックステーション」で「地獄図」による主題歌の演奏も聴いた。だが、これまでの宮藤官九郎の映画といえば、過剰と、日常のバランスが壊れていて、辟易していた。だが、本編はいい意味で予想を裏切ってくれた。これは宮藤官九郎という監督にしか撮れない、宮藤官九郎脚本の映画だな。

無念と愛惜が奏でる、死に甲斐ある地獄のロック・ミュージカルといってもいい。撮影と編集も抜群で、こんな鬼たちのいる地獄なら、死んで転生しつつ、人生を振りかえるのも満更ではない。今回、宮藤官九郎はきちんと絵コンテを切り、撮影に臨んだそうだが、それはみごとに功を奏している。まるで舞台のような空間把握に、演劇のような時間感覚をあたえ、観客をドライブしてくれる。

そういえば一〇代は〝性〟と〝死〟が隣り合っていたな。ふと自分が中学生のときに大林宣彦の『ＨＯＵＳＥ』を観たときのことを思い出したよ。女子高生と男子高生の違いはあるけれど、かすかな思いとコミュニケーションが幻想の世界がとてもリアルな時代だった。だからあの頃、『ＨＯＵＳＥ』に出会ったように、思春期の子にこれを見せたいな。

『日本で一番悪い奴ら』

（二〇一六年　日本　監督：白石和彌）

なんだろう。この高揚感は！　柔道一筋の警察官が自ら手を染めた組織の犯罪を、まるでパワフルな青春映画のように描いたセンスのよさは惜しみなく賞賛したい。なによりも犯罪検挙の点数を一覧させ、警察という組織が内包する業績評価システムのバグをくっきり見せたことは、すばらしい。それをアガる気持ちよさで描いた意欲作。『ウルフ・オブ・ウォールストリート』に通じる不適切な高揚感に我を忘れるときがある。システムが生む悪の凡庸さを演じる綾野剛がすごい。ただ、問題は〝奴ら〟の映画ではなく、〝奴〟という単数形の映画になってしまったこと。綾野剛というスターを迎える上で、仕方がなかったのか。ベースとなった事件でも、警察の中の病巣にメスが及んでいないこともあって、悪を〝裁く〟という意識の組織への追求が物足りない。

これは日活と東映の映画だ。原作を描く上で最良のタッグだ。

最後の最後で実話縛りの限界も感じてしまった。もしも東映実録路線のように『実録　稲葉事件』というタイトルでやってくれたなら、もっともっと持っていかれただろう。もちろん、監督にとってはそれは本意ではないかもしれないが、やはり、日本という国や組織の病巣を描くのなら、もうひとつ踏み込んでほしい。

もしもハリウッドなら、四半世紀に及ぶ時間を描く上で、主人公の綾野剛に二〇キロぐらいの増量をさせて演じさせたかもしれない。もし、この役を鈴木亮平が演じたら、どうなっただろうかとか想像しつつも、やはり綾野剛の健気な色気を感じて、でっぷりとして魅力がない綾野剛が組織の内臓脂肪となってしまう様を見たかった。ほんとうに日本の役者はすごいと思う。綾野剛はよかったよ。ほかの役者もすごかったよ。スタッフの仕事もすごかったよ。でもね、その役者の意気を救いあげて、その先を展開させてほしいんだ。稲葉事件なんていう警察不祥事の最たるものは、日本という国家とか民族性の最たるものだ。

だから、もう一歩先を見たい。それはなにかを責めるとかいうレベルではなく、ひとを誤らせるシステム、袋小路に追いやる社会の不安、そういったものを〝娯楽〟の形で体験できるという豊かさに通じるのだから。

とはいえ、これは意気の映画なのだ。その意気を見るべき映画なのだ。昭和の映画に対するゆるぎない思いをアップデートさせてくれた。脚本と音楽も熱くてしびれる。その意気に盃をあげるしかない。とりあえず、みんな観てほしいと思う。白石和彌監督と綾野剛の次を見たいから。

『アリス・イン・ワンダーランド／時間の旅』

（二〇一六年　アメリカ　監督：ジェームズ・ボビン）

心地よい狂気やナンセンスと、そして、魅力的な少女が消えたアリスの世界。キャラクターとしてはこなれている。しかし、すべてのキャラクターが理解可能にダウンサイジングされた結果、あらゆるセリフが説教臭くなった。なによりもアメリカ的な価値観が鼻につく。目にする絵作りは誠実だが、すべてのキャラクターが、中に普通の人がいる着ぐるみみたいに思えてしまう。凡庸だ。

こういう話はアリスじゃなく、よそでやってくれよ。

『ブルックリン』

（二〇一五年　アイルランド／イギリス／カナダ　監督：ジョン・クロウリィ）

すばらしかった。最近では映画『キャロル』を思い起こさせる二〇世紀半ばの光景と、美しい撮影。ふんだんな自然光にあふれ、コントラストを抑えた撮影だけで、心が震える。撮影のベテラン、イヴ・ベランジェは『わたしはロランス』なども撮影している。

なによりもシアーシャ・ローナン演じるアイルランド移民の娘、エイリシュの自分にとっての母の世代の〝上京〟物語には酔いしれたよ。仕事もなく、生きるために大西洋を渡り、ブルックリンにやってきた。その旅は、若い少女にとっても過酷なもので、船酔いに苦しんだシーンなど、凄絶といってもいいものだった。

アイルランドとアメリカとの対比がみごとだ。圧倒的に美しい自然はあるものの、小さなコミュニティの因習によって、人を縛り絡めとっていく〝田舎〟と、多様な人が往来を埋め尽くし、人と人の間から、自然さえ感じられない〝都会〟。そうだよね。誰もが体験した時間と空気を時間の切り取り方が最高すぎる。移民が創りだす国の、移民が織りなす美しいドラマだ。

生まれたから、そこを自分の故郷というだけではない。これから自分と家族が生きる故郷は、自分で選び、決めていくしかないんだね。

『シング・ストリート　未来へのうた』

（二〇一六年　アイルランド／イギリス／アメリカ　監督：ジョン・カーニー）

あの時代に生まれていれば、この時代に一〇代を過ごせたら、客観的に見て自分の一〇代はどんな時代になっていたのだろうか。映画を観ていると、そんなさまざまな時代に思いを馳せる。かつて一九九一年を舞台にした映画『ウォールフラワー』を観たとき、その時代にあった歌や映画、時代の空気はよく知っているものでありながら、物語の時代に自分は二九歳だったから、不思議な距離感を感じたものだ。同じ時代の空気はよく知っている。でも、どこか違う。それでも自分と家族以外の世界にデビューする多感な一〇代を愛おしく思ったものだ。

『シング・ストリート』で舞台となっているのは一九八五年だ。日本ではバブルが始まった頃。ぼくは二三歳だった。その時代をぼくより一〇歳若いジョン・カーニー監督が撮った。聞こえてくる音楽はなじみ深いけれど、一〇代の〝彼ら〟の感覚とはちょっと違って感じていたものだ。わかる。知っている。けれどもどこか、遠い部分もある。映画っておもしろいね。実際にその時代を違う年齢で生きた自分が、その時代を主人公のように一〇代として生きられる。監督は、ぼくの年の離れた妹と同じ世代だけれど、その時代の子は、そういう風に感じ、生きていたのか。

いつ生まれるのか、どんな時代を生きているのか、それは時代の呪いにも近い、逃げられない運命だけれど、映画のおかげでそこに触れることができる。

舞台となるアイルランドから夢見るイギリスは、海峡から目視できるほどの距離だが、絶望的に遠い。それでも一〇代だからこそ、その距離を飛び越えることだってできる。簡単に他人の影響を受け、逡巡せずに自分を変えられる一〇代だから、音楽や異性、なにより愛するものの力で、無茶ができる。これからの人生の痛みを味わえる。

映画に登場する「ハッピー・サッド」というキーワード。悲しみの中に幸せはあり、幸せを感じるから悲しさも深くなる。そんなキーワードがもたらす、海峡をわたる勇気はとことん愛おしい。

『ONCE ダブリンの街角で』、『はじまりのうた』と、人生と音楽を描く映画の名手、ジョン・カーニーが魅せるパーフェクトバランスと〝青春〟と音楽。幸せな気分で、ぼくは暗くなったスクリーンをあとにした。

ただ、五三歳を超えた自分は思うのだ。この映画、ボーカルの主人公以外の男の子たちがあまりにも魅力的すぎる。主人公に的確なアドバイスをしながら、家庭の事情によって、大学進学を諦めた兄。多様な音楽の能力を持ちながら、海峡を渡れない友だち。プロデューサーやディレクターとして、主人公に関わっていく同級生。そんなやついたよね、自分の一〇代はそっち側だった。だからもしも、主人公がボーカルの子ではなく、他の子だったらなと思ってしまった。

とはいえ、この映画を最後に休館してしまう渋谷シネクイントで観られたことは、得がたい時代の記憶になることだろう。

『死霊館　エンフィールド事件』

（二〇一六年　アメリカ　監督：ジェームズ・ワン）

作ることを考えると、泣ける映画はいちばん簡単。笑える映画はじつは大変。怖い映画は……。

『死霊館　エンフィールド事件』は、しっかり怖くて映画として楽しすぎる。泣けて、笑えて、怖くって、最高に幸せになれるホラー映画だった。なによりも熟練のホラー演出を堪能してしまった。『リング』や『呪怨』から始まったJホラーの手法がさらに進化して、鮮烈なエンターテインメントになっているね。お化け屋敷の映画として、Jホラーの進化の先には、『ポルターガイスト』があったと思えるくらいには、エキサイティングだ。トビー・フーパーとスティーヴン・スピルバーグの『ポルターガイスト』から三四年が経ち、エンターテインメントホラーの到達点として、これだけ楽しめるのなら、すばらしく満足だ。

怖がらせる演出については、見せ方もタイミングも秀逸だけれど、この作品で特筆すべきは、登場するキャラクターすべてに必然があるということだ。とりわけ家族の描写をセンスよく織り込むことで、叫んだり、戦ったりという記号的キャラクターではなく、見るものが痛みさえ感じる存在となっている。ひとりひとりが生きている。その描写のおかげで若干長めの尺にはなったけれど、忘れられないホラー映画となった。

『インデペンデンス・デイ：リサージェンス』

（二〇一六年　アメリカ　監督：ローランド・エメリッヒ）

前作で異星人から侵略を受けた地球のその後を描いた続編。前作では、ホワイトハウスが巨大な異星船の攻撃を受けて木っ端微塵になったことで、インパクトを生んでいたが、こちらに出てくるのは、ぼくの知らない地球。そこで、ぼくの知ってる人たちの同窓会イベントに付き合わされたような感じだね。

脳天気な破壊を持ち味とするローランド・エメリッヒだけど、なんだかね、勝手にやってくださいって感じだ。並行宇宙の未来でどんなに迫力のあるCG戦闘を見せられても困惑してしまう。ギャラの問題があったとはいえ、ウィル・スミスの不在も大きいね。

『HiGH&LOW THE MOVIE』

（二〇一六年　日本　監督：久保茂昭）

設定的に「自分たちの街を守る」ということが、まるで理解できない。街のなにを守るのか。街をなにから守るのか。なにかの利権があるのか。話が進んでもわからないので、たぶん、街というより、自分と自分のチームのメンツを守るために戦っているのかと思いはするけどね。

アクションとカメラは多いけれど、それよりも顔芸がすごい。演技というより、何十人という規模での顔芸合戦は、もはや異次元のコミュニケーションメソッドとしか、思えない。スーパー戦隊や仮面ライダーなら、変身ポーズに相当するのが、あの顔芸なのか。ちがうのか。とりあえず、顔芸するときは、日本語字幕を入れてほしいくらいだ。

じつは『仁義なき戦い』も、『アウトレイジ』も、先日の橋本環奈版『セーラー服と機関銃』も好きで、そこに出てくる顔芸には、わくわくしてしまうのだが、文脈がわからないままに見る『HiGH & LOW THE MOVIE』の顔芸からは感じるものがない。

しかもなんとか理解しようとがんばった挙句に、「たぶん、これ、話が終わってないんだよね」と思ったら、次回作『HiGH&LOW THE RED RAIN』の告知で、斎藤工が顔芸しているし……。

キャラクターに対する思い入れで、文脈の欠如や混乱を補完する能力が発達している方なら、これを楽しめるのかもしれない。しかし、文脈のないキャラ、必然のないアクションには、冷めてしまうぼくには、つらい作品だった。

『ファインディング・ドリー』

（二〇一六年　日本　監督：アンドリュー・スタントン）

前作『ファインディング・ニモ』で、イラッとさせてくれた健忘症のナンヨウハギ、ドリーが主人公である。あの忘れっぷりにどうなるやらと思ったら、怒涛のクライマックスに舌を巻いたよ。前作同様、家族の絆を描いているが、その厚みはさらに増している。〝短所もあるが長所もある〟という多様性を謳歌した『ニモ』から、〝短所に見えるところにこそ、ひと(サカナ?・)の真価がある〟というテーマへとバージョンアップをしたといっていいだろう。観終えたあと、いますぐもう一度観たいと思ってしまった。

『ファインディング・ニモ』では行方不明になった、息子、ニモを見つける父親、マーリンの話だったが、今回、忘れっぽいドリーが、忘れてしまった自分を見つける話になっているんだね。忘れるということは記憶そのものがなくなるのではなくて、記憶があっても思い出せないということなんだ。

日本語吹き替え版では、「サンディエゴに八代亜紀!」とたじろぎ、帰ってみて調べてみたら、オリジナルでは八代亜紀の代わりがシガニー・ウィーバーだったんだね。その八代亜紀がエンドロールでは、英語で歌を歌っている。わはは。突き抜けた腹の決め方だよ。そんな意味で日本語ローカライズもすごい次元になっている。なによりこれはサカナが話をするドラマである。すべては人間社会のメタファーになっている。そんな中での八代亜紀ローカライズだから、よいのではないかと思ってしまった。

それにしてもラッコはずるい。もう本気でずるい。

『トランボ　ハリウッドに最も嫌われた男』

(二〇一五年　アメリカ　監督:ジェイ・ローチ)

すばらしい。胸が熱くなる。冷戦下の赤狩りにあった米映画業界であった実話は知っているが、みごとな映画になっている。入念なスクリプトに入魂の撮影。国家とか思想とかレッテルにより人の尊厳を剥ぎとる時代を、いま映画にすることの意味を存分に感じた。

『オースティン・パワーズ』の監督と『ブレイキング・

バッド』の役者が組んで、こんな映画が生まれるなんて。

　ダルトン・トランボは『ローマの休日』で有名な脚本家だ。『ローマの休日』は、トランボが赤狩りの法廷に立たされる中、自分の名前を消して発表された作品だが、名前を消された脚本家ダルトン・トランボとしては、漫画『栄光なき天才たち』でも知られているかもしれない。能力もセンスも持ちながら、共産主義者というレッテルによって、当たり前のことを禁じられる屈辱を絶妙に描いている。ロナルド・レーガン、オットー・プレミンジャーやカーク・ダグラスなど、登場人物は映画ファンならよく知っている人たちばかりだ。

　不安に基づくマスヒステリーに対しどのような戦いをするのか、その戦いから生じる作用と反作用をぬかりなく描き、過ちを繰り返しながらもその過ちを修正していく。そんなアメリカの弱さと強さを描いていた。

　同時に家族の映画としても秀逸で、娘、エル・ファニングと妻、ダイアン・レインのためなら、がんばるぞって気分にもなった。

　後で、STARチャンネルで放送された『不屈の天才脚本家　ダルトン・トランボの半生』を観た。トランボの残された書簡や資料からトランボの息子が脚本を書き、カーク・ダグラスや、マイケル・ダグラス、リーアム・ニーソンなど、トランボの心情に触れた役者が朗読し証言する形で構成されたドキュメンタリーだ。

　その中で、思春期を過ぎた息子に対する手紙が読まれているのだが、これがオナニーのススメである。思春期どころか、生涯を通して、いかに自慰が大切であるか、さまざまなレトリックを通して、語っている。

　その一方で、アカと呼ばれていた中、学校でいじめにあった娘のために、校長への手紙も紹介している。愛情と知性にあふれた恫喝の手紙だ。

『トランボ』には、ジョン・ウェインやロナルド・レーガンといった愛国俳優も登場するのだが、露骨なヒールとしては描いていない。

冷戦という状況の中で、合衆国に蔓延する恐怖と不安が、その対象として、ハリウッドを狙い打ちにしたわけで、誰がヒーローで誰が悪かを峻別して、責める作品ではない。そして、それこそが、人にレッテルを貼り付け、考えることをやめた人々に対する強烈な非難として、この映画を観た人の胸に迫ってくる〝生きる姿勢〟のありかなのだろう。

この映画の語り口のうまさは、トランボが共産党員かどうかは問題としないところにある。なによりアメリカの憲法修正第一条「信教・表現の自由」の信徒として、「ならぬことはならぬものです」と、かたくなに、ぶれずに生きていくしかなかったのだろう。

そのために当時の共産党の負の面はあまり描かれない。『カルテル・ランド』の部分でも書いたけれど、〝暴走する正義〟のために、アメリカの敵、ソ連のような共産党政府が行った虐殺もあった。

自分は、トランボのような妻子にも恵まれず、もちろんトランボほどの才能もない人間だけれど、「だってしょうがない」という保身のための〝裏切り〟にあってきた。それがなんだかね。ちょっと感じるものの、依り代になったよ。

ああ、そんな時代は二度と来ないでほしいのだけれど……。

『シン・ゴジラ』

（二〇一六年　日本　総監督：庵野秀明）

（注・『シン・ゴジラ』については思い出深い。結局、スクリーンで五回観たのだが、観るたびに印象が変わっていく。まずは七月二九日、地元シネコンで初日、朝イチで鑑賞して、その感想をそのときのインプレッションで書き、七月三〇日配信の「水道橋博士のメルマ旬報」に掲載した）

三年くらい前、女性を神保町の古本屋デートに誘ったときのこと。古書センターの中にある「ボンディ」

でカレーを食べたとき、横に座ったのは大学生のおたくグループだった。彼らは、どのモビルスーツが最強なのかという話をエンドレスでやっていた。

「キュベレイが……」「富野の世界観が……」「マグネット・コーティングが……」

ひたすら固有名詞と情報の羅列。わかった、わかった。『機動戦士ガンダム』はぼくが高校生のときに放送開始されたし、一九六二年生まれはおたく第一世代である。周囲からはおたくとして見られるようなこともあっただろう。しかし、混んでいるカレー屋で、大声を発し、つばを飛ばして、自分の知識や蘊蓄をエンドレスで語るのは、公開オナニーみたいなもので、あまりやりたくない。

そういうタイプの人がエンドレスで語るのは、目の前に人がいても、独白のようなものだし、他者を壁打ちの壁にしているようなものだ。これは性別も年齢も関係なく、おたくらしい行動だ。数日前も駅前のガストで、ポケモン知識をエンドレスに話し続けている女子高生がいた。

空白恐怖症的、沈黙恐怖症的というべきか。誰かが黙っていると、不安になり、自分のことばで目の前の空気を埋め尽くしてしまう。

『シン・ゴジラ』は、そういう映画だった。

登場人物は多いのだけれど、全員がおたくで、ひとりしゃべりをする。

長谷川博己、竹野内豊、石原さとみ、市川実日子、犬童一心、柄本明、大杉漣、緒方明、片桐はいり、神尾佑、國村隼、KREVA、黒田大輔、小出恵介、高良健吾、小林隆、斎藤工、嶋田久作、諏訪太朗、高橋一生、塚本晋也、津田寛治、鶴見辰吾、手塚とおる、中村育二、野間口徹、橋本じゅん、浜田晃、原一男、ピエール瀧、平泉成、藤木孝、古田新太、前田敦子、松尾諭、松尾スズキ、三浦貴大、光石研、森廉、モロ師岡、矢島健一、余貴美子、渡辺哲。

男女、年齢、役柄の違いもなく、全員が庵野秀明の分身である。総理大臣、官僚、外交官……。キャラクターの違いによる葛藤はない。コンフリクトは一切なく、バケツリレーのように会話をするのみである。

しかも全員が漢字用語を使いまくるのは、もはやコメディのようでさえある。好意的に見ればカリカチュアされた官僚用語が横溢しているようなものだが、おたくの話はこういうパターンであることが多い。

笑いを禁じ得なかったのは、石原さとみだ。『エヴァンゲリオン』でいえば、アスカをはじめとする庵野秀明の女性キャラの総体として、日米ハーフのアメリカ大統領特使役で登場する。その日本人英語まで含めて、円谷作品モチーフであることは、とてもよくわかるのだが、それと同時におたく男性特有のミソジニー的な、女性に対する嫌悪感さえ感じてしまう。

内閣総理大臣を中心にした会議でも、女性参加者はほとんどいない。いまどきの映画とは思えない。『シンデレラ』に黒人俳優を出演させる政治的に正しいディズニー作品なら、ありえないことだろう。市川実日子も出演して、おたくサークルの姫のように話しているが、この世界観の中で、台詞のある女性はこのふたりくらいだ。漢語満載の早口言葉セリフに耐えられるのはキャラはふたりで十分ですよってか。

ゴジラの存在は『風の谷のナウシカ』由来の巨神兵であり、『エヴァンゲリオン』の使徒であることも映画を見る前からわかっていた。円谷特撮から生まれたそういったものが、特撮映画に回帰していったこともよくわかる。

フルCGと喧伝されているが、ゴジラこそCGで作られているものの、破壊シーンの多くで登場する建造物は実写特撮である。そこはよくわかるし、特撮シーンには興奮する。ストーリー構造的には『エヴァンゲリオン』のヤシマ作戦と同じでアニメ系ディレクターならではの見せ場は文句がない。

観る前に、映画の音響は、サラウンドチャンネルがない、3・1chで整音していることを聞いていたが、なるほど、継ぎ目のない台詞と、怪獣の咆哮以外にないサウンドデザインなら、理解はできる。監督がサラウンドチャンネルに関心がないこともわかる。

でもなあ。IMAXで観る意味があるのだろうか。MX4Dや4DXでは、長谷川博己のセリフで椅子が動きまくるのだろうか。いつ水や匂いを出すのかな。ぼくは特撮シーンだけを選んで一〇分程度にまとめて、IMAXで上映してほしいよ。街のシネコンの大きめのスクリーンで観ることがちょうどいい感じかな。一〇歳以下の子供にはきついだろう。

庵野秀明という人は引き出しが多いタイプの人ではない。ぎっしりとものがつめ込まれた引き出しがひとつあるものの、その中は、靴下だらけだったり、パンツだらけだったりするひとだ。靴下ばっかりじゃないかと文句をいえば、これは絹、これは木綿、これはウールと、語りだして止まらない。

でも、靴下しかなければ、どんなにそれがいいものでも、外には出かけられないよ。

ラストシーンに残された状況としての絵は、すばらしいとは思ったけどね。

(注・さて、この映画については引っかかるものも多く、配信直前の七月三〇日の朝、同じシネコンの最大スクリーンでもう一度見なおした。印象がまるっきり変わってしまった。そして、その感想を八月一〇日に配信された「水道橋博士のメルマ旬報」に書いた)

いろいろと腑に落ちず、翌日の土曜日にもう一度、観にいった。今度は地元シネコン最大のTHXスクリーンで、かなり前よりの鑑賞とした。フロントスピーカーの直接音が骨に響き、首を少し動かさないと、全画面が見えないくらいのポジションだ。前後左右にマニアックな観客はいない。最高に楽しんだ。これはむかし最前列で映画を観たように、浴びる映画だったよ。

これは円谷英二やゴジラ、〝怪獣〟という歴史も存在しなかった日本、もっといえば、東日本大震災も福島第一原発の事故も存在しなかった日本という舞台を作り、ゴジラという恐怖、停止しきれない核の火とつきあった経験を踏まえた作品だったのだね。

フィクションを作るとき、製作者はしばしば都合のいい改変をして虚構を際立たせる。金子修介監督が『ガメラ』を作ったとき、「ガメラの世界に亀は存在しない」と言った。虚構の中でガメラが登場すれば、小さくてかわいい亀に言及せざるをえないだろう。アーサー・C・クラークは『楽園の泉』を書いたとき、軌道エレベーターを建てるため、スリランカを八〇〇キロ移動させ、赤道直下にした。

小松左京の小説で「戦争はなかった」という短編がある。戦後二〇年以上が経ち、旧制中学の同窓会に出席した中年の男。思い出話をする中で、話が食い違ってしまう。おかしい。どうやら、あの戦争はなかったようなのだ。酒場で会社で家庭で戦争の記憶を聞いてみても、狂人のように扱われてしまう。記憶の風化、無意識の歴史の捏造、その気配……。

小松左京は外挿と想像力で、過去の歴史と対峙した作家だ。未来を予測し、現代の諸相を描写した。「戦争はなかった」のように、あの戦争がなかったとされた現代を作り、日本人にとって戦争とはなんであったかをあらためて問い直した。

『シン・ゴジラ』を観て感じたのは、小松左京がいて、円谷プロが特撮作品を量産した時代の息吹だ。

ゴジラが体現する冷戦構造下の核の恐怖や敗戦し蹂躙される日本。未曾有の津波と福島第一原発の事故を体験した日本。それらを一度〝ないもの〟とした上で、すべてをゴジラという存在に集約して、再生させた。

ゴジラは圧倒的かつ理不尽な恐怖であり、破壊の権化である。ゴジラ映画が再起動されるたびに、同様な方針で作られることは多かったが、作劇上の要請で「陸上自衛隊幕僚監部付実験航空隊首都防衛移動要塞T－1号MAIN SKY BATTLE TANK スーパーX」みたいなものが出てきて、わやくちゃになってしまった。さらにゴジラとはなにかについて、生物学的特徴も含めて、袋小路に入ってしまった。

『シン・ゴジラ』は、いまある兵器と特殊車両、そして、交通機関で、ゴジラという災厄の象徴と対決する。いさぎよいね。そして、ぼくらが体験した怪獣や放射能の恐怖、福島の災禍をもう一度、刻みつける。

同時に思い出したのは、『日本沈没』（一九七三年版）や『ノストラダムスの大予言』と言った一九七〇年代の映画に登場する政治家たちの姿だ。『太陽を盗んだ男』もそうだけれど、ぼくより二歳上の庵野秀明監督が見た、イデオロギーの色で汚されていない映画の中の懐かしい政治家たちの姿だ。

二回目を鑑賞したときに、大杉漣演じる大河内総理の挙動に、いちいち、くすくすと笑う中年客がいて、あわてて席を変わった。もちろん3・11のときの菅直人総理をベースにしているのは自明だし、最後にヘリコプターと運命をともにするあたり、ヘリコプターで福島に向かった菅直人総理の姿を重ね合わせるのは勝手だけれど、あのときが民主党でなく、自民党政権だったとしても、同様な初動の遅れ、判断ミスはあっただろうことは明らかで、熊本地震のときの安倍総理の対応も首を傾げることが多かった。

党派やイデオロギーはともかく、政治家の行動パターンなんて、似たようなものかもしれない。

『シン・ゴジラ』は七〇年代的作品である。ただ、七〇年代の『日本沈没』では皇居の中に、総理の決断で避難民を入れさせるシーンがあったし、『太陽を盗んだ男』では皇居前でのバスジャックが冒頭で描かれている。しかし、『シン・ゴジラ』では桜田門方面から侵入したゴジラが、皇居を迂回するように大手町にいくあたりがせつない。そしてその指揮をとる場所が皇居北の丸にある科学技術館であるというのが、同時にいまの時代の息苦しさを感じさせてくれる。グーグルマップで位置関係を確認してほしい。

幸か不幸か、〝平成の玉音放送〟により、日本での意識の焦点がふたたび、皇居に集まるようになってしまったが、『シン・ゴジラ』での空爆地図でも皇居周辺は空白となっている。もちろん、これまでの東宝怪獣映画でも皇居はないものとされるか素通りするものとされていた。ただ、とりわけ『シン・ゴジラ』において、その視線のそらし方は目立っている。

さて、映画としての『シン・ゴジラ』である。これはかなり変わった映画ということに異論はないと思う。過剰なまでの説明とセリフと早口。スーパーインポーズされる文字の量は、きちんと読まれることを期待されていないのだろう。

これは『進撃の巨人』など、その監督作品すべてで、役者に大声を出させる樋口真嗣監督の悪い癖を封じさせ、『エヴァンゲリオン』のゼーレを思わせるような空間美術設計とあいまって、日本の役者の大芝居を封じるために、絶大な効果をあげていた。

ただ、その早口のおかげで『日本のいちばん長い日』における三船敏郎や天本英世みたいな、俳優の見せ場がなくなってしまった。現代の日本の役者を使う上で仕方のないことか。

矢継ぎ早な早口の映画は洋画でも『ウルフ・オブ・ウォールストリート』や『ソーシャル・ネットワーク』など、存在する……というか、最近の流行りでさえある。しかし、『シン・ゴジラ』の場合はそういった洋画とは少しちがう。そのセリフの中から人間性とドラマを生じさせているものというのが、映画のセリフだと了解していたが、『シン・ゴジラ』の場合は、あたかも通信におけるプロトコルのように、理想的、機能的に無駄がない。

大杉漣の大河内総理のように、国民感情やレガシーに起因する逡巡はあるものの、ゴジラという圧倒的な破壊の化身を目の前にして、組織が機械と化していくように、ディスカッションや対話ではなく、会話の中でとりあえず前に進む機能が優先していくのだ。

それは快感である。おたくの原風景ともいえる文化祭前夜の徹夜の盛り上がり。『うる星やつら2 ビューティフル・ドリーマー』のような祭りに近い快感である。「プロフェッショナル 仕事の流儀」や「プロジェクトX」のような、遥かに高い到達目標に対して、一丸となり、職能や役職に合わせ、持てる知識と経験をスパークさせる。

ぼくが最初、シニカルに『シン・ゴジラ』を観たときに感じた薄気味悪さの裏表で、大河内総理のように殉職しても、平泉成演じる昼行灯のような里見農水大臣が総理大臣臨時代理となり、その地位にふさわしい職責を果たす。楽しいよね。楽しいに決まってる。

もちろん、それは里見総理代行だけではなく、立川に移った巨災対のメンバーが、縦割り行政から解き放たれ、エンドレスな〝べき論〟のトラップから解放され、タイムリミットの中で、ゴジラという災害から、日本を守ってくれるのも同様だ。

『シン・ゴジラ』における最大のカタルシスはゴジラを停止させるところにあるのではない。巨災対のプロジェクトが、すべての縛りから解放され、ヤシマ作戦ならぬ、ヤシオリ作戦を遂行させるところにあるのだ。

無人在来線爆弾が全車投入され、無人新幹線爆弾が投入されるという、あるものはなんでも使う発想に度肝を抜かれる。作戦会議で軽く触れられていたものの、ヤシオリ作戦の全容はクライマックスのこのあたりに集約されている。作品の中では存在を語られていない福島第一原発対策のメタファーも交えた、破壊の化身に立ちはだかる人間の凱歌である。

まあね。無人在来線爆弾なんて、おたくの酒飲み話の発想が、もし可能になるとしたら、ゴジラクラスの災害が必要なのだろうけれど、あの高揚の中で、「つべこべいうな、やっちまうんだよ」という割り切りは、フィクションとして小気味がよい。

ただね。これは蒙古襲来のときの神風であり、太平洋戦争のときの神風特攻であり、水戸黄門メンタリティに基づく、〝困ったときは、システム設計されていないところから、誰かなにかが、なんとかしてくれる〟という発想に基づいた日本的カタルシスであることも事実である。今回、ゴジラを退治できても、政治や行政システムは更新されず、また、同じことは繰り返されるのだろうなと、思わせる。今回は牧悟郎博士の残したデータがあり、巨災対が機能してくれたから、よかったようなものの、歴史の教訓をシステムに組み込むことは苦手な国だからなぁ。今回も特殊建機部隊「アメノハバキリ」といわれる、ポンプ車のスタッフのカミカゼのような献身はあの熱狂の中で、うやむやになっちゃったしね。

さて、今回のゴジラといえば、キャスティングやドラマ作りの面で、日本映画の悪しき習慣から解放された奇跡的な作品である。テレビ局や代理店、芸能プロダクションに配慮し、忖度したキャスティングは見あたらない。〝泣ける〟という安直なドラマ作りもない。そこはすばらしい。

『シン・ゴジラ』はキャラクターはあっても、等質な人間ばかり出てくる映画であり、問題であると同時に、そこが成功した理由だと思っている。官僚と政治家、軍人が機能的な会話をする中でも、人間ドラマは描ける。高橋ヨシキさんはメールマガジンで『生きる』を、役人と行政の葛藤の中で生まれる人間ドラマの例として出し、なるほどと思わせてくれた。

そんな人間ドラマなしのデータとクライマックスだけの映画だから、終わったあと、みんなと楽しくマニアックな会話に花は咲くけれど、岡本喜八の諸作のようには、血肉として残るものはない。岡本喜八のメソッドはあっても、政治的なことが加熱しやすいいまだからこそ、どこかで寸止めのジャンル映画になったような気がする。七〇年代の息吹を感じても、二〇一〇年代はあのときとはちょっとちがう。

それでも、ぼくは大いに楽しんだ。最初に観たとき、シニカルに感じた部分はなくなったとはいえないが、劇場の外に出たときに我が身を覆うねばついた空気を忘れ、また、この『シン・ゴジラ』を楽しもうと思う。

『ターザン REBORN』

（二〇一六年　アメリカ　監督：デヴィッド・イェーツ）

ワーナーはこんな映画を拡大公開して、馬鹿じゃないのか。サミュエル・ジャクソンとクリストフ・ヴァルツのうっかりB級相乗効果。二一世紀の洋画ロードショーの中で、最悪の一本。『ジャングル・ブック』狙いで、映画未満の代物。なにを考えてるの？

三三年前の映画『グレイストーク』を思い出す。あれも苦手な映画だったけれど、今回は脱力しっぱなしだ。こんなのに一億八〇〇〇万ドルの制作費がかかっているの？　まったくわけがわからない。

たぶん、シナリオを何度も変え、編集もいろいろ変えたのだろう。おそらく伏線と思える部分が、きちんと展開されていなかったり、シナリオの推進剤となるマクガフィンが消失していたり、突然現れたり、倒すべき相手が二転三転したり、目も当てられないことになっている。

『神のゆらぎ』

（二〇一四年　カナダ　監督：ダニエル・グルー）

ロバート・アルトマンの諸作やポール・ハギスの『クラッシュ』や『サード・パーソン』など、映画の群像劇には興味深いものが多いが、これもそんな作品だ。カリテ・コレクションで先行公開。

グザヴィエ・ドランが俳優として出演したことでも

話題になっている。輸血を拒絶するエホバの証人の白血病患者と看護師、過去の贖罪のために運び屋となった男、不倫に燃えるバーテンダー、愛の覚めたギャンブラー、そういった人々の運命、奇跡、願いと信念。そして神の不在を飛行機事故を焦点とするアイロニカルな時系列構成で描いている。

いつだって〝ここじゃないどこかへ〟いく願いと行動は、人と人との関わりの中で、どのような作用と反作用をもたらすのか。運命を描く作品自体が運命を弄しすぎた観がある。

『秘密 THE TOP SECRET』

（二〇一六年　日本　監督：大友啓史）

興行の世界では、『るろうに剣心』の大友啓史監督の松竹作品とあって、東宝の『シン・ゴジラ』と比較されることが多いが、ちょっと勝負にならない印象だ。

冒頭から大森南朋がとにかくうるさい。そんなに大きな声を出さなくても、聞こえるよ。

サスペンス映画を演出するためか、ＭＲＩ装置の仕組、法律、人間関係、語られざる過去が、エンドレスに後出しジャンケンされるのでミステリー映画としてまったくフェアではない。話を追いかけさせるのではなく考えさせてくれよ。

推理小説でいえば、ランドール・ギャレットのダーシー卿シリーズのように、魔法の存在する世界でも、根幹のトリックは現実的なものにして、魔法は謎を解くメソッドとしてのみ使われる、みたいなセンスが必要だったのではないのかと思ったよ。

あまりの内容のつらさに原作漫画一巻を読んだのだが、この話でサスペンスやミステリー映画にすることが無理筋だ。あのヘッドギアみたいな装置は余計だし、ホモフォビア対策なら、生田斗真か、岡田将生を女性キャラにしたほうが、着地させやすいのではないか。

おっぱい多めなのは、よいのかな。

『ジャングル・ブック』

（二〇一六年　アメリカ　監督：ジョン・ファヴロー）

九州に住む七八歳の母から、「ジャングルの中で、動物やらがいっぱい出る映画を観たけど、あれ、すごいねぇ」と電話がかかってきた。「あの動物、全部コンピューターで作った絵なんよ」と言ったけれど、『ジュラシック・パーク』や『アバター』、『ライフ・オブ・パイ』などから数年、コンピュータグラフィックスによる動物の姿は、とんでもない次元に到達した。

2D吹替版、IMAX 3D字幕版で鑑賞。これは『ジュラシック・ワールド』以来のMX4D向けの内容だね。ストーリーの細部は微妙にアップデートされているが、基本的にディズニー・アニメ版の構図だ。映像体験としての完成度は高いが、動物がしゃべる系映画の距離感も思い出した。動物が動物同士で喋っている分には違和感はないのだが、人間と言葉を交わしてしまうと、おかしなことになってしまう。そういう意味で後で紹介する『ペット』のようなスタイルのほうが、腑に落ちる。

一九六七年版の『ジャングル・ブック』は、生まれてはじめて映画館で観たディズニー・アニメだった。今回、あらためて見なおしてみた。さまざまなボイスキャストの起用など、当時は斬新だった趣向が、ちょっと古びてしまった印象だ。アメリカでは公民権運動が高まりを見せていた時代に、大きくヒットしたディズニーの意欲的な作品だったが、キップリングの原作を省略改変した部分が気になってしまうのだ。その弊害は、今回の実写映画にも及んでいる。動物と人間が語り合うにしても、人間のことばをリップシンク（lip-synching）させてまで、語らせるのは、ちがうのではないか。ちなみにキップリングの原作は、ほんとうにおもしろいのだけれどね。

『ジャングル・ブック』は、家族向けのよい娯楽作品だ。蛇のカーをスカーレット・ヨハンソンが演じているなど、絶妙なところは多い。アメリカでヒットした理由もわかる。だが、メタファーとしての動物たちの構図が、巧妙に脱色されているのが、残念なところ。そこに、国籍不明ジャングル感のおかげで、話がこじんまりしてしまったね。だから、テーマパークのアトラクションライドとして、楽しむのがよいのだろうね。

『栄光のランナー 1936ベルリン』

（二〇一六年　アメリカ／ドイツ／カナダ　監督：スティーヴン・ホプキンス）

　人種と、競技レース。原題の〝Race〟のダブルミーニングから始まり、国威発揚のため五輪を開催するドイツと、人種差別が色濃く残るアメリカの対比。正統派実録スポーツ映画として、ケレン味はないが、凛々しい志の作品であった。

　国策映画『オリンピア』を撮るレニ・リーフェンシュタールを復権させるかのような扱い方に、にやり。リーフェンシュタールを演じたのが、ポール・ヴァーホーヴェン監督の『ブラックブック』の主演女優、カリス・ファン・ハウテンであることで、もう一度、にやり。

　映画ではゲッペルスが英語を話せない設定で、アメリカから来たブランデージと対話する際、レニ・リーフェンシュタールが通訳を務めるのだが、〝Translate or interpret?〟＝「そのまま訳しますか、それとも意訳しますか」なんて訊いているあたりが、ツボだったな。

　この映画に関しては、以前見たＮＨＫ－ＢＳ「世界のドキュメンタリー」の「ベルリン１９３６　ヒトラーに勝った黒人アスリートたち」がリファレンスとして有用だった。いまの日本で観る意味がある映画だ。

『ペット』

（二〇一六年　アメリカ　監督：クリス・ルノー、ヤロー・チェイニー）

　楽しかった！　ご主人さまの帰りを待つという点で『トイ・ストーリー』のペット版なんだけど、ニューヨークを舞台にしたことで心地良い多様性を謳歌する娯楽作品になった。自分が誰であるかの問いをやめたことで、ディズニー／ピクサー作品のお説教感からも解放された。愛すべきバカたちの活躍する素敵な作品だ。

もちろん『ズートピア』や『ファインディング・ドリー』にはおよばないのだが、そういった作品の隙のなさと周到な説教臭さが、息苦しくもなってきた。ディズニーではなく、ワーナーの『ルーニー・チューンズ』のような吹っ切れた笑いを見たい気分にぴったりだ。

ただ、吹替はあまりよろしくなかった。音声がほとんどセンターチャンネルのみという投げやりな整音ぶりに、バナナマンのふたりが主役という話題性をねらったキャスティング。ひと昔前の機内映画みたいな印象になってしまった。

『X-MEN：アポカリプス』

（二〇一六年　アメリカ　監督：ブライアン・シンガー）

気がついたら、ウルヴァリンも入れて、シリーズ八作目か。時代設定が自分が一〇代を過ごした頃ということもあり、ツボを外さない完成度に満足感も高い。クイックシルバーが見せ場だらけだ。やはり、ブライアン・シンガーが監督すると、きちんとやってくれるね。ベートーベンの七番も沁みる。

『ゴーストバスターズ』

（二〇一六年　アメリカ　監督：ポール・フェイグ）

個人比だが、一九八四年当時にオリジナルを観たときよりも、二〇一六年のいま、このリブート版を観たときのほうが、大いに笑って、爽快感を満喫した。

一九八四年当時の空気や、『ゴジラ』（一九八四）、『グレムリン』とならび年末映画の3G対決と称された中で、事前にタイアップされた商品やテレビ特番、各誌の特集があり、いたるところでレイ・パーカー・ジュニアの曲が流れる中、大きな期待をしつつ、その期待ほどには、楽しめなかったこともある。

もちろん、ニューヨーク感やスケール感はオリジナルのほうがあるし、話としては小規模なものになってしまったことも否定できない。

また、保守派のニュースサイトを中心に、主演の黒人コメディエンヌ、レスリー・ジョーンズが、女性嫌悪や人種差別に基づく悪意あるツイートの集中砲火を浴びたことも話題になった。日本でも「ゴーストバスターズ、おもしろかった」とツイートしただけで、「バーカ、死ねよ」と知らない人から、コメントされたりもした。日本はいろいろ息苦しくなってるね。

新『ゴーストバスターズ』でうれしいのは、八〇年代的なエンターテインメントを三〇年以上経って、どのような形で再生するべきかをしっかり示したことだ。主要スタッフの男女逆転もそのためのものだし、クリス・ヘムズワース演じるオバカなケヴィンの存在もそのために際立っているし、ケイト・マッキノン演じるホルツマンのクールさには痺れるものがある。

ケヴィンはマスコットとしてかわいがられているものの、この映画には明確な恋愛の要素はない。もちろん女性同士の萌え要素はあっても、地球とか、ニューヨークを救う愛のドラマはない。愛だけではない、生まれたり、住んだりしている土地や、所属している組織に対する帰属感、使命感もない。

愛、帰属感、使命感によって、がんじがらめになっていないマイノリティたちの自由闊達な生が大らかに描かれている。名門コロンビア大学での終身雇用契約を得るために、がんじがらめになっている女性物理学者が、ほんとうにやりたかったゴースト研究の夢を叶えるコメディだ。

この作品を愛さないわけにはいかないじゃないか。八〇年代は遠く去り、取り戻すことはできないが、その後に生まれたさまざまな変化を受け入れつつ、八〇年代に生まれたものを再生させることはできるのだ。

『ハートビート』

（二〇一六年　アメリカ　監督：マイケル・ダミアン）

ストリートミュージシャンがバイオリンを奏でる地下鉄のホームで、突如はじまるダンスバトル。アイリッシュパブでタップダンスのようにバドカトルを踊るバレリーナ。

「なにがあっても踊るのがダンサーなの」

ことばのないシーンで美しい音と強烈なダンスを見守っているだけで胸が熱く震える。最初から最後まで涙腺がゆるみっぱなし。これ、これ、これだよ！　これこそが、自分のいまの気分にぴったりの映画だ。

原題の〝High Strung〟はこれ以上ないほど、糸が張りつめている状態。つまり、最高に緊張している状態だ。「最高にアガっている」という日本語のハイテンションと、「高い緊張関係」という英語のハイテンションでは、意味がまるで違うのだが、この映画は和製英語のハイテンションな感じだ。それにしても『ハートビート』という邦題はやる気が感じられないね。『ウェストサイド物語』、『フラッシュダンス』、『ダーティ・ダンシング』、『フェーム』、『ダンシング・ヒーロー』とか、映画好きなら、それぞれの世代ごとにお気に入りのダンス映画があるだろう。これもまたそんな一本になるかもしれない。

もちろん、ストーリーや設定に新味はまったくない。こうなるだろうなという観客の予想通りに話は進む。ネタバレしてもぜんぜん平気なくらい。最高のダンサーがその肉体性を遺憾なく発揮させて、最高クラスのエンターテインメントを作ったような作品だ。これはぼくらが憧れるニューヨークという街の魔法の物語なのだ。少女漫画好きなら、槇村さとるの漫画みたいといえばわかるかな。

ダンサーには映画の中では最高のダンスをさせてほしい。そして、きちんとしたカメラワークと編集で、そのダンスを見せてほしい。カメラワークは饒舌だけど、語るべき内容のまったくない饒舌は迷惑だ。『ハートビート』には、ダンスのバイブレーションを誠実に伝えようとするカメラがある。それさえあれば、あとはいらないよ。

最初はクラシックバレエとヒップホップが融合するダンス映画と聞いていたが、アイリッシュダンス。タンゴ。コンテンポラリー。さまざまな人が住むニューヨークという街なら、ありうる多様なダンスが贅沢に堪能できる。演技全体がオーバーアクトなのもミュージカル由来のリアリティレベルなのだろう。というか、途中まで、「これは舞台の映画化か」と思ってしまったくらいだ。

ひさしぶりに日本の銀幕に出るジェーン・シーモア（『ある日どこかで』、『007　死ぬのは奴らだ』、『シンドバッド　虎の目大冒険』）は映画鑑賞を決断させる大きな要素だったけど、いい感じの美魔女になっていたよ。また、主演のふたりはもとより、ソノヤ・ミズノ（『エクス・マキナ』のキョウコ）までたまらずよかった。粗探しをすれば欠点も多い映画だ。ストーリー的には物足りないのだけれど、ダンスと音楽だけで、何度でも観たくなる。振付は『ストンプ・ザ・ヤード』の人なんだね。よくわかる。

これこそ爆音上映してほしいダンスミュージカルだったよ。はっきりいって、ひいきしたくなる映画だよ。

『ソング・オブ・ザ・シー　海のうた』

（二〇一四年　アイルランド／デンマーク／ベルギーほか　監督：トム・ムーア）

『ブルックリン』や『シング・ストリート』など、今年のシネコンにはアイルランドを舞台にした映画が多い。だったら、アイルランドのアニメを見てみよう。

ジョーゼフ・キャンベルの神話学の英雄を具現化したような物語で、現実と隣り合った魔法の世界を描いている。ラウンドアバウト（ロータリー交差点）の中に住む妖精、悲しみの集積としての海、巨人の島。さまざまなモチーフが優しく懐かしい手触りが小さな英雄を圧倒的なスペクタクルのクライマックスに誘う。

なによりも海に帰ってしまった母親（白アザラシの妖精）を思う姉妹。これなんか、羽衣伝説とか、鶴の恩返しのパターンで、ケルト神話というのも日本昔話と近いところがあるね。宮﨑駿の作品のような大仕掛けは少ないが、最初から最後まで居心地の良い作品だ。

『君の名は。』

（二〇一六年　日本　監督：新海誠）


この映画について語ろうとすると、どうしてもネタバレになってしまう。映画としてのクオリティは高いので、興味のある方は、観てから読んでいただきたい。

とても不思議な映画だね。映画を見終わったあとは、興奮して、一緒に観た人と話が弾んだけれど、うちに帰って、心のなかで映画を反芻すると、疑問符でいっぱいになってしまう。

何年も前の口噛み酒なんて飲めるの？　岐阜の山中から東京往復でそんなにタイミングよく会えるものなの？　そのタイミングで避難をして、被害から身を守れるの？　そして、なによりも、それだけの災害があった場所なのに、みんな都合よく忘れたまま、そこを訪問できるものなの？

本来なら、もう一度観て確認したいところだが、締め切りの都合もあって、それができないことを許してほしい。

ただね。映画『転校生』的、男女入れ替わりシチュエーションになって、おっぱいにはあれだけ執着するのに、オナニーしたりしないのだろうか？　薄汚れた五〇代の男が、まだ一〇代のときだって、そう思っただろう。しかし、いまどきの草食系男子は、そんなものなのか。

男と女、東京と田舎、そして、ふたつの時間……。心情的距離、空間的距離、時間的距離を手際よく叩きこみながら、子供から大人になる世代の愛情を描くシナリオと、圧倒的に美しい背景、疑問を感じさせない編集には、敬意を表してしまう。

映画ファンとしても、宮崎駿がいて、細田守が躍り出た劇場アニメの世界。ぼくはアニメ方面には昏いのだけれど、時空ループもの、地方もの、祭りものみたいな、アニメファンには好まれる要素がしっかり入っていることはよくわかる。

そして、実写映画の要素もふんだんに入っている。二年後の男と手紙のやり取りをする中で、やがてくる男の死という事態を防ぐ『イルマーレ』。命をかけて愛する人を救ったもののその人の記憶はなくなってしまった『バタフライ・エフェクト』など、いくつも思い出される。

おいしいところ持ってきたなと、つくづく思う。

だが、もっとも大きいのは、大林宣彦の三作品だ。つまり、『転校生』、『転校生　―さよならあなた―』、『この空の花　長岡花火物語』だ。とりわけ『転校生　―さよならあなた―』の影響は大きい。

ちょっと長くなるが、鑑賞当時ブログに書いた『転校生　―さよならあなた―』のレビューを再掲する。

もうどうしようもないくらいに心をつかまれてしまった。後半は自分がおかしくなっちゃうかと思った。

ぼくと同世代の映画ファンには、血中、大林宣彦濃度が高い人は多いだろう。『HOUSE ハウス』を『傷だらけの純情』の同時上映で見た中学三年生、『ねらわれた学園』で途方に暮れた予備校時代。

そして、『転校生』という衝撃は大学一年生のときだった。

『時をかける少女』など、自分の高校生時代とシンクロしていたかのように覚えていた。まるで自分が高校のときこれを観たような記憶になっていた。いま、確認したら、一九八三年の作品だ。おれが大学二年のときの映画じゃないか。ちょっとめまいがした。

『さびしんぼう』は、一九八五年、マリオンの日劇東宝で観たときの記憶まで鮮明だ。

大林宣彦が『転校生』をリメイクすることはとてつもない事件だ。市川崑の『犬神家の一族』リメイクにはあまり意味を感じられなかったが、舞台を尾道から長野に変え、ストーリーも大きく変わったと聞けば、駆けつけるよりほかはない。

すべてのカットは斜めに傾き、撮影のフレーム数も多様に変わる。撮影したフィルムに俳優本人がアフレコをしたかのような、リアルタイムで輻輳《ふくそう》するかのような人称のゆらぎが見られる。

思春期の男の子と女の子の心と肉体が入れ替わるという設定だが、主人公ふたりだけでなく、あらゆる登場人物のことば（=心）と肉体のふたつが、剥がしかけのシールと台紙のように「ずれて」みえるこのスタイルは、大林宣彦の肉声さえ感じさせる、とてつもない編集力によって、全巻が支えられている。

尾道から長野へ。母と子が引っ越してくるJRの車内から、饒舌にして、豊穣なドラマは始まる。すべてを斜めに切り取ったカットはもちろん、居心地のいいものではない。だが、抵抗をやめたころから、この現実と幻想の狭間をたゆたうドラマを描く上で、効果的なのだ。

『はるか、ノスタルジィ』などで見られた、オールドファッションな少女趣味を思わせる大林宣彦の叙述が苦手な人には、抵抗があるかもしれないが、座り心地のいい椅子に体重を預けるように、ぼくはこの映画が生み出す時間に、気持ちよく身を預けられた。

尾道三部作の生と性、人から人へと伝わる思い、新・尾道三部作の命と死と家族。そんなテーマの数々が、ゴンと鈍い音を立てて合わさったような作品だった。

「いずれにせよ、リメイクなんだろ」と安心しながら観ていたこちらの予想を、残酷に裏切るようなドラマだった。

　もしも家でテレビで見てたら、「うそだろ！」と、画面に大声を上げたくなるような絶望を感じた。

　冒頭でひさしぶりに目にした「A　MOVIE」の文字が力強く宣言しただけのことはある。映画でしか見られないすごいものを見せてもらった。ちなみにその「A　MOVIE」を囲むフレームが直立していることも、斜めカメラワークを考えると感慨深い。

　濃密な語り口、セリフの中には説明調のものも多く、そこに反応する人もいるだろう。あらゆることは饒舌に語られているようでいて、この映画のもっとも語りたいところは上品に静かにそっと口にされ、目にするものすべてが斜めでありながら、この映画のもっとも見せたいものは、まっすぐな視線で正立していた。

　二五年前、映画『転校生』を観たとき、胸の中にそっと蒔かれた種子が、気づかないうちにこのように大きな実りをもたらしてくれようとは思わなかった。

　二五年の現実を見てきたあとで、忘れているかもしれないけれど、その二五年は経験として蓄積された時間の総体なのだと、この映画が教えてくれるようだった。

　ちなみに前作『転校生』では、男の子と入れ替わった小林聡美がスパッと脱ぎ、胸をさらすというインパクトのあるシーンがあった。

　今回、時節柄、胸の露出こそないものの、蓮佛美沙子はかなりがんばっており、その身体を見つめるカメラワークでは大林健在なり！　きちんと『転校生』していたし、思春期の性をふまえた肉体性があるからこそ、後半のすさまじい展開の重さが変わってくるのだ。

　ラストシーンは戦慄する。あのラストからは映画の生み出すさまざまな感情のありったけが流れ込んでくる。そこへ寺尾紗穂の「♪突然にあえなくなる　明日からあえなくなる　あなたとはあえなくなる　望んでも」というメロディ。

ものすごい量の気持ちがあふれてきて、エンドロールの映像が見えなくなったよ。

公開直後のレビューなので、ぼかして書いているが、ここもネタバレしてしまうと、一夫の心を宿したままに、一美の身体は不治の病にかかってしまうのだ。しかも、余命は二、三ヶ月だ。肉体と精神と死の三つがせまってくる。もうすぐ死ぬ自分の体を他人の目で見守るという非情、もうすぐ死ぬ自分の精神で健康な自分の体を見る無情。

『転校生 ―さよならあなた―』は、すさまじいレベルの文芸エンターテインメントであり、『この空の花 長岡花火物語』は、それをさらに戦争の歴史と生々しい記憶という形で、縦横無尽に描き尽くしたマジックリアリズムの域ともいうべき作品だった。

そういった大林宣彦の成果を美麗なアニメーションで、純粋娯楽作品にしてしまうんだからな。ぼくはちょっと複雑な気分だよ。

八〇年代に、わたせせいぞうの漫画がヒットしていた頃、それに対して、アレルギーを感じていた人も多かったけど、いま、新海誠の作品の〝リア充〟感に拒否感を示す人も多いと聞くと、感じるものはある。

新海誠は頭がよくて、センスがあって、馬力もあるすごい作家だという思いはあるが、だからこそ、ずるいなぁとも思ってしまうのだ。

『後妻業の女』

（二〇一六年 日本 監督：鶴橋康夫）

『シン・ゴジラ』や『君の名は。』と同時期にこんな映画を公開するなんて、東宝のラインナップには舌を巻くしかないスクリーンには年配のお客さんも多かったが、反応もよかったよ。

タイトルからいって、伊丹十三リスペクトがびんびんに感じられるが、関西が舞台であること、出来合いの正義感を振りかざさないことによって、愛すべき、しかし、狡猾で銭にこだわる人間を立体的かつ、軽やかに描いている。

伊丹十三のねちっこさはなく、軽やかなタッチだけれど、伊丹十三の諸作が好きだった層にはぴったりの企画だろう。タイムリーな話題と、人間の生々しさがここにはある。ときめく色恋とか、泣ける感動はないけれど、そういうものが映画をいかにつまらないものにしたのかは、こういう映画を観ると、よくわかる。

見終わったあとの印象もいいな。見終わった瞬間、田舎の母に電話して、おすすめしたくなる作品だった。

『ライト／オフ』

（二〇一六年　アメリカ　監督：デヴィッド・F・サンドバーグ）

『ソウ』『死霊館』のジェームズ・ワンがプロデュースしたことで、話題作りをしているが、また違う意味で面白いホラー映画だ。

どっかん、どっかん、あの手この手で怖がらせることのない、低予算作品だけど、毒親哀歌ともいうべきていねいなシナリオはおもしろい。そして、照明を消した暗がりの中になにかがいるという、誰もが身に覚えのある恐怖のバランスがよかった。

『グランド・イリュージョン　見破られたトリック』

（二〇一六年　アメリカ　監督：ジョン・M・チュウ）

前作でチャーミングな魅力を振りまいていたメラニー・ロランの降板は残念だが、しかし、その不在を補って余りある仕上がりといってもいい。

前作は舞台じかけの派手さに目を引かれたが。今回はマジックのタネ明かしを華麗なアクションにしている。とりわけ、カードマジックがそのタネも含めて大きな見せ場になるシーンにはブラボーと喝采を送りたくなってしまった。これはひとつのスペクタクルだね。

最後のクライマックスは理に立ち過ぎたけれど、中国資本とのタイアップ作品としては上出来だ。

『セルフレス　覚醒した記憶』

（二〇一五年　アメリカ　監督：ターセム・シン）

久々のタイトルネタバレだ。「覚醒した記憶」というのは前半四分の一のサスペンス展開をふっとばすほどの副題だ。

『ザ・セル』や『落下の王国』のターセム・シン監督の新作だけれど、SF映画というには思慮が足らず、サスペンス映画というにはマクガフィンが甘く、アクションというにはご都合主義、アート系というには洞察がない。なによりも主人公キャラクターの設定と行動原理が浅薄すぎる。

冒頭三〇分くらいは思わぬ拾いものかも……と期待させてくれたが、主人公の行動が唐突すぎて、共感を剥ぎとるような展開に気持ちが萎えていく。この監督には脚本を読み、そのテーマから更なるインスピレーションをあたえる能力がないのでは、と思ってしまう。

なによりも人の記憶情報は、そのまま他者の肉体にコピペしただけで人格となるのだろうかという問題は、SFでは古くからあったテーマなんだけど、そこに関する〝触れなさ〟具合が気になってしまうんだよね。

『キング・オブ・エジプト』

（二〇一六年　アメリカ　監督：アレックス・プロヤス）

エジプト神話をリ・イマジネーションしたかのような作品。作品の感触は『タイタンの戦い』みたいなもの。ひと昔前のゲームのグラフィックのような映像であり、このグラフィックならば、なんでもありと思わせてしまうのが、大きな弱点だ。役者の肉体性や、ランドスケープが伝わってこない。

ただしエンターテインメントシナリオとしてはツボを踏まえ、神であるホルスと若きコソ泥、ベックとのバディムービーになっている。シナリオの企画段階では、かなりおもしろいものになりそうだったのだろうね。キャストの中では、人間の娘、ザヤ（コートニー・イートン）がよかった。

ホワイトウォッシュ（白人役者中心の起用）問題に目をつぶれば、拾いものかな。

『スーサイド・スクワッド』

（二〇一六年　アメリカ　監督：デヴィッド・エアー）

悪をもって悪を制すというモチーフは『ワイルド7』以来、おなじみではあるが、その悪をDCコミックスのヴィラン（悪玉）が務めたらという企画には胸が踊ったよ。ただ、実際に観てみると、ヴィランたちに狂気や卑怯さ、そして、腹黒い知性が感じられないのが物足りなかったな。うっすら清潔、ほぼイケメンや美女、仲間に篤く、思考は健康みたいなキャラクターでは、映画を成り立たせにくいのはわかるけれど、最近では、ヒーロー側のほうがきちんと心を病んでいるだけに、ちょっとね。

デッドショット（ウィル・スミス）を始め、わかりやすいタグを付けられたキャラクターたちに俳優由来の魅力はある。親子、兄弟、仲間、恋人という否定できないつながりへの賛歌として見るのもいいだろうが、そういう否定できないように見えるつながりこそ裏切りの温床であることを知るものには、退屈かもね。

官僚は腹黒い。ヘリコプターは墜落する。悪玉は純粋で世の中の無理解に苦しんでいる。善玉は正義という世間の目を気にしている。そういう気持ちはわかるし、だからこそ画面の中に市民（世間）をあまり配置してないのもわかるのだけれど

マイルドヤンキーな客には、暴走するけど、根はいいやつさという『ワイルド・スピード』あたりのチューニングがいいだろうという インテリの上から目線も感じるよ。本当に悪玉がこの程度だと、スーパーマンやバットマンなんかのヒーローは必要ないんじゃないか

な。ハーレイ・クイン（マーゴット・ロビー）は美しく、ちょっとやんちゃだけれど、初期プロットではジョーカーとの共依存関係がもっと濃厚だったと聞くと、なんで薄味にしちゃったのかなと思ってしまう。ジョーカーとハーレイ・クインだけのドラマを見たいな。

『グッバイ、サマー』

（二〇一五年　フランス　監督：ミシェル・ゴンドリー）

感じのいい映画だ。誰にとっても思春期の思い出は普遍的かつ否定しがたいものなのだから、鑑賞中、暖かい笑みが浮かび、絶えることはなかった。

だが、ミシェル・ゴンドリーはいい人すぎる。個人的な思い出をより高い次元に高める仕掛けが欲しかった。やっぱり時代に属する若き日の思い出を現代に持ち込んだことで、無理があったのではないだろうか。

『BFG：ビッグ・フレンドリー・ジャイアント』

（二〇一五年　アメリカ　監督：スティーヴン・スピルバーグ）

今回もスピルバーグはよかった。子供だましに見えそうなファンタジーを、子供だましのものにしないぞという覚悟があったよ。アメリカの映画批評サイト「Rotten Tomatoes」では、評論家（75点）、一般観客（61点）と、評論家のほうが点数が高いのもちょっとわかるな。

とりあえず『ジャックと天空の巨人』や『進撃の巨人』など、最近、巨人が登場する作品が多いけれど、これは最良の一本。

『チャーリーとチョコレート工場』のロアルド・ダール原作というか、『E.T.』のメリッサ・マティソン脚本作品。事前情報を仕入れずエンドロールを見て、メリッサ・マティソンの名前と、その後の弔辞に驚きの声をあげ、すべてを納得してしまった。彼女の訃報は知っていたのだが、この映画を見終わるまで失念していた。つまりそんなメリッサ・マティソンが託した

〝夢〟をスピルバーグが一本の映画の形にしたんだね。

これはチョコレート工場ならぬ夢工房の話。いたるところで〝夢〟が重要なモチーフとしてあふれている。夢は夜生まれ、巨人も夜の住人だ。なにより子どもたちの想像の翼は夜に広がる。その存在を信じ、声をかければ、顔を見せる巨人たち。彼らはいつだって、子供のすぐそばにいる。

吹替で鑑賞したが、よく考えられており感心した。これは語りかける物語由来のものだろう。基本的には主人公の少女と巨人のふたりの対話で物語は進行する。原作未読だが、チャーミングな巨人の訛りにあふれていて、はるかに老いて誰より過去を知る巨人が、夢という未来に満ちた子供に語りかけるものなのだから。

設定や展開はややチャイルディッシュだが、これは老境の作家、ダールが幼い子供たちに話しかける文体から来るものなのだろう。ちょっと下品なネタやことば遊びなど、子供に語りかける上で、退屈せず、喜びそうな部分が多い。ジョン・ウィリアムスの曲はかなり甘いけれど、スピルバーグ、メリッサ・マティソン、ジョン・ウィリアムスという『E.T.』トリオの愛おしい残照に満ちている。後半は客席から自然に笑いも巻き起こり、ぼくも味わったことのない涙の味を知ったよ。それは老いた身と心が未来を託す喜びにあふれた涙なのだと思う。そして、夢を紡ぐ物語が未来へと続き、それを信じることに心が震えるからだろう。


『怒り』

（二〇一六年　日本　監督：李相日）


役者たちの視線とフレームの中での距離感を丹念に描いているのだが、最後まで観て理解して、なるほどミステリーとして謎解きをする作品ではなく、視線と距離感そのものを描く作品だったと了解した。

吉田修一原作、李相日監督という組み合わせは『悪人』と同様で、キャストも李相日作品出演組から、ゴージャスになった意欲作だ。やはり妻夫木聡と綾野剛が全裸で抱き合うシーンにはインパクトもあり、当然のように場内がざわめいていた。広瀬すずもかなりがんばっているし、宮﨑あおいもほとんどすっぴんと思わせる。なるほどね。演じる役者冥利に尽きる作品ではあるね。

原作未読でいったので、当初は作品の時系列に関して、少し混乱したのだが、了解してからはぐいぐい引き込まれていく。東京、沖縄、千葉の三ヶ所それぞれで謎めいた男とともにドラマは共鳴するかのように進行するのだが、いずれにせよ、最後の最後でエモーショナルに振れすぎたため、ほんとうの『怒り』とはなんだったのかという焦点がぼんやりしてしまった。

『レッドタートル ある島の物語』

（二〇一六年　フランス／日本　監督：マイケル・デュドク・ドゥ・ビット）

全編セリフ抜きの豊穣。言葉なき饒舌。その美しいメタファーが人生終盤戦の我が身をビンビン刺激する。もちろん解釈は自由だが、自らとらわれること、とらわれたところから脱出する唯一の方法など、観る人の人生を直撃する。悲しいよ。いつだって。

スタジオジブリがオランダのマイケル・デュドク・ドゥ・ビット監督に協力して作った作品なので、これまでのジブリの文脈とは関係ないアート・フィルムだ。なによりも観る人の年齢や人生の経験に応じて、作品の意味が変わりそうだ。しかし、映写と音響のいい劇場で観れば、満足度は高い。あまりにも多くの言葉が錯綜する現代において、言葉なき寓話は、自分の中に眠っていたことばを掘り起こし、誘うようだ。

『ザ・ビートルズ EIGHT DAYS A WEEK The Touring Years』

（二〇一六年　イギリス　監督：ロン・ハワード）

正直に告白しよう。一九六二年生まれの自分にとって、物心ついたときにすでにビートルズは当たり前にあった。放送で、町で、喫茶店で、子供の頃から当たり前に聴いていた。どの曲を聴いてもなじみ深いのだが、その一方で、反発も感じていた。なによりも、団塊の世代、全共闘世代のシンボルであり、アイドルのように感じながら、ビートルズを語る人たちの熱とそれ以外を否定する冷笑に、条件反射的に反発していたのかもしれない。自分は子供だったし、単純ではあるね。

その後、井上陽水などから、逆算するようにビートルズの曲をたどった。映画としては、ビートルズのニューヨーク公演にいこうとする田舎の若者たちを描いたロバート・ゼメキスの映画『抱きしめたい』を愛した。また、シルク・ドゥ・ソレイユがビートルズをテーマにした作品「LOVE」を観にいったりするのだから、若さ由来の無知ゆえの反発のせいで、そのロスを取りもどすのに時間がかかってしまった。

ただ、いつだって、ビートルズ以前の時代も体験していないことや、ビートルズが成し遂げたことの意味も遠く想像するしかなかった。どんなに聴いても読んでも、思春期にその時代を生きたわけでもない自分には、なにか芯のところがつかめない感じがしていた。

だが、この作品のおかげで、その時代の温度とその時代の意味をちょっとだけ体験できたのかもしれない。

あまりに鮮烈な、あまりにめくるめく時代の記憶。今日ネットでおなじみになった世界の拒否反応まで含めて、凝縮された音楽の軌跡。消費され尽くした愛と再生される愛。

映画はサンシャインシネマ平和島のアメイジング・サウンド・シアターが誇る「imm sound」で観た。「imm sound」は劇場空間を取り巻く、数多くのスピーカーで伸びやかな環境音を再現できるスペイン生まれのフォーマットだ。以前、『ダークナイト』や『インポッシブル』を観たときに、至福の体験を得られた。

今回は、隣接スクリーンに導入された4DXなどから生まれる、重低音漏れが気になった。いまはなき地下鉄隣接劇場、銀座シネパトスみたいな振動を感じてしまったのは残念だけれど、それも映画館体験の味なのだろう。客席には古いジャズ喫茶にでもいそうな老人が多くて、それも味わいのひとつだった。この人たちが若いときに愛した存在なんだね。

なによりもロン・ハワードがドキュメンタリーの形で、時代と音楽を甦らせたのがうれしい。精力的に世界をツアーする彼らの実像は、いままでイメージとして思うしかなかった。それがこのように形で再現されたのは、うれしい。よく知らなかったなにかに対する距離が縮まった。

そのときの熱と空気を取り戻すことができた。的確なディテールの編集と、証言の数々が胸を締め付ける。

ジョン・レノンの反キリスト発言を契機に巻き起こった事件を、文脈から離れ、憎しみのタネとするのは、現代の炎上パターンそのもので、映画ではその炎上を彼らがツアーからスタジオへと閉じ込めていくひとつの契機としているのだが、世界が彼らを迎える準備ができてない時代の、愛した世界に別れを告げなければならない寂しさはいつもある。大衆は愛し、愛し尽くしたものをわずかなことばひとつで、潰していく。

特典の映像として併映される〝シェイ・スタジアム〟ライブの4Kリマスタリング映像が、たまらなくうれしかった。ひどいPAの現場では味わえないほどの時間をいま見られるなんて、幸せすぎる。いまから、あの時代にいって、あの時代に生きた人たちを心より「抱きしめたい」。

『真田十勇士』

（二〇一六年　日本　監督：堤幸彦）

歌舞伎役者の舞台劇を堤幸彦監督の完コピ路線で映画化。キャラや笑いの質が舞台のものなので、ある種の見立てが必要だ。「劇団☆新感線」的なノリはちとくどく、呆れるところもある。

スクリーンで描かれる大芝居の異質さに、冒頭はかなり引いていたのだが、クライマックスの大阪夏の陣あたりから、その迫力で盛り上がってくる。職人、堤幸彦監督のもつ知的な距離感がここで発揮されるのだね。夢が夢であり続けるための残酷と結果を映画『スティング』のクライマックスのように描いていくのは、おもしろい趣向だ。

エンドロールは知に走り、くどすぎるけどね。「夢なら夢でいいから、とっとと死ねよ」と、笑顔で突っ込んでしまった。

『闇金ウシジマくん Part3』

（二〇一六年　日本　監督：山口雅俊）


なんだかんだで、このシリーズは好きだったりするのだ。

今回は情報商材ビジネスを中心にキャバクラ狂いサラリーマンを交え、勧善懲悪めいた大ネタはなく、平常運転で、カタルシス部分に力は入りすぎているけれど、ていねいなシナリオで楽しませてくれる。なによりスタッフの熟練を感じてしまうよ。

混雑していたが客席運は最悪。両隣がウシジマくん世界の住人みたいだった。左の大足広げたデブおじさんは、薄い色付きサングラスで映画を観ていたのだが、しばしば酒臭いため息をつきまくる。右のマルチやってそうな若い男ふたりはジャケットにスマホを隠してゲームしてるし。ああ、こういう人が「ウシジマくん」を愛しているんだ。これも一種の映画体験だ。

『ハドソン川の奇跡』

（二〇一六年　アメリカ　監督：クリント・イーストウッド）

英雄が自ら英雄であることをその気高い行動で見せるのみならず、ことばによって証明しなければならない時代の英雄譚。

T・ジョイPRINCE品川が誇るIMAXスクリーンにて鑑賞。ここはフィルムIMAX時代最後のスクリーンが、デジタルIMAX時代に再生されたスクリーンだ。むやみに混雑していないし、スタジアム式の急傾斜客席が特徴的で、IMAXで「映画」を観たいときには、駆けつけたくなる。ほかのIMAXではやや前方の席に座り、巨大スクリーンを見上げるようにして観るのだけれど、こちらは後方寄りの座席がよい。対話する人の目の高さから、視線を合わせる感じで鑑賞できる。

今回は右斜め後ろに座ったおじさんがリノリウムの床の上で靴をきゅっきゅっと鳴らし出したのがちと不運だった。耳の高さの至近距離で、そういうノイズを立てられるとかなわないので、上映中、前方席に移動してしまったけどね。

『ハドソン川の奇跡』は撮影時から、新開発の「Arri Alexa IMAX」というIMAXに最適化したカメラでデジタル撮影している。IMAXのスクリーンで堪能するのが正しいお作法というものだ。実感としてIMAXは2D作品に秀作が多い。今回も事故機の背景に見えるニューヨークの姿はなによりも鮮烈であり、その光景はものいわぬ説得力となった。

二〇〇九年のUSエアウェイズ1549便不時着水事故は日本でも報道され、未だに覚えている人も多いだろう。ニューヨーク・ラガーディア空港発シャーロット経由シアトル行きのUSエアウェイズ1549便が、離陸直後に〝バードストライク〟と呼ばれる鳥とのエンジン衝突事故により、左右のエンジンを停止させ、マンハッタン区付近のハドソン川に不時着水した事故だ。飛行中の航空機事故では滅多にない全員生還という奇跡を成し遂げた。

情報を絞りこみ、シンプルな事件をミステリー構造に落としこむドラマ作りはすごいね。神話めいた現代の英雄譚だ。現代アートが作品単体に語らせるのではなく、かならずといっていいほど作者のことばを必要とするように、現代を生きる英雄は自分が英雄であることをことばで説明しなければならない。その徒労を感じることは多い。

「一五五人の命を救い、容疑者になった男」と宣伝文にも書かれている。映画の原題〝Sully〟は、チェズレイ・サレンバーガー機長の愛称だ。再現ドキュメントにするのならわかる。でも、映画のドラマにするのはどうなのだろうと、一瞬、思ったけれど、九六分という尺にふさわしい、簡潔で力強いメッセージを伝えてくれた。話は要約すれば一、二行でまとめられるほど簡潔だが、その簡潔さが映画の説得力となり、観客に事件をIMAXで観る醍醐味をあたえてくれる。迫真の映像が必要最小限のドラマで、その行為の意味を最大限に描き出すのだ。

旅客機による自爆テロという9・11後の巨大都市で、空を見上げることにおびえていた時代。それでも無事生還のためにサリー機長がしたことは、決められた手順を順守しつつ、長い経験に裏づけられたインスピレーションを加味すること。つまり、生きることに集中する意義を骨太に描いているのだ。当たり前の行為とインスピレーションこそが、テロにおびえる世界に必要なものではないだろうか。

『ホビット』など、神話やファンタジー映画では、〝生きて帰りし物語〟という主題が繰り返し使われる。『ハドソン川の奇跡』は現代の〝生きて帰りし物語〟なのだ。

『高慢と偏見とゾンビ』

（二〇一六年　アメリカ　監督：バー・スティアーズ）

まいった。話題になった原作をすでに読んではいた。原作がおもしろかったことは事実だが、知に克ちすぎたゲームのようで、少し引いて見ていた。

しかし、マッシュアップされたムチャぶりの原作が映画化されたことは大きい。次元の違うリアリティで説得力をもたせ、堂々たるホラーロマンスになっている。映画『高慢と偏見』を覚えていれば、まるで共鳴するかのように脳内で反響する。というか、このゾンビ映画を観るために、ヴィクトリア朝ロマンスの「高慢と偏見」を予習しておくべきというのがおもしろい。

ゾンビのいるヴィクトリア朝なんて、ありえない社会だが、映画という魔法の力で成立しちゃうのが楽しいね。怖がりの女性も安心なゾンビ映画。というか、ゾンビが薬味になっている肉体言語のラブロマンスだ。オースティンの原作に薄かった現代的なメタファーをゾンビという薬味がみごとに再生させてくれた。

スイカに塩！　ラブロマンスにはゾンビ！　乙女な女性とのデートムービーにも最高だ。

『世界一キライなあなたに』

（二〇一六年　アメリカ　監督：テア・シェアイック）

ほとんど期待していなかった。でも、途中から「やられた」としかいいようがなくなってしまった。

ぼくは自分が観る映画を選ぶ際には、なるべく真っ白な状態で観たいから、できるだけ事前情報を入れずに出かける。映画を観るのは恋愛と似ている。探偵に調査を依頼してから恋に落ちるなんて、野暮な真似はしたくない。映画サイトの「今週末公開」に並んだタイトルを眺めて、タイトルと気に入った監督名、キャストを見て決めるのが基本だ。

好物のドラマで今年もエミー賞をとった『ゲーム・オブ・スローンズ』のメインキャラクターのひとり、デナーリス（エミリア・クラーク）が出演するロマンチックコメディと思って観にいった。このダサい邦題を見たら、そう思うしかないじゃないか。それでも悲劇的状況の中で、いつも煮詰まっているデナーリス姫の違う顔を見たいしな。

原題は〝Me Before You〟。あれ？　あなたを知る前のわたし、ってこと？　そして、ツボを直撃された。

貧乏で気立てのいい娘が、何年も勤めた店からクビを切られ家族を支えるために始めた仕事は、街の中心にそびえ立つ古城の御曹司の世話係だった。もしも興味があれば、その程度の知識で観てほしい。

ここからネタバレする。

彼女が会った御曹司、ウィル（サム・クラフリン）は、イケメンで、教養もキャリアもあり、財産もある青年実業家だった。しかし、それ以外のすべてを失ってい た。交通事故により脊髄を損傷してしまい、四肢をほとんど動かすこともできなくなってしまった。免疫力も失い、後遺症に苦しむ日々だ。自由でアクティブな日々のみならず、恋人からも見捨てられ、未来を生きる希望さえなくしてしまっていた。

一方のルー（エミリア・クラーク）は明るく気は利くが、ダサい。絶望的なファッションセンスなのに、「本当はファッションの仕事をやりたかったけど、家の事情もあって、進学しなかったの」などと、地に足のつかないことを言っている。しかも彼女のボーイフレンドのイケてなさも相当なものだ。

なんだ、これ。難病もののラブロマンスか。それってつまり〝世界一キライな映画〟のひとつじゃないか。泣かせるんだろ？　感動させるんだろ？　ハートウォーミングなんだろ？

コメディエンヌとしてのエミリア・クラークの生き生きとした表情に見とれてしまう。そんなぼくらの感情はウィルも同様だったようで、気難しかった顔が少しずつほころんでいく。ベッドや車いすから彼女のことばや表情を暖かく見つめている。

ああ、ますますキライな映画だ。以前もこの連載で書いたけれど、ぼくは涙もろくて、かんたんに感動する人間だから、泣かせる映画を卑怯だと思う。簡単にだまされたりしないぞ。むしろ極めて厳しく見てやるからな。そう心に決める。

彼の住む城にスイスから一通の手紙が届く。

ここでもっとネタバレする。

その封筒に書かれた文字なら、ぼくも知っている。「DIGNITAS」。自発意志による安楽死の権利を訴え、実際に医師による幇助によってクライアントを自死させるスイスの団体だ。

数ヶ月後にスイスに行き自死をしようとする男に対して、生きることの意味をあたえようとするルー。ウィルはルーを温かく見つめながら、闘病生活に耐えている。ウィルは若く聡明だけれど、その表情は死を覚悟した老人のようでもある。

ほんとうに勘弁してほしい。ぼくも四半世紀前、身近な人を自死で失った。電話で最後の肉声を聞いた。いまだにその声は鮮明に覚えている。そして自分はもうすぐ五四歳だ。好きな人がいても、これから誰かと結婚することはないだろう。もはや感情や気持ちが溢れかえって、冷静に映画なんか観られないよ。ルーの活躍によって、少しずつ温度をとりもどしていくウィル。ルーに対する理解と敬意が伝わってくる。もちろん、ぼくはイケメンで金持ちじゃないけど、ウィルの気持ちが心の芯を揺さぶる。

これ以上はネタバレしないよ。

こういう映画はほんとうにほんとうに〝キライ〟だが、舞台となる城の効果的な使い方や、ルーの決意に異を唱える母親の首にかかるネックレスなど、さまざまな部分がデリケートに作られており、どっぷりハマってしまった。ことばではなく、ルーのダサいファッションの意味が大きく変わる、あるシーンなど、いま思い出しても動揺してしまう。

ふたりがどうなるかは映画で見てほしい。鑑賞後冷静になると、言いたくなることもあるのだが、それでも自分に問いかける部分も多くてほんとに後を引く。原題の〝Me Before You〟と言うのはなるほどという感じだ。Imagine dragons の〝Not Today〟など劇中歌の字幕もあればいいのに。映画を観たあと、検索してみたら訳詞が見つかるはずだ。最初はざわついていた劇場の雰囲気も最後は違ったものになったよ。

やばいなぁ。自分にはほんとうに心に残る忘れられない作品だけど、ほかの人にこれをすすめる強い理由が思いつかない。ぼくの文章のかけらでも感じるところがあるのなら、どんな形でもいいから観てほしい。

『SCOOP!』

（二〇一六年　日本　監督：大根仁）

二〇一六年にこんなにキラキラした八〇年代リスペクト映画を見られようとは思わなかった。フォーカス・フライデー・フラッシュ・エンマ・タッチ。3FETといわれた写真週刊誌全盛時代が思い出される。そんな時代の幕引きをしたのが、FRIDAY襲撃事件（一九八六）だったのが懐かしいが、それから三〇年。

原田眞人監督の『盗撮1/250秒』（一九八五）のリメイクと聞き、絵作りのルックから八〇年代バブル回春映画かなと軽く見ていたが、宇崎竜童と原田芳雄が演じていた主人公を福山雅治ひとりにまとめたこともあり、みごとなアップデートで三一年後のいまに思いをつなぐ、重く愛おしい作品となった。

オリジナルの原田眞人作品はアメリカ映画の骨格を意識した構図が濃厚に漂うのだが、大根仁監督のアレンジはさらにそれを進めたようで福山雅治と二階堂ふみのバディ映画として強いものとなっている。個人的には渋谷や六本木の町でのロケを多用した川島透監督の『チ・ン・ピ・ラ』や『野蛮人のように』のような八〇年代映画の色彩を感じてしまった。また、その時代を知っているがゆえに、クライマックスからエンディングはまた違う意味を感じた。

二〇一六年の写真週刊誌は八〇年代とはまるで違う。ロバート・キャパに憧れ、八〇年代に青春を送っていたとしても二一世紀にその再現を望むべくもないのだ。なによりもその前に観た『世界一キライなあなたに』

に重なる共時性さえ感じてしまった。
時代も人も街の顔も変わったとしても、変えられない魂。そして、あの時代を謳歌したことは残照として記憶していても、せつなく中折れする肉体の悲しさ。その年齢なりの芝居をする二階堂ふみがほんとうによかったよ。後半はもう悲しくってたまらなかった。

『アングリーバード』

（二〇一六年　アメリカ　監督：ファーガル・ライリー、クレイ・ケイティス）

スマホゲームとして世界中でヒットした原作（？）はプレイした。日本ではそれほどでもないが、海外旅行をするたびに、ぬいぐるみやキャラクター商品が陳列されているのを見て、その人気も知っている。
ゲームの世界設定をよく理解して、そこにキャラクターと設定を乗せているとは思った。いくつか工夫された部分もわかるが、主人公であるレッドたち、キャラクターの掘り下げが甘く、ディズニーやピクサー作品とはレベルが違う。ネタのいくつかは英文字のみでしか説明されておらず、吹替はかなりの労作とは思うものの、日本語へのローカライズがうまく言っていないため、楽しみ切れなかった。吹替版の坂上忍の演技はいいが、原語版のショーン・ペンでも聞いてみたい。でも、都内では字幕版の上映がなかったんだよね。
設定上、ゲームのキモである飛べない鳥が引っ張られて飛ぶというアクションシーンを終盤に持ってきたため、前半に気持ちよさを感じるシーンが少ないのが寂しい。ピクサーならどうしただろうと、そればかり考えていた。

『CUTIE HONEY -TEARS-』

（二〇一六年　日本　監督：A.T.、ヒグチリョウ）

アンドロイド・ジル役の石田ニコルはよかったな。廃工場を使ったロケではいい感じの景色が見えてたな。

でも、よかったのはそれくらい。

　西内まりやの映画だが、館内は年配のおじさんばかりである。発想と語彙の少ない脚本。レザーのメインコスチュームはデザインが重く、腹部は妊婦のようだ。アクションシーンが少ない。オシャレなコスプレチェンジも少ない。健康なお色気が足りない。キューティーハニーなのにね。

　アイドル映画なら、アイドル映画的な意識をきちんと持って作ってほしい。

『ジェイソン・ボーン』

（二〇一六年　アメリカ　監督：ポール・グリーングラス）


　冒険小説ブームが起こっていた大学生の頃、「ボーン」シリーズの原作、ロバート・ラドラムの「暗殺者（原題：The Bourne Identitiy）」を読んだのだが、映画『ボーン・アイデンティティ』が登場したとき、まさかこんなアレンジをするとは思わなくて、驚いたよ。記憶を失った元諜報部員という主人公の設定は同じだが、戦闘能力がクローズアップされ、いまやアクション映画の主人公として、無敵の進撃ぶりを見せている。

　前三部作で、ジェイソン・ボーンが自分を取り戻す旅は完結したかと思いきや、まだ思い出しきれない過去があったようで、その正体を確かめるため、絞り切れない国家の悪と戦わなければならないようだ。

　前シリーズからの再構成といった展開だが、エンドレスにアドレナリンがたぎる展開はおもしろかったな。

　国を愛することと、国家組織を盲信することは違う。自身のかすれてしまった記憶を探る戦いの中で、国家をあらためて認識していく男の姿には惹かれる。彼と伴走するような映像体験だ。

　全編アクションシーンで、セリフの量は多くないのだけれど、少ないセリフのひとつひとつが絶妙であり、アクションの理由をきっちり意味づける。アテネ、ラスベガスと、自分にとってはなじみのある場所での活劇も最高だ。そのどちらも現代を象徴するような場所だったのが、抜群にうまい。

さらに、アリシア・ヴィキャンデル（ヴィカンダー）がほんとにすばらしい。『エクス・マキナ』や『コードネームU.N.C.L.E.』とはまた違う印象を見せ、全編を効果的に彩ってくれる。

『ベストセラー　編集者パーキンズに捧ぐ』

（二〇一六年　イギリス／アメリカ　監督：マイケル・グランデージ）


ひどい邦題だな。原題は〝GENIUS〟。

ヘミングウェイ、フィッツジェラルドなど、世界的な作家を見出した編集者マックスウェル・パーキンズをコリン・ファースが演じる。編集者とはつまりなにをする人なのか。その理想の姿をせつなく力強く描いている。

マイケル・ムアコックのファンタジーには〝英雄の介添人〟という存在が登場するが、編集者とはまさに〝天才の介添人〟なのだろう。そんな編集者という存在について首肯する描写が多い。アメリカの二〇年代から三〇年代を描く撮影もいい。第一次世界大戦後の豊かさと、大恐慌へと転落していく、あの時代だからこそ、天才と介添人の蜜月も豊かなものになったのだ。編集とは愛する作家との推敲の中で文章を刈り込み、自分が愛したものの芯と正体をより新鮮なものとして、読者に届ける作業だ。愛した女も愛する家族も触れられない域に手を突っ込み、孤独な作家と孤独な編集者がしのぎをけずり、高みにいどむ。映画の尺が短いのもその実践のようだ。ちょっと理が目立つけれど、それも含めて、おもしろかった。『七人の侍』の尺についていろいろ考えているときに、こういう映画を観るのは、いいなぁ。

孤独な天才を生む触媒としての編集者について考えたことのある人には、啓示をもたらす力がある作品だ。

『少女』

（二〇一六年　〇〇　監督：三島有紀子）

摩訶不思議な怪作。さまざまな描写と要素がうまく混ざることなく積み重なっていくが、映画を観ている間じゅう、どう見ればいいのかわからなかった。山岸涼子的な少女のアンファンテリブルものなのか、それとも人間の暖かさを知る交流ものなのか、それともホラー、それとも、どこかの宗教団体出資の作品？　そのわりにはミッション系女学校の舞台には十字架とか出てくるし……。洋風か中華風か和風かわからない幕の内弁当ぶりだ。やっぱり作品のトーンは大切だよね。何周も回って、後半は笑い声をあげたくなった。

二五歳の山本美月と二四歳の本田翼に、一七歳の女子高生を演じさせるのは無理がある。めくるめく因果応報の世界。とどめの一撃を食らわす稲垣吾郎までのフルコースに、二一世紀の『幻の湖』賞を捧げたい。監督がいい人なのは確実にわかったが、湊かなえ原作という素材には、合わないかもしれない。そして、少女らしさだけはここにない。でもまあ、楽しんだかもね。ほんとだよ。

『淵に立つ』

（二〇一六年　日本／フランス　監督：深田晃司）

家族の薄気味悪さをえぐりだす作品だ。

郊外で金属加工工場を営む夫、古舘寛治には妻の筒井真理子がいた。夫は一〇歳の娘には愛情と関心を向けるものの、妻との会話はなく、なにかの秘密を抱えている。そんな家族のもとに、出所してきたばかりの男、浅野忠信がやってきて、空室に住みつくことになる。男の存在は凍りついた家族関係に大きな波紋を起こしていく。そんななか、驚くしかない事件が起こり、家族は試練を迎える。まるで『郵便配達は二度ベルを鳴らす』のようなシチュエーションだ。家族であることに思考停止した空間に、他人という異物が冷徹な事実を暴きだすのだ。

家族とは不思議なもので、ぼくは母から返しきれないほどの恩を受けた。いまも電話越しに話をするし、旅行などもいくのだが、もし自分が母親の立場なら、自分みたいな息子に、これほどの愛と関わりを持てないだろう。

不義理もごまかしも結婚して子供ができればリセットできる？　そんなごまかしは利かない。後ろめたいものは、後ろめたさの分、利子をつけて返ってくる。

映画の中で語られざる空白のすべてを見る人それぞれが埋めていくしかなく、埋めたあとに描かれた一枚の真っ赤な絵に戦慄する。

この映画のあとに『永い言い訳』を観たのも不思議な人生のめぐり合わせだ。『淵に立つ』は恐ろしい映画だ。陳腐なホラー演出こそがないが、撮影や色彩、役者の存在感を使って、心理的な恐怖を観客につきつける。家族は思考停止の道具にはならない。

『グッドモーニングショー』

（二〇一六年　日本　監督：君塚良一）


ニュースキャスターがテロリストに脅されながら実況する映画『マネーモンスター』は、以前も紹介した。監督はジョディ・フォスターだったが、あまりいい出来ではなかった。この映画の予告編を目にしたとき、その和製コメディ版なのかと一瞬、思ってしまった。

脚本・監督は『踊る大捜査線』の君塚良一だ。大衆とマスコミと権力に関するドロドロしたルサンチマンを感じて、君塚良一作品には辟易していたのだが、「今回はコメディ」と予告編やポスターで謳っている。そういえば、かつてはパジャマ党で萩本欽一の薫陶を受けた君塚良一だ。お手並み拝見と観にいった。

実際には、さらに高濃度な君塚良一の恨み節だった。『踊る大捜査線』では、所轄の署と本庁の関係を通して、エリートと叩き上げの対立を描いたが、今回はそれが情報局と報道局の関係に変わっただけだ。もっと言えば、湾岸署が湾岸テレビ局になっただけじゃないか。

結局、展開されるのはいつもの君塚良一哲学だ。大衆の意向を聞くのは口実で、大衆は信頼できない。だから、多少の嘘があったほうが、世の中のためになるという主張が執拗に繰り返される。

主張そのものは「勝手にやれば」って感じだが、それをやるなら、現代の作品らしく、もうちょっとシャープにしてほしい。フジテレビがトップを快走していた時代なら、こういう話もよかったのだろう。

でも、平成も終わりも見える現代に、こういう認識の映画を作るフジテレビと『踊る大捜査線』の亡霊に操られる東宝というのがなんとも悲しい。なにより、コメディ部分がまるっきり笑えないのは困ったものだ。テレビ局が作る映画の断末魔の叫びみたいだ。

『永い言い訳』

（二〇一六年　日本　監督：西川美和）


西川美和監督、凄すぎる。打率の高さに舌を巻く。

あまりにもおもしろかったので、九州に住む母に電話をかける。母は八〇歳手前だが、その足で地元のシネコンに行き、映画を観て、感激していた。

「静かな映画やったねぇ。静かやけど、ずっと目を離せんかった。なんかドキュメンタリーやら見よぉごとあって、出てくる人が本当におるみたいやったよ。あのふたりの子供とか、ほんと自然でから……」

読みにくい方言混じりで申し訳ない。以前、母には『後妻業の女』を薦めたこともあったのだが、そちらは関西テイストのコメディ感覚がお気に召さなかったようだ。しかし、『永い言い訳』はジャストミートだった。

多くの人の死を共に見送ってきた母と、最も身近な人の死にあってさえ泣けない男の映画について話せたのは良い経験だった。ぼくが映画館に通う理由はそういうところにあるのかもしれない。

泣ける映画なら数分で泣けても、本当に近しい人の死が涙になるのは時間がかかったりする。

本木雅弘が演じる作家は、自作の小説よりもクイズ番組の解答者として知られている。冒頭で〝鵺《ぬえ》〟に関する質問に回答するシーンなど、なんとも皮肉が効いている。突然のバス事故で、妻は親友と絶命するのだが、作家のもとに現れる親友の夫が竹原ピストル演じるトラック運転手。作家とは他者との距離感がまったく違う。感激屋といってもいいほどの温度で、距離を詰めてくる。運転手にはふたりの子供がいた。母親を失って、学習さえもままならぬ家庭を見かねて、作家は手伝うことを申し出る。

西川美和監督の師匠筋にあたる是枝裕和監督の『そして父になる』を髣髴とさせる家族の交流の中から、自意識ばかり強く、傷つくことを恐れ、他者との関わりを希薄にさせてきた作家が、忘れていた温度を取り戻す。しかし、さすがの西川美和監督！　身体にぬくもりを感じた途端、いままで痛みを感じなかった全身に、忘れていたさまざまな痛みが溢れ出していく。生は温度を取りもどすことで、残酷な復讐をする。この痛みはなんなのか。しかし、問いかけるべき妻は永遠に届かない場所にいる。さらには運転手やその子どもたちに対しても容赦ない生が待っている。

言い訳の必要さえ感じていなかった男に訪れる、終わりなき言い訳の始まり。今年のベスト級だったよ。母とこの映画をシェアしたかったのは、まさにこの映画がもたらしてくれたものかもしれない。

『何者』

（二〇一六年　日本　監督：三浦大輔）

『桐島、部活やめるってよ』の朝井リョウがその後、直木賞を受賞した『何者』が原作だ。リアルな就活世代の人なら、もっと感じるものが多いかもしれない。

ぼくはバブル前夜の頃、大学を中退したので、よく知らないのだが、いまどきの就職事情が描かれ、人間を値付けされる時代の疑心暗鬼を中心に描いている。

なるほど。『愛の渦』、『ボーイズ・オン・ザ・ラン』の三浦大輔（劇団ポツドール）の脚本と監督だ。佐藤健、有村架純、二階堂ふみ、菅田将暉、岡田将生、山田孝之と、売れっ子キャスティングをそろえた意味もわかる。その美男、美女のグループが一種のレイヤーとして、彼らがこうありたいと思う上辺にもなっている。ツイッターそのものが、有効に使われている。原作が書かれているのは四年前なので、ちょっともどかしいところもあるけどね。

匿名性と関係性に由来する自意識のドラマだ。彼らに関しては、自分の正体を知られることが、なによりの恐怖なのだ。ただ、もう少し深く黒いところに手が届けば、と思ってしまった。薄っぺらな自意識で守られた正体もまた薄っぺらだ。ただ、それもまたいまどきの青春映画ってやつか。作者はこれをわかってやってるんだろうな。

『スター・トレック BEYOND』

（二〇一六年　アメリカ　監督：ジャスティン・リン）

なんだか困惑する作品だった。邦題はむしろ『スター・トレック KIZUNA』にした方がいいかな。映画としてはおもしろく観たのだが、「スター・トレック」としては微妙な感じだ。〝BEYOND〟って英語は、〝彼方に越えていく〟ってことじゃなくて、〝こっちにくる〟ことだったのか。

知性とコスモポリタニズムの賛歌だったはずの「スター・トレック」だが、「ワイルド・スピード」のジャスティン・リン監督登板で友情・努力・勝利・家族みたいなヤンキー臭が濃くなった。そこに「スター・トレック」的パーツを埋め込んでいったみたいだ。家族を第一にするアジア的メンタリティの映画になっちゃったね。アメリカでの評価もまずまずだし、中国ではかなりヒットしている。

映画の中で〝Community〟を「絆」と訳していた

字幕だが、誤訳ではない感じ。いやまあ、斬新なアクションや葛藤など、おもしろい映画なんだけどね。手放しでは喜べないのだ。

『闇金ウシジマくん　ザ・ファイナル』

（二〇一六年　〇〇　監督：山口雅俊）

初期の「必殺」シリーズに漂うやるせなささえ感じられる。時代劇なき時代の民草を描いたドラマもいよいよ終幕だ。原作の漫画での息苦しさが、実写映画の形で緩和され、ぼくは好きなシリーズだった。山田孝之の距離感が絶妙である。無垢な聖人のような永山絢斗もよかったな。

話のパターンは毎度同様なのだが、金と欲と社会の掟のピカレスク・ファンタジーはやはり魅力的だ。

『インフェルノ』

（二〇一六年　アメリカ　監督：ロン・ハワード）

『ダ・ヴィンチ・コード』に『天使と悪魔』。ラングドン教授シリーズは三作目で一番素直に楽しめた。衒学とトンデモのバランスがよく、スリル、サスペンス、映画的にジャストサイズだ。世界遺産ロケ地の選定もよい。個人的に訪問したことある観光地であり、『007　ロシアより愛をこめて』でも登場していたあそこが今回のクライマックスに使われている。ラングドン教授がインディ・ジョーンズ同様、007の後継を目指してることも明確になっている。

まるでジェイソン・ボーンのように、冒頭からラングドンが記憶を失ってることも映画の楽しさに貢献している。初めての人が観ても安心。フェリシティ・ジョーンズもすばらしい。彼女が主役を演じる『ローグ・ワン／スターウォーズ・ストーリー』がますます楽しみになる。ロン・ハワード監督も三作目にして、娯楽映画として慣れたメリハリを見せてくれる。遠景では要所に夕日を差し込むなど、テーマの暗示もいい。

『湯を沸かすほどの熱い愛』

（二〇一六年　日本　監督：中野量太）

ちょっ、これは……！

定番の難病感涙映画と思い、観にいって、えぐ味の多いクリシェ満載のわりには、宮沢りえ、オダギリジョー、杉咲花、松阪桃李と、キャストが豪華だなと思っていたら、ミッドポイント以降の展開に唖然として、クライマックスから魂消てしまった。こりゃ泣ける意地悪映画だよ。クリシェは我が心にあり。すごい！

一筋縄な感涙映画ではない。宮沢りえが自ら脚本を読んで出演を決めた作品だけあって、ただならぬものがある。

その一点に向かって、映画全編に散りばめられた伏線の数々に驚き。漂う怒りと呪いと涙に目眩を感じ。絵やことばにしている部分と、あえて語らざる部分の落差に投げ飛ばされる。なんだかね、彼岸に隣した残酷ですさまじい生と死の怒りがあったよ。観た人と話をしたくなる映画だ。いろいろ言いたいこともあるが、宮沢りえの演じた怒りで、すべてが吹っ飛んでしまった。インタビューを読むと、宮沢りえは実母、光子さんを失い、その傷跡が血を流す中、脚本を受け取り、出演を決めたという。家族の愛はときに理不尽で、家族の死は神による野蛮な暴力だったりする。

『PK』

（二〇一四年　インド　監督：ラージクマール・ヒラーニ）

インド映画の名作『きっと、うまくいく』の監督・主演による作品だ。冒頭のベルギーロケでヒロインの美しさに魅せられ、インドとパキスタン、ヒンズーとムスリムの宗教により分かれた国の問題に踏みこむ勇気に喝采を送り、その後展開される宗教と信仰の問題意識を見守り、観光気分でインド各地の宗教施設を見て、ラブロマンスとしては涙も流した。

だが、その結論にたどり着くんだね。宗教の和解と融和のもとに新たなる対立と憎悪が生まれるのは、歴史的に繰り返されたことだろうにという思いも強い。インドならではの歌とダンスと美男美女が特徴のマサラムービーとしては十分に楽しめるし、その意欲は買うのだけれど。

もちろん、多民族、他宗教のインドにおいて、この映画を作ること自体が勇気であることはわかる。人間としての融和を目指したものだということもわかる。それでもね。人類は神から逃げられないのかな。

『デスノート Light up the NEW world』

（二〇一六年　日本　監督：佐藤信介）

シリーズ四作目。『GANTZ』や『図書館戦争』の監督だけあって似たようなシーンが多いし、最近の日本映画っぽいクリシェだらけだ。それがファンの求めるものかどうかは疑問がある。神戸を中心としたロケーションはなかなか興味深く、そこは楽しかったが。

もともと『デスノート』原作は「少年ジャンプ」連載なだけに少年漫画的な香りがある。名前を書くだけで、悪いやつを殺せたら、世の中はもっと良くなるんじゃないか。そんな正義の万能感があった。金子修介監督の『デスノート』と『デスノート the Last name』にはその香りが仄かにあったのだけれど、今回は違う匂いになってしまったね。残念だ。もちろん知的ゲームとしても浅い。

スーパーマン映画であれば大空を飛び回る定番の快感みたいなものが、今回の使い方からはなくなってしまったのだ。

自動小銃を持った舞台が突入したとき、「ノートに書いてて、銃にかなうわけないだろ?」みたいなセリフがあり、笑ってしまった。わかってるじゃないか。死神の目の属性を軽く扱いすぎて、安楽椅子スナイパーとしてのデスノートの属性が一切ないというのが、残念なところだし、派手なように見えるけど薄い脚本。

語りたいテーマもわかるけど、いろいろなものが唐突すぎるんだよね。

『エブリバディ・ウォンツ・サム!! 世界はボクらの手の中に』

（二〇一六年 アメリカ 監督：リチャード・リンクレイター）

一九八〇年九月、南東テキスト州立大学に野球推薦で入学したジェイクが目の当たりにした寮生活を描く。って、ぼくとシンクロする時代じゃないか。文化系日本人の自分と体育会系アメリカ人のジェイクでは境遇が違う。だが、ファッションや色彩、音楽、ことばの数々など、登場する時代の空気は懐かしい。

高校生のころに、ジョン・ランディス監督、ジョン・ベルーシ主演の『アニマルハウス』（一九七六）を観て、アメリカの大学生活に憧れはあった。ただ、「ナショナル・ランプーン」誌を創刊したハーバード大学出身者たちの思い出を元にした『アニマルハウス』は一九六二年を舞台にしていたため、憧れても、手が届かない思いがあった。

だが、『エブリバディ・ウォンツ・サム!!』はまさにど真ん中の時代だよ。こっちは高田馬場で飲み、池袋のアパートで悶々としていた文化系大学生だったけどね。なによりも撮影された映像の瑞々しさに驚いてしまった。人間の記憶なんてあてにならないところがある。脳裏に刻まれ、いまも回想する当時のことは、自然にセピア色のフィルターがかかっていたりするものだ。しかし、最新の撮影機材を使ったこの映画では、まるでタイムトラベルでもしたかのように鮮度の高い映像で当時が再現されている。

大人に憧れつつ、さまざまな制約から手が届かない大人の世界。井の中の蛙のような自尊心と地方の代わり映えしない人間関係の中で、閉塞感さえ感じていたティーンの頃。それが、大学入学とともにまるで奔流のように、多様性ある大人の世界が押し寄せてくる。

引っ越し、一人暮らし、出会いなど、たしかに大学入学前後は毎日が刺激的で、なかば呆然としながら、人と環境の変化を味わっていた。大学というイニシエーションの場には、バラエティと興奮に富んだ大人のショーケースがいつもあったし、毎日が多様性を体感する場だった。

『6才のボクが、大人になるまで。』のリチャード・リンクレーター監督の作品だから、明確なドラマが展開されるわけではない。しかし、圧倒的な情報量とともに人間が最も成長し変化する時期を描くことで、気持ちが波立っていく。

その時期は、ディズニーランドを初めて訪問したときみたいだ。すべての人が通る入場ゲートから、アドベンチャーランド、ウエスタンランド、ファンタジーランド、トゥモローランドと、地続きでさまざまな世界を見て回る興奮がある。大学周辺を回るだけで、まるでアトラクションを回るように、キャラクターの異なるパーティーをやっている。まるでフリーパスポートのように、どこだっていける。マッチョな野球部メンバーだって、臆することなく、アートコスプレパーティに潜り込める。

理系だ。文系だ。オタクだ。サブカルだ。右だ。左だ。さまざまな人と現象がタグだのクラスタだのでレッテル貼りされる現代、自分で自分に貼ったレッテルにさえ、世界と行動が支配されがちな時代とは違う。そこには奇跡のような自由と可能性があったのだな。

ただ、入口も出口もゲートがひとつしかないディズニーランドと違うことがある。多様なアトラクションのひとつひとつの横には外界への出口があり、うっかりすると、ドロップアウトしてしまうことだ。また、フリーパスポートだと思って油断していると、懐かしのビッグ10チケットのように、体験できる回数が限られていたりもするんだね。

観終わった後、旧友といろいろ語りたくなる映画だ。

『ジュリエッタ』

（二〇一六年　スペイン　監督：ペドロ・アルモドバル）

ペドロ・アルモドバルの新作といえば、かけつけるしかない。この作品の周到な作りこみが、映画の至福をもたらしてくれる。

スペインを主な舞台に母と娘の十二年ぶりの再会を描く作品だ。ふたりがなぜ別れてしまったのか、そして、別れたふたりがなぜもういちど会うことを決めたのかを鮮烈に描いている。

死別でも別離でも大切な人の喪失により、人はどこかでなにか手を差し伸べることができたのではないかと、自分を責めてしまうものだ。ぼくにも経験がある。そして、自責の念というトラウマから、人との関わりを恐れ、それ以外の人間関係を整理したくなるものだ。人間関係が少なければ、裏切られたり、失ったりすることもないはずだと。

だが、その整理から生まれる人間関係の歪みは、新たな不信を生む。最近の自分は、年齢や環境の問題もあり、友人と呼べる人の数を絞り込みたい気持ちが強い。人の関係を群れと感じ、遠ざけている感じかな。そして、その弊害も感じている。

映画は色彩設計が抜群にうまく、背後の絵画で心情を適切に描いている。DVDなどで観ていたら、背景を含めて画面キャプチャーして、考察したくなるくらいだ。そして、目があうことの関係性など、実にデリケートに描いていて、沁みるなぁ。最後の一言もよく効いている。

不意の喪失による心の傷が原因で、人との距離をとりすぎ、人間関係を整理する。それはよくあることだけど、静かな孤独は静かな死。色彩と絵画の饒舌がテーマを浮かび上がらせる。いろいろ自戒しつつ堪能した。

『溺れるナイフ』

（二〇一六年　日本　監督：山戸結希）

映画的な快楽がつまっている。少女を描くことに関しては格別のビジョンを持つ山戸結希監督による陶酔の映画空間。デリケートなドラマ（漫画原作）だが、少女の一人称が、映像を侵食していく快感。大人になる直前の輝きが眩しくその照り返しが容赦ない。

……のだけれど、菅田将暉が二三歳、小松菜奈が二〇歳か。うーむ。前半の違和感が大きい。帰ってきて、調べてみたら、オリジナルの漫画原作では、ふたりの出会いは小学六年生のときだったんだね。それが一気にハイティーンでの出会い設定になったので、無理が生じている。菅田将暉は『仮面ライダーW』のころから知っており、小松菜奈は『渇き。』で出会った。そのくらいの年頃にこの映画と出会えたならな。

凡百の少女漫画原作映画にはない、少女性の描写は際立ってはいるのだが、ちょうど『ジュリエッタ』で加齢による俳優交代を効果的に描いていたこともあり、イノセンス由来の万能感がちょっと痛く感じられてしまったかな。

現代の日本映画において、子役ではなく、的確に芝居をする若い俳優を使うことの良さは確実にあるのだが、その代わりに失うものもある。なにをトレードオフにするかは難しいところだ。主演の二人があと数歳若ければすべてが腑に落ちたのだけれど。それも難しいね。

少女漫画原作映画の問題をいろいろと思いつつ、帰宅後、原作を数巻買わせるくらいの価値があったよ。

『退屈な日々にさようならを』

（二〇一六年　日本　監督：今泉力哉）

群像コメディの名手、今泉力哉監督の会心作。というか、個人的な体験にあまりにも近くて冷静な評価ができそうにないほどだ。ひとつの死を核にして同心円で散りばめられる死と恋と愛の悲喜劇を、登場人物すべてに対する愛おしさで包み込んでいる。

なによりも恋愛を軸とし、オフビートなリズムとテンポで笑いに結びつけてきた今泉力哉監督が人の死をテーマに選んだというのが、驚きだ。

プロットだけ聞けば「ありえない」と言いそうになる悲しすぎる事件だが、そこに登場するキャラクターたちの存在感と、ていねいなことばによって「ありえる」と思わせてくれる。大切なことばにより、どこにでもありそうな光景を、唯一無二の瞬間にしてくれる。身近な人の失踪、死、そして残された人の生きる形など、さまざまな問題を、それでも生にフォーカスをあてて語る作品だ。

笑って、驚いて、硬質としかいえない死、巻き戻すことができない喪失への怒りと受容が語られている。ここに出てくる男たちすべてが監督の分身のようだ。大なり小なり映画に関わっているし、映画作りもテーマのひとつになっている。恋愛を描くには、鮮烈な生の高揚を描くと同時に、死という終焉から目をそらさない覚悟がいるのだなと、つくづく感じたよ。松本まりかが出色の演技をみせる。

整理しきれない気持ちと心を整理しようとする無理を愛おしく抱きしめたくなる。長尺の映画だけど、あっという間に感じられたし、居場所さえなくそうとする彼らに居場所あれ、と祈りたくなる。


『ジャック・リーチャー NEVER GO BACK』

（二〇一六年　アメリカ　監督：エドワード・ズウィック）

これはまさしくおれさま孝行映画としかいいようがない！

一九五〇年代映画リスペクトな一九八〇年代映画。それはぼくの心にインストールされているが、当時のエッセンスがたっぷりだ。しかもきちんと二〇一〇年代にアップデートされてる。クライマックスでは涙を流し興奮してたよ。前作『アウトロー』からの監督交代が奏功したね。よくできていた。

軍内部の腐敗を暴くというテーマ的に、トム・クルーズ主演作では一九九〇年代の『ア・フュー・グッドメン』を思い出すが、彼がデビューした一九八〇年代映画のさまざまな要素が思い出される映画だ。クライマックスではそこまでやっちゃう！　と、声を出しそうになった。まるで擬似的家族のロードムービーのようだった。

もともとエドワード・ズウィック監督作品は本当に肌に合うとしか言い様がないけれど、無駄にキャラ立ちさせた派手なアクションではなく、シナリオ構成の必然によるアクションだから、動きのすべてがエモーションにつながる贅沢な職人作品だ。たまらんなぁ。

『この世界の片隅に』

（二〇一六年　日本　監督：片渕須直）

ここにあるのは、あらかじめ担保された悲劇で誘う涙とドラマではない。残酷な日々で命をつなぐのは、詩情をともなった豊穣な日常なのだ。ものを作り、あるものを食べ、町や自然、身近な人の成長に目を向け寄りそう。

主人公、すずの姪、幼い晴美はぼくの母と同じ頃に産まれたのだろう。

戦争の時代について、母や家族から聞いたことばはモノクロで見る夢のようだったが、それが愛情ある視線という絵筆で色付けされたようだ。その彩りはノスタルジーやイデオロギーという偽色に染まったものではない。色彩のひとつひとつが、主人公すずが世界を知り、世界を受け入れ、世界を表現するために必要なものなのだ。喜びに満ちた世界との出会いが、悲劇の鈍色に染まったとしても、怒りと悲しみのような単色ではない。

戦争という惨禍は、『少年H』のような反戦の意志、『永遠の0』のような追悼と肯定など、現代の視点から裁かれ、感情を誘発するさまざまな色をつけられてきた。だがその色を一度洗い流す必要があったのだ。洗い直した上で、精緻な考証や健康な想像力で描き直す必要があった。

戦争という想像を絶する暴力によって屈折し、捻じ曲げられ、怨念の中で自身を蝕むように腐敗し育っていく憎悪。それはもちろんありうるだろう。昭和二〇年、原爆を凌ぐ破壊は比べうるものなどない。その破壊によって失われた未来はとりかえしがつかない。

それでもあのころを生きて、関わった人、見た景色、すべてを覚えていることこそ、生の決意だ。

押しつけがましく泣くことを迫る映画ではない。喪失を嘆き、破壊者への怒りをこめた映画ではない。それでもぼくは全編で涙を流し、怒りで身を震わせた。そして、そこにあった生活とささやかな思いと、笑顔を心より愛おしみ、スクリーンの中にある美を脳裏に焼き付けようと思った。

緻密な設計に舌を巻く。背景に見える鳥や虫、草木や雲まで、思いを伝える生命だ。散文的なメロドラマでは辿りつけない豊穣。戦争の道具さえもステレオタイプな凡庸に堕していない。受難の時代、他者との関わりによる、すずの成長に寄りそうように見入った。

セリフを追ってストーリーをたどる映画ではない。指先のしぐさひとつとっても、生きることそのものの表現を感じられる。

口数が少なくぼおっとしている女性主人公が激動の時代に投げ出され、準備もしていないまま悲劇的状況に遭うというのは、朝ドラ『べっぴんさん』と映画『この世界の片隅に』の共通点かな。抗議の声を上げることもできず戦争にまきこまれる花嫁たちの世代。だが、残酷な時代の中で、彼女は成長していく。

映画やドラマの出演者がバラエティ番組に出演して知名度を上げることが義務となった時代、女優、能年玲奈はテレビ局のスタジオの遍照するライトの下で言葉を失い、存在さえも否定され、〝のん〟になった。

彼女のニックネームからとられたのだろうが、ぼくにはフランス語の〝Non!〟のように否定を示すことばのように感じられる。さまざまな作品で女優としての彼女を排除する世界への否定と反発。だが『この世界の片隅に』での声の出演を通して、ふたたび彼女の声は言葉を取り戻した。

あの時代の声なき声を体現する存在として。

アニメーションの語源が「ラテン語で霊魂を意味するanima（アニマ）に由来しており、生命のない動かないものに命を与えて動かすことを意味する」（ウィキペディアの記述より）のなら、これこそまさに生命のアニメーションである。

原作漫画『この世界の片隅に』について、かつてぼくはmixiの日記に、以下の感想を書いていた。

上中巻はすでに買って読んでいたのだが、下巻が出たのをうっかりスルーしていた。読み終わって一週間くらい経ち、何度も再読したが、いまだに余韻が残っている。

『夕凪の街　桜の国』の帯では、みなもと太郎が「実にマンガ界この十年の最大の収穫」という賛辞をあたえ、それに深く同意していたが、こちらは「この十年」どころではない事件である。

同じ広島を描きながら、またちがった位置からこれだけ豊かな漫画を読ませてくれるとは……。

ネット上には、さまざまなことばがあり、もはや、自分があれこれいうのもおこがましいのだが、これを読まないというのはあまりにもったいない。

「わたしは死んだ事がないので、死が最悪の不幸であるかどうかわかりません。他者になった事もないから、すべての命の尊さだの素晴らしさだのも、厳密にはわからないままかも知れません。

そのせいか、時に『誰もかれも』の『死』の数で悲劇の重さを量らねばならぬ『戦災もの』を、どうもう

まく理解出来ていない気がします」(下巻のあとがきより)

「ここの皆さんのお言葉や、いくつかの書評を読ませて頂いたら、なんか泣けて仕方なかったです。ああそうだった、わたしはただ、『何度も読み返せる』『登場人物が生き残った事を喜べる』戦争漫画を見てみたかっただけなんだ、と気付きました。そして今は、それを共有出来る人がこんなに居て下さる。本当に本当に、有難うございます……。」(ファンサイトの掲示板より)」

戦争をあつかった作品を「戦争は怖い」「戦争をしてはいけない」とかたづけるのは本当に苦手だ。『火垂るの墓』のテレビ解説で「戦争ってほんとうに恐ろしいものですね」と、言い放った水野晴郎には仰天しつつ、笑ってしまったことがあるし、妹尾河童の『少年H』なんて、いまでは誰の口の端にも上らなくなったことをうれしく思う。

戦争は「怖い」とか「しちゃいけない」と切り離して考えられるほど遠い存在ではない。現代にもその萌芽はふんだんにある。その一方で戦時下でも現代と同様の人の営み、人の多様はふんだんにある。現代という〝上から目線〟で、戦時下の人々を見てはいけない。

だから、「この作品では、戦時の生活がだらだら続く様子を描く事にしました。そしてまず、そこにだって幾つも転がっていた筈の『誰か』の『生』の悲しみやきらめきを知ろうとしました」という「だらだら」も弛緩しただらだらではなく、ありふれたように見える日々の豊穣さだったりするのだ。

物語は昭和一九年に広島市の漁師町から、軍港のある呉市に嫁いだ、絵を描くことが好きな少女・浦野すずを中心とした戦時下の日々を描く。章題には年月が表示されている。昭和二〇年八月に向けて進む話だというのは、読者ならみんな知っているわけだ。下巻を買って、だれもがおののきつつ、目次を確認しただろう。そして、そのときがやってくる。

いつも本棚の手に取りやすいところに置き、一生、折に触れて、読み続けたい漫画だ。


こうの史代はどこにでもいる人が、想像もしなかった戦争という暴力を静かに語ってきた。

そんな『この世界の片隅に』は二〇一一年に終戦記念スペシャルと称して日本テレビで北川景子主演のドラマが作られている。よく作られていたけれど、反戦メロドラマのベクトルが強く、原作に豊富にあったディテールがなくなっていた。当時はそこにもやもやしていただけに今回、アニメでこうの漫画の世界が存分に描かれていてとてもうれしい。やっぱり、さりげないものを愛おしく描くには莫大な労力と情熱が必要なのだろう。

ドラマ『この世界の片隅に』について、当時、ぼくが書いたツイートをたどってみる。


ドラマ『この世界の片隅に』だが漫画原作のティピカルな部分を拾っていったら、こういう形になるのか。原作のユーモアから立ち上がるキャラクターの深みに欠けるのが致命的。土地の匂いも薄い。原作のアトモスフィアは消失してるが、メロドラマとしての構成は手堅いので、「泣ける」を求める人にはいいかも。

オープニングから一〇分で、三つの時代を行き来する回想構成には頭を抱えた。なにより、インパクトのためか、原作のターニングポイントをオープニングにするのは、うるさい原作ファンのフィルタリングか。

北川景子が悪いとは言わないけど、大芝居があふれる作劇の中で、居心地が悪く感じられた。そして、クライマックスではやっぱり絶叫。勘弁してください。脚本も演出も十分な時間と予算がかけられなかったんだろうな。

終戦記念日に、テレビドラマという枠で描くには、原作漫画のディテールを削ぎ落とし、こうやって作るしかなかったのだな。日々のさりげないディテールこそが大切な作品なのに。

さかのぼれば、同じ原作者、こうの史代の作品の映画化としては、二〇〇七年に『夕凪の街　桜の国』があった。こちらに関しては、当時ブログで書いたが、原作を愛したものとして、失望感が強かった。なにより、当時のステレオタイプドラマに対する絶望感があったのだろう。

当時は、なみはずれた調査とセンスで戦争を描いた作品を凡庸な反戦映画にしたことに対する悲しみ。戦争はこうやって批判すればいいんだよという作り方に対する絶望があった。

さて、アニメ『この世界の片隅に』の監督、片渕須直に関しては、前作『マイマイ新子と千年の魔法』を鑑賞したときにこのように書いている。二〇〇九年の十二月のことだ。

放課後、日が暮れるまでの長かった時間。となり町への遠かった距離。そんな子どものときの豊かな時間や、果てしない空間をアニメ映画を観ていて感じられるとは思わなかった。

この映画の感触にとても近いと思ったのは、『テラビシアにかける橋』だ。『テラビシア』の場合は、空想の王国であり、『マイマイ新子』の場合は千年前の周防国の国府になるのだが、なんの変哲もない野山の風景に子どもたちのイメージが重なり、子どもたちのあいだでそれが共有されていく。ひとりの夢想ではなく、想像の共有というのがたいせつなポイントだ。

舞台となるのは昭和三〇年の山口県防府市である。隣県に生まれた自分にとって防府の名は聞き知っていたけれど、山口県といえば下関市や萩、山口市のほうがなじみがあり、防府は特徴のない通過点でしかない。

それはたいていの地方都市と同様で、よそからきた人にとっては、ありがちな日本の景色にしか見えない。

だが、そこに住む子どもにとって、ありふれた土地は想像を広げるキャンバスになる。男の子たちの間で「ここは正義のための秘密基地だ」といえば、そこには選びぬかれた隊員が集う最先端の作戦司令部になる。女の子たちの間で「ここは平安時代に都からきたお姫さまがいた」といえば、そこにはみやびな世界で闊達に生きる少女の姿が見える。このアニメ映画にあるのは、そのふんだんな思いなのだ。

それぞれの思いから同心円状にひろがるいくつもの波紋が、ひとつの大きな波となり、胸に広がっていく。

昭和三〇年、麦秋の平野で物語が始まると同時に、美しいスキャットがぼくらを包む。スキャットだからもちろん、意味のあることばをいっているわけではない。でも、ものすごく饒舌なんだよ。

マイマイというのは、かたつむりのことかと思っていたら、頭のつむじのことだった。新子のつむじはおでこにもある。妖怪アンテナか写楽保介の三つ目のように、新子はおでこのつむじをイマジネーションの源と思っている。

新子には、祖父がいる。祖父は新子に古い防府の街のことを教えてくれる。当たり前に見える土地のつくりのいたるところに、過去の痕跡があるのだ。「ブラタモリ」みたいだね？

新子は東京からやってきた転校生の貴伊子と仲良くなる。この映画の中でストーリーの軸となるのは、防府の子となっていく貴伊子の姿なんだけど、それはそんなに意識しなくていい。知らない土地にいく不安とそこで友だちができる喜びを感じるだけでいい。

昭和三〇年を舞台にしているといえば、ある種のノスタルジーが横溢してもおかしくはないのだが、『ALWAYS』などにある、過剰かつステレオタイプなノスタルジーは一切ない。あのころは良かった。あのころにしかないひとの触れ合いや人情があったみたいな、過去賛美はない。

　二〇〇九年も一九五五年も一〇〇〇年も人間が生きていることに変わりはない。どんな時代であろうと、人間としてそこに生まれ、その時代と初々しく出会った子どもたちが手探りしながら、歩き、息を吸い、手を広げていき、過去と未来に思いをはせていく。

　そして、子どもは純粋だからいいという、決め打ちの子ども賛美さえない。大人たちから見たらありがちな事件だって、初めてそれを体験する子どもたちには大事件となり、子どもなりの落とし前をつけていく。

　ここで泣くところ、ここで笑うところなんて、合図のある作品ではないけれど、だからこそ、子どものとき意図せず「いっしょだね」と思うことで得たあの喜びを、一晩寝て明日になるのが遠かったから、感じた不安と期待を新子たちといっしょに体験できるすばらしい作品だ。

　ぼくらが創作や物語を好むのは、そんな「いっしょだね」が起点だったんだわけだからね。

　体験者でなければあのつらさはわからない。それはもちろんのことだけれど、それを体験していなくても残された資料を調べ、健康な想像力を駆使することでそれを追体験できる。そんな想像力の凱歌は、『マイマイ新子と千年の魔法』から片渕須直監督が一徹に表現してきたものだ。

　いつも新作が出るたびに大切に読んできた、こうの史代作品がドラマや映画になるたびに感じてきた無念だが、片渕須直監督がアニメ化すると聞いて、飛び上がらんばかりに驚いた。まさかのマリアージュである。

　しかし、二〇一五年三月、そのしあわせなマリアージュが資金難から難航していると聞き、ほんとうにわずかな金額ではあるが、ファンドに投資した。

　完成後の映画のエンドロールにはぼくの名前が掲

載されるという話だったが、意気に感じた支援者は三三七四名に上り、最初の鑑賞時には名前を見つけることができなかった。ぼくの名前なんかより大切な見るべきものがたくさんあるからね。鑑賞後、珍しくパンフを買って確認したら、きちんと本名で名前が載っており、二回目の鑑賞ではスクリーンで確認できた。

さて、語り継ぐ戦争と生活という意味では、自分が見て語っただけでは、作品は完結しない。ぼくには昭和一二年生まれの映画好きの母親がいる。母と交わしたことばをリアルタイムにツイッターで書いていたのだが、それを加筆訂正して、以下にまとめてみた。

■母に伝える

先日、勧めた『永い言い訳』に感銘を受けた九州の母であったが、年齢の違い友達に勧めて、「よかったよ」と感謝されているという。そんな母に『この世界の片隅に』を勧めたら、その友だちと「いっしょに行こうかね」といっていた。母の感想を聞くのが楽しみだ。

■二日後

七九歳の母が、七九歳、八七歳のふたりとともに『この世界の片隅に』を観にいってきた報告。開口一番「あんた、どうして戦争知らんで生まれたのにあの映画いいというんね」。「もうあんな人いっぱいおったよ」「戦争のときは物が買えんでね。おかげで買えるごとなったら服ばかり買いよったよ」。

母は『この世界の片隅に』を観て、当時の生々しい記憶を呼び覚ましたようだ。戦地から帰ってこない父(ぼくにとっての祖父)を待つため戦争が終わっても家の戸を閉めることができなかった母(ぼくの祖母)など、当時の話が尽きない。

母(終戦時七歳)にとって『この世界の片隅に』はあまりにもリアルで泣くとか笑うとか感情を刺激するものではなく、ただただ過去の記憶を引き出すものだった。それは「あんた知らんやろ」と戦後生まれのぼくに対することばとなった。「知らんから見て気持ちが近づけたんやろうね」と答えるしかなかった。

伯母や叔母の話によると母はガキ大将のような性格でいつも野原を駆けていたようだ。故郷の福岡県苅田は『この世界の片隅に』のように海に面した町で、祖父は小さなバス会社を持っていたが、応召により、生活は苦しくなった。「あんまり戦争の話やらせんのに」とはいっていたが、聞いていたつもりだった。

しかし『この世界の片隅に』のようにあのときあったもの、なかったものがはっきりと描かれている作品を観ると、母から息子へなにを話していなかったのか。それを生々しくリアルに気づかされたのかもしれない。

母による『この世界の片隅に』の感想はクライマックスにさしかかる、ほんのわずかな差で生き残った人、死んだ人、失われた人、失ったものが変わってきたこと。それは理屈や心がけとは関係なく、ただ、運によるものだったこと。そのことを自分の人生に重ねて話すのだった。

七九歳の母にとって『この世界の片隅に』はあまりにも生々しく、記憶の中で心を凍らせ封印した〝過去〟の理不尽や無念、怒りといった感情を呼び起こすものだった。その封印の中で語られなかったものをぼくらは〝現在〟の体験であるかのように見た。すずにとってもあれは想定外の〝現在〟だったのだ。

■夜になってもう一度電話

『この世界の片隅に』関連で母ちゃんの話が好評になってるよと母に電話。昼には出てこなかった話がいくつも。闇市で砂糖が高かったことに触れ、「あのころは砂糖というより、サッカリンやらズルチンやったけどね」と。それでも甘いものはごちそうやったね。

それでも祖母が〝朝鮮飴〟といわれるものをたくさん作り始めたことがある。応召した祖父が、門司から出港する前に持たせるためだった。当時五、六歳の母と手をつなぎ、二、三歳の叔母を背負い、祖母は日豊線の電車に乗った。車内は大混雑で、小さかった母は窓から社内に投げ入れられた。

（朝鮮飴は加藤清正由来の熊本県の銘菓らしいが、ぼくも食べたことはない。ただ、母の実家にいくと、祖母がものすごい量の茶碗蒸しを作ってくれ、子供のころのぼくはそれが楽しみだった。孫に腹いっぱい食べさせることでもてなす祖母だった）

門司に着いたが、出港前の兵士は列をなして民家に分泊。祖母たちは必死でその後を追っていたが、兵隊たちの足は速い。その早さに追いつけず、母の手を引き、叔母を背負い朝鮮飴や一緒に食べる弁当が詰まった大きな荷物を担いで坂道を歩いているうちに、祖父のいる部隊を見失ってしまったという。それから祖父と家族が会うことはなかった。

祖父が出征するとき、最年長の伯母は校庭の鉄棒から見える日豊線の汽車の窓から、大きく手を振る祖父を見たというが、まだ、幼かった母はその姿を見た記憶がないという。

終戦後、同じ日豊線の車内には基地に向かうアメリカ兵が乗っており、鉄棒のあたりから子供たちが手を振ると、チョコレートを巻いてくれたという。そのときに拾った一個が母が手にした唯一の「ギブミーチョコレート」。

母「ああいうのは、なんていうのかね」。ぼく「マンガ？　アニメ？」、母「マンガやらいうたらいけんよ。マンガはもっと子供が見るもんやろ。あれはほんとにあの頃のとおりよね」と。そこから作中の焼夷弾のディテールの話。防空壕で蒸し焼きになった家族の話とか。

『この世界の片隅に』から、記憶を呼び覚ました母の話は尽きない。自分でも聞いたことがないような家族の話がいくつも出てきた。祖父の生還を信じた祖母はどんなに困窮していても、農家で食料と交換で良い取引ができる背広などの服を手放すことができなかったという。祖母亡き後も祖父の服はまだ実家にある。
（ぼくが小学生のとき、はじめて訪れた東京は祖母と二人の靖国神社参拝だった。祖母は一九一一年生まれ、一〇代のころは東京早稲田で奉公をしていたこともある。そのころから新宿御苑など、東京のことに不思議と詳しいと思っていたら、そういうファミリーヒストリーがあった。祖父は三十代半ばで戦地に赴き、ビルマだか、東シナ海だかで亡くなった。）

原作版『この世界の片隅に』には、こんな台詞がある。「生きとろうが死んどろうが　もう会えん人が居ってものがあって　うちしか持っとらんそれの記憶がある　うちはその記憶の器としてこの世界に在り続けるしかないんですよね」そんな母の記憶の器をのぞかせてもらった思いがする。

母は『この世界の片隅に』エンドロールに並ぶ名前を見て、「あれはどういう人ね？」ときいてきた。「原作の漫画が好きで、片渕須直という監督の過去の作品に信頼をおいてる人が、制作を進めてもらうために出資したんよ。あの中に小さく、ぼくの名前もあるけ」と、ちょっぴり誇らしく答えた。

『胸騒ぎのシチリア』
（二〇一五年　イタリア／フランス　監督：ルカ・グァダニーノ）

地中海の島を舞台にした男女四人のサスペンスフルな恋愛模様。舞台はシチリア〝島〟ではなく、シチリア〝自治州〟内のパンテッレリーア島。知らなかったが、セレブの隠れ家リゾートみたいな島だ。

原題は〝A Bigger Splash〟。「Rotten Tomatoes」では評論家の評価が九〇％と高い一方で、観客の評価は五九％の低評価という映画マニアをうならせる作品だ。今回は自分の選択ではなく、誘ってくれた人の選んだ映画だが、いまの自分には滅法おもしろかった。

「そんなつまらないものを聴かずにこっちにしようぜ。だって、これがおもしろいに決まっているじゃないか」とか、「なに退屈そうな顔してるんだ！　だったら、みんなで盛りあがろうぜ！」なんて、自分の成功体験という価値観の頂点にいて、その価値観を共有しない相手に対して、価値観の庭を土足で踏み荒らしていくやつ、静かな対話を楽しんでいるときに、「かかってこいよ」と挑発してくるやつ。

これはふたつの価値観が対峙する映画だ。

一九六九年の映画『太陽が知っている』のリメイクだ。『太陽が知っている』はアラン・ドロン、ロミー・シュナイダー、モーリス・ロネ、ジェーン・バーキンが出演した南仏のリゾートサントロペを舞台にした映画だが、ぼく自身が観たのかどうかという記憶さえあやしい。四角関係という設定やプールが重要な鍵を握り、いくつかの象徴的なシーンを共有しているというが、比較する時間がなかった。

声帯手術をして、声を出せない女性ロック歌手をティルダ・スウィントン、健康な官能に満ちた島での静養を楽しむカメラマンをマティアス・スーナールツが演じている。マティアス・スーナールツは『君と歩く世界』の肉体派じゃないか。今回も端正な肉体にフェロモンが濃厚に漂う。

ふたりっきりの幸せな日々に終止符を打ったのは、音楽プロデューサーのレイフ・ファインズ。彼はロック歌手の元恋人で、いまだに彼女を諦めきれない。いかにもメジャーであることに慣れたさりげない図々しさを振りまいていく。欲しいものは自分で手に入れてやるというえぐさ。

プロデューサーは自分の娘だという若いダコタ・ジョンソンを連れてくる。ほんとに娘なのかどうかは、よくわからない、あやふやな関係性を考えることなしに、「まあ、いろいろあったし……」というぞんざいな事情で連れてきた感じだ。

ザ・音楽業界というべき、元恋人の無神経なふるまい。胡乱な男がノリと無神経で世界を侵食するおぞましさ。そして声を失った歌姫の葛藤が緊張を高めていく。心の奥底では穏やかで自然な未来を希求しながら、自身の喝采と名声の日々に対する乾きが止まらない。

セリフのすべてが印象的だ。声なき歌姫のことばを代弁するかのようなカメラワークやシチュエーションがたまらない。静かに見つめるマティアス・スーナールツのその視線の先にあるものは……。四者四様の大小の欲望と悪意に彩られた行動により、地中海の四角関係は、静かなる緊張感をはらんでいく。

俗物音楽プロデューサーを演じるレイフ・ファインズのでっぷり太った肉体、ティルダ・スウィントンの身体に乗る年齢、マティアス・スーナールツの絞られたボディ。そして、ダコタ・ジョンソンの若き裸の誘惑。観客のエモーションを支配する考えぬかれた映像。

舞台となるパンテッレリーア島は、アフリカとシチリア島の中間にあり、アフリカからの難民のルートになっている。そこにアフリカからの風、シロッコが吹き始めたとき、万能感を漂わせた音楽プロデューサーが最も恐れたものがあらわになる。たまらんなあ。

『聖の青春』

（二〇一六年　日本　監督：森義隆）

早逝の将棋・棋士、村山聖の生涯を描いた作品。原作は大山善生の同名ノンフィクションだ。

将棋や病気の解説部分など説明セリフは生硬としか言いようがない。主人公の村山聖が東京に進出するあたりまで、それに辟易して、帰りたくなった。だが、そんなくどさを補って余りあるのが、役作りのために二〇キロ激太りしたという松山ケンイチの存在感だ。

東京に引っ越した村山聖の愛嬌に思わず笑う。それがこの愛すべき天才棋士への共感の始まりだった。

将棋や病気についての過剰な説明はあいかわらずだが、棋士の心の機微や、生への執念については、逆に安っぽい心情の吐露を抑えた寡黙な展開が胸をえぐる。

「どうせ難病早逝の将棋映画だろ?」という事前の予想をしのぐ神がかった作品にしたのは、松山ケンイチの二〇キロの増量と、対局の棋譜を暗記して撮ったという東出昌大演じる羽生善治との最後の対決シーンだ。

最近は将棋ソフトでのカンニング疑惑で揺れる棋界だが、小説がその作品の中に自らの作家性を表現するように、棋士は一手一手に唯一無二の魂を込めていく。だから、コンピュータのアルゴリズムでは生まれない、不滅の人間が棋譜に残るのだ。

クライマックス近くに「観客を侮っている、ちょっとあれはなぁ」という減速材料はある。ファイナルカット権を持つプロデューサーサーマターになるのかな。観た人なら、それとわかる大きな傷がある作品ではあるが、松山ケンイチが血肉を通わせた村山聖の対局にぼくも立ち会った気分だ。

将棋の対局というのは、凡人にはそのことばさえも理解できない、天才と天才のコミュニケーションツールだと、感じられることはたしかだったよ。

もうちょっとだけ、観る人間を信頼してほしいな。

『ファンタスティック・ビーストと魔法の旅』

(二〇一六年 アメリカ 監督:デビッド・イェーツ)

自分にとって「ハリー・ポッター」シリーズはハーマイオニー(エマ・ワトソン)の映画だった。だってかわいいじゃないか。今回、ハーマイオニーは登場しないけど、映画「ハリー・ポッター」シリーズのどの作品よりも楽しんだ。

無垢な血統のルールによって、子供が自身に定められた運命と対決する「ハリー・ポッター」は、シリーズを追うごとに考察のボリュームも増え、興味深くはなっていった。だが、深刻な話になればなったで、暗鬱になってしまっていた。

四半世紀前に自分でも魔法学校が登場するRPGのシナリオを書いたことがあって、魔法学校という設定には胸躍るものがあったけれど、ホグワーツを中心とする魔法使いの世界と、現代の世界との距離がどんどん大きくなっていくように感じられたものだ。いろいろあるけど、対岸の火事を見ているようだった。

『ファンタスティック・ビースト』では、禁酒法時代のニューヨークにイギリスから魔法使いがやってくる設定が最高だ。これこれ、自分は魔法使いの世界と人間の世界が交じり合うドラマを見たかったんだよな。

もちろん魔法生物が次々に出てくる視覚的な楽しさはもとより、禁酒法施行された一九二〇年――まさに『グレート・ギャツビー』の時代をていねいに描いたことが、楽しさの背骨になっている。

このニューヨークにおいて、現実と魔術が出会い、ひとりのイギリス人魔法使いが、勃興するアメリカという国に出会うという構造が、ぼくをわくわくさせる。時代としては第一次世界大戦が終結し、大恐慌が訪れる前であり、さまざまな人が、無邪気と野心をもって、未来を夢想した時代だ。そこにイギリス人作家、J・K・ローリングのアイロニカルな視点が加わり、現代に通じるアメリカ社会の病巣を正確に摘出している。

全五作が映画化される予定だそうだが、魔法使いの世界と人間の世界が、今後、どのような軌跡をたどっていくのか、心より楽しみにしている。

『ジムノペディに乱れる』

(二〇一六年　日本　監督：行定勲)

ぼくは人生であと何回、板尾創路の尻を見なければいけないんだろう。人生に中折れした中年映画監督の中折れ感あふれるロマンポルノだ。

『世界の中心で、愛をさけぶ』や『ピンクとグレー』の行定勲監督作品だ。制作費、製作期間、総尺、濡れ場の数などの制約が課された日活のロマン・ポルノ・リブートプロジェクトの第一作がこれなのか、という感じ。せっかくの映画のおっぱいだ。もっとキャラクターに興味を持って、おっぱいの商品価値を高めてほしい。それはスタイルや形だけではない。そのおっぱいにどんな人生が込められているのかを見せてほしい。

老婆心満載のセリフが事情を説明しつつ板尾創路の尻が振られる。意図はわかっても、その意図を説明してもらうために尻を見るわけじゃない。風祭ゆきリスペクトはわかったけどさ。無闇に女性のためのポルノみたいにしないのは、潔いけどさ。もうちょっと、やりたい女を語ってほしいな。

『私の少女時代 Our Times』

（二〇一五年　台湾　監督：フランキー・チェン）

みずみずしい青春映画に名作が多い台湾映画だ。その中でもいまも記憶に残る『あの頃、君を追いかけた』みたいな作品を期待していたが、説明過剰でベタな胸キュン恋愛展開に音をあげそうになった。日本のスクリーンを覆い尽くす胸キュン汚染はついに台湾にもおよんだか。

そうため息をついたところで、まるで『ハロー!?ゴースト』ばりのツイスト展開になり一気に盛り返す。最後の最後で楽しんだけれど、一三四分という尺は長すぎだな。

『マダム・フローレンス！夢見るふたり』

（二〇一六年　イギリス　監督：スティーブン・フリアーズ）

音痴なおばさんがカーネギーホールでリサイタルを開く。実話ベースだが、虚実のバランスが絶妙な映画だった。誰かにとっての幸せとは、誰かがもたらす幸せとは、真実の価値とは。人と人との関係はこんなにもデリケートなものなのか。

ニューヨークを舞台にしているが、イギリス映画というのがポイントだ。脚本も監督もイギリス人で、撮影ロケーションはイギリス各地だ。

マダム・フローレンスは絶対的な音痴である。それは誰が聴いても明白な事実だ。しかし、正しいことと愛を育むことは明らかに違う。客観の中では間違っていても、主観の中でその人が大切にするものを献身的に守ることで、愛を育んでいく。その愛は人に伝わる。

第二次世界大戦の最中という設定もさりげなく織り込まれている。正しさと正しさがしのぎを削る時代に、正しさによって壊れてしまう儚い喜び。そんな輝きを大切にしたいという思いにぼくも幸せになった。

『海賊とよばれた男』

（二〇一六年　日本　監督：山崎貴）

この映画に登場するのは三種類の人間だ。「一．熱い味方」「二．狡猾な敵である外国人か官僚」「三．喝采し万歳三唱する群衆」。

泣かせ好きだが、人間に興味がない監督がオールスターキャストで撮っている。ここに登場する会社の社員はまるで体育会系の部活のように熱血と滅私奉公の掛け声ばかりで、知性の欠片も感じられない。

ぼくの地元出身の出光佐三をモデルにしている。原作は未読だが、出光佐三のことは多少知っているだけに、エピソードの上澄みをすくって、泣かせて感動させようとする作りには悲しくなってしまう。土地と時代と人物を脱臭させて泣かせても意味がない。彼をモデルにした国岡鐡造が、単なる精神論のみで威勢がよく、涙を流すだけで部下を死地に送り、不妊の妻（綾瀬はるか）が自分から去っていっても口先だけでなにもしない、ブラック企業のオーナー社長に見えてしまうよ。ほんとに残念だな。

劇中の北九州弁は愛おしいが、北九州ロケはない。若き日の主人公を描くシーンで登場する海が、まるっきり関門海峡じゃないというのも大きな問題だ。ロケする必要はないが、海峡らしさを取材すればいいのに。海峡としての幅の狭さと過密な船舶交通量。関門海峡の性質をきちんと説得させる絵が見えてこない。そんなものは現地に実際にいき取材すれば一発でわかるし、そこにこそお得意のコンピュータグラフィックスを使えばいいのにと思ってしまう。

クライマックスのヤンキー感あふれるチキンレースよりも、きちんとした土地の絵を見たかった。

繰り返しかかる社歌は山崎貴監督自身の作詞だが、戦中か戦前に作られたという設定の社歌の歌詞に「いにしえの海人の生き様を」なんてフレーズを使っている段階でぞっとした。〝生き様〟なんて戦後に流行ったことばだ。〝江戸しぐさ〟みたいに、後世の価値観で時代を偽らないでほしい。

まるで編集の雑な総集編みたいな映画だった。岡田准一の熱演はすばらしかっただけにもったいないね。出光と時代を知りたければ、「プロジェクトX　世界最大の船　火花散る闘い」のほうがいい。

『ヒッチコック／トリュフォー』

（二〇一六年　フランス／アメリカ　監督：ケント・ジョーンズ）

三〇年以上前、大学生のころ、翻訳出版されたばかりの『映画術　ヒッチコック／トリュフォー』を友人の家で読み耽り、その後、自分でも買って読んだ。その頃はまだヒッチコック作品は半分くらいしか観ていなかったけれど、その後、ビデオや名画座、テレビ放送で、ヒッチコック作品を観るたびに、当該の章を丹念に読んでいった。

当時の録音テープと該当する映画のシーン、一〇人の現代監督のインタビューで構成された本作も興奮した。だって、ヒッチコックが自作を分析する声と自作のシーンが重なるんだよ。本では得られない醍醐味だ。

もちろんインタビューをまとめた書籍版とくらべたら、情報量は圧倒的に少ないが、〝フランス映画の墓掘り人〟とまでいわれた映画評論家出身のフランソワ・トリュフォー監督が、まるで初恋の人とデートをするかのように、いそいそとヒッチコックに会い、その魅力を共同作業で分析していく。イギリス出身でハリウッドに移り、ヒット作を量産していたヒッチコックだが、アメリカではジャンル作家扱いされていたわけで、自分を〝ヌーヴェル・ヴァーグの神〟として大切にしてくれるトリュフォーたちの存在はありがたかったことだろう。

ぼくらは映画のなにに興奮し、なにを見たくて、なにを見たくないのか。映画という娯楽を論理立てて分析していく作業はいつだってエキサイティングだ。

本作のインタビューで登場する映画監督も、マーティン・スコセッシ、ウェス・アンダーソン、デビッド・フィンチャー、オリヴィエ・アサイヤス、ピーター・ボグダノヴィッチ、アルノー・デプレシャン、ジェームズ・グレイ、黒沢清、リチャード・リンクレイター、ポール・シュレイダーとバラエティに富んでいる。「え！　この人がヒッチコック映画術の薫陶を受けていたのか」という驚きもある。

批評や評論で映画を語るという作業が、作品をどれほど豊かにしてきたか。これはもっと長尺で観たい！

『ローグ・ワン／スター・ウォーズ・ストーリー』

（二〇一六年　アメリカ　監督：ギャレス・エドワーズ）

「スター・ウォーズ」に関しては、複雑な思いがある。のちに『エピソード4／新たなる希望』とサブタイトルを付けられた第一作が日本で公開されたのは一九七八年のことだ。ぼくが高校一年生の夏だった。SFや映画に多感なティーンの時期で大いなる期待とともに地元の映画館に駆けつけた。そして、薄く失望した。期待が大きすぎたのだ。

もともとは一九七七年の初夏にアメリカで公開され、熱狂とともに大きく報じられた「スター・ウォーズ」だが、日本においては一年以上、遅れて公開された結果、クライマックスシーンなど、さまざまなディテールが漏れていた。

それだけではない。アメリカでの公開順とは逆に『未知との遭遇』はすでに公開され、『スター・ウォーズ』を模して作られた国産スペースオペラとして『惑星大戦争』や『宇宙からのメッセージ』なども急遽制作され、公開されていた。はるか彼方の宇宙のドラマは、日本での公開前に陳腐化されていたような気さえした。

日本ではなじみのないSF娯楽映画を人口に膾炙させるという興行的判断によって公開がずいぶん遅れたことは、その後、元20世紀フォックス社の古澤利夫氏のインタビューなどで明らかになっている。それにしても遅くなりすぎた。もしも自分が余計な情報など知らないまま、ふらりと「スター・ウォーズ」と出会えていたら、どうなっていただろう？　その問いかけはいつもある。

限られた情報の中で観る「スター・ウォーズ」にもっと興奮したのだろうか。もっと熱狂したのだろうか。もっと純粋に作品を愛せたのだろうか。

『ローグ・ワン』は、あのころ踏みにじられた熱狂を感じさせてくれた。映画のラストシーンには思わず手をあげ、「YES！」と声にして、喝采をあげ、自然に手を叩いた。そうか、これこそが「スター・ウォーズ」のエモーショナルな熱狂だったのか。『ローグ・ワン』公開が時差の関係でアメリカ本国よりわずかに早かったこと。世界的な方針により公開前の情報を絞っていたこと。そして、「スター・ウォーズ」スピンオフという特性上、主要なキャラクターの多くを知らなかったこと。そのすべてがよかったとしか言い様がない。

いまさらのように説明するが、「スター・ウォーズ」作品は、エピソード番号をつけられた「サーガ」と、そこから派生したスピンオフである「アンソロジー」に二分される。また、さまざまな世界設定やキャラクター設定のうち、ディズニー傘下になった後、ルーカスフィルム・ストーリー・グループの監修を受けたものは「カノン（正史）」とされ、それ以前のゲームやコミック、小説など、サーガから派生した拡張世界の設定は「レジェンド（レジェンズ）」と呼ばれる。『ローグ・ワン』はアンソロジー作品であり、カノン作品でもあるという位置づけだ。

一年前に公開された『エピソード7／フォースの覚醒』は、「サーガ」として、スカイウォーカー一族やジェダイの歴史を継承することを目指した作品であった。

そして、『ローグ・ワン』はスピン・オフでありつつ、「スター・ウォーズ」の熱狂を現代によみがえらせるべく作られたものだ。

第一作から四〇年近くが経った。時代も変わり、観客のエンターテインメント体験も増えた。そんな中でも目標達成のために苦闘する人々を描いたシンプルで魅力的なミッション・ストーリーを渇望する気持ちは変わらない。それどころか、あの時代と同様に複雑化する世相の中で、痛快な冒険活劇を求める気持ちはより強くなっている。

公開当日、群れて観るのは本意ではないので、ひとりでTOHOシネマズ新宿に向かった。夜中の〇時から最速上映のIMAX、〇時三〇分からMX4Dでの上映が始まっていたが、ぼくが選んだのは一時からのTCX+DOLBY ATMOS+3D上映。さらにはプレミアムボックスシートのど真ん中。これがよかった。鑑賞後、ひとりでなじみのバーに入り、その興奮をツイートしまくった。

「人生と共にスター・ウォーズを愛し続けてよかった。ジェダイ騎士団なきあと語り継がれるフォースの物語。ルーカス去りしのちに、受け継がれる神話の魂。これこそがスター・ウォーズのミッシングリンク。これこそがスター・ウォーズの心臓。これこそがスター・ウォーズを愛する理由」

「動揺している。今年唯一、見終わったあとに思わず拍手した映画だよ。スター・ウォーズが戦争映画でありながら、『オズの魔法使い』の系譜に連なる作品であることを確認した。そして、動揺している」

さらに早朝、家に帰ってもツイートの連投をする。

「すばらしいのは、スター・ウォーズというシリーズをぜんぜん観たことがなくても、楽しめるようになっていること。新キャラばかりで戸惑うのはスター・ウォーズのファンも同様だ。冒頭の情報量の多さは大変なのだが、戦争活劇映画の伝統を踏まえたSW入門映画になっていること」

「そして、スター・ウォーズのファンにとっては、いままで、スター・ウォーズでツッコミまくっていたあれやこれやの多くが、並々ならぬ感動に変換されて、返ってくる喜びをあたえてくれる。いままで足りないと思っていたものには、足りない必然があったのだよと教えてくれる」

「『もうひとつのスター・ウォーズ』というコピーだし、スカイウォーカーやジェダイの映画ではないが、見終わったあとは、これこそスター・ウォーズ、フォースの映画なのだと。I'm one with the Force, and the Force is with me.」

「『エピソード4　新たなる希望』のときはジェダイでもなくフォースも使えない反乱軍の連中が、なぜ〝May the force be with you〟と言うのかと思っていたけれど、『ローグ・ワン』は、ジェダイ・(マインド)・トリックなき、フォースの映画」

「現在七二歳のジョージ・ルーカスが記憶は失いつつ、心そのままに五〇歳くらい若くて、一〇代でスター・ウォーズの〝6〟作を観たあと、自由にスター・ウォーズを作れといわれたら、作るのは『フォースの覚醒』ではなくて、『ローグ・ワン』なのではないかと思うくらいの映画だ。」

「あとね、『ローグ・ワン』には、あたりまえのことだけど、J．J．の会社、バッド・ロボット・プロダクションズのロゴが出ばってなくて、ルーカス・フィルムのロゴだけが愛おしく表示されるんだよ。そういうことなんだよ。そういうね」

「『ローグ・ワン』を観て、二〇一六年の映画ベスト10は決まったかなという思いだ。もちろん第一位は『ローグ・ワン』ですよ。問答無用」

などなど……。ここまで、興奮に身を任せた状態だった。これで十分といえば、十分な感想だ。

さて、ここからはネタバレも含めた内容となるので、これから観ようという方は目を背けてほしい。

二回目の『ローグ・ワン』を観ると、映画的な不具合に気づき、居心地が悪くなる。名前を覚えにくい登場人物、よくわからないままに移動していく舞台、「スター・ウォーズ」サーガではほとんど登場しない回想シーン、口頭のみで説明される展開など。一回目の鑑賞では、とにかく情報量が多い、そのためにわかりにくいのかと思っていたが、カットが多く強引な編集をしている冒頭のシーンを観て、なにかをごまかしているのではないかと思った。

実際、最初に公開されたティーザー・トレーラーで見たセリフやシーンがなくなっている。ジンの〝This is a rebellion, isn't it? I rebel.〟（反乱軍なんでしょ。反乱してるの）などのセリフは本編から消えている。このセリフはアメリカでのキャンペーンにも使われ、印象的だっただけに、残念だ。

冒頭のシーンで、ジンの母親がオーソン・クレニックのもとに戻ってきた理由がわからない。また、殺される必然も弱い。幼少時のジンが逃げ出す距離感についても疑問が残る。意味ありげにジンの残したストーム・トルーパーの人形にはおもちゃである以上の意味がない。成人したジンが脱走し、K2にノックアウトされるあたりの動機や目的もはっきりしない。フォレスト・ウィテカー演じるソウ・ゲレラなど、映画的になんのためにいるのかわからない。彼はアニメシリーズ『クローン・ウォーズ』で印象的なキャラクターだったのだが、『ローグ・ワン』で友情出演しているだけとは考えにくく、あまりにもぞんざいに使われている。ジンの育ての親というより、ただの門番レベルである。おそらく、ジェダイがいなくなった時代に帝国と対峙し、その過程で心と体に傷を負ったのだとは思うが、よくわからない。

なにより、こういったミッションを遂行する活劇を作る場合は、大目的（デススターの設計図を手に入れる）、中目的（惑星を封鎖するシールドを破壊する）、小目的（一〇メートル先のボタンを押す）などがていねいに配置されるべきだが、かなりグダグダになっている。ジンがなにから逃げようとしているのか。なにを成し遂げようとしているのか。全体に豊富なキャラクターを使い分けつつ、とってつけたようなフラグをクリアしていくゲーム的な展開が目立つ。ただ、ゲームの設計としてはかなり雑だ。ユーザーにあたえる目的が複雑になりすぎている。結局、いまなにをやるべきかが、観客に対して明確に示されない。

ストーリー原案を作ったジョン・ノールといえば、ティーンのころ、「スター・ウォーズ」に憧れ、その憧れを実現するためにルーカスのSFX工房、ILMに参加。その後、ILMを代表するSFXスーパーバイザーになった人物で、兄、トーマスとともに写真編集ソフトの代名詞「Photoshop」を開発したことでも有名だ。本人も「スター・ウォーズ」プリクエルに出演していたりもする。そんなジョン・ノールだからこそ、よく知っているディテールもふんだんなストーリー原案を作ったのだろう。

そこにアメリカ版『ゴジラ』のギャレス・エドワーズ監督が参加。『ナバロンの要塞』や『特攻大作戦』、『戦略大作戦』など、往事の戦争アクション映画にもオマージュを捧げるような作品を目指し、完成させたわけだが、そのまま完成させたのでは、観客の期待に応えられないと判断されたのではないか。

　そういえば、「ボーン」シリーズや『フィクサー』のトニー・ギルロイ監督が、追加のシナリオを書き、第二班監督として参加。さらには編集まで行っているとの報もあった。

『ローグワン』を「スター・ウォーズ」の新作として公開するには、地味すぎると判断されたのではないか。エピソード1、2、3と、エピソード4、5、6の間をつなぐブリッジパートとしての役割を期待されたのではないか。『エピソード3』と『エピソード4』という、テイストもベクトルも違うふたつの話に対して考証の義務を背負った困難も理解する。

　結果的に『ローグ・ワン』オリジナルのシナリオから人間ドラマを削り、クライマックスでの宇宙戦をより派手なものにした。『エピソード3・9』とするためにダース・ベイダーや、モフ・ターキン、レイア姫といった、ファンにおなじみのキャラクターを多数登場させたのかもしれない。

　なによりも完成した『ローグ・ワン』には、人間への洞察が欠けていないか。ジンは人間として、ドニー・イェン演じるチアルート・イムウェとどんなことばを交わしたか。キャシアン・アンドーが反乱軍のために汚れ仕事をやってきたのはわかるが、ジンの行動のなにが彼の心を希望に向かわせたのか。オリジナルのシナリオからそのままに残されているのはドロイドのK－2SOのクライマックスだけではないのか。

　最近はキャラクター設定だけ作りこんでいるが、その設定が映画のストーリーや構成に反映されていない作品が多い。疑問に思った観客が妄想に萌えて、そのアンバランスな欠落を補完して埋めることを期待しているのだろうか。たしかにそういうおもしろさはあるが、「スター・ウォーズ」まで、そういうマニアのためのネタになってしまったのだとしたら、寂しいことだとも思ってしまった。

もしかしたら、ギャレス・エドワーズは、撮るだけ撮って編集室で映画を作りこんでいくスタイルなのかもしれない。その過程で、トニー・ギルロイが参加した。そして、その成果は「スター・ウォーズ」シリーズ史上最高にエモーショナルな形として結実した。

考えてみれば、ジョージ・ルーカスが最初に『スター・ウォーズ』を作ったとき、度重なる予算超過、製作期間の遅れ、満足に撮りきれていないカットなどのおかげで、編集室は修羅場だったという。それと同様なことが今回もあったのかもしれない。不自然なつながり、いびつな完成度など、最初の『スター・ウォーズ』も同様にあった。当初シナリオには存在していた、タトゥーインでの悶々とした青春のシーンは撮影までされたが、完成版からはカットされている。

冒頭で「なにかをごまかしているのではないかと思った」と書いたシーンも、ごまかすというより、追加撮影分を増やしつつ、作り出された熱狂をホットに提供するための工夫かもしれない。

そんな撮影の厳しさに応えるためのSFXがすばらしい。空気感の描写がとてつもないレベルになっている。原案のジョン・ノールがコンピュータグラフィックスでも奮闘している。まるで『エピソード4』のころのマットペインティングのような背景や、ミニチュア撮影の質感まで、コンピュータグラフィックスで作りあげている。

否定的な意見も目にする。小さな子供から大人まで楽しめるのが「スター・ウォーズ」だけど、『ローグ・ワン』にはそれがない。サーガの各作品よりも穴が目立つから、「スター・ウォーズ」としては問題だ。ジョン・ウィリアムズのテーマから見ると、音楽が軽く矮小化しているから、「スター・ウォーズ」とは認めがたい。そんなことを言いたくなる気持ちはとてもよくわかるが、熱量あふれる『ローグ・ワン』こそ、ぼくが体験しないまま終わるのかと思った「スター・ウォーズ」のエッセンスを五四歳のいま、堪能させてくれる「スター・ウォーズ」なのだと、心底思う。

今回、「サーガ」ではない『ローグ・ワン』は回想シーンの多用、ワイプによりシーンチェンジやオープニングクロールの消失など、字幕による状況説明など、「サーガ」ではお約束ともいうべきルールを破っている。だからこそ、もうひとつルールを破ってほしい。『ロード・オブ・ザ・リング』のようにスペシャル・エクステンド・エディションも作って、撮影したフッテージをさらに加えた三時間くらいのバージョンなどを発売してほしいな。あの地で未来と希望を信じて戦った人々の思いを豊かに描くためにも。

『ヒトラーの忘れ物』

（二〇一五年　デンマーク／ドイツ　監督：マーチン・ピータ・サンフリト）

東京国際映画祭で『地雷と少年兵』として公開された作品。第二次大戦終結後ナチスがデンマークの海岸に残した地雷は二〇〇万発。それを手作業で、撤去したのは二千人のドイツ兵。その多くが少年だった。文字通りの一触即発の状況で、繊細な作業をしていく。失敗はすなわち五体の破壊を意味する。

自国の語られざる歴史をミニマルで真摯なドラマにした手際はみごと。戦争を終わらせることはほんとうに難しい。

戦後処理の一環として、戦勝国の政府が、敗戦国の少年を危険な地雷原に送るという負の歴史をこのような形で映画にする勇気は称揚したい。復讐の念は為政者や責任者に代償を払わせるのではなく、いつだって弱者を苛むだけだ。過剰に息苦しく生真面目過ぎはするが、目を背けられない。ホロコーストなど、ナチスの犯した罪は、子供を死なせることでは、償わせることができないのだ。

『ぼくは明日、昨日のきみとデートする』

（二〇一六年　日本　監督：三木孝浩）

ぼくは〝泣ける映画〟とかいう表現が嫌いだ。病気の子供や犬猫などのペットが死んでいく映画なら、そりゃ泣けるけどな。泣くために映画を観にいくのって、なにかのストレス解消で観にいってるだけじゃないのといつも思ってる。最近は『君の名は。』などなど、時間軸スレ違い恋愛映画がヒットしていて、それもわかるんだけど、いつもずるいと思っている。福士蒼汰と小松菜奈って組み合わせで、『陽だまりの彼女』の三木孝浩監督でしょ。いまさら泣けないよ。そんな自分に対して、小松菜奈があの顔でこういってくれる。

「泣いたって……いいんじゃないかな？」

思わず、涙があふれてしまった。そんな映画だったよ。むかし、『ある日どこかで』とか、『恋はデジャ・ヴ』とか、『ベンジャミン・バトン』とか観ていたときから、恋愛と時間テーマの相性にはいつも涙を流してきたわけだが、そういったもののすべての組み合わせをじつに絶妙に凝縮させて見せてくれたことには感心しまくりだ。とにかく原作、脚本、監督、キャストの座組みが最高だ。くどく説明して泣かせようとせず、キャストふたりの説得力と、叙情の無駄打ちなしに思いに焦点を絞った京都での撮影が文句なしに奏功している。時間ものの説明の罠の部分はうまく回避しつつ、余白も見事な作品だった。

二〇一六年ベストテン

1.『この世界の片隅に』

パターン化した戦争映画やアニメ映画の常識を打ち破るほどの濃密な体験。徹底した考証と時代の再現が奇跡のような作品となった。観るたびに発見があるから、何度もスクリーンに通ってしまうのは必然である。

2.『キャロル』

映画を観る愉悦をなによりも感じた作品。本作を撮るためにわざわざ現像所を作るほどの志がすばらしい。それが禁じられた時代の同性愛を描いた作品だが、デリケートな撮影と演技で、すべての瞬間に心が踊った。

3.『ブリッジ・オブ・スパイ』

今年のスピルバーグは『BFG』も嫌いではないが、やはり圧倒的にこちら。東西冷戦時、ベルリンの壁をめぐる攻防はその映像的迫真もすばらしいのだが、なによりも現代の視点を意識した構成に舌を巻いた。

4.『ハドソン川の奇跡』

イーストウッド作品をIMAXのビッグスクリーンで観られる至福。あらゆる点で無駄がなく、誠実な仕事を成し遂げる男の姿をくっきりと描く。人はなぜ神話の英雄を求めるのかというところまで見えてくる。

5.『ローグ・ワン／スター・ウォーズ・ストーリー』

ジェダイ不在の時代の『スター・ウォーズ』を描く。映画作品としての瑕疵は多いものの、『スター・ウォーズ』

として、ぼくらが期待しているものが叩きこまれているのだ。そこには躊躇なく喝采するべき瞬間があった。

6.『クリーピー　偽りの隣人』

たぶん観たかった日本映画はこれなんだろうね、というのは失礼だ。観たかった映画こそこれなのかもしれない。日本映画ではおなじみのキャストを使いつつ、街と人の呪いを可視化させてくれる映画の時間。

7.『オデッセイ』

日本語タイトル以外全部大好き。原作も読んではいたが、リドリー・スコット監督が火星を舞台に、すばらしい科学と人間の賛歌をうたいあげてくれるなんて！　年の冒頭にこの映画に出会ったことこそ、至福だ。

8.『セーラー服と機関銃　卒業』

橋本環奈に思い入れはないのだが、薬師丸ひろ子出演の『セーラー服と機関銃』には思い出がある。単なるリメイクではなく、女組長、星泉のその後を描く形が現代的なリ・イマジネーションとして、心に刺さった。

9.『マジカル・ガール』

上映中、何度も声が出そうになった。長山洋子が主題歌で、アニメの魔法少女に憧れて父親にコスチュームをねだる少女が主演、くらいの知識でスクリーンにいき、奈落の底に突き落とされた。すごかった。

10.『ズートピア』

ディズニーのCGアニメの到達点。もちろん多様性のあるアメリカのメタファーとして描いているのだが、その周到さに舌を巻きつつ、ある種のうまくできすぎた説教臭さも感じてしまうのが、興味深いところだ。

SVOD（定額制動画配信サービス）とシネコン

シネコンにいって毎週数本の映画を観ている日々だ。では、テレビで映画を観ないのかといえば、そんなことはない。BSやCSでは、WOWOWやスターチャンネル、日本映画専門チャンネル、AXN海外ドラマチャンネルに加入しているし、SVOD（定額制動画配信サービス）ではNHKオンデマンド、hulu、Netflix、amazonプライムビデオに加入している。ぼくが加入していないのはdTVとU－NEXTだ。

ちょっと入りすぎている。それは頭が痛い問題だけれど、やはり映画趣味はシネコンだけでは収まらない。シネコンで観られなかった映画や、古い映画を観ることも多いが、なによりもうれしいのは、日本で観ることが難しかったドキュメンタリーや、オリジナルのドラマシリーズを、自分の好きなタイミングで観られることだ。BSとCSに関してはハードディスクに録画して観ることが多いのだが、SVODでは、自分の気が向いたときに観られるので、ほんとうにありがたい。

前の章では、近所にシネコンがあることのメリットを「時間に縛られず、レンタルのような返却の手間がなく、映画が観られること」と書いたが、最近のSVODの充実ぶりには、舌を巻く。『カンフー・パンダ3』のように、パッケージが発売されておらず、劇場公開もされず、日本ではNetflixでしか観られない作品もある。

月額九三三円と一律定額のhuluから、画質によって月額六五〇円、九五〇円、一四五〇円と三プランから選べるNetflix、年間三九〇〇円のamazonプライムサービスに入れば、ビデオが見放題になる

amazonプライムビデオ。

いま使っているテレビはちょっと古いものなので、プレイステーション4を通して、SVOD関係は視聴しているし、うれしいのはPCで作業中に作品をチェックしたり、ちょっと大きめの防水タブレットを使って長風呂をしているときにドキュメンタリーやコメディを観られるということかな。そのタブレットを海外に持っていった場合、どれが観られるかは、サービスによって変わる。

ラインナップを見ると、日テレ資本のhuluは日本のドラマやアニメがそろっている。最近はHBOと提携したことにより、『ゲーム・オブ・スローンズ』など、海外ドラマの金字塔ともいえる作品が充実するようになった。また、日本の特撮映画も多い。日テレの見逃し視聴にも対応している。『笑点』、『サタデー・ナイト・ライブ』などもそろっている。その一方で、配信期間限定作品も多く、いつか観ようと思っていても、観られなくなってしまうこともある。最近、ドメイン名や対応機種が変わるなど、迷走も気になる。

Netflixは独自製作のオリジナル作品が多い。シネコンでは観られない作品が充実している。『デアデビル』、『ジェシカ・ジョーンズ』、『ルーク・ケイジ』などのドラマシリーズは、マーベル映画が好きなら、絶対に観ておきたいし、「カンフー・パンダ」シリーズほか、旧ドリームワークス・アニメーション映画などの意外な作品も多い。また、力が入っているのはドキュメンタリーで、アメリカの冤罪裁判を描いた『殺人者への道』シリーズ、ウクライナの革命を描いた『ウィンター・オン・ファイヤー』、最新の物理学の世界をあつかう『コスモス：時空と宇宙』、音楽ドキュメンタリー『シュガーマン　奇跡に愛された男』など、ありえないほどの充実を見せる。

作品の多くは重複していることもある。たとえば深作欣二版の『仁義なき戦い』を観たい場合、オリジナル五作すべてが見られるのはhuluだけだったが、いまは一掃され、Netflixが充実してきた。また、好きなドキュメンタリーは、hulu、Netflixが充実しているが、ラインナップがまるで違う。「ゴジラ」や「黒澤明」など、東宝の作品は皆無に近い。

amazonプライムビデオは『仮面の忍者 赤影』など意外なシリーズが入っている一方、『仮面ライダーアマゾンズ』など、オリジナル特撮シリーズもある。節操なく新旧織りまぜた様子で、意外な日本映画が定額で見られたりする。ただ、突然の配信打ち切りもありうる。もともと権利元と一年間ほどの契約を結んでいたことによるとは思うのだが、ユーザーにはわからないうちに観られなくなる作品が目立つのが残念だ。

画質は現状、Netflixが飛び抜けている印象。ストリーミングのクオリティが高いんだろうな。huluとamazonプライムビデオは同等程度。ただ、決定的に違うというわけではないし、将来的には変わっていくことだろう。インターフェイスではNetflixが好印象。観たい作品を検索しやすいのは、amazonプライムビデオだが、PC、PS4、タブレットなど、視聴プラットフォームで異なる。東西の古い映画はもっと充実させてほしいと切実に思う一方、4KやHDRなどへの対応も気になる。

どのサービスも一長一短だ。そのあたりは単純なタイトル数を比較するのではなく、それぞれ吟味するしかないんだろうな。

現在、ぼくがいちばん楽しみにしているドラマシリーズ『ゲーム・オブ・スローンズ』の最新作は、日米同時公開のスターチャンネルで放映後、hulu で配信している。このシリーズに出演している役者たちと、シネコンで出会う新作映画で再会することが増えてきた。また、アマチュアレスリング界に起こった悲劇を映画『フォックスキャッチャー』で知ったあと、Netflix でドキュメンタリー『フォックスキャッチャー事件の裏側』を確認するなど、映画の見方も変わってきている。ちょっときりがないとは思うけどね。でも、しかたがない。そういう時代なのだ。

Netflix の九五〇円コースでは二つの画面、一四五〇円コースでは、四つの画面で同時視聴が可能だ。amazon プライムビデオは基本的に二画面で可能。hulu は一つの画面のみなので、家族で複数の利用者がいても、アカウントを増やさないかぎり、別室で同時に観ることはできない。

ＩＴ系ニュースサイト、ＴＥＣＨＣＲＵＮＣＨによれば、Netflix ではＣＥＯのリード・ヘイスティングスがかつて、ＣＥＳ（アメリカ最大級の家電ショー）でこのように語ったという。

「Netflix のアカウントが共有されるのは歓迎だ。われわれは居間で Netflix を観ているのが二人なのか一〇人なのか気にしない。（パスワードの共有は）良いことであって悪いことではない。（中略）ユーザーである両親が子供にアカウント情報を教えると、子供が大きくなったとき自分自身も Netflix のユーザーになる」

アメリカのユーザー本位のマーケティングは、権利者の都合ばかりを聞いている日本とは大きく違う。いつまでそれを可能とするかはわからないが、現状のＳＶＯＤサービスのうち、自分が最後まで利用するのは、

Netflixだろうなと思う。

自分にとってシネコンで費やすコストは月に二万円くらいだろうか。それにくらべたら、定額配信サービスなどのコストは低い。だからといって、何でも加入するのは、やりすぎだ。同居する家族の数など、いろいろ考えて、契約するサービスを選び、切り替えていくしかない。

現状の定額動画配信サービスが地上波放送の代わりになるかといえば、疑問だけれど、ビデオレンタルは確実に駆逐されそうな気がする。値段の問題はさておき、在庫の有無、返却の必要といったレンタルのめんどくさい点が一気に払拭されるのは大きい。

SVODサービスのおかげで、明らかになったのは、テレビや映画のお約束からの解放だ。スポンサーもタイアップもない環境での作品作りには、わくわくする。

エンターテインメントのために、自分でお金を払うことは、自分の時間をスポンサーから取り戻すということなのだと、実感する。すでにHDDに録画することで、テレビ番組からむやみに長いCMをスキップで排除することができた。また、NHKやWOWOWの独自番組作りが興味深いのは、お金を払っていることに意味があったのだなと、心より感じる。

CMがない。そのために作品の構成が圧倒的に自由になる。ペイチャンネルやSVODならば、おっぱいもふんだんに観られる。それは不自然なシーンがなくなるということだ。地上波のゴールデンタイムから、おっぱいがなくなったのは、いつだろう？　アメリカでは、ケーブルの有料チャンネルで、だれでも観られることで、誰もが不快さを感じないことを気にしていたネットワーク局とはちがう、刺激的な番組が放映されてきた。それが、ＳＶＯＤサービスで、日本でも一気に普及するのだ。

また、尺（上映時間）の問題からも自由だ。Netflixの初期オリジナル作品には、まだ、尺を合わせるためのの冗長な演出が残っていたりもするが、必要に応じて、尺の制限がなくなる。さらにはキャスティングも事務所の縛りから自由になる。スポンサーの要請（ゴリ押し）で大根役者を使う義理からも自由になる。

そして、この効果はシネコンのスクリーンにも波及してほしい。ぼくは予告編を観るのが大好きだけど、シネコンによっては、予告編が長過ぎることがある。さらには、宝石やクレジットカード、町興し、アルコール飲料など、映画とはまったく関係のないコマーシャルフィルムに加え、とどめの「ＮＯ ＭＯＲＥ 映画泥棒」と、お金を払っている観客の時間を無駄に奪う時間が長すぎる。映画泥棒は三〇秒強の長さとすると、一年間で二〇〇回くらいはシネコンにいくぼくは、二時間近くの時間を奪われている。有料観客を「映画泥棒」と糾弾するくらいなら、あのカメラ男は「時間泥棒」としかいいようがない。

まだまだ、予断は禁物だが、シネコンとＳＶＯＤが相互に好影響をあたえてほしいと願うばかりだ。ぼくはシネコンという空間が大好きだけど、未来永劫、シネコンに忠義を捧げるつもりはない。

[BONUS TRACK] 二〇一七年上半期ベストテン

実写版『美女と野獣』が興行収入で百億円を突破し、アカデミー賞授賞式では『ラ・ラ・ランド』が話題になった二〇一七年。紙幅の都合で連載で書いた劇場鑑賞作品すべてを紹介するわけにはいかないが、本書のための速報として、上半期の個人的ベスト10作品をご紹介しよう。運命とその受容を描いた作品、意欲的な韓国作品が心に残った。残念ながら、日本映画は入れられなかったが、入れるとしたら『彼らが本気で編むときは、』か『光』かな。

1.『メッセージ』（二〇一六年　アメリカ　監督：ドゥニ・ヴィルヌーヴ）

原作の意味を真摯に捉えつつ、映画ならではのスペクタクルやサスペンス、さらには時間とともに鑑賞する映画というフォーマットを見事に加えている。さらには、原作にはないひとつの未来の意味も加えた。このことで、SF映画の傑作になるだけではなく、映画そのものへの意味を問い、人間が他者と関わりながら、生きていく理由さえ鮮やかに問いかける作品となっている。

自身の死、かけがえのない人の死、避けられたかもしれないが、避けられない死。最良のSF短編を読んだときと等価の興奮がある。死すべき運命のぼくらが人を愛する意味はなんなのだろう？　これは決定論のジレンマを刺激的に描いた作品だ。悲劇が予想される未来にむかって、ぼくらが生きていく意味はあるのだろうか。ＳＦはありえないことを想像することによって、ぼくたちが生きる意味を鮮明に考えさせてくれる。そして、ＳＦという手法を通して見たとき、世界も時間もいつだって、輝いて見える。ドゥニ・ヴィルヌーブ監督は時間芸術である映画と仮定の文学であるＳＦとの最高のマリアージュを見せてくれた。

2.『沈黙 ―サイレンス―』（二〇一六年　アメリカ／イタリア／メキシコ　監督：マーティン・スコセッシ）

いわゆる「白人酋長」モチーフの作品の側面もあるだろう。優越文明の子が劣等文明のために戦う。しかし、文明は優劣で競うものではない。『沈黙』は、そんな白人酋長になれなかったイエズス会士の話なのかもしれない。浅野忠信演じる通辞が、〝転ぶ〟ことに葛藤するロドリゴに「よかれ」と思ってきわめて日本的な宗教観をつきつける。隠れキリシタンたちが信仰しているものが、ロドリゴたち、修道士が知っているキリスト教そのものであるのかどうかさえ、疑わしい。では、正しいキリスト信仰とはなんだ？　映画の中では自然の音がささやきかける。

ロドリゴの信仰の旅を追っていく映画は、その最後にひとつの答えを提示する。しかし、その答えさえも決してたったひとつの正解というわけではないのだ。キリスト信仰が日本という社会に出会い、遠藤周作という作家が小説でつきつめた形を、スコセッシが敬意あふれる映画にする。聖戦の大義のもと、人が人を殺し、弾圧する現代だからこそ、意味がある。

3.『マンチェスター・バイ・ザ・シー』（二〇一六年　アメリカ　監督：ケネス・ロナーガン）

痛みや涙を感じられなかった心が、ふたたび痛みを感じられた瞬間を、寒色の東海岸の季節とともに描いた作品だ。わかりやすく泣ける感動もない。見ると力が湧く元気玉もない。でも映画を通して、悲劇のさきに人が生きていくことの意味を追体験する中で、見る人ひとりひとりが体験した人生の事件を静かに引き出す力があった。本当に大切な人の訃報を聞いたとき、葬儀に立ちあったとき、自分がいかに頓珍漢なことばを口にして、空気なんか読めない行動をしたかを思い出す。振り返ってみたら、まるでコメディだとしか思えないことを自分はやっていた。

家族や仲間など、無条件に善とするべきものが、ステレオタイプに肯定されるハッピーエンドな映画ではない。だからこそ、描かれるデリケートな温度に満ちている。いつだって故郷は呪いの場所だ。愛に満ちた家族は将来において失われてしまうかもしれない悲劇の種だ。でもね。故郷は自分の起点であり、家族は絶対に否定できない自分の鏡像だ。だから、〝絆〟と叫んだりせずに、ぼくらの心が凍りつかず、歩けるように、家族や故郷の温もりに、暖をとる。

4.『哭声／コクソン』（二〇一六年　韓国　監督：ナ・ホンジン）

一瞬も目を離せない。見たものや起こっていることが、信じられなくなる。韓国の小さな村で発生する不可解な連続殺人事件の謎を追う映画なのだが、謎を追うこと自体が不安を連鎖させ、恐怖を呼ぶ。事件の中心にいる國村隼がすごい。いわゆる『羅生門』的映画の最終型だ。証言として過去の事実を語るのではなく、観客と、登場人物がリアルタイムで見ている事件の意味が、まるで万華鏡のように変化していく。リテラシーのゆらぐ映画といってもいい。

キリスト教であれば、悪魔か、救世主か。呪術であれば敵か味方か、科学的な意味をとるか迷信として切り捨てるか、肉親を信じるか、誰もが信じられなくなるか。ぼくらは、自分が頼ってきた物差しでしか、見たものを理解できないのかもしれない。物差しで水の量を測ることはできないし、体重計で建物の高さを知ることはできない。計測するツールが偏っていれば、わかったつもりになることさえ許されないのだ。見るものの偏見や先入観どころか、祈りや願い、信念や常識さえも破壊していく。

5.『20センチュリー・ウーマン』（二〇一六年　アメリカ　監督：マイク・ミルズ）

いま五四歳の自分とほぼ同世代に生まれたジェイミーが目にする一九七七年がなにより鮮やかだ。女性の社会進出の時代。ウーマンリブの時代。女であることの意味が大きく変わる時代の中で、わずかでも世代が変わると、やっていいこと、やるべきことが変わっていく。女性解放運動の変遷の中で、生きる女性たちの姿をひとりひとりていねいに描いているのもよかったな。登場するすべてのキャストが魅力的だが、老いを受け入れたアネット・ベニングの圧倒的な演技と存在感は格別だ。

マイク・ミルズ監督は自身の母親をモデルにこの映画を作った。この映画の中には過ぎ去った二〇世紀をたしかに生きた母親がいる。女性飛行士になる夢を持っていた母親。男ばかりの会社の中で、設計士として働き、女手一つで息子を育てた母親。そして、映画で描いたことで、母親の存在は永遠のものになった。息子にとって、母親は永遠の恋人なのだ。

6.『レゴバットマン・ザ・ムービー』（二〇一七年　アメリカ　監督：クリス・マッケイ）

アメコミ原作映画が語ってきた最良の成果をレゴ映画に見せてもらうとは！　友情・努力・勝利は「少年ジャンプ」のお題目だが、最近、一部の映画ではすっかり思考停止のフレーズになってしまった。「とりあえず友情と努力と勝利を入れておけば、感動するんだろ？」みたいな話作りには辟易する。個人的には〝絆〟というフレーズも苦手で、濫用された常套句が、巷に溢れる感動搾取につながるのではないかと思う。もちろん、友情も努力も勝利も大切なことで、それ自体を否定することはできないのだが、本当にそれを描くならきちんとしたセンスとアイディアが必要なのだ。この映画では友情も努力も勝利ももちろん描いているが、友情のために孤独を描き、努力のために思考の放棄を描き、勝利のために勝利の虚しさと敵との対話を入念に描いている。もちろん子供のための映画だから、子供にも分かる形で描くのだ。

7.『お嬢さん』（二〇一六年　韓国　監督：パク・チャヌク）

一四五分間、全身全霊で引き回された。詐欺師映画としての、ミステリー展開もよいのだけれど、抜群の画作りにも圧倒される。極めつけの変態が登場する、少女映画としての美しさもある。韓国発音の日本語は多少聞き取りにくいところもあったが、それは些細な問題だ。なにより、主演ふたりの女優の肉体性から生まれる清潔感がたまらない。最近の日本映画では忘れ去られたような金持ち変態の世界をていねいに楽しく作り込んでいる。一九三九年、大日本帝国統治下の朝鮮半島に、このようなタイプの金持ちが実在したかどうかは知らないけれど、翻案の舞台と時代設定は絶妙だ。英国ビクトリア朝時代を舞台にした小説『荊の城』(二〇〇二)をベースにしているとはいえ、ロンドンを舞台にした原作よりも、日本と朝鮮半島のことばが入り交じることで、生まれる効果は抜群で、しびれまくってしまった。

8.『ムーンライト』(二〇一六年 アメリカ 監督：バリー・ジェンキンズ)

これは文字通り珠玉の作品だ。かくあった自分。かくありたい自分。かくあるべき自分。状況と環境と愚かさと怒りの連鎖の中で見失っていた素の自分が月の光に照らし出される。俳優すべての存在感が抜群。死という不在でさえもその存在を消し去ることはできない。悲しくて寂しくて暖かかったよ。口数多く説明するような映画ではない。少年時代、高校時代、そして、大人になっての三章構成だ。人生をふりかえるとき、忘れられない三つの瞬間を描いている。

その時間は苦しくてつらくてたまらないが、ふと見上げた夜空の美しさ。誰かの顔。もしかしたら思い出という補正が入っているかもしれないが、それはありがちなことばでは表現しきれない美であり、その美は人生に意味をあたえる。思いだす美を反芻する中で、ひとは奇跡に賭け、人と関わっていく。ゲイの人生を描いている。貧しい黒人の人生を描いている。そこにある孤独と軌跡は普遍的だ。映画の持つ力を信じたくなる作品だ。

9.『僕と世界の方程式』（二〇一四年　イギリス　監督：モーガン・マシューズ）

高機能自閉症の少年が国際数学オリンピックに出場するという話だ。ネイサンの場合、数字と図形に関しては、人並み外れた能力はあるが、他者と感情を共有することが難しい。理解ある両親に恵まれ、自閉症の傾向を才能として育てられると思っていた矢先、大好きな父親を失ってしまう。そして、生まれたのがすばらしく繊細な人とことばと世界の物語だ。

自身の成長に合わせて、雑多なノイズにしか見えなかった台北の町並みが、美しい幾何学パターンや力強く意味をなす色彩へと変化していく。『奇跡の人』でヘレン・ケラーが「水」という言葉があると認知するシーンに匹敵する。心と言葉をつないだとき、見える世界は彩りを増す。

10.『はじまりへの旅』（二〇一六年　アメリカ　監督：マット・ロス）

ヴィゴ・モーテンセン演じる父親が、六人の子供を率いて森で自給自足の生活をする。学校には通わず、ホームスクーリングで、教育を受けた子供たちは、六ヶ国語を駆使し、一流アスリート並みの運動能力やディベート能力を有する。サバイバル能力にかけては、超一流。人間として完璧に生きる力を獲得した一家だったが、母親の訃報を聞いて、二四〇〇キロの旅をする。理想を完全に追い求めてきた結果、完全とはいえない現実の社会と折り合えないことになってしまう。社会性以外は完璧だったとしても、社会抜きで生きることの皮肉な展開。洞察とブラックユーモアに満ちたドラマは示唆に富む。

あとがき

独り身であるにもかかわらず、「夫婦50割引」なども活用しつつ、なぜ飽きずに新作映画を観ているのかと自問自答することもある。新作映画を観て、その感想をブログやツイッター、フェイスブックなどに書きこむ。振り返ってみたとき、その行為が個人年表になっていることに、理由はあるかもしれない。映画によって、世界を知ることはもとより、人の好みや理解、愛情のあり方が、ことばの端から浮かびあがってくる。それだけでなく、情報があふれ、業務が集中する世の中で、スクリーンの前の闇の中、少しずつ集中力が高まっていく、あの時間がなによりも好きだ。「映画とはなにか」という定義は先人に任せるが、二時間前後の現実からの逃避が、現実の輪郭をより鮮明にさせてくれる感覚がたまらない。

映画の歴史は一二〇年程度と短く、文学のように百年生き残った名作など、ほとんどないのだが、ＩＴの分野ならばドッグイヤーともいわれる時間感覚で、いまも進化している。古い映画を愛するように、新しい映画を愛したい。そして、高校や大学のとき、新しい映画好きの友人と語りあったように、いまもどこかの酒場で知らない人と映画の話をしたい。

文章やゲームは仕事として真摯に向かってきたつもりだが、映画という趣味はあまりにもプライベートなもので、それを仕事にすることなど、思いもしなかった。まさか単著で映画に関する本を書こうとも思わなかった。二〇一二年、「水道橋博士のメルマ旬報」を立ち上げた編集長、水道橋博士のオファーがなければ、本書のような形になることはなかった。そしていつも遅くなる原稿を辛抱強く待ってくれて、すてきな一言で受領確認してくれる原カントくん。また、「社会科見学に行こう！」とその関連イベントを通じ知り合った河田周平さんが博士の呼びかけに挙手され、北尾修一さんのアシストがなければ、本書はなかった。

本書の内容はきちんと映画に向き合った方々から見たら、邪道であること極まりない。映画コラム集としては不揃いな体裁の本だが、まとめていく中で、かつてむさぼるように読んでいた『超ＳＦ映画』（中子真治・著　奇想天外社・刊　一九八〇年）のことを思い出した。あの大著でも好きな作品の紹介は厚くしていた。その情熱には遠くおよばないけれど、好きなものを続けていく喜びを教えてもらった。

映画には、きちんとした評論、評伝も多く、ぼくも数多く読ませていただいたが、どんな正しい見方を教わるよりもテレビやスクリーンで見る一本の映画との個人的な出会いがすべてではないかと、五四歳のいま思うところも多い。もちろん、きちんとした教養に裏づけされた映画の常識は必要だが、それはおいおい覚えていけばいい。とりあえずいまの映画を見続けていくことのメリットのほうが大きい。強いられる勉強は続かないが、好きで続けることから裾野は広がる。そしてそれを他者と語り合うことによって、理解は深まる。「メルマ旬報」のおかげで、映画の世界では辺境の彼方、奈落のそばにいる自分も、高橋ヨシキさんや斉藤守彦さんと出会うこともできた。おふたりには本書の完成前に有益なご助言をいただいたが、もちろんすべての責任は自分にある。

不思議な成り行きで、『スター・ウォーズ学』（新潮新書）で共著した清水節さんは同じ年に生まれ、「スター・

ウォーズ」プリクエルの三部作を同様にアメリカで見ていたことを知って、心強かった。映画に対する造詣はかなわないほどだし、「スター・ウォーズ」各作に対する評価も違うのだけれど、いつも心強く映画を軸としたツイートや多様な仕事を見せてもらっている。

基本的に映画はひとりで見ることが多いのだが、「メルマ旬報」の連載を始めたころ、出会ったゆうこさんからは、自分の狭さを教えてもらい、さらなる映画の豊かさに導いてもらった。「視野は広いが、心は狭い」を自称していたけど、まだまだだね。

書ききれなかったけれど、ひとりで観てみんなで語る映画という言語を分かちあったすべての方に感謝するばかりである。SNSやゴールデン街のみなさん、どうもありがとうございます。そして、本書の内容については、遠慮なくツッコんでください。

施設や環境など、現代は映画好きにとっては空前の黄金時代だ。さまざまな割引きサービスを利用しつつ、日本で多くの人が年に十本程度、シネコンで映画を観て、それを語るようになれば、日本と世界の映画は大きく変わるはずだ。

ひ

ふ

へ

す

せ

そ

索引（映画題名）

本書はメールマガジン「水道橋博士のメルマ旬報」にて、
Vol.001（2012年11月10日発行）より連載されている「シネコン“最速批評”至上主義 〜現在上映中〜」
（以前のタイトルは「シネコン至上主義 ——DVDでは遅すぎる」）を中心に、
著者自身のブログに掲載された映画評、大幅な書き下ろしなどを加え、構成されたものです。

柴尾英令
Hidenori Shibao

1962年福岡県北九州市生まれ。ライター、ゲームデザイナー。
早稲田大学在学時から、主として雑誌や攻略本の編集・執筆に携わる。
1992年にRPG「レナス 古代機械の記憶」でシナリオとゲームシステム、
以来「レナス2」ではシナリオ監督、「レガイア伝説」のシナリオ、
「桃太郎電鉄」シリーズの演出などを手がける。
映画観賞、読書、社会科見学など多彩な趣味を持つ。
著書に『スター・ウォーズ学』(清水節との共著、新潮社)、
『レナス　崩壊の序曲』(富士見書房)、
『ゲームデザイナー入門』(小学館)などがある。

ブックデザイン	こじままさき for bodydouble inc.
編集	河田周平
DTP	津久井直美
Special Thanks	水道橋博士
	原利彦（博報堂ケトル）
	高橋ヨシキ
	斉藤守彦

シネコン映画至上主義《えいがしじょうしゅぎ》

「メルマ旬報《じゅんぽう》」の映画評《えいがひょう》555

2017年7月28日　第一刷発行

著者　柴尾英令
編集発行人　北尾修一

発行所　株式会社太田出版
〒160-8571　東京都新宿区愛住町22 第3山田ビル4F
Tel.03-3359-6262　Fax.03-3359-0040
振替　00120-6-162166
Webページ　http://www.ohtabooks.com/

印刷・製本　シナノパブリッシングプレス

ISBN978-4-7783-1586-3 C0095